愛知大学東亜同文書院大学記念センター叢書

東亜同文書院の教育に
関する多面的研究

石田 卓生 [著]

不二出版

目　次

緒言　　　　　　　　　1

第1部　東亜同文書院と日中関係

第1章　東亜同文書院の開校について
　　　　　──高昌廟桂墅里校舎について──　……………………… 11

第1節　はじめに　　　　　　　　　　　　　　　　　　　11

第2節　東亜同文書院高昌廟桂墅里校舎の位置　　　　　　12

第3節　東亜同文書院以前の高昌廟桂墅里校舎について　　14

　第1項　経元善による女学校　　　　　　　　　　　　14

　第2項　上海東文学社と経正書院　　　　　　　　　　18

第4節　東亜同文会の清国での学校事業　　　　　　　　　21

　第1項　南京での学校設立計画　　　　　　　　　　　21

　第2項　佐藤正による南京の学校設立事業　　　　　　27

　第3項　根津一の登場　　　　　　　　　　　　　　　33

第5節　南京同文書院から東亜同文書院へ　　　　　　　　37

　第1項　南京同文書院　　　　　　　　　　　　　　　37

　第2項　上海の東亜同文書院へ　　　　　　　　　　　41

第6節　おわりに　　　　　　　　　　　　　　　　　　　48

第2章　第二次上海事変時に実施された東亜同文書院生の通訳従軍について　──原田実之手記『出蘆征雁』に基づいて──　………… 67

第1節　はじめに　　　　　　　　　　　　　　　　　　　67

第2節　原田実之手記『出蘆征雁』について　　　　　　　69

第3節　第34期生の従軍志願動機について　　　　　　　　70

ii　　　　　　　　　　　目　次

第4節　原田実之の従軍　　　　　　　　　　　　　　　76
　第1項　従軍へ　　　　　　　　　　　　　　　　　76
　第2項　軍務　　　　　　　　　　　　　　　　　　82
　第3項　原田手記に記された従軍生活　　　　　　　86
第5節　おわりに　　　　　　　　　　　　　　　　　93
（資料）原田実之『出蘆征雁』　　　　　　　　　　　96
　昭和十二年　　　　　　　　　　　　　　　　　　96
　昭和十三年　　　　　　　　　　　　　　　　　114

第3章　東亜同文書院の北京移転構想について　………………　123
第1節　はじめに　　　　　　　　　　　　　　　　　123
第2節　上海と東亜同文書院　　　　　　　　　　　　124
第3節　北京移転構想　　　　　　　　　　　　　　　127
　第1項　2度目の校舎焼失　　　　　　　　　　　　127
　第2項　二つの移転案　　　　　　　　　　　　　　127
　第3項　北京移転構想に対する反応　　　　　　　　130
第4節　北京移転構想の背景　　　　　　　　　　　　135
　第1項　岡部長景と水野梅暁　　　　　　　　　　　135
　第2項　近衛文麿会長下の東亜同文会　　　　　　　136
第5節　北京移転構想のその後　　　　　　　　　　　138
　第1項　北京移転構想の失敗　　　　　　　　　　　138
　第2項　北京移転構想と東亜同文書院の大学昇格　　138
第6節　おわりに　　　　　　　　　　　　　　　　　141

第2部　東亜同文書院をめぐる人物

第1章　日清貿易研究所の教育について　………………………　151
第1節　はじめに　　　　　　　　　　　　　　　　　151
第2節　高橋正二とその手記　　　　　　　　　　　　153
　第1項　高橋正二について　　　　　　　　　　　　153

第2項　高橋正二の手記について	154
第3節　日清貿易研究所の学生生活	154
第1項　教育	154
第2項　日常	161
第3項　清国人観	165
第4節　明治の一青年としての高橋正二	166
第1項　『頓智会雑誌』	166
第2項　久留米とのつながり	169
第5節　おわりに	169
（資料）高橋正二手記目録	172

第2章　坂本義孝から見る東亜同文書院の教育活動の変遷 ………… 181

第1節　はじめに	181
第2節　「書院精神」とキリスト教	182
第1項　「書院精神」	182
第2項　根津一の思想	183
第3節　東亜同文書院におけるキリスト教	188
第1項　聖書研究会	188
第2項　聖書研究会の位置づけ	192
第3項　聖書研究会の消滅	193
第4節　「書院精神」を受け継ぐ坂本義孝	195
第1項　国際的活動	197
第2項　共産思想への警戒	197
第3項　対支文化事業統制下における東亜同文書院の変化に対して	199
第5節　二つの「書院精神」	204
第6節　おわりに	208
（資料）坂本義孝執筆物一覧	210

iv 目 次

第3章 「満洲国」の中国文学翻訳家大内隆雄と東亜同文書院 ……… 219

第1節 はじめに 219

第2節 左翼活動家としての大内隆雄について 220

第1項 外務省記録について 221

第2項 左翼嫌疑での検挙について 226

第3項 満洲の左翼運動と大内隆雄 227

第4項 検挙後の大内隆雄 231

第5項 大内隆雄の対中国姿勢の源流としての東亜同文書院 234

第3節 大内隆雄と東亜同文書院 235

第1項 長春商業学校 235

第2項 満鉄派遣学生 235

第3項 学生生活について 237

第4節 山洲会と根津一の精神主義 240

第1項 東亜同文書院を象徴する根津一 240

第2項 根津一の思想と東亜同文書院の教育 243

第5節 在学中の執筆活動 245

第6節 おわりに 247

第4章 非正規学生から見る東亜同文書院教育の一側面
——水野梅暁と藤井静宣（草宣）について—— ………………… 257

第1節 はじめに 257

第2節 東亜同文書院の学生の種別 258

第3節 水野梅暁と東亜同文書院 263

第4節 藤井静宣と東亜同文書院 267

第5節 水野梅暁の対中国姿勢について 273

第6節 歌集に見る藤井静宣と中国 278

第7節 おわりに 287

補章 山田良政伝の系譜 ……………………………… 295

第1節 はじめに 295

目　次　　　　　v

第2節　戦前の良政伝	297
第1項　消息不明時期	297
第2項　洪兆麟証言以後	300
第3節　戦後の良政伝	309
第4節　山田良政の遭難について	318
第5節　おわりに	321

第3部　東亜同文書院の中国語教育

第1章　日清貿易研究所と東亜同文書院で使用された御幡雅文『華語跬歩』について ……………………………………… 331

第1節　はじめに	331
第2節　瓊浦揮粛未定稿『華語跬歩』全と御幡雅文混纂『華語跬歩音集』	331
第3節　御幡雅文『華語跬歩』下編（日清貿易商会蔵版）	333
第1項　御幡雅文『華語跬歩』上編（日清貿易商会蔵版）について	335
第2項　荒尾精による京都の私塾での使用	338
第4節　井手三郎手写『華語跬歩　東中問答』	344
第5節　おわりに	346

第2章　東亜同文書院初期の中国語教育について
——御幡雅文『華語跬歩』、高橋正二『北京官話声音譜』から『華語萃編』へ—— …………………………………… 351

第1節　はじめに	351
第2節　東亜同文書院の中国語教育	352
第1項　中国語教育の実態	352
第2項　北京語教育	355
第3節　『華語萃編』以前の東亜同文書院の中国語教材について	358
第1項　御幡雅文『華語跬歩』	358
第2項　高橋正二『北京官話声音譜』と『華語萃編』初集	364
第3項　小路真平、茂木一郎『北京官話常言用例』	369

vi 目 次

第4節 おわりに 370

第3章 『華語萃編』初集に見る東亜同文書院中国語教育の変遷 ——統計的手法を援用した分析—— 377

第1節 はじめに 377

第2節 初集以前の1年生用教科書 378

第3節 初集の版本について 381

　第1項 第1版 381

　第2項 第2版 383

　第3項 第3版 385

　第4項 第4版 386

　第5項 第5版 386

　第6項 第6版 388

第4節 統計的手法を用いた版本の分析 389

　第1項 N-gram方式による数値化 389

　第2項 相関分析 393

　第3項 クラスタ分析 394

第5節 改訂からみる東亜同文書院の中国語教育の変化 394

第6節 おわりに 399

第4章 東亜同文書院の中国語文章語教育について 405

第1節 はじめに 405

第2節 東亜同文書院の二つの中国語授業 406

第3節 青木喬の教科書について 409

　第1項 『実用支那商業文範』 410

　第2項 『支那時文類編』、『現代支那尺牘教科書』（初版） 411

　第3項 『改輯支那時文類編』、『現代支那尺牘教科書』（1924年版） 417

　第4項 『支那時文類編』（第一輯） 420

第4節 清水董三、福田勝蔵教科書について 423

　第1項 『商業尺牘教科書』 425

目　次　　　　　　　vii

　　第2項　『商業応用文件集』　　　　　　　428

　　第3項　『普通尺牘文例集』　　　　　　　432

　第5節　おわりに　　　　　　　435

第5章　戦前日本の中国語教育と東亜同文書院 ……………………… 439

　第1節　はじめに　　　　　　　439

　第2節　近代日本の中国語教育　　　　　　　440

　　第1項　中国進出・侵略と中国語　　　　　　　440

　　第2項　外国語教育とキャリアデザイン　　　　　　　444

　　第3項　日本の中国語教育の展開　　　　　　　447

　第3節　東亜同文書院の中国語教育　　　　　　　448

　　第1項　東亜同文書院中国語教育の基礎　　　　　　　448

　　第2項　東亜同文書院中国語教育の特徴　　　　　　　449

　　第3項　東亜同文書院中国語教育の問題とその克服　　　　　　　452

　第4節　おわりに　　　　　　　454

結言　　　　　461

あとがき　　　　　471

主要参考資料文献　　　　　477

凡例

一、年号表記は、西暦に統一した。

一、引用に際して、日本語の資料については原則として旧漢字、異体字を新字体、正字体に改め、合略仮名を一般的な仮名に改めた。中国語の資料については、原文で用いられている簡化字あるいは繁体字のままとした。

一、引用文中の〔 〕は、筆者による。

一、参考文献について、名称は日本語、中国語いずれのものも新字体、正字体に改め、単行書名、雑誌名、新聞名は『 』で表記し、資料名は「 」で表記した。

一、注は、各章の末尾にまとめ、番号は章ごとに1からとした。

一、主要参考文献は、巻末に掲載した。文書資料ならびに東亜同文書院・東亜同文会に関わる一次資料は「Ⅰ資料」とし、一般の刊行物は「Ⅱ文献」とした。「Ⅰ資料」については、国立公文書館、外務省外交史料館、防衛省防衛研究所の所蔵文書は所蔵先の分類によって掲載した。東亜同文書院・東亜同文会資料については編著者名五十音順とした。「Ⅱ文献」については、「1. 著書」、「2. 東亜同文書院関係中国語教材」、「3. 年鑑、統計類」、「4. 辞書、事典、索引」、「5. 定期刊行物」に分類し、それぞれについて日本語、中国語、英語に分けて掲載した。日本語の資料については編著者五十音順とし、中国語と英語はアルファベット順とした。

緒言

 本書は、戦前上海に置かれていた日本の高等教育機関である東亜同文書院について、その教育活動とそこに学んだ学生や卒業生の行動を通して、この学校の教育活動の展開を明らかにしようとするものである。
 東亜同文書院は、中国問題にとりくむ東亜同文会によって1901年上海に開校し、1945年日本の敗戦によって姿を消した学校である。当初は正式な学位を取得できない3年制の私塾的なものであったが、各府県派遣の優秀な学生を集め、また学内に中国専門の研究部門・支那研究部を開設するなど教育研究機関としての整備が進められ、1921年には専門学校令の適用をうけ4年制専門学校となった。これを所管する外務省の1937年のリポートによれば「支那ニ於テ殊ニ対支第一線ニ於テ活動スル機関ノ中堅層中同文書院出身者ノ如何ニ多キヲ占メ居ル[1]」と記されるほど多数の中国専門家を輩出しており、1939年には大学令によって東亜同文書院大学へと昇格している。
 学内に政治科や農工科が設置されていた期間もあったが、中心となったのは商務科であり、実質的には高等教育レベルの商業学校であった。その意味で、

図 0-1 東亜同文書院徐家匯虹橋路校舎（愛知大学東亜同文書院大学記念センター所蔵）

これを日本の情報活動に関わっていたとするのは的外れな見立てである。また、中国人を対象とした中華学生部も設けられたが、日中関係の悪化によって入学者を確保することが困難となり閉鎖に追い込まれている。

この中華学生部の経緯にもあらわれているように、日本の学校でありながら中国の上海、それも租界の外にあった東亜同文書院に学ぶ学生たちは、さまざまな中国の問題や日中関係に翻弄され続けた。辛亥革命では清朝の崩壊を目の当たりにしたし、第二革命では戦禍に巻き込まれ校舎を失った。さらに五・三〇運動や蒋介石の上海クーデター、その後の日本の中国侵略に対する抗日運動ではその目撃者あるいは体験者となり、第二次上海事変では再度校舎を失っている。

それでも、この学校は日本人が中国を実体験することができる教育の場であり続けた。こうした学生生活の中では、竹内好が「書院出身者には、ある独特の気風があった。功利を無視する、あるいは雄飛といった一種のミッションに近いカラーがあった[2]」と述べたもの、関係者が「書院精神」あるいは「根津精神」と呼んだ精神性が育まれてもいた。

この東亜同文書院の最大の特徴である日本人の中国専門家を中国国内で養成するという活動は、1884年上海に開設された東洋学館（興亜学館、亜細亜学館）[3]に源流を求めることができるが、東亜同文書院に直接影響を与えたのは1890年に上海に設置された日清貿易研究所である。

その設立者である荒尾精（1859-1896）は、清国で売薬業や出版業を展開していた岸田吟香（1833-1905）の支援を受けつつ、清国国内で情報活動を行った陸軍将校であった。そうした活動経験から、彼は日清両国が提携して共に経済発展を遂げることによって列強の侵略にさらされている東アジアの安定をはかることができると考え[4]、その実現へ向け、日本の清国市場への本格的な参入を担う人材を養成するために日清貿易研究所を国際的な経済都市上海に開いたのだった[5]。

この研究所の運営に参画し、さらに日本人の清国市場進出のために現地の商業環境を詳述した日清貿易研究所編『清国通商綜覧』（全3巻、日清貿易研究所、1892年）を編纂したのが、後に東亜同文書院で院長を務める根津一（1860-1927）である。

緒　言　　3

　こうした日清貿易研究所卒業生や根津が開校や運営に参加したことから、東
亜同文書院も中国に関わるビジネスマンを養成することに主眼が置かれること
になったのである。

　東亜同文書院の教育内容は、日本国内の高等商業学校程度を目指しつつも、
中国に関する専門家を養成するために中国語をはじめとする中国関係の科目が
重視されていた。例えば中国語教育については、学年ごとの学習内容に合わせ
た中国語教科書『華語萃編』初集、二集、三集、四集がそれぞれ作成され、独
自の中国語教育が確立されていた。

　そうした教育によって培われた学生たちの中国についての知識や語学力は、
卒業年次の学生が調査地域や目的ごとに4－5名からなる班を組織して中国各
地を調査するいわゆる「大調査旅行」で生かされ、また学生の卒業後の活動へ
とつながる経験となっていたのである[6]。さらに、「大調査旅行」の調査結果は
現在の卒業論文に相当する『支那調査報告書[7]』としてまとめられ、東亜同文
書院を所管した外務省へと提出されたほか、東亜同文書院の運営母体である東
亜同文会が出版する中国に関する百科事典『支那経済全書[8]』、『支那省別全
誌[9]』、『新修支那省別全誌[10]』の編纂に利用され、同時代の中国事情を日本に
伝えたのである。

　しかし、東亜同文書院をどのように理解するのかということについては、否
定的なものから肯定的なものまであり、一様ではない。

　否定的なものは、東亜同文書院を運営する東亜同文会の会長近衛篤麿（1863
－1904）が有力政治家であったこと、初代院長根津一に陸軍将校であった経歴
があること、日中戦争の最中に学生の通訳従軍が行われたこと、日本の学校で
あるにもかかわらずキャンパスを中国国内に置いていたことなどから、この学
校と日本の中国侵略との間には有形無形の関係があるとし、「不平等条約を基
礎に中国の国土にたてられた植民学校だった[11]」という捉え方をする。この時、
学生のフィールドワークである「大調査旅行」も情報活動となってしまう。

　そうした考え方とは別に、竹内好の「国家が侵略行為に出るとき出先機関が
それから自由であることはできない。しかし、そのために出先機関だけが侵略
者呼ばわりされるのは不当であろう[12]」というような解釈もあるが、こちらは
むしろ例外的であり、否定的な捉え方が一般的である。

4　　　　　　　　　　　　緒　言

　そもそも、1980年代まで、東亜同文書院や東亜同文会は学術的研究の対象
となることも稀であり、東亜同文書院関係者による回想や学校史以外ではほと
んど扱われてこなかった[13]。こうした状況には資料的な問題も大きく影響して
いた。東亜同文書院は戦災によって2回校舎を焼失しているし、日本敗戦時に
は編纂中であった中国語辞典の原稿カードすら中国側に接収されるなど、1945
年の時点でほとんどの一次資料が失われていた。運営母体である東京の東亜同
文会が所蔵した書籍を中心とする資料が愛知大学図書館に霞山文庫として伝え
られたが、東亜同文会は1923年関東大震災で被災していることから、内容は
それ以降に限定されており、東亜同文書院の活動の全容を資料に基づき調査す
るのは容易ではなかった。

　近年では、東亜同文会の後継団体である霞山会や東亜同文書院大学学長本間
喜一を中心に戦後設立された愛知大学の愛知大学東亜同文書院大学記念センタ
ーによる資料の収集、整備が進んだことによって[14]、新たな研究動向が見られ
るようになってきた。特に東亜同文書院の「大調査旅行」や東亜同文会による
地誌を地域研究あるいはフィールドワークといった地理学的視点から再評価し
た藤田佳久の研究[15]を起点として、先験的な価値観によらない実証的な研究
がなされるようになったのである。

　しかし、東亜同文書院が日中に跨がる教育文化活動であり、また卒業生がさ
まざまな分野で活動したことから研究の射程は広範囲にわたるものとなり、そ
の結果、異なる研究対象を考察する際の一材料として扱われるか、学校自体を
取り上げるにしても概略的な内容にとどまっている研究が多い。「大調査旅行」
や運営団体である東亜同文会の政治学的あるいは思想面についての研究は比較
的進展しているものの[16]、それらの焦点は東亜同文書院そのものではないため、
同校自体については付論的な考察にとどまっている。くわえて、いまだに断罪
的な解釈も根強く、研究すべき対象として注目されているわけではない。

　筆者は、もともと修士論文「東北地方近代文学の検討——古丁を中心とし
て」[17]などをとおして「満洲国」の中国人による文学について研究を進めてい
た。「満洲国」文学の中で、特に精力的に活動していた中国語文学の翻訳家大
内隆雄が東亜同文書院出身者であり、在学中に当時の中国現代文学の主流であ
った創造社のメンバーと交流を持っていたことから、そのような体験を可能と

した東亜同文書院という学校についても関心をもつようになった。このように筆者が歴史学的側面ではなく、文学方面から「満洲国」を見始めたことは、東亜同文書院に対して前述したような侵略行為に加担したと見なして断罪するというような解釈に偏らなかったことと無関係ではない。「満洲国」は、現在の中国で「偽満」つまり偽物の国家と見なされており、以前は、その文学も「漢奸」のものとして先験的に価値判断がなされていた。それが改革開放政策以降の中国社会の大きな変化の中で、次第に見直されるようになり、日本の抑圧を被りながらも、自身の言葉で文学表現を行おうとする人々の営みがあったことが明らかにされてきたのだった[18]。侵略側との遠近のみを基準にして一律に断罪してきたことは、かえってその実態をわかりにくくしていたのである。これは、そのまま東亜同文書院に関わる事柄にもあてはまるだろう。

　また、「満洲国」下の日本人にしても、東亜同文書院の学生や卒業生にしても、日本を出て中国大陸で生きようとした人々が多く、この時期ほど日中両国の一般人の生活が大量かつ密接に重なりあったことはなかった。もちろん、それは日本の侵略行為によって両国民にとって不幸な歴史を形作ってもいる。そうした日中関係の中で生じた摩擦に関する諸問題の中でも東亜同文書院は注目すべき存在であると筆者は考えている。その理由を述べる前に、研究姿勢や手法について述べた中国文学者高橋和巳の言葉を引用したい。

　　私の考えによれば、そもそも文学の研究が一般社会経済史の方法とことなる根拠は、一般社会史は、社会的動物としての人間の、協調性・模倣性がうみだす諸制度、諸機構の秩序と改革の歴史に焦点があるのに対して、文学史は同じ社会的動物たる人間の非妥協性、独創性が生みだす精神の個人的な創造と破壊を素材とするところにある[19]。

　これは文学の立場からなされたものであるが、どのような姿勢をとるにしても、さまざまな研究対象が均しく一人一人の人間に発するものであるとしていることは重要である。なぜならば、それこそ筆者が東亜同文書院を研究の対象とする理由につながるからである。

　東亜同文書院は教育機関であるが、それは人間を育成する空間ということで

6   緒　言

ある。学校は、まだ何者でもない人間を社会へと導き「社会的動物」とする点
においては「協調性」、「模倣性」を重要とするだろうが、教育活動が最終的に
は学生一人一人を対象としなければならないことから「非妥協性」、「独創性」
を無視することはできない。つまり、日中の狭間に存在しつづけた東亜同文書
院には、当該時期の人間の「協調性」、「模倣性」と「非妥協性」、「独創性」が
凝集されているのであり、これを考察することは日中関係史におけるさまざま
な事象を理解する上で大きな意義を具えていると考える。

　本書は、以上のような点を意識しながら、東亜同文書院に対して現在も通用
している中国侵略についての断罪的解釈といった先験的な価値判断から離れ、
実事求是に努めて、東亜同文書院の教育活動の特徴とその発展、展開あるいは
変化、変質の経緯を明らかにしていく。

                                 注

1)「東亜同文書院北支移転問題ニ就テ」「2.　一般（16）同文書院ヲ北京ヘ移転問題 昭和十二
　年十二月」JACAR（アジア歴史資料センター）Ref. B05015340900（第11画像）東亜同文書
　院関係雑件第四巻（H-4-3-0-2_004）（外務省外交史料館）
2)　竹内好「東亜同文会と東亜同文書院」『日本とアジア』ちくま学芸文庫、筑摩書房、1993年、
　434頁。
3)　東洋学館（1884–1885）。興亜会（後に亜細亜協会）系の『朝野新聞』の末広重恭（鉄腸、
　1849–1896）などによって上海に設置された。漢口楽善堂、日清貿易研究所や東亜同文会
　に関わった宗方小太郎（1864–1923）、山内嵓、高橋兼などが在学している。
4)　荒尾精「復命書」1889年5月10日（東亜文化研究所編『東亜同文会史──明治・大正編』
　霞山会、1988年）113–125頁。1886年から3年間の漢口駐在を終えて帰国した荒尾が陸軍
　参謀本部に提出した報告書。
5)　荒尾精「日清貿易研究所学生募集演説」1899年12月、同「日清貿易研究所開所式訓示」
　1890年9月20日、東亜文化研究所、前掲書、125–128頁。
6)　藤田佳久は、東亜同文書院卒業生へのアンケート調査に基づき、「大旅行」が学生に与え
　た影響を次のように述べている。「その後の人生の中で、この『大旅行』の経験が生きて
　いるといってよい。〔中略〕人生への自信を与えてくれたという影響である」（藤田佳久「東
　亜同文書院卒業生の軌跡──東亜同文書院卒業生へのアンケート調査から」『愛知大学東
　亜同文書院大学記念センター報』第9号、愛知大学東亜同文書院大学記念センター、2001年、
　48頁）。
7)『中国調査旅行報告書』第10–32期生、1916–1935年（マイクロフィルム版）（雄松堂、

緒　言　　7

1996年）、『東亜同文書院中国各地調査報告書』1898-1909年（マイクロフィルム版）（国立中央図書館台湾分館委託員工消費合作社）。なお、筆者の調査によれば台湾のマイクロフィルム『東亜同文書院中国各地調査報告書』は、1907年第5期生による第1回調査旅行から収録されている。したがって、同版が収める『調査報告書』は、1907年から1909年のものである。

8）　東亜同文会編『支那経済全書』全12輯、東亜同文会、1907-1908年。

9）　東亜同文会編『支那省別全誌』全18巻、東亜同文会、1917-1920年。

10）　新修支那省別全誌刊行会編『新修支那省別全誌』9冊、東亜同文会、1941-1946年。

11）　安藤彦太郎『日本人の中国観』勁草書房、1971年、171頁。

12）　竹内、前掲文、439頁。

13）　東亜同文書院に関する研究動向については、栗田尚弥「東亜同文書院の復権──最近の研究動向に即して」『大倉山論集』第51集（大倉精神文化研究所、2005年）、武井義和「東亜同文書院に関する先行研究の回顧と今後の展望』『愛知大学東亜同文書院大学記念センター オープン・リサーチ・センター年報』創刊号（愛知大学東亜同文書院大学記念センター オープン・リサーチ・センター、2007年）、同「東亜同文書院に関する先行研究の回顧と今後の展望（補論）」『愛知大学東亜同文書院大学記念センター オープン・リサーチ・センター年報』第2号（2008年）参照。

14）　東亜同文書院を運営した東亜同文会の資料については、東亜文化研究所編『東亜同文会機関誌主要刊行物総目次』（霞山会、1985年）、同『東亜同文会史──明治・大正編』（霞山会、1988年）、霞山会編『東亜同文会史──昭和編』（霞山会、2003年）がある。東亜同文書院については、1993年に後身校の愛知大学が愛知大学東亜同文書院大学記念センターを設置し、関係資料の整理、公開を進めている。

15）　藤田佳久『中国との出会い』東亜同文書院・中国調査記録第1巻（大明堂、1994年）、同『中国を歩く』東亜同文書院・中国調査記録第2巻（大明堂、1995年）、同『中国を越えて』東亜同文書院・中国調査記録第3巻（大明堂、1998年）、同『中国を記録する』東亜同文書院・中国調査記録第4巻（大明堂、2002年）、同『東亜同文書院・中国大調査旅行の研究』（大明堂、2000年）などがある。

16）　翟新『東亜同文会と中国──近代日本における対外理念とその実践』（慶応義塾大学出版会、2001年）、山本茂樹『近衛篤麿──その明治国家観とアジア観』MINERVA日本史ライブラリー10（ミネルヴァ書房、2001年）がある。

17）　石田卓生「東北地方近代文学の検討──古丁を中心として」愛知大学修士学位論文、1999年。

18）　岡田英樹『文学にみる「満洲国」の位相』（研文出版、2000年）。

19）　高橋和巳「文学研究の諸問題二」『高橋和巳作品集』第9巻、（河出書房新社、1973年、694頁）。

第1部
東亜同文書院と日中関係

第1章

東亜同文書院の開校について
──高昌廟桂墅里校舎について──

第1節　はじめに

　本章は東亜同文書院の高昌廟桂墅里校舎の成立過程を検討することによって、その開校の実態を明らかにしようとするものである。

　1901年に開校した東亜同文書院の特徴の一つは、日本の学校であるにも関わらず中国（当時の清国、後に中華民国）に校舎を置いていたことである。そのため、この学校は中国の国内情勢や日中関係の影響を直に受け続けた。最初の高昌廟桂墅里校舎は中国の内戦である第二革命によって全焼しているし、次の赫司克而路仮校舎（現・上海市虹口区中州路66号付近）を経て1917年竣工の徐家匯虹橋路校舎（現・上海市徐匯区楽山路、広元西路交差付近）は日中が武力衝突した第二次上海事変の戦禍によって失われている。その後、中国の交通大学の施設を借用して徐家匯海格路臨時校舎（現・上海交通大学徐匯キャンパス）を設置したが、戦況の悪化によって内地と大陸との行き来が危険な状況となると富山県に呉羽分校（現・富山市民芸術創造センター付近）を設置している。このように東亜同文書院は、外的要因によって幾度も移転を余儀なくされていたのである。

　列強の中国進出や辛亥革命後の不安定な中国の経済、政治情勢、次第に激しくなっていく日本の中国侵略といった学校を取り巻く状況を通時的に見れば、日本人が中国で行う学校運営が困難に見舞われることは必然であったように見えるかもしれない。しかし、当時の人々にとって、不況や革命、戦争、日中関係の変化等はすべて不測の事態だったのであり、自らの前途を知る由もなかった。1901年に開校した時点では高昌廟桂墅里の校舎こそ唯一の東亜同文書院だったのである。

　高昌廟桂墅里校舎については、これまで詳しく知られてこなかった。その正

確な位置すら明らかにされておらず、また校地選定の経緯や施設の由来といったこともつまびらかにされていない。

しかし、東亜同文書院を正確に捉えるためには、日本の教育機関であるにも関わらず国外に設置されたという開校当初の実態を明らかにしなければならない。

日本は台湾島や朝鮮半島、遼東半島、中国東北部、南洋諸島等にさまざまな教育機関を設けたが、それらはすべて日本の領土や勢力下でのものであり、その点において東亜同文書院は大きく異なる。この学校が開校した1901年当時、日本の大陸における勢力は大きいものではなかった。東亜同文書院は日本の海外領土や勢力圏内に設置されたものではないのである。また、上海にあったといっても、東亜同文書院は外国人が特権を行使しうる租界の域外に校舎を置いていた。

本章では、そうした東亜同文書院特有の状況に注意しつつ、どのようにしてこの日本の学校が中国で開校したのかその過程を見ていく。

第2節　東亜同文書院高昌廟桂墅里校舎の位置

高昌廟桂墅里とは、高昌廟という地域の中の桂墅里という場所のことである。
高昌廟とは上海県城から南へ4km程の所にあった社のことであるが[1]、周辺一帯もそのように呼ばれており、その中に桂墅里があった。東亜同文書院が開校して間もない頃、ジャーナリストの香川悦二がこの辺りを訪れている。

　　上海城を南に出で、桂墅里の郊外を游覧するに、平野千里、目の極まる所峰巒なく、山嶽なく、竹樹暢茂し、芳草芊々、人をして我が東京を出で王子村を過ぎて北望するの想を成さしむ[2]。

当時、高昌廟桂墅里は上海市街から離れた寒村だったのである。この付近には1867年に江南機器製造総局の施設が建設されていたが、高橋孝助、古厩忠夫編『上海史』（東方書店、1995年）が次のように述べているように、20世紀初頭の段階では、まだ都市としての上海と一体化していなかった。

高昌廟は〔上海県城〕大南門から直線にして約3キロ。ここと県城・租界とのあいだには幹線水路も幹線道路もないし、建設もされなかった。輸送はもっぱら黄浦江の水運によったのである[3]。

例えば、1899年10月27日に江南機器製造総局を見学した近衛篤麿（1863-1904）は、上海都心との間を黄浦江の水運を利用して往復しているし、1901年入学の東亜同文書院第1期生達も同じく船で黄浦江を上り、江南機器製造総局の碼頭から上陸して高昌廟桂墅里校舎に入っている[4]。

江南機器製造総局は2010年に開催された上海国際博覧会の黄浦江左岸の会場にあり、高昌廟の集落はその北側にあった。それは現在の上海市黄浦区南市地域と盧湾地域それぞれの南部辺りである。

20世紀末、高昌廟桂墅里校舎跡を探した趙夢雲は次のように述べている。

〔東亜同文書院跡は〕現在の南市製造局路と斜土路との交差点の南側であるという。自宅から路線バスに揺られて一時間あまり、おりたところは中心地からはかなり離れていて、「下只地（下町）」と呼ばれるいかにも寂しくみすぼらしい場末だった。あたり一面に、貧弱なバラックが集まっている[5]。

彼が推定した場所は本来の場所からややずれていたようである。高昌廟桂墅里校舎があった場所は、実際には「バラック」のただ中に消えてはいない。高昌廟桂墅里校舎で学んでいた東亜同文書院第1期生である坂本義孝は1920年代に跡地を訪れている。

昔の高昌廟に自働車を走らせ付近に至り黄胞車に転乗し、焼跡をさへしのぶ能はざる桂墅里の同文書院を訪ふた。今は洋式の病院が昔の書院の代りに屹立つしてをるので纔かにその付近の農家を訪ふて昔日を朦気に思出すのみであつた[6]。

現在の地図で桂墅里を見ることはできないが、童世亨編『上海県城及南市分図』（商務印書館、1917年）[7] によって大凡の位置を確認することができる。その辺りを校舎周辺の道筋や近隣の湖北会館、常州会館、瞿真人廟との位置関係より推定するに、東亜同文書院の高昌廟桂墅里校舎があった場所は、現在の上海交通大学医学院付属第九人民病院（上海市黄浦区製造局路639号）であったと推定される。

そこは、戦前、キリスト教系の伯特利医院（Bethel Hospital）があった場所であり[8]、坂本が東亜同文書院だった場所に「洋式の病院」が建っていたと述べていることと一致する。

第3節　東亜同文書院以前の高昌廟桂墅里校舎について

第1項　経元善による女学校

開校時の高昌廟桂墅里の校舎は、もともと東亜同文書院として建設されたものではなかった。

東亜同文書院を運営する東亜同文会副会長長岡護美は、この校舎について次のように述べている。

　　本日書院に至り、親しく一般の概況を査察するに、校舎の設備の如きも曾て仏国人が女学堂に充てん為特別に建築したるものヽこと、て、教場、寄宿舎、厨房、浴室、圊厠等に到る迄、殆ど完全に近く、空気の流通、運動場の施設、之を吾国の各学校の設備に較ぶるも毫も遜色なき[9]

長岡はフランス人による女学校であったと述べているが、それは後述するように女学校だったとはいえるものの、フランス系とするのは誤りである。

開校当初の東亜同文書院で教授を務めた根岸佶は校舎の建築者について述べている。

　　名は新校舎であるが、実は前電報局総督弁経元善氏が住宅に隣接して造つた支那式貸家四棟の一郭で、其れは曾つて学堂として利用したことのある

粗末な建物であつた[10]。

　経元善[11] は清末の上海実業界の有力者である。1841年8月29日、浙江省上虞県三都郷駅亭村生まれ、原名は高泉、字は蓮珊、あるいは蓮山、号は居易子、あるいは居易居士、晩年は剗溪聾と号した。筆名に滬浜呆子、汨羅江後学がある。父経緯（1804–1865）、字慶桂、号芳洲は、上海に出て銭荘経営や茶貿易業で成功し、知府の肩書きを得た人物である。父の死後、その事業を継ぎ発展させた元善は上海の金融界の重鎮となった。1880年李鴻章による上海機器織布局に関与したり、1882年に盛宣懐が総弁を務める電報局の上海分局総弁に就いたりするなど洋務企業の経営者としても活躍している。1877年に河南省で干ばつが起きると義捐活動を行うなど慈善事業にも積極的に取り組んだ。また、康有為、梁啓超の変法運動の支持者でもあった。1900年西太后による光緒帝廃帝に反対する運動に参加したために失脚し、1903年秋に病死した。名誉回復がなされたのは死後の1904年である[12]。

　1893年、経元善は高昌廟に経正書院を設立し、梁啓超を招聘して教育活動を始めたが、1896年には盛宣懐による南洋公学（現・上海交通大学、西安交通大学）へと吸収されている[13]。この2つの学校について、王宗光『上海交通大学史』（上海交通大学出版社、2016年）は次のように述べている。

　　　南洋公学开始选址在上海老城厢南面高昌庙附近〔中略〕所定高昌庙校址是经正书院旧屋，地基12亩，房屋40余间，位于上海县城南门外，邻近盛宣怀在斜桥的行辕。该书院设于1893年底，是电报局总办经元善等绅商集资创建的一所新式书院，〔中略〕于1896年6月〔经元善〕将书院全部校产捐给盛宣怀开办大学堂。〔中略〕〔盛宣怀〕令钟天纬在书院西面及北面添购民地，扩充基址，规划建筑校舍。〔中略〕连同经正书院旧址，共计50亩开外[14]
　　　訳：南洋公学が初めに選んだ場所は上海旧市街南方の高昌廟付近である。〔中略〕高昌廟のキャンパスは経正書院が使用していたもので、敷地は12畝（12アール程度）、建物は40間余り、上海県城南門外に位置し、盛宣懐の斜橋のオフィス近くであった。経正書院は1893年末に開校したもので、電報局総弁の経元善等紳商が資金を集めて創立した新式の学校である。

1896年6月〔経元善は〕経正書院の全ての財産を盛宣懐が創立した学校に寄付した。〔中略〕〔盛宣懐は〕鐘天緯に学校の西と北の土地を購入させて、キャンパスを拡充し、校舎の建設を計画した。〔中略〕〔南洋公学は〕旧経正書院と合わせて50畝（50アール程度）以上であった。

　南洋公学は経正書院の4倍余りのキャンパス規模があった。その敷地の一角である旧経正書院部分は、1896年9月から上海三等公学（後の滬南三等学堂）という小学校が使用した[15]。しかし、南洋公学の高昌廟時代は短く、1898年夏には上海西郊の徐家匯（現・上海交通大学徐匯キャンパス）へと移転している[16]。

　1897年10月、経元善は、厳信厚や鄭観応、施則敬、康広仁、袁梅、梁啓超等と共に新たな学校設立運動を始めた[17]。これは「中国女学堂[18]」や「中国女学会書塾[19]」、「南洋女公学[20]」、「経正女塾[21]」、「経正女学[22]」、「経氏女学[23]」、「桂墅里女学会書塾[24]」等と呼ばれている女学校である。

　上海のキリスト教組織である広学会（The Christian Literature Society for China. 1887–1956）の機関誌『万国公報』には、これを紹介する記事「上海創設中国女学堂記」がある。

　　経君旋度地于城南高昌郷之桂墅里，鳩工庀材，不遺余力。二十四年三月落成，即于四月十二日開塾。礼聘提調一人，総管塾務。延請華文教習二人，医学女紅教習各一人，西文教習一人，皆閨閣中之不栉進士也。五月晦日，溽暑熏蒸，循章散塾。共得女学生二十余名。七月朔日，秋凉開塾，敦聘美国閨秀林梅蕊女史為西文総教習，而以華教習劉女史摂提調事[25]。

　　訳：経元善は上海県城南方の高昌郷の桂墅里を選び、人員と資材を集め、建設に尽力した。1898年4月校舎は落成し、5月31日に開校した。管理者1名を招聘し、校務全般を担わせた。中国の学問についての教員2名、医学と裁縫についての教員を各1名、洋学の教員1名を招聘した。彼女たちは皆開明的で優秀な人物である。7月18日、夏となり規定通り休みに入った。8月17日、秋となり授業を再開した。アメリカ人の林梅蕊を招聘し、洋学教育の責任者とし、中国の学問の教員である劉を校務管理とした。〔原文の旧暦表記を訳文は新暦に改めた〕

「高昌乡之桂墅里」（高昌郷之桂墅里）とは、「高昌」という集落の中の「桂墅里」ということであり、つまりは高昌廟桂墅里のことである。

引用文中の林梅蕊の本名はAlice Allen[26]、広学会の一員である林楽知（Young John Allen）の娘である[27]。経元善の女学校の洋学教育はキリスト教系の広学会が担っており、林梅蕊以外にも広学会の幹部である李提摩太（Timothy Richard 1845-1919）の妻が度々学校を訪問し、その娘も教壇に立ったとも伝えられている[28]。

この経元善の女学校は中国人による初めての近代的な女子教育機関として中国の女子教育に大きな影響を及ぼしており、これ以降、各地に陸続と女学校が建設されている[29]。また、当時のグラフ誌『点石斎画報』にも紹介されていることからわかるように人々の注目を集めており[30]、前掲『万国公報』でも報道された。

> 共得女学生二十余名〔中略〕就学者日众，截至年终，共得四十余名。并先于是年九月十七日，就城内淘沙场増设分塾〔中略〕截至年终亦得就学生二十余名。〔中略〕时则声名鹊起，远方童女，亦愿担簦负笈而来，通计总分两塾，凡住塾及报名而将到者都七十余人[31]。
>
> 訳：女学生20名余りを得た〔中略〕入学者は日に日に増え、年末までに40名余りの学生を得た。1898年10月31日、上海県城内の淘沙場〔現・上海市黄浦区河南南路489号付近〕に分校を増設し〔中略〕年末までにさらに20名余りの学生を得た。〔中略〕学校の名声が高まると、遠方の女子も入学を希望して来るようになり、高昌廟桂墅里の本校と上海県城内淘沙場の分校の寄宿学生、志願者合わせて70人余りとなった。

しかし、1898年9月戊戌の政変を機に学校の運営が厳しくなっていく。

経元善が変法派支持であったことから、保守派が学校閉鎖を要求し始め、動揺した支援者からの寄付金が減少して資金難に陥り、1899年中に高昌廟桂墅里の本校は閉鎖された[32]。

分校は存続したものの、経元善は西太后が光緒帝を廃して端郡王載漪の子溥

儁を即位させようとしたことに反対する運動に参加したために追われる身となり、1900年2月澳門への亡命を余儀なくされた。分校の管理は李提摩太夫人に依頼したともいわれるが[33]、結局、この年の中に女学校は閉鎖された[34]。

前掲引用文の中で、東亜同文書院の高昌廟桂墅里校舎について長岡は「女学堂」と述べ、根岸は「前電報局総督弁経元善氏が住宅に隣接して造つた支那式貸家四棟の一郭」と述べているが、それはこれまで先に見てきたように経元善によって高昌廟桂墅里の女学校として整備されたものだったのである。

第2項　上海東文学社と経正書院

経元善が女学校のために建設した施設は、1899年8月までに女学校としては使われなくなっていたが、1901年5月に東亜同文書院が開学するまでの期間も別の教育機関によって使用されていた。その教員であった田岡嶺雲[35]は、そこが後に東亜同文書院になったと述べている。

> 我等の学校は初めは英租界に在つたが、経済の都合から後に高昌廟（かおちゃんみやお）といふ処に移つた。今の〔東亜〕同文書院の在る処で、虹口からは上海城の郭外を沿うて約二里近くもある[36]。

この「学校」は東文学社という。

当時、清国では日本のことを「東洋」とも呼んでおり[37]、「東文」とは「東洋」の言葉、すなわち日本語のことである。

東文学社は、1898年3月9日[38]、羅振玉[39]によって開校された。初めは上海の共同租界梅福里[40]（現・上海市黄浦区黄河路黄河路美食街付近）にあったが、後に高昌廟に移転した。

『対支回顧録』には、この学校の教員であった藤田豊八[41]の項目が立てられており、その中で東文学社と経元善の女学校との関係が紹介されている。

> 〔明治〕三十一年、羅振玉と謀り、上海郊南高昌廟に於て郷紳経元善の経営せし女学校の跡を引受け東文学社を設立し、邦文に依て科学を支那学生に教授し、一時の盛を極め、同志田岡嶺雲を以て講師となり〔中略〕後年

東亜同文書院の開校について　　　　　　19

　前清の遺老として天下に馳名したる王国維の如きも、亦当時東文学社の学生として在学した[42]。

　趙万里『民国王静安先生国維年譜』は、東文学社の高昌廟桂墅里への移転時期を1899年としている[43]。前述したように経元善の女学校の高昌廟桂墅里の校舎は、早ければ1899年2月、遅くとも同年8月には閉鎖されており、その後に東文学社が入ったのである。
　東文学社の学生であった王国維も、この学校について述べている。

　二十二歳正月，始至上海，主時務報館，任書記校讐之役。二月而上虞羅君振玉等私立之東文學社成，請於館主汪君康年，日以午後三小時往學焉，汪君許之。然館事頗劇，無自習之暇，故半年中之進歩不如同學諸子遠甚。夏六月，又以病足歸里，數月而愈。愈而復至滬，則時務報館已閉。羅君乃使治社之庶務，而免其學資。是時社中教師爲日本文學士藤田豊八、田岡佐代治二君。二君故治哲學，余一日見田岡君之文集中有引汗德，叔本華之哲學者，心甚喜之。顧文字睽隔，自以爲終身無讀二氏之書之日矣。次年，社中兼授數學、物理、化學、英文等。其時擔任數學者即藤田君，君以文學者而授數學，亦未嘗不自笑也。顧君勤於教授，其時所用藤澤博士之算術、代數兩教科書，問題殆以萬計，同學三四人者，無一問題不解，君亦無一不校閲也。又一年而值庚子之變，學社解散[44]。

訳：数え年22歳〔1898年〕の旧暦の1月、上海に行き、時務報館に勤め、書記と校正の仕事を担当しました。旧暦の2月に上虞の羅振玉さんらが私立の東文学社を開校したので、時務報館主の汪康年さんに毎日午後3時間勉強しに行くことを願い出て許可をしていただきました。けれども時務報館の仕事がとても忙しく、自習する時間がなかったために、半年間での学習の進歩はクラスメートに遠く及びませんでした。旧暦の6月、足を患ったので帰郷し、数カ月間療養しました。全快したので上海に戻ると、時務報館はすでに閉鎖されていました。羅振玉さんは東文学社の庶務の仕事を私に担当させて、学費を免除してくれました。この時の東文学社には教師として日本の文学士藤田豊八と田岡佐代治〔嶺雲〕の二名がいらっしゃい

ました。お二人とも哲学を学ばれた方で、田岡さんの文章に哲学者のカントとショーペンハウアーが引かれているのを見て、大いに興味をそそられました。けれども言葉の問題があるので、二人の書物は読むことができないものだと思いました。翌年になると、東文学社では数学、物理、化学、英文等も教えられました。その時、数学を担当したのが藤田さんで、文学者ではあるけれど数学を教えられました。藤田さんの授業を振り返ってみると、藤沢博士の数学と代数の2冊の教科書を使い、問題はたくさんあったけれども、私たち三四名の学生が解けない問題は一つもなく、藤田さんもことさら細かくはやりませんでした。1年たって義和団の乱に直面し、東文学社は解散してしまいました。

これによれば東文学社が閉鎖されたのは義和団の乱の影響である。

1900年の春から夏にかけて最も活発であった義和団の主たる活動地域は華北であったが、華中においても排外的な雰囲気が高まっていたのであろう。その矛先は欧米諸国だけではなく、もちろん日本にも向けられていたのであり、そうした状況下で日本人から日本語や近代的な知識を学ぼうとする東文学社は閉鎖されたのである。

また、東文学社の主宰者である羅振玉は、1900年秋、張之洞によって武昌の湖北農務局総理兼学堂監督に招聘されており[45]、それまでに上海の東文学社は閉鎖されていたと考えられる。

こうしたことから、東文学社は、1899年に高昌廟桂墅里の女学校が閉鎖された後、その施設に入り、1900年半ばまで運営されていたことがわかる。

しかし、経元善「上海重開経正書院啓己亥八月」（上海に経正書院を再開する1899年旧暦8月）という文書には、同じ時期の高昌廟桂墅里には別の学校が存在していたと記されている。

本書院於癸巳歳，度地建屋於滬南。〔中略〕嗣於丙申夏，督辦鐵路大臣盛京卿，欲以地開設南洋公學堂，遂以全院并之，而別設女塾於桂墅里。今歳之秋，又并女學於城之分塾，空出此舍，以作男塾，仍名經正，猶前志也[46]。
訳：本校は1893年、上海の南に建てられた。〔中略〕その後、1896年の夏、

督弁鉄路大臣盛宣懐が上海で南洋公学堂を開設しようとしたので、それに合流して、別に女学校を桂墅里に設けた。今年〔1899年〕の秋、女学校は上海城内の分校と合流し、桂墅里の校舎が空いたので、そこに男子校を開校させて、以前の志を持って、やはり経正と称した。

再開された経正書院は、「策論、掌故、算数、輿図，旁及西文、西学[47]」（論作文、有職故実、算数、地理、及び英語、フランス語、日本語、ロシア語、西洋の学問）を学ぶことができたが、「諸生或専一學，或兼數學，可於報名時指明，亦可入塾後更易，悉聴自便[48]」（学生は一つだけを学んでもよいし、またいくつ学んでもよく、最初に登録したものを、入学後に変更しても構わず、自分の意思で学ぶことができる）というように、学生が学習内容を自由に選択できる学校であった。

以上のことをまとめると、東文学社と再開された経正書院は同じ時期に同じ場所にあったことになる。先に見たように、東亜同文書院の教員根岸佶は複数の建物があったと述べており、両校はそれぞれ別棟を使用したとも考えられるが、詳細は不明である。

また、再開された経正書院の運営期間もはっきりしていないが[49]、それはごくごく短期間で閉校したはずである。なぜならば、1900年1月には創立者の経元善が失脚して上海を追われているし、その教育内容からすれば、東文学社と同じように排外的な義和団の乱の影響を被らざるを得ないからである。

経元善が女学校として整備した高昌廟桂墅里の施設は、女学校の移転後、東文学社、一説には再開した経正書院が入っていたが、1900年中には使用されなくなっていたのである。

第4節　東亜同文会の清国での学校事業

第1項　南京での学校設立計画

東亜同文書院の経営母体は1898年11月に結成された東亜同文会である。結成時の「発会決議[50]」には「支那を保全す」という文言があり[51]、それだけに注目すれば、「支那」を日本の影響下に置くことを目指すかのようにも理解す

ることができるが、同時に作成された「東亜同文会主意書[52]」によれば、この会が日清両国を対等に扱おうとしていたことがわかる。その一節を引く。

　　列国際に乗じ時局日に難なり。〔中略〕上は即ち両国政府須らく公を執り、礼を尚び、益々邦交を固うすべく、下は即ち両国商民須らく信を守り、利を共にし、ますます隣誼を善くすべく、両国士大夫即ち中流の砥柱となり、須らく相交るに誠を以てし、大道を講明し、以て上を助け下を律し、同じく盛強を致すべきなり。是れ我が東亜同文会を設くる所以なり[53]。

　東亜同文会の活動の目的は、列強の進出に直面している清国の現状に対し、日本と清国が協力して対抗しつつ、共に発展していくことであった。
　この会は1898年11月に同文会と東亜会が合流したものであるが、旧東亜会系会員は日本国内で活動している者がほとんどであり[54]、清国で実際に活動することができる能力や経験を持ち合わせていたのは旧同文会系の会員であった[55]。
　同文会にそうした人材がいたのは、それが乙未会の一部を吸収していたからである。
　乙未会とは日清戦争に従軍した通訳官が中心となって1895年に結成されたものである[56]。1898年当時の同会規約によれば、会として何かしら事業を行おうとするものではなく、清国に関わる活動に従事する人々の交流、親睦を図るものであった。

　　第二条　本会は精神的結合を主とするを以て、平時に在ては同志の聯絡を通じ、親睦を厚ふし、緩急相援け、相互の便益を計るに過ぎずと雖、有事の日に当りては奮て為す所ある可し。殊に清国、其他東邦に対する重要問題に就ては、本会は常に社会の先と為り一致の運動を為す。
　　第三条　本会は曽て清国に在住せしもの、又は現に在住中の者にして、目的を同ふする者を以て組織す[57]。

　清国在住者を中心とする乙未会には1890年から1893年にかけて上海でビジネス教育を行った日清貿易研究所の関係者が多く所属しており[58]、そのことか

らも会員の清国内での活動経験が豊富であったことがわかる。

その一人に白岩龍平[59]がいる。彼は日清貿易研究所に学び、日清戦争での通訳従軍を経て、1896年5月に清国内で河川輸送を行う大東新利洋行（1898年10月以降は大東汽船[60]）を設立し、自社の株主であった近衛篤麿の面識を得ると[61]、その清国問題についてのブレインとなっている[62]。

乙未会が同文会に吸収される事情については、白岩が近衛篤麿に書き送った文書によって知ることができる。

兼て陳上仕候従来乙未同志会と称する支那連団体相作居候処、今度東京より経過の途中会員の意向を相訂し、当地着の上更に当地会員と評議の末、同文会創立に付ては乙未会保存の必要無之何れも一致に付、乙未会解散の事に相決し[63]

このように白岩の働きかけによって乙未会は解散したが、旧乙未会会員がそのまま同文会へと合流したわけではなかった。彼は近衛篤麿へ次のようにも書き送っている。

旧乙未会員名簿別封差出申候。是は一度淘汰を経たる人名に御座候得共、同文会員としては尚詮考の上入会せしめ候方可然奉愚存候[64]。

白岩が記した「同文会設立趣旨書」は「本会は支那問題の研究と共に支那事業の実行を担任し、各般の調査に従事す[65]」として、学校や図書館といった文化活動、輸送業や金融業等の商業活動をするとしつつ、その中にすでに実現しているものとして、自身の大東汽船や土井伊八による上海の日清商品陳列所、松倉善家による漢口の日清貿易東肥、向野堅一による北京の筑紫洋行、河本磯平による上海の日清英語学堂等を挙げている。ちなみに白岩、土井、松倉、向野、河本は日清貿易研究所の同窓であった。同文会の事業として白岩が既存の活動を挙げていることから、彼の考える同文会とは、新たな事業を起こすことは目標にしておらず、すでに行われている清国内や清国に関わる取り組みを発展させようとするものであることがわかる。白岩の「詮考」には、そういった

具体的な活動と関わりを重視する側面があったと考えられよう。

このように清国の国内に活動拠点を持つ白岩をはじめとする旧同文会系の東亜同文会会員にとって、清国の不安定化、例えば日本を含む他国の利己的な介入や進出に起因する清国内の排外意識の高揚、また反政府勢力の台頭による清国社会の混乱は、これまで積み上げてきた清国での成果を損なわせるものでしかない。そうした文脈から「支那を保全す」を理解すれば、それはやはり日清協調が本来の意図であったことがわかる。

さて、東亜同文会の教育活動で最初に確認できるのは、1899年1月31日付文書「東亜同文会本部支部経費並事業[66]」文中の「各支部に在ては我国俊秀の子弟各十名を養成し、南北各地の言語事情に精通せしめ、他日有用の選に充つる事[67]」というものである。

これは本部直轄の事業ではなく、上海、重慶、広州、北京、漢口に設けられた支部が各々行う活動であり、実際に少数の留学生が派遣されたものの[68]、学校組織を設けようとするものではなかった。それは派遣留学生の応募資格にもあらわれている。

　　本会が派遣せんとする広東留学生の資格を定め身体強壮精神確実にして高等普通学を修め英語を解するものとし年齢は二十七歳以上とす[69]

英語を能くする高等教育修業者は、すでに社会人として活動することが可能な人材である。そのような高い能力を具える人物を清国に派遣して何を学ばせるかと言えば、「南北各地の言語事情に精通」すること、つまり派遣された支部周辺の方言であった。その目標は「他日有用」のためという曖昧なものだが、「東亜同文会本部支部経費並事業」には「支部は其管轄区域内に於ける諸般の事項を調査する事」、「新聞雑誌を各形勝枢要の地にて発行し、以て清国世論の木鐸となり、啓発誘導の機関となす事[70]」とも記されており、この留学生派遣は各支部の活動を担う実務者を養成しようとするものであったと考えられる。

つまり、この時期の東亜同文会の日本人に対する教育は、一般社会へと巣立つ人材を養成しようとするような外部に開かれた学校を設立することではなく、主として東亜同文会内部での研修的な活動であった。

この頃の東亜同文会の学校を設立するような教育活動は、主として清国人や韓国人を対象とするものであった。

清国人に対しては、1899年6月「東亜同文会幹事会決定事項[71]」で「清国ヨリ派出スル遊学生ヲ収容スル寄宿舎ヲ設クル事及其ノ規則設計学生監督方法等ノ考案ハ柏原〔文太郎〕幹事ニ一任スル」、同6月の「東亜同文会評議員会決定事項[72]」では「本邦留学の清国学生の為同文書院を設置し日本語及普通学を教授して他日高等の学校に入るの階梯となす事」とし、同年10月に東京同文書院を設立している。

韓国人に対しては、1899年6月「漢城月報の発刊[73]」に「笹森儀助氏は京城に在て学校創設の準備中なりしが已に出発任地に向ひし筈なり」とあり、同年中に平壌日語学校や城津学堂を設立している。

東亜同文会による清国内での日本人を対象とする学校設置の動きがはっきりとあらわれるのは1899年10月8日付東亜同文会発近衛篤麿宛文書からである[74]。

> 南京は対清政策上重要の地に御座候間、同地に鞏固なる根拠を作らん為学堂を設立し、本会派遣の留学生及支那学生を教育する事に致し、佐藤少将自ら進んで之れが経営に当る筈に御座候[75]。

学校設立の担当者として紹介されている佐藤正は退役陸軍少将で、広島市長を経て宮中顧問官に就いていた。東亜同文会には1899年1月に入会し[76]、同年6月に幹事長に就任している[77]。

近衛は、この学校設立についての文書を、1899年10月20日に香港で受け取った。彼は1899年4月から11月にかけてアメリカ、ヨーロッパ、アジア各地を巡る外遊に出ており、この間、東亜同文会の運営に直接は関与していない。

例えば、佐藤正の幹事長就任について、近衛の日記を参照しても指示を出した様子はなく、会長代理長岡護美から事後報告を受けているだけである[78]。南京での学校設立も同様であり、日記や東亜同文会の機関誌を見る限り、彼の外遊出発以前に積極的に提案されていたような形跡は認められない。

つまり、南京での学校設立は、近衛不在の間に会長代理である長岡護美によって進められていた事業なのである。さらに前掲1899年10月8日付東亜同文

会発近衛篤麿宛て文書を見てみよう。

> 南京には既に本願寺別院の設立にかゝる南京学堂ありて、同じく本邦人の
> 設立する同種類の学校を増設するは如何かと存候に付き、本願寺より其学
> 堂を引受くるを得ば彼是得策ならんと本願寺と種々交渉致候処、別院当事
> 者の不承諾に由り交渉遂に纏不申候〔中略〕本会にて別に一校を設立する
> 事に付ては本願寺も之れに反対不致、却て協和助力する筈に御座候〔中略〕
> 南京学堂設立に就ては外務大臣も大賛成にて、相応の助力すべきを小田切
> 〔万寿之助〕領事に命じ、帰任を急がしめたる位に御座候。〔中略〕先づ其
> 第一着手として佐々木四方志君を同地に派遣する事とし、同氏は既に当地
> を出発致し目下上海に滞在致居候[79]。

「本願寺」の「南京学堂」とは、1899年1月に東本願寺が南京に設置した金
陵東文学堂のことである[80]。日本語という意味の「東文」が校名にあるように、
これは中国人に日本語を教える学校であった。

その校長であった北方心泉の日記にも、1899年10月8日付東亜同文会発近
衛篤麿宛て文書と同様のことが記されており、1899年7月から8月にかけて、
東亜同文会から申し込まれた金陵東文学堂移管について長岡護美や佐藤正と話
し合いを持ち[81]、同年10月3日に「子爵〔長岡護美〕ト晤スルコト三時間、平
穏ニ局ヲ結ビ将来ヲ約シテ別ル、洋食ノ饗アリ[82]」で決着したとある。

金陵東文学堂移管についての東本願寺との交渉は合意には至らなかったが、
東亜同文会は新学校設立のために幹事の一人佐々木四方志を現地に派遣して準
備に当たらせ、同時に外務省からの支援も取り付けた。

近衛が報告を受けた時には、南京での学校設立は構想といった段階ではなく、
既に実施されつつあったのである。

1899年10月25日、外遊中の近衛は上海に入っている。出迎えの中には佐々
木四方志がおり[83]、当然、近衛は彼から学校設立についての説明を受けたであ
ろう。ついで10月29日、近衛は南京に赴き劉坤一と会談した。近衛の日記には、
その席で学校設立について劉の賛同を得たことが記されている。

余は更に東亜同文会の趣旨を述べ、今回南京にも学校を設くるの考あれば、万事に相当の便宜を与へられん事を望むと乞ひしに、同会の事は既に聞知して貴邦の厚誼に感じ居れり、学校を南京に設けらるゝ事の如きは、及ぶ丈の便宜を与ふべしと答へたり[84]。

第2項　佐藤正による南京の学校設立事業

南京を統治する劉坤一の協力を取り付けたにも関わらず、東亜同文会の学校設立はなかなか進まなかった。

その原因の一つは、学校の具体像がはっきりとしていなかったということが考えられる。

先に見たように、学校設立構想は1899年夏に始まっているが、その教育内容を示す佐藤正「南京同文学堂設立意見書[85]」が作成されたのは11月になってからである。

これによれば、校名は「南京同文学堂」とし、清国人を対象とする「第一部」と日本人を対象とする「第二部」から構成されるとする。

清国人が学ぶ「第一部」には、満15歳以上を対象とする5年制の中等教育程度の本科と満6歳以上を対象とする小学校程度の別科が設置される。本科については、詳細なカリキュラム表が付されており、授業の4割程が日本語を含む外国語である[86]。

日本人が学ぶ「第二部」は、「支那語を教へ、理財商業に必須の学科を授くるものとす。学課々程は別表に依る[87]」とされており、さらに次のような注記が付されている。

　　　本表〔カリキュラム表〕は諸種留学生の遊学年限と学力とに鑑みて立案す可し今之を定めずして後日に譲る[88]

佐藤の意見書は、清国人についての教育内容は明確であるものの、日本人については具体的には何も決めていないのである。

その後、1899年12月に東亜同文会は各道府県知事と同議会議長宛てに学生募集の文章を出しているが、語学以外の教育内容は依然として曖昧なままであ

った。

> 　三年を以て一期とし支那語を主として之に英語を加へ生産工商業等の学術
> を始め経済学法律学一般の智識をも授け学業の旁ら内地旅行を奨励して一
> 面には同国の精細なる事情を報告せしめ他面には実地練習の便宜を与へ専
> ら活用的人才を造くる[89]

　しかし、現地で準備に当たっていた佐々木四方志[90]は、10月に東亜同文会
に入会したばかりの上海総領事代理小田切万寿之助[91]と相談の上で「日本留
学生は即時に呼び寄せ、支那学生に不関、直ちに開校の事[92]」と決定し、12
月頃から校舎の準備を始めていた。小田切は近衛に「今日の急務は先づ本邦子
弟教養の学堂を開設して信を取るに在るを持って、速に教師学生を派し学校を
開く様致度候[93]」とも書き送っている。現地の二人は、佐藤が具体案を出して
いた清国人教育ではなく、まだ教育内容が決まっていない日本人教育を先行さ
せようとしていた。

　このように東亜同文会の内部ですら新学校の具体的な姿についての共通認識
が形成されておらず、学校設立の担当者間でも足並みが乱れ始めていたのであ
る。

　1899年12月16日、小田切と面会した劉坤一は、「〔東亜同文会は〕何種なる
学校なりとも望まるべきか〔中略〕規則書を示され度、未之なければ早速調製
して示され度し[94]」と質している。協力を表明していたものの、東亜同文会が
どのような学校を設置しようとしているのか全くわからず当惑していたのであ
る。

　学校設立が順調に進まなかったのは、担当者に関わる問題も影響を及ぼして
いた。

　先に見てきたように、この学校事業は会長近衛篤麿の外遊中に長岡護美によ
って始められたもので、その責任者は幹事長である佐藤正であり、現地では佐々
木四方志と小田切万寿之助が活動していた。

　ここで注目するのは、東亜同文会内には清国内で日本の学校を運営するとい
う点においてモデルケースになり得る日清貿易研究所関係者がいたにも関わら

ず、この事業には関与していないということである。

　例えば、日清貿易研究所出身の会員である白岩龍平は、前述した近衛篤麿と劉坤一の会談に通訳として陪席しており、確実に学校事業のことを知っていた。しかし、その日記には会談についての記述はあるものの、なぜか学校設立については触れられていない[95]。当時の彼は自身の事業拡大のために多忙だっただけでなく、健康問題も抱えており[96]、そうしたことが影響していたのかもしれない。しかし、そうであっても現地の事情に通じている彼が全く関与しないというのは不思議なことである。

　これには東亜同文会内の人間関係が影響していたのかもしれない。

　白岩と学校事業の担当者である長岡や佐藤、佐々木、小田切との関係は密接なものではなかった[97]。さらに学校設立の方針を定めた長岡は[98]、東亜同文会会員であると同時に亜細亜協会という日清交流を図る別の団体の幹部としても活動していた。東亜同文会内部の人間関係には濃淡があったのである。

　近衛篤麿の側近的な立場にあった白岩からすれば、もともと関係性の薄い長岡達が始めた南京での学校設立事業について積極的な当事者意識はなかったと考えられる。

　加えて、現地での交渉に大きな役割を果たしていたのが小田切万寿之助であることも白岩の態度に影響していたのかもしれない。1898年夏の同文会結成当時、白岩は小田切について次のように述べている。

　　小田切領事等の目下専ら奔走致居候亜細亜協会は、官民知名の士を網羅致居候得共雑駁極り、其裏面は一笑を値せざる事も有之申候。乍去此方成立致候へば是は是にて成立せしめ、我会は其中より粋を抜く事必要に御座候。矢張一時の機運に駆られて官吏の手に製造致され候会杯は、何処も同じ永続の見込無之は勿論に御座候[99]。

　上海の「亜細亜協会」とは、1898年に小田切が主導して設立したもので、日本国内で活動していた亜細亜協会の支部的なものであった[100]。国内の亜細亜協会は、1880年に長岡護美を会長に興亜会として結成され、中国語学校を運営したり、日清戦争に際しては反戦を主張したりするという日清間の交流を

図る活動をしていた。ちなみに小田切が中国語を学び始めたのは亜細亜協会の前身興亜会が運営する学校である[101]。

　先の引用文からわかるように、白岩は亜細亜協会上海支部を「官吏の手」によって著名人を寄せ集めたものにすぎないと批判的に見ている。同文会を結成するに際して、ベースとなる乙未会をそのまま合流させるのではなく、入会者は選別しなければならないと述べる白岩からすれば、小田切のやり方は拙いものに見えたのであろう。また、小田切が集めた「官民知名の士」の中に白岩自身は入っていないようであり、選ばれなかったことへの感情的なしこりがあったのかもしれない。

　担当者に起因する問題には、学校設立の責任者である佐藤正が十分に活動できなかったということもある。

　佐藤は前掲「南京同文学堂設立意見書」を著しているように、教育活動についての見識を持ち合わせていたし、後に広島の修道学校（現・修道学園）総理を務めていることを考えれば、学校を運営する能力を具えた人物であった。また、1899年年末には東亜同文会幹事長として各道府県知事、同議会議長に対し、「南京同文書院は来年二三月頃開校の筈に有之候[102]」とはっきりと開校時期を提示しており、この事業への意欲も強かったと思われる。また、清国側も佐藤の南京赴任ついて「〔劉坤一〕総督も非常に満悦の体に有之候[103]」と歓迎されてもいた。

　しかし、実際には佐藤が南京に入って学校設立や運営に携わることはなかった。なぜならば、参謀本部が彼の南京行きに反対したからである。

　1899年12月22日、近衛篤麿が参謀本部に出向いて佐藤の南京行きを伝えた。佐藤は退役しているのであるが、高級軍人であったということから参謀本部に伺いを立てたのであろう。しかし、参謀本部からは「到底同意は致し難し[104]」と派遣中止を勧告されたのである。近衛は田鍋安之助[105]を使者に立てて交渉したが、参謀次長大迫尚敏は、「佐藤のやうな身体の不自由の人を支那へ出すのは気の毒だ、あれは日本に置いて遠くの方から見させて置け[106]」と、佐藤が日清戦争の戦傷で片脚を失っていることを理由に反対し、結局、佐藤の南京派遣は中止に追い込まれたのだった[107]。

　佐藤は日清戦争を伝える錦絵の題材として度々取り上げられていることから

東亜同文書院の開校について　　　　31

わかるように[108]、日清戦争の英雄として著名であった。そうした人物が敵国
であった清国に渡り不測の事態が起こることを陸軍は危惧していたのかもしれ
ない[109]。

　佐藤が責任者としての役割を果たせなかったのには、彼が東亜同文会内でリー
ダーシップを発揮できなかったことも影響していた。

　近衛が劉坤一から学校設立について協力を取り付けた直後の1899年11月頃、
突然、佐藤は幹事長辞職を申し出ている[110]。この時は近衛の慰留によって翻
意したが、1900年4月2日、現地スタッフ間の不和の統率の難しさと東亜同文
会内の派閥争いを理由として再び辞意を示した。これに対して近衛は苛立ちも
あらわに日記を書いている。

　　〔南京の学校〕事務員の衝突の如きは可成速かに処分せざる可らず。然る
　　に〔佐藤〕氏は病褥に在り、医師は他人の面談を禁ずるが如き時に於て、
　　其処分を氏に迫るは為す可らざるの事たり。然れども余にして独断せんか、
　　前日氏に全権を委任したるの言に背くなり。故に余は之を敢てせざりし。
　　蓋し佐藤氏が、南京事業に対する責任を当分解かれたしとの申出を待ちし
　　なり。然るに今に至て幹事長を辞せんとするは、其意を解するに苦しむな
　　り。〔派閥争いについては〕又其実なきにも非ずと雖も、之を制馭する、
　　何の難き事かあらん[111]。

　南京には1899年秋から佐々木四方志が派遣されていたが、1900年1月17日、
さらに山口正一郎、山田良政、中村兼善が派遣されていた[112]。ところが、彼
らは協力するどころかかえって仲たがいをし[113]、このことが学校設立準備に
悪影響を及ぼしていたのである。

　4月1日、帰国した山口は近衛に「南京同文学堂の事佐々木山田等と不折合
の申訳[114]」をしている。また、同時期に小田切万寿之助が「南京に於ける派
出員の職務を明確にする事、亦一要務と存候[115]」と、近衛に進言していること
もあわせて考えれば、現地スタッフの統率が非常に乱れていたことがわかる。

　このような混乱状況の中で、佐藤は幹事長職から退くと言い始めたのである。
彼に「全権を委任」していた近衛にとっては裏切られたにも等しい。

これに対して近衛は自ら動いた。4月5日、山口正一郎の推薦者である杉浦重剛に会って聞き取りをし、「向後も教師の事に付御依頼あらば、可及的の尽力は可致[116]」と学校設立についての協力関係を確認している。同日、佐藤の自宅にも赴き、「南京の事業より手を退くならばいざ知らず、幹事長をも併せて辞するは穏当ならず[117]」と幹事長職については遺留しつつ、南京での混乱については事実関係を問いただして事態の把握に務めた。

　　南京の確執は、畢竟佐藤が佐々木は病院建設の為に赴きて、側はら学校の設備にも尽力せよと依頼したる迄なり。故に山口とは衝突するべき筈はなきなり。その衝突したるは寧ろ不思議の感なき能はず。如此事柄なれば其確執は左まで解くに難からざるべし[118]。

　近衛は、現地スタッフの仲たがいの原因が、佐々木の南京行きの目的が東亜同文会の学校設立ではなく病院建設にあったことを明らかにしたことによって事態打開への見通しを得ている。
　もう一つの辞職理由である会内の派閥争いについては、佐藤が「佐々友房ありて自分の排斥を指嗾しある[119]」と名指しして批判し、人事を動かさない限りは幹事長職にとどまることはできない、もし自分が辞職することになったら長谷場純孝を後任にしてほしいと訴えた[120]。佐々は済々黌（現・熊本県立済々黌高等学校）を興した教育者であるが、近衛自身が「支那には熊本閥族の跋扈と云ふ事、能く人の口にする所なり[121]」と述べていることからすれば、当時、たしかにそのような傾向のグループがあったようである。
　しかし、ここで佐藤が人事について口にしていることに注目すると、彼の辞意表明が会内での立場強化のための交渉材料として使われたようにも見える。実際、この2度目の辞職騒ぎは、近衛が幹部人事に手を加えることを認めたこともあって、佐藤は幹事長にとどまることで収束した[122]。
　こうした騒動は、佐藤が幹事長として東亜同文会を掌握できていなかったことを明らかにするものである。そして、そのような彼には学校事業を伸展させることは不可能であった。
　このように、1899年夏に始められた東亜同文会の南京での学校設立は、会

長である近衛篤麿が両江総督劉坤一の協力を取り付けたものの、現地の事情に通じた人材が参加していないことや責任者の佐藤正が陸軍の反対によって現地入りできなくなったこと、また佐藤幹事長による会統治が効かなかったことにより、遅々として進まなかったのである。

第3項　根津一の登場

　1900年3月末、元文部官僚の教育運動家で東亜同文会の会員でもあった伊沢修二は、南京の学校の校長人事について近衛篤麿に具申している。伊沢も学校事業の停滞を問題視していたのである。

　　　陳ば南京同文学院の長には、川上彦次を御採用相成候ては如何にや。同人は故川上〔操六〕総参謀長の従弟にして、永く文部省に奉職し、高等学校々長等の経歴も有之、又曽て支那に留学致候事も有之、人物は武強にして文道を兼たるが如き者に有之、随分適任に可有之と奉存候。薩人には候へ共一個独立の意見を有し[123]

　川上が校長を務めたのは、鹿児島県の造士館（後の第七高等学校、現・鹿児島大学）や石川県の第四高等学校（現・金沢大学）である。また、清国留学とは、1879年から1881年まで参謀本部派遣による北京語学留学のことである[124]。こうした経歴は南京の学校の校長にふさわしいものであったといえよう。そのような彼について、薩摩出身であることをわざわざ注記しているのは、近衛が藩閥政治を嫌悪していたためであろう。

　この時、近衛が劉坤一との間に築いた協力関係も危うくなっていた。小田切万寿之助は、1900年3月17日付近衛篤麿宛書簡で現地の状況変化を伝えている。

　　　新任〔両江〕総督代理鹿氏〔伝霖〕は原来外国人嫌ひの人物〔中略〕予て劉氏〔坤一〕と打合せたる協同学校事業は鹿氏の喜ばざる所に有之、晩生の南京に入るや、直ちに洋務局総弁をして
　　　両国子弟教育に関する事業は、同文会の独立独行を以て挙弁せられたし、

協同事業は見合せたし、

　　との意思を伝え来り候[125]。

　小田切は、排外的な鹿伝霖の両江総督代理就任によって[126]、現地では清国との協力関係を前提とした学校設立が頓挫したことを伝え、続けて対応策を述べている。

　　鹿氏の代理中は両国の協同事業は到底成立せざるものと認めざるを得ず、
　　随て同文書院に関する是迄の態度は、我に於て一変するの必要有之歟と存
　　候。即ち今後は何事も我に於て独力負担し、毫厘も他力に依頼せざるを得
　　策と認め候。〔中略〕同文書院の事業は僅々一二年にして停止すべきにあら
　　ず、而して目下の形成より判断するに、総督よりして一の家屋を無賃貸与
　　せしむる一事は到底望みなきを以て、此際断然自ら校舎を建築するの方針
　　を被取度候。同地の地価低廉、且つ職工の賃銀も上海に比すれば廉便なる
　　を以て、一万円も有之候得ば随分壮大なる家屋を建設し得る事と存候[127]。

　それでも現地の佐々木四方志や山田良政らは、「四月二十一日午前十時　南京発電報　移転した　授業始めた　安心せ[128]」と教育活動を始めた。このことは4月30日の東亜同文会総会でも報告されている。

　　学生派遣の事を勧誘せしが既に〔明治〕三十三年〔1900年〕度予算確定の
　　後なりしを以て事は賛成なれども同年度は出し難しとの答をなす者多かり
　　し〔中略〕今年度に於ては全数四五十名を超へざる見込なる〔中略〕五六
　　十名を収容すべき校舎の設備は佐々木氏等の手にて既に完成し数日前開校
　　の報に接したり是れ本会留学生及其他にて已に十余名の学生あればなり[129]。

　南京には1900年1月から4－5名の東亜同文会留学生がおり[130]、これに数名を加えた15名が[131]、おそらくは後述する妙相庵[132]で授業を始めたのである。しかし、東亜同文会の外部からの学生獲得が失敗したこともあって、この活動はごく小規模なものでしかなかった。

東亜同文書院の開校について　　　35

　こうした状況を打開するために招聘されたのが根津一[133]である。
　根津を近衛に紹介したのは白岩龍平である。根津は日清貿易研究所の運営に
携わっていたことがあり、その学生であった白岩にとっては恩師であった。白
岩は1898年7月29日付書簡で根津を近衛に推薦している。

　　　京都若王子に閑居中の根津一氏は故荒尾莫逆の友にて、日清貿易研究所
　　設立以来荒尾の逝去に至る迄、事を共にし参画経営致候人にて、清国通商
　　綜覧の編者の如きも斯人の力多きに居り候。目下休職（陸軍少佐）退隠、
　　二十七八年役後国事の為深く敵地に入り非劫の死を遂げたる十二訳官等の
　　子弟を教育するを専務とし、静かに清国の事情を研究、読書参禅に余念な
　　き生活に御座候。同文会の創立に付深く感悦罷在候次第、併せて同氏議論
　　抱負の在る所も御垂聴被成下度奉懇願候[134]。

　これに近衛が反応した形跡はないが、近衛日記によれば、1899年11月22日
に彼らは初めて会っている。
　この日、外遊から帰国したばかりの近衛は、午前6時神戸下船、午前9時50
分三宮駅発の汽車に乗車、午前12時半京都駅着、馬車で聖護院近くの別邸に
入るものの、午後5時からは京都市長等の歓迎会に出席し、別邸に戻ったのは
日付が変わってからであった[135]。
　根津との面会は別邸に居た昼過ぎから午後5時までの間と思われるが、当日
の来訪者は「内貴甚三郎　奥村五百　八田精一　東枝吉衛　大阪毎日、日出両
新聞記者　根津一　其他数名旧家臣等[136]」と多数であり、根津について殊更
日記に記していないことをあわせて考えれば、顔見せ程度のものだったと推測
される。
　この後しばらく近衛の日記に根津は登場していない。再び根津の名が現れる
のは1900年4月7日のことで、「来状　佐藤正　明後日午後三時来邸したしと
の事又根津少佐には近日面会するとの事[137]」と記されている。佐藤と根津の
面会が既定路線のような書きぶりであり、この時点で近衛と佐藤との間で根津
について何かしら情報が共有されていたことをうかがわせる。
　前述したように白岩は早くから近衛に根津を推薦しており、今回の根津登場

を推した最有力人物のようにも見える。しかし、1899年の近衛帰国後から1900年春にかけて、白岩は本業の大東汽船での新航路敷設のために清国での調査や関係者への運動で多忙をきわめていただけではなく、健康問題も抱えていた。また彼の日記に南京の学校に関わったり、根津招聘を主導したような記述がないことから、今回の根津の登場について中心的な役割を果たした可能性は低いと考えられる。

　根津は日清戦争後に陸軍を休職してからは隠棲しており、東亜同文会の活動にも全く関わっていなかった。そのような人物が突然登場することについて注目するのは、田鍋安之助が「〔参謀本部が佐藤正の渡清に反対した〕丁度其時井戸川君〔辰三〕が四川かつ帰つて、京都から根津君を引張つて来た[138]」と回想していることである。井戸川は清国での現地活動経験もある陸軍将校で、根津と個人的に面識があった[139]。これから察するに、根津の登場には陸軍関係者の影響力があった可能性がある。また、陸軍には根津と共に日清貿易研究所の運営に従事していた小山秋作[140]もいた。そうした陸軍関係者が、清国で日清貿易研究所という教育機関を運営した経験のある根津を、南京での学校事業の適任者と考えるのは自然なことであろう。

　1900年4月8日、京都の熊野若王子神社近くに居住していた根津一が東京に姿を現している。この日の白岩龍平の日記を見てみよう。

　　　到村山宅訪近藤転到上野桜雲台与同志旧友請根津酒敘也、到小山〔秋作？〕、
　　　中西[141]、佐久間[142]、原定吉、田鍋、金子[143]、澤本[144]、和田[145]、佐賀[146]
　　　与余十人三時散会迎艶子[147]赴向島歩長堤桜花満開日晴到吉原一過日皈寅、
　　　訪近衛公。中川従神戸帰来[148]

　同日の近衛日記には、「面会　根津一　同文会の事並に南京同文学堂の事」、「夜に入り田辺為三郎、白岩龍平来り、大東公司の事に付種々協議を為す。十一時皆去る」とある[149]。根津一は昼過ぎまで白岩をはじめとする日清貿易研究所関係者と上野で花見をし、その後、近衛と面会して東亜同文会と南京の学校事業について説明を受けたのである。

　4月9日、近衛は佐藤に「同文会の事根津一に面会したる模様等[150]」を話し、

東亜同文書院の開校について　　　　37

10日には長岡護美と会って、「同文会の近状に付余の意見に同意を求め、異存なき趣回答を得たり[151]」と、何らかの同意を求めた。学校事業は近衛外遊中に長岡が始めたものであったから、その変更について長岡の同意を欲したのではないだろうか。その変更とは、佐藤から根津への学校責任者の交代であろう。

　近衛日記によれば、4月11日、根津は東亜同文会の学校事業の責任者になることを承諾している。

　　　本日正午前根津一来る。南京同文書院の担任を嘱託し、承諾せり　佐藤根
　　　津意気投合して佐藤より根津を推薦するの順序となれり。而して差当り同
　　　人は、近日会長代理の資格にて渡清し、不取敢同人を評議員に加ふる事と
　　　す[152]。

　このように、東亜同文会の清国での学校事業は、1900年4月に現地のスタッフによって小規模な教育活動が始められたものの、学校としては余りにも小規模なものでしかなく、先の見通しが立たない状態に陥っていた。しかし、近衛の主体的な取り組みによって、かつて日清貿易研究所の運営に携わった経験を持つ根津一を責任者とする体制に刷新されたのである。

第5節　南京同文書院から東亜同文書院へ

第1項　南京同文書院

　1900年5月1日、外務省政務局長内田康哉は近衛篤麿に対して「清国南京に貴会の学校開設の件に関しては、〔中略〕何故か開設の計画遅々として捗らざるを以て、〔中略〕笑を他人に貽すを免れざる[153]」という文書を送った。これに近衛は激怒している。

　　　南京同文書院の事たる、本年度の新設事業にして、昨年計画の時は外務も
　　　熱心に賛成したるに拘らず其計費（ママ）の支出を拒み置、又佐藤少将の派遣には
　　　陸軍より妨害を与へ置乍ら、如此侮辱的の照会を為し来るは何たる無責任
　　　の挙動ぞや。もし外務の当局者と同文会と地を替へしならば、今日の同文

38 　　　　　　　　　第1部　　第1章

会程の事も為し得ざるは知るべし。無能人の無能呼ばはり、片腹痛き次第
なり。今日の当局者、他日其失言を悟るべきなり[154]。

　近衛の学校事業に対する自信に満ちた言葉には確固たる裏付けがあった。こ
の時期、東亜同文会の清国での学校事業は急速に進展し始めていたのである。
　5月12日、根津一は「錦地同文書院の儀も、主任者病気の為め創立準備意の
如く運び兼候処、此度之が為め特に評議員根津一を派し、右に冠する諸般の施
設を為さしめ候[155]」と書かれた近衛の劉坤一宛親書を携え清国へ向けて出発
した[156]。同日、南京では清国側の関係者も出席して開校式が挙行されている[157]。

　　南京同文書院開院式の景況報じ来候内に、劉坤一が名代として洋務局総弁
　　王嘉棠を臨席を致、尚陶森甲、銭徳培等、劉が股肱の面々臨席致、歓を尽
　　して帰りたる趣有之候。劉が本会に対する好意は此次政界の変動後変らざ
　　るものゝ如く、之が為め南京官場の気受、鹿代理の間とは一変致候様相相
　　見申候。此際根津氏御贈物を斉し歓情を通じ候はゞ、極めて好都合と奉存
　　候[158]。

　南京同文書院の開校には、排外的な鹿伝霖が去り[159]、近衛と会談して協力を
約束した劉坤一が両江総督に復帰するという状況の変化が大きく作用していた
のである。また、この学校は官界だけではなく民間にも受け入れられていた。

　　劉総督も病気宜敷非常に好都合にて、妙相菴内の空地を学校敷地として二
　　十間の約束にて借受けたり。尤之は土地紳士の承諾を経べきものなるが、
　　人気頗る宜く各紳士直に会合承諾を与へたり[160]。

　このように妙相庵という園地での土地の借り入れについて住民の賛同を得て
いたし、さらに南京同文書院には前述した15名の日本人学生だけではなく清国
人学生が30名程入学しており、現地に受け入れられつつあったといえる[161]。
　さて、南京同文書院が開校したのは、ちょうど義和団の活動が激しくなって
いた時期でもあった。この頃、山東に発した義和団は北京に達し、これに同調

した清の中央政府が列国に宣戦布告をしている。

6月14日、近衛は東亜同文会から「義和団に関する緊要の情報」という文書を受け取っている。

> 長江一帯の人心も漸く浮動の兆有之、盗賊横行隊を成して跋扈を逞ふし居申候〔中略〕彼の義和団なるものは二十万の人数有之候得共、形有りて形無きが如く、集まる時は土匪にして散ずるときは良民なり[162]。

翌15日にも近衛は上海の井手三郎から義和団に関わる書簡を受け取っている[163]。強まる義和団の活動について、彼は6月23日の日記に次のように記した。

> 今や支那の形勢穏やかならず、日本人中血気の輩数名踪跡を失せり。察するに南清地方に於て、孫文一輩と事を共にするにやあらん。今や北清の事末だ定まらず。然るに南清に不穏の事起るとせば、清国の将来は甚だ危殆なりといふべし。もし事を挙るの必要ありとせば、北方の事平らぎて後、正々堂々打出すべきなり。彼拳匪の例にならいて徒らに騒擾するが如きは、志士なるものゝ為すべき事にあらず、唯外人容喙の便宜を与ふるに過ぎず。清国の将来の為に慎重の体度を取るべきは同国志士の為に必要なるのみならず、日本人にして、殊に同文会員中＊、これを煽動せんとするものありとせば、百方これを止むるの策を講ぜざる可らず。故に根津帰朝の後は、更に一人を当分南京に派して前述の軽挙を抑へ、同地の内情を本部に報じ、又同文書院の進退　事によりては引揚ぐるの必要あらんにより　を処決するの重任を負はしむるの考えなり。而して其事は子に　田鍋〔安之助〕を指す　任せんと欲するなりと。〔中略〕＊福本誠〔日南〕、清藤幸七郎、宮崎、平山周[164]。

状況によっては南京同文書院の引き揚げも考えていた近衛が、最も強く危ぶんでいたのは東亜同文会の内部から革命派にくみする者が現れることであった。そうした事態を防ぐため、根津の帰国後は田鍋を派遣して福本や清藤らの要注意人物を抑えようとしており、実際、田鍋は根津と入れ替わるように7月

11日に清国に入っている[165]。

　近衛は清国の反体制的活動の支援には反対であった。これは彼個人だけではなく東亜同文会の公式的な姿勢でもある。東亜同文会幹事会は1900年6月19日の幹事会で次の決議をしている。

　　二　評議員会の決議に基き、清国各支部に左の通り通知すること。
　　（一）　此際に於て支那保全主義を益々鮮明ならしむると同時に、人心収攬に努むること。
　　（二）　若し南部に起りたる匪徒の攘夷主義なるときは、新聞其他の方法を以て之を非攘夷的に導き、直ちに兵力を加ふる事を避くべき事[166]。

　もっとも、この時点では、南京同文書院の教職員、学生は義和団の影響をさほど感じてはいなかったようである。7月13日、田鍋は次のように近衛に報告している。

　　南京留学生は暑中休暇中杭州及漢口地方へ旅行致事に相成り、杭州へ向ふべき八九人、過日来山田氏に従ひ当地〔上海〕へ参り居候処、本日出発致候。二三日杭州へ逗留の上帰り来候由[167]。

　しかし、八カ国連合軍の北京攻撃が近づくにつれて南京周辺の状況も急速に変化した。7月28日の田鍋の報告を見てみよう。

　　当地一二の官人に接しに、義和団を以て正人の会と為し、厚き同情を有せり。〔中略〕兎に角今日は前にも申上候通り、非常の速力を以て北方の攘夷熱が南方へ伝播致居候。〔中略〕張之洞が如き、十日以内に立退かざれば安全の保護証し難しと申し候由、通知を得たり[168]。

　ここには張之洞は急激に高揚した華中域の排外的な世論を察して避難勧告を行ったことが記されている。また、この頃、張は日本に送っていた息子張権、孫張厚琨を急遽帰国させてもいる[169]。

田鍋は、8月4日にも「長江沿岸一帯人心荒立ち居〔中略〕当地の如きも英領事及郵便局長を除き、余は皆引揚申候」、南京同文書院については「暑中休暇中に付、学生の一半は上海に下り居候」と近衛に伝え[170]、さらに夏休み明けの時期である8月末から9月初めにかけて学校を上海へ移動させる決断をした[171]。

この時、近衛が危惧していた孫文らの反体制活動に関わる動きが東亜同文会や南京同文書院の内部で顕在化しつつあった。近衛は8月17日の日記に次のように記している。

> 同文会幹事会を開き、南京同文書院学生中、福本誠等の陰謀に関係するものあるやの疑あり 佐々木四方志山田良政等も疑はしとの事なり、田鍋に打電して其取締を為さしめ、又同人を同院幹事、校長代理として臨機の処分を一任する事とす[172]。

これは疑惑では終わらなかった。田鍋は革命派にくみしようとした学生に一ヶ月の禁足処分を科したと回想しており[173]、そうした活動はたしかにあったようである。

名指しで疑われた佐々木は帰国すると、8月23日「福本等の陰謀に関係せし事に付自白の為[174]」に近衛と面会している。

山田は9月14日に南京同文書院を離れ[175]、後述するように10月9日に台湾の淡水に姿を現すと孫文が革命をねらって起こした恵州事件に加わり23日には消息不明となった。山田は近衛がよしとしない清国政府への反体制活動に身を投じたのである。清国側の賛同を得て開校した南京同文書院の教員が、清朝の転覆を企てるテロリズムに走ったことは、この学校はもちろん、運営母体である東亜同文会の活動に悪影響を及ぼしかねない危険な行為であった。

第2項　上海の東亜同文書院へ

さて、学校事業の責任者根津一は、5月12日に近衛篤麿の代理として清国へ向けて出発すると劉坤一、張之洞と会い今後の協力関係を取り付けて帰国し、7月10日には東京に入っていた[176]。彼は近衛に義和団の乱に対する三つの方

策を述べている[177]。

「現状保全策」、列強と歩調を合わせて義和団を討伐しつつ、清国の現状維持に努める。

「連邦保全策」、華北の騒乱が長期化して清国政府が統治能力を失ったならば、李鴻章、劉坤一、張之洞といった清国南部の有力者を日本の保護下におき、さらに浙江省、福建省を直接保護地として政治を安定させた後に全国を統一させて全土を日本の保護下におく。

「放任保全策」、日本は清国に干渉することなく内政に専念する。

そして、「利を捨てゝ義を取り[178]」（傍点筆者）という信念から「現状保全策」が最善であるとした。

しかし、もし清国が列国によって分割占領される事態に陥った場合は、イギリスと同盟を結んで長江中流から下流域を軍事占領し、イギリスがインドに対して行っているように清国全土を日本の植民地にする場合もあるとしている。

こうした根津の情勢分析を近衛は「根津の話によりて、南清の事情は大に詳らかにする事を得たり[179]」と高く評価した。この後、近衛は義和団の乱の混乱に乗じて清国内での勢力を強めたロシアの動きに対して強硬論を主張し、9月24日に国民同盟会を結成することになるが、近衛日記を見ると、そうした活動の中で根津が側近といえるような頻度で登場する。そこには近衛の根津に対する信頼の高まりを見ることができるだろう。

近衛と根津の関係が密になっていく一方で佐藤の会統治は困難さを深めていた。7月17日の近衛日記には「本日の幹事会は佐藤と各幹事との間に大激論あり[180]」と記されている。そして、8月8日、佐藤は3度目となる幹事長からの辞意を近衛に伝えた。この時の近衛の態度は以前とは大きく異なっていた。

　　〔佐藤は〕幹事等との折合面白からざるに付幹事長を辞したしとの事、余も今回は強て抑留はせざれ共、後任者に適当の人を見出す事難ければ、尚ほ熟考すべし[181]。

近衛は後任の見通しさえ付けば幹事長職を交代させるつもりだったのである。

東亜同文書院の開校について

　加えて佐藤に対する近衛の心象も悪化していた。8月14日、佐藤は自身の辞意が知らぬ間に幹事達の知るところになっていることに立腹して東亜同文会臨時大会を欠席したが、このことについて近衛は「一向筋の立たざる事なり。〔中略〕何にしても児戯に均しき事といふべきなり[182]」と批判している。

　もはや佐藤の幹事長退任は避けられない情勢になっていたのである。

　8月17日、近衛は根津に幹事長就任を要請し[183]、19日に前向きな返事を得ると、24日には佐藤の幹事長職からの退職を認めた[184]。

　この後、幹事長となった根津一のもとで東亜同文会の学校事業が進められいく。

　1900年11月頃、学校組織と日本人学生に対するカリキュラムの概要が定められている[185]。中国語と英語を教えることは佐藤時代と同じであるが、清国の法制を修める政治科と清国でのビジネスに特化した商務科の2科を設けており、日本人に対する教育内容を具体化したものであった。

　同時期、学生募集も行われている。前年は文書による募集だけだったが、根津は井上雅二を畿内、山陽、四国地方と静岡県、田鍋安之助を北陸地方と滋賀県、三重県、岐阜県、愛知県、小川平吉を関東地方と長野県、三谷末次郎（日清貿易研究所卒業生）を東北地方、郡島忠次郎（日清貿易研究所卒業生）を九州地方に派遣して知事や議会へ各府県が学費を負担する府県費生の派遣を直接呼びかけ[186]、4月の入学式までに府県費生を51名確保した[187]。

　さらに1901年3月頃には根津一を院長とする教職員の陣容も整えられている[188]。

　校舎については、2月に景山長治郎（日清貿易研究所卒業生）を上海に派遣し[189]、翌月には「時局全く平和に帰する迄は同院を上海に置くこと、なせるを以て上海の市を去る一里弱にして閑静なる処に書院に適当なる一建物を借受たり[190]」と上海で確保した[191]。かつて経元善が女学校として建設し、経正書院や東文学社が教育活動を行っていた施設であった。

　そうした準備の後、1901年4月30日東京の華族会館で入学式が行われ、5月26日上海郊外の高昌廟桂墅里で開校式が行われた。前年、南京で行っていたにも関わらず、新たに開校式を行ったのには、今回を実質的な創立に位置づけようという意図があったのであろう。それは1901年入学生を第1期生としてい

ることにもあらわれている。

　東亜同文会副会長長岡護美が出席した開校式は、「上海より当日の盛典を賀せんが為来集するもの清国官吏在留外国紳縉及在留邦人等其数殆んど三百[192]」という盛況なもので、劉坤一からは祝電が、張之洞からは祝辞が送られた。主な来賓は次の通り[193]。

　　日本　上海総領事代理小田切万寿之助、扶桑艦長大塚暢雄、明石艦長上原伸次郎
　　清国　盛宣懐、上海道台袁樹勛（両江総督劉坤一代理）、江蘇候補知県劉怡（湖北湖南総督張之洞代理）、洋務局提調用正任、台州府知府徐承礼、候補知府葉寿松（浙江巡撫余聯沅代理）、候補道台鄭官応（安徽巡撫王之春代理）
　　その他　在上海英国高等領事裁判所判事ハイラム=ショウ=ウィルキンソン（Hiram Shaw Wilkinson）、ジャーディン=マセソン商会大班ジョームズ

図 1-1-1　東亜同文書院第1期生入学式、1901 年（愛知大学東亜同文書院大学記念センター所蔵）　前列左より6人目が根津一、7人目が長岡護美、8人目が近衛篤麿

=ジョンストン=ケズウィック（The Hon. James Johnstone Keswick）

清国側に認められた状態でこの学校は大々的に開校したのである。

開校式の来賓の中で特に注目するのは盛宣懐である。彼は高昌廟桂墅里の学校施設を建設した経元善と直接繋がりのある人物である。盛が電報局総弁であった時、上海分局の責任者は経であり、盛が南洋公学を開校する際に、経が協力していた。また、1900年の経の失脚についても盛は関係している。

〔西太后批判で経元善が失脚した際〕当時たまたま北京にいた盛宣懐は、暗号電報で鄭観応に連絡し、彼を逃亡させた。しかし、彼が上海を離れた後、盛宣懐は電報局の上司として弾劾され、彼を連れ戻す責任を負わされた。そこで盛宣懐は彼が公金を横領して広東方面に逃亡したという罪をか

図 1-1-2　東亜同文書院開校式、1901年（愛知大学東亜同文書院大学記念センター所蔵）
壇上が根津一

ぶせて、広東総督の李鴻章に彼を逮捕するように依頼した。〔中略〕澳門
亡命で上海の資産を没収され、社会的地位も失い、彼は間もなく上海に戻
ったものの、〔中略〕失意のままに〔19〕03年秋上海で病死した[194]。

こうした経緯を踏まえると、盛宣懐が高昌廟桂墅里の学校施設に影響力をも
っていた蓋然性は極めて高い。
　また、この時期、盛と東亜同文会に交流があった。それは1901年6月3日の
近衛日記からわかる。

　　白岩の話に、盛宣懐より三百万元を日本より借入たき希望ありとの事、江
　　西より湖南に通ずる鉄道敷設の為なるよし、抵当としては漢陽鉄政局、江
　　西湖南鉱山採掘権、九江南昌間鉄道敷設権、電信局全部監督権、江西湖南
　　鉄道　今度敷設せんとする　等の内にて応ぜられたしとの事なるよし、何
　　卒応ずる事に致したきものなりとの話あり[195]。

　盛が東亜同文会の高昌廟桂墅里の施設の借用について便宜を図ったとすれ
ば、この開校式直後の借款の申し入れは、見返りを求めるものだとも考えられ
よう。
　さて、この上海での開校時点での校名はあくまで「南京同文書院」であり、
「東亜同文書院」ではない。
　南京の妙相庵に残してきた施設について、根津は7月15日付の近衛宛書簡で
次のように述べている。

　　南京の方分院設置の為已に派人、妙相庵修理中に御座候。上海にも分院開
　　設仕度、道台も相談に預り可申との事にて、目下家主と校舎の相談中に御
　　座候。南京分院の方に湖南、湖北、江西、安徽、南京地方、上海分院の方
　　に杭州、蘇州、上海一帯の人士を集め、四川には井戸川大尉に商り分院章
　　程に基き候学校相開候はゞ、長江水域の地盤に在る支那の普通教育の統一
　　基礎相立可申存居候[196]。

この分院とは清国人を対象とする学校のことである。南京には日本人学生が学ぶ妙相庵とは別に清国人が学ぶ王府園があったが、義和団の乱の激化と共に閉鎖していた。根津は、それを復活させると同時に、上海や四川にも新たな分院を開こうとしていたのである。

しかし、そうした南京同文書院の拡張はもちろん、南京への復帰は実際には行われなかった。8月頃には南京復帰を正式に中止し、校名を「東亜同文書院」に変更する決定がなされた。

　　種々の点より考ふるに学校の根拠地として殊に日本学生養成地としては南京よりは却上海の適当なるを察しより今般同文書院を現在のま、永く同地に置くこと、なし其名称を東亜同文書院と改称せり[197]。

この時、北京をめぐる清国と八カ国連合軍との戦闘自体はすでに終結していたが、完全な戦後処理は1901年9月7日調印の北京議定書を待たねばならなかったし、清国の最高権力者である西太后は1902年まで西安に滞在し続けるなど、清国国内はまだ完全に安定していたわけではなかった。

そうした中、何時になるとも知れない南京復帰よりも、上海の校舎に集中する方が現実的であったともいえる。また、根津の持論が上海での開校であったことも、南京復帰中止に影響したのかもしれない[198]。

また、そもそも東亜同文会には分院の開設や南京復帰を行う能力がなかった。そのことは白岩龍平の9月6日付近衛宛書簡から読み取ることができる。

　　同文書院の現況は先ず好評にて、生徒も二名退校処分をなしたる外何事もなし。只財政に付て根津氏の苦況は実に非常に気の毒に有之、已に上海の邦人中には学校を財政上より危殆に相考候程に有之申候。〔中略〕同文書院財政の困難は、第一予算の相違甚しき事、第二出納の適任者無き事の二点に帰し申候。予算は目今約二百五六十円の不足に有之、又出納は院長自身に取扱ふにより、五十円の金を借るにも院長自力駆け廻ると云ふ有様に有之候。〔中略〕分院の設立は不急にして、暫く時期の到るを待ち、其設立に要する経費は教官派遣、教科書借[ママ]与らの補助の外、一切清人の負担

たらしむべし、我より何も角も出資して苦しむ如きは無償の空労に帰すべし[199]。

開校して日も浅いにも関わらず、院長根津が上海で金策に走る状態に陥っていたのである。

この時期の東亜同文書院の財政運営を具体的に示す資料はないが、上海に移転する以前、1900年4月当時の南京同文書院設立に関する予算案によれば、学生1名あたりの学費寮費月額2円とし、学生数50名の想定で月の経常費は1100円、毎月1000円の赤字を出すとしている[200]。1900年6月に示された1900年度東亜同文会予算では南京同文書院の経常歳出を7680円としている[201]。東亜同文会は南京同文書院の経常歳出を7-8000円から1万3000円余りになると想定していたことがわかる。前述したように1901年の上海での開校時には学費を月額20円としており、51名の府県費生だけで歳入が1万2240円となることから[202]、財政面では南京時代よりも余裕が出るはずであった。しかし、実際には借入金がなければ運営できなくなっていたのであり、そのような状態で活動の拡大や南京への復帰は不可能であった。

第6節　おわりに

本章では、東亜同文書院創立時の高昌廟桂墅里校舎の成立過程を明らかにした。

東亜同文書院高昌廟桂墅里校舎の施設は、もともと1898年に上海実業界の有力者である経元善が中国最初の近代的な女学校として整備したものであった。この女学校は翌年には高昌廟から上海県城内へ移転し、その施設には入れ替わりに羅振玉が開いた東文学社が入った。そこでは日本人藤田豊八や田岡嶺雲が日本語や洋学を教えており、学生の中には王国維がいた。

同じ頃、日本と清国が協力しつつ発展することを目指して1898年11月に結成された東亜同文会が日本人には高等教育を、清国人には小等・中等教育を行おうという南京同文書院を運営しようとしていた。両江総督劉坤一や湖北湖南総督張之洞の賛同を得たものの、責任者である幹事長佐藤正の現地入りが陸軍

の反対によって不可能となったことや、佐藤の会統治がうまく効かなかったこと、会内の人材資源を有効に活用できなかったことにより事業は停滞した。さらに義和団の乱の影響によって清国社会に排外的な風潮が高まると、南京から上海へ避難することを余儀なくされ、閉塞状態に陥った。

　そうした状況に対して、会長の近衛篤麿は、上海の日清貿易研究所の幹部だった根津一を招聘して事業の立て直しを図った。根津は日清貿易研究所関係者の協力を得つつ学校事業を推進し、経元善の女学校や羅振玉の東文学社として使用されていた施設を借用して、1901年5月に上海の高昌廟桂墅里での開校式を実現させた。また、彼は南京復帰を取り止めて上海での学校運営に専念する方針を立て、「南京同文書院」を「東亜同文書院」へと改称している。この学校は清国の法制度を学ぶ政治科とビジネスを学ぶ商務科から構成される日本人を対象とした学校であった。根津には学校を拡張して清国人の学生も集める構想があったが、財政的な問題もあって1922年の中華学生部設置に至るまで実現することができなかった。

　さて、こうした東亜同文書院の成立を清国側はどのように見ていたのだろうか。見てきたように義和団の乱の影響によって排外意識の高まった時期を除けば、基本的に協力的な姿勢であった。

　張之洞には「贈日本長岡護美三首」という作成時期が明記されていない作詩がある。長岡護美は、1901年6月11日付の張之洞「覆日本公爵近衛篤麿　一首」に「比者長岡子爵溯江来、道出鄂渚[203)]」（近頃、長岡護美子爵が長江を溯り、湖北省にいらっしゃった）とあるように、南京同文書院の開校式の後に張之洞に会っており、「贈日本長岡護美三首」はそれ以降のものだと考えられる。

　「贈日本長岡護美三首」は次のような文が付されている。

　　　君爲同文會副會長，來滬創設同文書院，集東方學人講求會通中西之學[204)]。
　　　訳：長岡護美氏は東亜同文会の副会長で、上海にいらっしゃって南京同文書院を創立し、日本人の学生に清国と西洋の学問を修めさせようとされている。

　これらから、張之洞は1901年4月に作成された「創立南京同文書院要領[205)]」

を読んでいることがわかる。それは設立趣意と教育理念をまとめた文書で、例えば、「創立南京同文書院要領」に含まれる「立教綱領」の一節「日本学生。以清英言語文章。及中外制度律令商工務之要[206]」（日本の学生は清国語と英語、および〔清国内外の〕法制度やビジネスについての重要な事柄を学びます）は、張の文書と同じ意味である。

また、「贈日本長岡護美三首」には次のような文も付されている。

　　同文書院章程，除専門之學外，人人須習五經四書[207]。
　　訳：同文書院章程によれば、専門科目以外に学生は四書五経を学ばなければならない。

これも「創立南京同文書院要領」中の「立教綱領」の「蓋六経四子。古先聖賢所以修身斉家平天下之法也。〔中略〕故本書院。首設経学之科[208]」（思うに六経四子あるいは四書五経というものは、古の先賢たちが身を修め、家をととのえ、天下を平和にしたことの真理が記されている。〔中略〕ゆえに本書院は、まず経学を学ばせる）という部分に基づいたものだと考えられる。

張之洞は、南京同文書院の教育が中国起源の儒学を基層に据えていると理解していたのである。それは科挙を突破してきた選良である張にとって好意的に受け取れるものであり、評価しているからこそ東亜同文会の学校と儒学に関する文章を詩に添えたのだと言える。

東亜同文書院の活動とは直接関わってはいないが、高昌廟桂墅里校舎の以前の使用者羅振玉は、当時の清国の教育と日本との関係について次のように述べている。

　　時中國學校無手東文者。入學者衆。乃添聘田岡君（嶺雲）爲助教。上海日本副領事諸井學士（六郎）及書記船津君（辰一郎）任義務教員。授東語。學社乃立。繼是日本亦剏同文會。會長近衛公（篤麿）。及副會長長岡子（護美）。均來訂交。日以同文同種之義相勧導。意至誠切。於是兩國朝野名人。交誼増進[209]。
　　訳：その頃の中国の学校には日本語を教える者がいなかったので、東文学

社の入学者は多く、田岡嶺雲を招聘して助教とし、日本の上海副領事諸井
六郎と書記船津辰一郎がボランティアで教員を務めて、日本語教育を行い、
学校を運営した。ついで日本は東亜同文会を結成し、会長近衛篤麿と副会
長長岡護美は共に清国に来て私たちは交誼を結んだ。次第に同文同種の誼
で気持ちが通い合い、両国の人々の交流を促進させた。

　ここで、羅振玉は自身の東文学社に続く日清両国の文化交流の担い手として
東亜同文会を挙げており、さらに、その活動が日清両国の交流を深めるもので
あるとしている。東亜同文会の清国内での主要な活動は東亜同文書院である以
上、羅の東亜同文会への評価は、そのまま東亜同文書院にもあてはまると考え
てよいだろう。
　この張之洞と羅振玉の東亜同文書院に関わる評価は、いずれも肯定的であっ
た。
　こうしたことから浮かび上がってくるのは、東亜同文書院の開校が、日清両
国の良好な関係を築いていく上で双方から期待されていたということである。

表 1-1-1　東亜同文書院高昌廟桂墅里校舎関係年表

	経元善が建設した教育施設の使用について		上海東文学社関係	東亜同文書院関係	その他
	高昌廟桂墅里	上海城内			
1890 明治23 光緒16				9月開校	
1891 明治24 光緒17					
1892 明治25 光緒18				日清貿易研究所	
1893 明治26 光緒19	経正書院(第1期)			6月閉鎖 7月開設	春上海楽善堂焼失閉店
1894 明治27 光緒20				日清商品陳列所 8月閉鎖	8月日清戦争開戦
1895 明治28 光緒21					5月下関条約
1896 明治29 光緒22					
1897 明治30 光緒23	12月「裙釵大会」(「点石斎画報」)		藤田豊八、上海で羅振玉と知り合う		東亜会設立
1898 明治31 光緒24	4月校舎落成 5月31日開校 中国女学堂	10月31日中国女学堂分校設置	3月9日共同租界梅福里で開校 東文学社	6月同文会設立 7月29日白岩龍平、近衛篤麿に根津一を推薦 11月東亜同文会成立	6月戊戌変法 9月戊戌の政変
1899 明治32 光緒25	2月～8月？閉鎖 9月開校 経正書院(第2期)	？共同租界梅福里より移転 女学校淘沙場分校 東文学社使用	5～6月？田岡嶺雲、上海に渡り東文学社の教職に就く	4月近衛篤麿欧米視察出発 5月柏原文太郎、清国留学担当(東亜時論13会報) 10月東京同文書院開校(会史295) 10月29日近衛篤麿、南京で劉坤一と会談 11月4日武昌で張之洞と会談 11月22日近衛篤麿、京都聖護院別邸で根津一と面会 12月2日佐藤正「南京同文書院設立意見書」を近衛篤麿に提出	1月東本願寺、金陵東文学堂開校 3月山東で義和団蜂起 7月日英通商航海条約発効
1900 明治33 光緒26	6月田岡嶺雲退職	？東文学社閉鎖 10月？分校閉鎖		3月6日菊池謙次郎南京同文書院教頭就任承諾 3月25日亜細亜協会、東亜同文会合併 4月1日根津一、南京同文書院院長就任承諾 南京同文書院 5月12日南京妙相庵に開校(後に王府園分院を開設)、根津一渡清 6月7日根津一、南京で劉坤一と会談、武昌に張之洞を訪ねるも義和団の乱を受けて7月10帰国 6月20日分院閉鎖 7月1日田鍋安之助　清へ 7月27日張之洞、南京同文書院に避難勧告 8月19日根津、幹事長就任承諾 8月末から9月初旬上海移転 8月末根津、東亜同文会幹事長就任 10月山田良政、恵州事件で遭難	1月経元善失脚、澳門に亡命 6月義和団北京入城 6月21日清、対列強宣戦布告 6月26日東南互保条約 8月14日八カ国連合軍北京占領 8月末恵州事件 10月恵州事件
1901 明治34 光緒27	南京同文書院→東亜同文書院 5月8日根津一、学生上海着 5月11日授業開始 5月15日菊池謙次郎上海着 5月26日開校式0 7月27日根津一「南京同文書院南京分院章程」、南京と上海に分院設置構想 8月東亜同文書院に改称 9月6日白岩平、菊池兼次郎教頭就任昇格と分院設立は時期尚早と近衛篤麿に具申 10月16日根津一、御真影御下賜を近衛篤麿へ請願			2月1日景山長治郎、施設準備のために渡清 2月8日東京同文書院、赤坂檜町移転 3月20日南京同文書院施設用意完了 4月25日「南京同文書院要領」 4月30日南京同文書院入学式(華族会館) 5月18日田鍋安之助帰国 7月12日近衛篤麿、東京出発、14日宇品、18日天津、21日北京、24日李鴻章面会、30日離北京、31日山海関、4日芝罘、9日旅順、11日芝罘、15日仁川、16日京城、25日木浦、26日釜山、29日下関、30日神戸、京都、9月1日東京 10月18～1月27日根津一全国遊説 12月東京同文書院、神田錦町移転へ(会史342) 12月29日近衛篤麿、東亜同文書院・東京同文書院次期院長に杉浦重剛招聘	4月28日大養毅校長東亜商業学校開校式 9月7日北京議定書 11月7日李鴻章死

注

1) 臧勵龢編『中国古今地名大辞典』台2版、台湾商務印書館、1966年。

2) 香川悦二『支那旅行便覧』博文館、1906年、432頁。

3) 高橋孝助、古厩忠夫編『上海史』東方書店、1995年、56頁。

4) 大学史編纂委員会編、前掲書、93頁。

5) 趙夢雲『上海・文学残像——日本人作家の光と影』現代アジア叢書35、田畑書店、2000年、35頁。

6) 坂本義孝「同窓会員として」滬友同窓会『滬友』第28号、1925年、40頁。

7) 張偉編『老上海地図』上海画報出版社、2001年、71頁。

8) 伯特利医院（Bethel Hospital）は1920年から1937年まで運営されていた（木之内誠編著『上海歴史ガイドマップ』増補改訂版、大修館書店、2011年、63、164頁）。

9) 東亜同文書院滬友会同窓会（代表油谷恭一）『山洲根津先生伝』根津先生伝記編纂部、1930年、90頁。

10) 東亜同文書院滬友会同窓会、前掲書、444頁。

11) 中井英基「経元善」（山田辰雄編『近代中国人名辞典』霞山会、1995年、360–361頁）、虞和平編『経元善集』辛亥革命百年紀念文庫人物文集系列（華中師範大学出版社、2011年）、中井英基「経元善」（近代中国人名辞典修訂版編集委員会編『近代中国人名辞典』修訂版、霞山会、2018年、262頁）。

12) 盛静英「先翁経元善簡歴」、虞、前掲書、342頁。

13) 聶好春「試論経元善的教育思想和教育実践」『華北電力大学学報（社会科学版）』第1期、2006年1月、125頁。虞、前掲書、348頁。

14) 王宗光主編『上海交通大学史』第1巻、上海交通大学出版社、2016年、19–20頁。

15)「原高昌庙経正書院旧址，1896年9月借给钟天纬开办上海三等公学（后改称沪南三等学堂）」（高昌廟の旧経正書院だった場所は、1896年に鐘天緯へ貸し出されて上海三等公学（後に滬南三等学堂と改称）が開校した）（王、前掲書、第1巻、21頁）。

16) 王、前掲書、第1巻、21頁。

17) 女学校設立については上海の資産家だけではなく、南洋通商大臣や北洋通商大臣、総理各国事務衙門、湖北湖南総督、両江総督、閩浙総督にも支援を求めている（虞、前掲書、350頁）。

18) 開校前の1897年12月の章程（『時務報』、虞、前掲書、192頁）や「中国女学堂稟北南洋大臣稿」（1898年1月、『女学集議初稿』、虞、前掲書、179–181頁）は校名を「中国女学堂」とする。

19) 1898年4月開校時のものとされる「中国女学会書塾章程」（虞、前掲書、196–197頁）は校名を「中国女学会書塾」とする。

20) 盛、前掲文、342頁。

21) 南市区地方志編纂委員会編『南市区志』上海社会科学院出版社、1997年、995頁。

22) 陳珺「伝教士与経正女学」『西南交通大学学報（社会科学版）』第5期第1期、2004年。聶、

前掲文。

23）陳、前掲文。

24）崔淑芬『中国女子教育史——古代から一九四八年まで』中国書店、2007年、170頁。

25）広学会書記擬稿「上海創設中国女学堂記」『万国公報』第125巻、1899年6月、虞、前掲書、198頁。

26）白瑞華著、蘇世軍訳『中国近代報刊史』中央編訳出版社、2013年、13頁。『中国近代報刊史』は林楽知の本名をYoung J. Alien、林梅蕊の本名をAlice Alienとするが、AlienはAllenの誤りである。

27）聶（前掲文、126頁）、夏暁虹「上海"中国女学堂"考実」（『中国文化』第31期、中国芸術研究院、2010年、124頁）、白瑞華（前掲書、13頁）によれば、林梅蕊は林楽知の娘である。

28）「广学会总干事李提摩太的夫人被邀请每月访问一次」（広学会総幹事李提摩太夫人は招待されて毎月一回学校を訪問した）（聶、前掲文、126頁）。

29）崔淑芬は「「中国女学堂」以来、中国人によってつくられた女学校は雨後の筍のように増加した」（崔、前掲書、174頁）と述べ、1902年から1907年にかけて58校の女学校が設立されたことを紹介している。

30）「裙釵大会」『点石斎画報——大可堂版』第15巻、上海画報社、2001年。

31）広学会書記、前掲文、198頁。

32）高昌廟桂墅里本校の閉鎖時期にはついては、1899年2月29日（崔、前掲書、173頁）と1899年10月（聶、前掲文、126頁）の2説がある。

33）「1900年，经元善亡走澳门之前，将经正女学托付给李提摩太夫人照管，并且将校产划归教会名下，直至停办」（1900年、経元善が澳門に逃亡する前、李提摩太夫人に経正女学の管理を依頼し、また学校の財産を教会名義のものにしたが、廃校するに至った）（陳、前掲文、51頁）。

34）「清廷下令通缉，经元善逃亡澳门，经正女学"力乏难支"，于1900年中秋前后停办」（清政府が指名手配したため、経元善は澳門に逃亡し、経正女学は立ち行かなくなり、1900年10月頃に閉鎖された）（陳、前掲文、50頁）。

35）田岡嶺雲（1870-1912）、土佐国土佐郡石立村赤石15番屋敷（現・高知県高知市）の生まれ、本名は佐代治。1891年水産伝習所（現・東京水産大学）卒業、1894年帝国大学文科大学第三漢学科選科修了。1895年藤田豊八等と共に漢学の学校「東亜学院」を設立するが間もなく閉鎖。1896年岡山県津山尋常中学校（現・津山高等学校）で教職に就く。1897年『万朝報』の記者、1899年水戸の新聞『いはらき』に入る。同年上海東文学堂の教員となる。1900年『九州日報』特派員として北清事変を従軍取材して帰国、同年岡山の新聞『中国民報』主筆となるが教科書事件で実刑判決を受け収監される。1904年『中国民報』退社。1905年雑誌『天鼓』を創刊するが間もなく廃刊。1905年藤田豊八が総教習を務める蘇州の江蘇師範学堂の教員となるが体調を崩して1907年帰国。東京や伊豆などを転々として療養しつつ評論活動を行ったが日光滞在中に没した。

36）西田勝編『田岡嶺雲全集』第5巻、法政大学出版局、1969年、610頁。「数奇伝（5）」『中央公論』明治44年第10号（1911年）、『数奇伝』（玄黄社、1912年）収録（西田、前掲書、

東亜同文書院の開校について　　　55

800–802頁）。

37) 例えば、1914年から刊行された東亜同文書院独自の中国語テキスト『華語萃編』初集は、1936年の改訂まで「日本」を指し示す言葉として「東洋」の語を用い続けており、少なくとも刊行当初の時期において、中国では「日本」よりも「東洋」の方が一般的な表現であったと推測される（本書第3部第3章「『華語萃編』初集に見る東亜同文書院中国語教育の変遷――統計的手法を援用した分析」）。

38) 東文学社の開校時期については諸説あったが、劉建雲『中国人の日本語学習史――清末の東文学堂』（学術出版会、2005年、100–101頁）によって確定された。

39) 羅振玉（1866–1940）、江蘇省淮安生まれ、字は叔蘊、号は雲堂。清末民国の教育者、学者。中国の近代化について農業分野に注目して日本や欧米の農業技術を紹介する『農学報』を刊行し、様々な学校を立ち上げたが、辛亥革命が起こると王国維と共に日本へ亡命した。甲骨文字研究などで大きな業績を残し、また貴重な史資料の蒐集に尽力している。晩年は満日文化協会常任理事を務めるなど「満洲国」で活動した。

40) 以私費設東方學社，於新馬路之梅福里」（羅振玉は新馬路の梅福里に自費で東文学社を開設した）（趙万里『民国王静安先生国維年譜』台湾商務印書館、1978年、4頁）。

41) 藤田豊八（1869–1929）、阿波国美馬郡郡里村（現・徳島県美馬市美馬町）生まれ、号は剣峰。東洋史学者。1886年徳島中学卒業、1892年第三高等中学校（後の第三高等学校、現・京都大学、岡山大学）卒業、1895年帝国大学文科大学第三漢学科卒業。その後、東京専門学校（現・早稲田大学）、哲学館（現・東洋大学）で教えながら、文学活動や田岡嶺雲等と共に漢学の学校「東亜学院」を運営する。1897年上海に渡り羅振玉と知り合い、彼が東文学社を設立すると教員となる。1900年義和団の乱が起こったために帰国するが、翌年、羅振玉の招聘を受けて南洋公学附属東文学堂の教員となる。1902年羅振玉が両広総督岑春煊に招聘されると、教育顧問として広東に赴く。1905年羅振玉が江蘇巡撫端方による蘇州の江蘇高等師範学堂に招聘されると、その総教習に就任。1909年羅振玉が北京の農科大学長となると、その総教習となっている。1912年辛亥革命が勃発すると羅振玉の日本亡命を助けた。1918年から1920年にかけて広東で『嶺南新報』を刊行する。1920年博士学位を授与され、1923年早稲田大学、1925年東京帝国大学で史学教育に従事する。1928年台北帝国大学教授、同大文政学部長となるが翌年病没（「藤田豊八博士略伝」『東方学回想――先学を語る（1）』Ⅰ、刀水書房、2000年、230–235頁）。

42) 東亜同文会内対支功労者伝記編纂会編『対支回顧録』下巻、東亜同文会内対支功労者伝記編纂会、1936年、769頁。

43) 「二十五年己亥，二十三歳。時學社以人多地嗌，乃移製造局前之桂墅里」（1899年、数え23歳。東文学社は学生が多く手狭となったので、江南機器製造総局前の桂墅里に移転した）（趙、前掲書、4頁）。

44) 王国維『王国維先生全集』初集5、台湾大通書局、1976年、1896頁。句読点は王国維『静庵文集』（新世紀万有文庫、遼寧教育出版社、1997年）による。

45) 莫栄宗「羅雪堂先生年譜」『大陸雑誌』第26巻第5–8期、1963年、羅振玉『羅雪堂先生全集』初編20冊、文華出版公司、1968年、8704頁。

46) 経元善「上海重開經正書院啓」『居易初集』上海同文社、1902年、41丁、虞、前掲書、240頁。

47) 同上。

48) 同上。

49) 経元善「致経正書院肄業三生書」（1899年11月、虞、前掲書、241–242頁）という文書の存在から、経正書院は少なくとも1899年11月までは運営されていたことがわかる。

50)「支那を保全す　支那の改善を助成す　支那の時事を討究し実行を期す　国論を喚起す」（「会報」『東亜時論』第1号、1898年、東亜文化研究所、前掲書、266頁）。

51)「東亜同文会主意書・規則」、1898年、「会報」、『東亜時論』第1号、1898年、東亜文化研究所編『東亜同文会史』霞山会、1988年、266頁。

52)「会報」『東亜時論』第1号、1898年、東亜文化研究所、前掲、266頁。

53) 前掲「東亜同文会主意書・規則」、266頁。

54) ジャーナリスト、評論家の陸羯南、三宅雪嶺、池辺三山等。

55) 漢口では『漢報』の宗方小太郎、岡幸七郎、日清貿易東肥の緒方二三、藤森茂一郎、井口忠次郎。福州では『閩報』の井手三郎、前島真、中島真雄。上海では日清商品陳列所の土井伊八、那部武二、大東汽船会社の白岩龍平、新井甲子之助、宮坂九郎、多田亀毛、日清貿易東肥上海駐在の勝木恒喜。北京では筑紫洋行の河北純三郎、香月梅外、向野堅一。

56)「乙未会主旨」、1895年、大里浩秋編「宗方小太郎日記、明治30〜31年」、『人文学研究所報』第44号、2010年、20頁。「乙未会規則」、大里、前掲文、20–21頁。

57)「乙未同志会規約」、1897年？、近衛篤麿著、近衛篤麿日記刊行会編『近衛篤麿日記』第2巻、鹿島研究所出版会、1968年、138頁。

58) 乙未会には白岩龍平、香月梅外、勝木恒喜、桑野立生、那部武二、金嶋文四郎、河北純三郎、松倉善家、中川義弥、工藤常三郎、河本磯平といった研究所の学生と教員であった猪飼麻次郎、御幡雅文、宗方小太郎が会員として名を連ねている。乙未会会員は「会員姓名」（1897年？、近衛、前掲書、第2巻、136–137頁）、日清貿易研究所関係者は野口武「日清貿易研究所生一覧表の作成と『対支回顧録』編纂をめぐる若干の考察」（『OCCASIONAL PAPER』第5号、2016年）を参照。また、1897年頃のものと思われる「会務便概」には「図書は旧研究所備付のものを本会図書室に保管（近衛、前掲書、第2巻、135頁）とあり、研究所出身者の同窓会組織的な面も窺えていたと推測する。

59) 白岩龍平（1870–1942）、美作国吉野郡讃甘村宮本（現・岡山県美作市）生まれ。日清貿易研究所で学ぶ。日清戦争時は清国内で諜報活動に従事。戦後、渡清し大東汽船、湖南汽船、日清汽船を経営した。1920年東亜同文会理事長代理（1922年同幹事長）として同会の運営の実務を担った。

60) 浅沼誠一編纂『日清汽船株式会社三十年史及追補』日清汽船、1941年、17–18頁。

61) 東亜同文会内対支功労者伝記編纂会編『続対支回顧録』下巻、大日本教化図書、1941年、342頁。

62) 中村義『白岩龍平日記——アジア主義実業家の生涯』研文出版、1999年、68–72頁。

63) 白岩龍平発近衛篤麿宛書簡、1898年7月29日、近衛、前掲書、第2巻、122頁。

東亜同文書院の開校について　　　　57

64）白岩、前掲文、1898年8月20日、近衛、前掲書、第2巻、134頁。

65）白岩龍平「同文会設立趣旨書」、1898年？、近衛篤麿著、近衛篤麿日記刊行会編『近衛
　　篤麿日記』付属文書、鹿島研究所出版会、1969年、401頁。

66）宗方小太郎、中西正樹、田鍋安之助、高橋謙、井出三郎「東亜同文会本部支部経費並事業」、
　　1899年1月31日、近衛、前掲書、付属文書、404頁。

67）同上。

68）「広東留学生ハ左ノ五氏ヲ選定スルコト　橋本金次　内田長三郎　熊沢純之介　山下稲
　　三郎　遠藤隆夫」（「東亜同文会幹事会決定事項」「会報」『東亜時論』第13号、1899年、東
　　亜文化研究所、前掲書、273頁）。「上海留学生の試験　本誌第十五号稟告の如く今般募集
　　せし上海留学生候補者八名に付き去る十五日帝国教育会に於て選考試験を執行せり、当選
　　の結果は追て広告の筈」（「会報」『東亜時論』第18号、1899年、東亜文化研究所、前掲書、
　　274頁）。

69）「東亜同文会幹事会」「会報」『東亜時論』第10号、1899年、東亜文化研究所、前掲書、
　　272頁。

70）宗方、前掲文、近衛、前掲書、付属文書、404頁。

71）「東亜同文会幹事会決定事項」、「会報」『東亜時論』第13号、1899年、東亜文化研究所、
　　前掲書、273頁。

72）同上。

73）「会報」『東亜時論』第14号、1899年、東亜文化研究所、前掲書、273頁。

74）これより前、1899年夏の記録に「特別委員会　同文書院の設立に関する特別委員会第一
　　回を七月十二日本会事務所に門き右設立及教授の方針に関する諸般の要項を議定せり」
　　（「会報」『東亜時論』第17号、1899年、東亜文化研究所、前掲書、274頁）とあるが、こ
　　れが後の南京同文書院や東亜同文書院のような日本人を主たる対象とするものなのか、中
　　国人を対象として東京同文書院のいずれについてのものなのかは不明である。

75）東亜同文会発近衛篤麿宛文書、1899年10月8日、近衛、前掲書、第2巻、435頁。

76）「会報」『東亜時論』第6号、1899年、東亜文化研究所、前掲書、270頁。

77）「会報」『東亜時論』第15号、1899年、東亜文化研究所、前掲書、273頁。

78）「幹事長佐藤少将も熱心の尽力にて、一般に会の信認を嵩め候と存候。陸氏は内面は幹
　　事長同様尽力なれど、日本新聞の都合と、可成有功の人に表面の地位を譲り、会の信認を
　　弘めたき志願とに出て評議員に移り、不相替尽力罷在候」（長岡護美発近衛篤麿宛書簡、
　　1899年6月29日、近衛、前掲書、第2巻、410頁）。

79）東亜同文会発近衛篤麿宛文書、1899年10月8日、近衛、前掲書、第2巻、435–436頁。

80）川邉雄大『東本願寺中国布教の研究』研文出版、2013年、126–131頁。

81）三田良信「荒尾精先生の書幅発見について——南京同文書院設立の経緯」『同文書院記
　　念報』Vol. 18、愛知大学東亜同文書院大学記念センター、2010年、15–17頁。該文は、三
　　田良信「南京同文書院設立の経緯——北方心泉の日記・ノート及び近衛篤麿日記より」（三
　　田良信『一か八か』私家版、2006年）の再録である。

82）三田、前掲文、17頁。

83）近衛、前掲書、第2巻、438頁。

84）同上、444頁。

85）佐藤正「南京同文学堂設立意見書」、1899年11月、近衛、前掲書、第2巻、489–494頁。

86）「第一部本科学課及其程度配当表」、近衛、前掲書、第2巻、493–494頁。

87）近衛、前掲書、第2巻、492頁。

88）同上、492頁。

89）近衛篤麿、長岡護美発各府道府県知事、道府県議会議長宛文書、1899年12月27日、松岡恭一、山口昇編纂『日清貿易研究所東亜同文書院沿革史』東亜同文書院学友会、1908年、下編19頁。

90）東亜同文会上海支部の井手三郎は、「南京佐々木氏非常の熱心を以て各方面にわたりを付け居候由」と記している（井手三郎発近衛篤麿宛文書、1899年12月25日、近衛篤麿著、近衛篤麿日記刊行会編『近衛篤麿日記』第3巻、鹿島研究所出版会、1968年、18頁）。

91）「会報」『東亜時論』第23号、1899年、東亜文化研究所、前掲書、282頁。

92）佐々木四方志発近衛篤麿宛書簡、1899年12月21日、近衛、前掲書、第3巻、17頁。

93）小田切万寿之助発近衛篤麿宛書簡、1899年12月23日、近衛、前掲書、第3巻、5頁。

94）佐々木、前掲文、1899年12月21日、近衛、前掲書、第3巻、16頁。

95）中村、前掲書、317頁。

96）この時期、白岩は1903年の湖南汽船設立に繋がる調査活動（1899年11月7日–12月29日）や政官財関係者との折衝を行っていたが、体調を崩して1900年3月9日には手術を受けていた（中村、前掲書、74–75頁、363頁）。

97）白岩の日記を見るに、佐藤正は1902年2月9日、佐々木四方志は1899年9月18日、それぞれ1回しか登場しない。

98）白岩の日記を見るに、長岡護美は1904年9月7日の1回しか登場しない。

99）白岩、前掲文、1898年7月29日、近衛、前掲書、第2巻、122頁。

100）菅野正「戊辰維新期の上海亜細亜協会をめぐって」『奈良史学』第16号、2010年、96頁。

101）于乃明「小田切万寿之助の伝記的研究——幼年時代から外交官になるまで」『東洋学報』第80巻第1号、1998年、11頁。

102）佐藤止発各道府県知事・同議会議長宛文書、1899年12月27日、松岡、前掲書、下編21頁。

103）井手三郎発近衛篤麿宛書簡、1899年12月22日、近衛、前掲書、第3巻、17頁。

104）近衛、前掲書、第2巻、530頁。

105）田鍋安之助（1864– ？）、筑前糟屋郡山田村（現・福岡県糟屋郡久山町）生まれ。海軍医学校卒。清国に渡り荒尾精の漢口楽善堂に加わる。日清貿易研究所衛生部長。日清戦争で通訳従軍し、同文会参加を経て東亜同文会結成にも関わり活動した（東亜同文会、前掲書、下巻、1941年、268–319頁）。乙未会会員である（近衛、前掲書、第2巻、137頁）。

106）東亜同文会、前掲書、1941年、280頁。近衛日記（1900年4月14日）によれば、大迫は近衛が院長を務める学習院の学生監督に佐藤を推薦している（近衛、前掲書、第3巻、120頁）。

107) 1900年3月1日、東亜同文会会員伊沢修二は陸軍大臣桂太郎と面会し、東亜同文会の活動を説明している。この際、伊沢は「南京学校に佐藤少将派遣の事は全く止めたる」（近衛、前掲書、第3巻、77頁）と伝えており、この時点までに東亜同文会は、佐藤の南京派遣を中止していたことがわかる。

108) 佐藤正が描かれた錦絵には、右田年英「佐藤大佐韓服を着し通訳官を従へ鴨緑江の沿岸を偵察す」（辻岡文助、1895年）、小林清親「我斥候鴨緑江附近に敵陣を窺ふ図」（版元不明、年代不明、国立国会図書館所蔵）、尾形月耕「佐藤大佐」（関口政治郎、1895年）、右田年英「佐藤大佐牛荘城ヲ攻ルニ当リ敵弾ヲ被リテ屈セス連隊旗ヲ杖ニシテ奮進突貫敵塁ヲ乗取ル図」（版元不明、1895年）がある。日清戦争の錦絵については、市村茉梨「日清戦争期における戦争表象——印刷媒体に表現されたイメージについて」（関西大学、2016年、関西大学審査学位論文）を参照。

109) 大学史編纂委員会編『東亜同文書院大学史——創立八十周年記念誌』（滬友会、1982年）は、東亜同文会が清国内で反体制的な「何らかの策動するのではないか」（同前書、78頁）と参謀本部が危ぶんでいたのではないかと推測している。

110) 近衛日記1899年12月2日、「佐藤正　同文会幹事長を辞退の事余before留任を勧誘せしに承諾の事又別紙意見書を携へ来れり」（近衛、前掲書、第2巻、488頁）。

111) 近衛、前掲書、第3巻、108頁。

112) 松岡、前掲書、下編18頁。

113) 近衛日記、1900年4月1日に面会した山口正一郎について「南京同文学堂の事佐々木山田等と不折合の申訳」（近衛、前掲書、第3巻、106頁）とある。佐藤正は山口と佐々木四方志が衝突し、さらに「南京滞在中の同文会生徒一同、即ち五名のものが、或者の教唆を受けて山口氏に反抗する」（佐藤正発近衛篤麿宛書簡、1900年4月2日、近衛、前掲書、第3巻、111頁）と述べている。

114) 近衛、前掲書、第3巻、106頁。

115) 小田切万寿之助発近衛篤麿宛書簡、1900年3月17日、近衛、前掲書、第3巻、107頁。

116) 近衛、前掲書、第3巻、112頁。

117) 同上、112頁。

118) 同上、112頁。

119) 同上、112頁。

120) 同上、112頁。

121) 同上、108頁。

122) 近衛日記1900年4月16日に「発状　佐藤正　留任の回答ありしに付辞表返附の事」（近衛、前掲書、第3巻、125頁）とある。

123) 伊沢修二発近衛篤麿宛書簡、1900年3月21日、近衛、前掲書、第3巻、98頁。

124) 六角恒広『中国語教育史の研究』東方書店、1988年、175–176頁。

125) 小田切万寿之助発近衛篤麿宛書簡、1900年3月17日、近衛、前掲書、第3巻、106頁。

126)「光緒二十五年己亥　両江　劉坤一　十一月丙寅入覲。鹿傳霖署両江總督」（劉坤一1899年12月24日参内して皇帝に拝謁する。鹿傳霖を両江総督に任命する）（趙爾巽『清史稿』

60　　　　　　　　　　第1部　　第1章

　　巻200、表四十、疆臣年表四、7454頁、台湾中央研究院歴史言語研究所漢籍電子文献資料庫、
　　http://hanji.sinica.edu.tw/）。

127）　小田切、前掲文、1900年3月17日、近衛、前掲書、第3巻、106-107頁。

128）　東亜同文会発近衛篤麿宛書簡、1900年4月25日、近衛、前掲書、第3巻、131頁。

129）　『東亜同文会報告』第6号、東亜同文会、1900年5月12日、東亜同文会研究所、前掲書、
　　292頁。

130）　上海支部留学生4名が「〔1900年〕一月南京に移り、秦淮河に沿った復成倉の劉公館に
　　寄宿」（大学史編纂委員会編『東亜同文書院大学史――創立八十周年記念誌』滬友会、
　　1982年、77頁）とあり、1900年4月2日付文書には「南京滞在中の同文会生徒一同、即ち
　　五名」（佐藤、前掲文、1900年4月2日、近衛、前掲書、第3巻、111頁）とあることから、
　　1900年春には4–5名の東亜同文会留学生が南京にいたことがわかる。なお、「復成倉の劉公
　　館」は現在の南京市白下区に秦淮河に架かる復成橋の近くに復成里という地名があり、そ
　　の周辺に「劉公館」があったのであろう。

131）　15名の氏名、派遣元は次の通り（松岡、前掲書、下編23–24頁）。曽根原千代三（東亜
　　同文会）、宇野海作（同）、上田賢象（同）、岡野増次郎（同）、山田純三郎（同）、安永東之
　　助（農商務省海外実業練習生）、柴田鱗次郎（同）、大原信（野崎武吉郎）、神津助太郎（同）、
　　御園生深造（広島県）、谷原孝太郎（同）、坂田長平（熊本県）、内藤熊喜（同）、松島敬三（同）、
　　西本省三（熊本県・自費）。

132）　妙相庵は、現在の南京大学医院（南京市玄武区漢口路の北側）から南京市中山路薛家
　　巷の北側の一帯にあった園地。

133）　根津一（1860-1927）、甲斐国山梨郡日川村（現・山梨市一町田中）に生まれる。陸軍教
　　導団、陸軍士官学校（旧第4期）を経て陸軍大学校入学するがドイツ人教官メッケルと衝
　　突し退学。日清貿易研究所の運営に携わった。日清戦争従軍後に退役。東亜同文書院院長、
　　東亜同文会幹事長を歴任した。

134）　白岩、前掲文、1898年7月29日、近衛、前掲書、第2巻、122-123頁。

135）　近衛、前掲書、第2巻、476–477頁。

136）　同上、476頁。

137）　近衛、前掲書、第3巻、115頁。

138）　東亜同文会、前掲書、1941年、280頁。

139）　井戸川は陸軍幼年学校在学時に当時参謀本部に勤務していた根津の薫陶を受け、その
　　後も根津を尊敬し続けていたという（大学史編纂委員会、前掲書、78頁）。

140）　小山秋作（1862–1927）のことか。小山は越前長岡の生まれ。陸軍教導団に入り、陸軍
　　士官学校では荒尾精や根津一の後輩として親しく交わった。荒尾精の日清貿易研究所に派
　　遣されて事業を支えた。日清戦争従軍。日露戦争従軍後は奉天軍政署で占領地統治に当た
　　った（東亜同文会内対支功労者伝記編纂会、前掲書、下巻、1936年、592–596頁）。乙未会
　　会員（近衛、前掲書、第2巻、137頁）。

141）　白岩達とつながりのある人物で中西姓には正樹と重太郎の二人がいる。この日の集ま
　　りで「中西」は2番目に列せられていることから、白岩よりも年長の中西正樹のことであ

ると推測する。中西正樹（1857–1923）は美濃岩村生まれ、外務省留学生として北京留学を経て荒尾精の漢口楽善堂の活動に加わり、日清戦争では通訳従軍し、東亜同文会結成に参加して北京支部長を務め、後に奉天（現・瀋陽）に移住した（東亜同文会内対支功労者伝記編纂会、前掲書、下巻、1936年、288–297頁）。また、乙未会会員でもある（近衛、前掲書、第2巻、137頁）。中西重太郎（1875–1914）は長崎県長崎市生まれ、日清貿易研究所中退、日清戦争では佐藤正麾下の部隊に通訳従軍し、後に東京専門学校（現・早稲田大学）英文科を卒業している。彼は戊戌の政変で日本に亡命した康有為の渡米時には通訳を務めた。後に福州東文学堂教習、山口高等商業学校講師を歴任した（東亜同文会内対支功労者伝記編纂会、前掲書、下巻、1936年、632–634頁。葛生能久『東亜先覚志士記伝』下巻、黒龍会出版部、1937年、344–345頁）。彼も乙未会会員である（近衛、前掲書、第2巻、137頁）。

142）按ずるに佐久間浩（1857–1921）のことか。佐久間は上総君津郡（現・千葉県袖ケ浦市）生まれ。陸軍士官学校に学んだ後に清国遊学。日清戦争従軍。安慶武備学堂総教習して清朝から叙勲を受けた（東亜同文会内対支功労者伝記編纂会、前掲書、下巻、675–676頁）。乙未会会員である（近衛、前掲書、第2巻、137頁）。

143）中村義は「金子弥平」（1854–1924）としている（中村、前掲書、366–367頁）。金子は陸奥花巻（現・岩手県花巻市）生まれ、慶應義塾に学び、北京公使館勤務を経て中国語の教育活動をし、さらに農商務省や大蔵省に奉職し、後に実業界に転じて営口で金福洋行を創業した（東亜同文会内対支功労者伝記編纂会、前掲書、下巻、1936年、202–203頁）。日清貿易研究所関係者で金子姓には金子新太郎（1865–1911）もいる。彼は越後刈羽郡野田村（現・新潟県柏崎市）生まれ。陸軍教導団に学び、後に日清貿易研究所時代の根津一を上海に訪ね清国遊学。日清戦争従軍後、貴陽武備学堂教習を経て日露戦争従軍。後に野田村村長。辛亥革命で武昌の革命軍に加わり戦死した（東亜同文会内対支功労者伝記編纂会、前掲書、下巻、658–660頁）。乙未会会員である（近衛、前掲書、第2巻、137頁）。この日の集まりには日清貿易研究所関係者が多いことから、金子姓の人物が新太郎であった可能性もある。

144）中村義は澤本良臣（1868–1937）としている（中村、前掲書、366–367頁）。澤本は土佐高知（現・高知県高知市）生まれ。日清貿易研究所卒業。日清戦争で通訳従軍した後に日本郵船に勤務し、義和団の乱での通訳従軍を経て東亜製麻専務、東亜蚕粉会社監査役を務めた（東亜同文会、前掲書、下巻、1941年、501頁）。乙未会会員である（近衛、前掲書、第2巻、137頁）。

145）中村義は和田純（1868–1929）としている（中村、前掲書、366–367頁）。和田は三河西尾（現・愛知県西尾市）生まれ。日清貿易研究所卒業。日清戦争通訳従軍後に台湾総督府雇員、台中県牛罵頭辨務署長、北港辨務署長を歴任した。義和団の乱では通訳従軍し、後に陸軍幼年学校、陸軍士官学校予科国語漢文教員を務めた（葛生、前掲書、下巻、1937年、198頁。東亜同文会、前掲書、下巻、1941年、425頁）。

146）佐賀鉄治郎（鉄次郎）のことか。彼は現在の北海道出身。日清貿易研究所に学ぶ。台中県埔里社辨務署主記、台東庁総務課通訳（土語通訳兼掌者銓衡委員）を勤め、満洲普蘭

店満韓塩業公司勤務（野口武「日清貿易研究所生一覧表」、「日清貿易研究所生一覧表の作成と『対支回顧録』編纂をめぐる若干の考察」、『OCCASIONAL PAPER』第5号、愛知大学国際問題研究所、2016年）。

147）艶子、白岩龍平の妻。

148）中村、前掲書、366頁。

149）近衛、前掲書、第3巻、116頁。

150）同上、116頁。

151）同上、116頁。

152）同上、117–118頁。

153）内田康哉発近衛篤麿宛文書、1900年5月1日、近衛、前掲書、第3巻、141頁。

154）近衛、前掲書、第3巻、141頁。

155）近衛篤麿「劉坤一へ御送りの書翰」、1900年5月9日、近衛、前掲書、第3巻、148頁。

156）近衛篤麿「来状　根津一　十二日出発に付劉坤一小田切に添書ありたしとの事」、1900年5月8日、近衛、前掲書、第3巻、146頁。同「来電　根津一　出発の報知」、1900年5月12日、近衛、前掲書、第3巻、151頁。

157）「同年〔1900年〕5月12日南京鼓楼妙相庵ノ校舎ニ於テ開院式ヲ挙ゲタリ」（松岡、前掲書、下編23頁）。

158）田鍋安之助発近衛篤麿宛文書、1900年5月27日、近衛、前掲書、第3巻、162頁。

159）「光緒二十六年年庚子　両江　劉坤一　四月丙子，回兩江總督」〔劉坤一　1900年5月3日、両江総督に復する〕（趙爾巽、前掲書、7455頁）。

160）白岩龍平発近衛篤麿宛文書、1900年6月21日、近衛、前掲書、第3巻、192頁。

161）6月1日、南京の王府園に分校が開設され、清国人30名が日本語等を学び始めている（松岡、前掲書、下編24頁）。「王府園」という地名から現在の南京市秦淮区王府園路周辺と推測する。

162）東亜同文会発近衛篤麿宛文書「義和団に関する緊要の情報」、近衛、前掲書、第3巻、184頁。

163）井手三郎「金陵見聞数件」、1900年6月15日、近衛、前掲書、第3巻、194頁。

164）近衛、前掲書、第3巻、194–195頁。

165）田鍋安之助は近衛篤麿に「〔1900年7月〕一昨十一日〔上海〕着仕候」と書き送っている（田鍋安之助発近衛篤麿宛文書、1900年7月13日、近衛、前掲書、第3巻、245頁）。

166）近衛、前掲書、第3巻、195–196頁。

167）田鍋安之助発近衛篤麿宛文書、1900年7月13日、近衛、前掲書、第3巻、245頁。

168）田鍋安之助「南京近信」1900年7月28日、近衛、前掲書、第3巻、266頁。

169）1900年8月16日の近衛日記に「張総督は張権、張厚琨に帰国せよと三回迄打電し来れり　尤も北清事変終らば再び厚琨を留学せしむるとの事」（近衛、前掲書、第3巻、272頁）とあり、8月25日の近衛日記には「張権、張厚琨　二十九日出発帰清に付暇乞の為」（同前書、286頁）に面会しに来たとある。

170）田鍋安之助発近衛篤麿宛文書、1900年8月4日、近衛、前掲書、第3巻、273頁。

東亜同文書院の開校について　　63

171）「物情騒然たる南京よりは、商業都市たる上海に書院を移すに如かずとなし、九月一日
　　　遂に断乎移転を行ふに決し」（東亜同文会、前掲書、下巻、281–282頁）。また、8月20日
　　　に移転したとも伝えられている（東亜同文書院滬友会同窓会、前掲書、467頁）。

172）近衛、前掲書、第3巻、273頁。

173）東亜同文会、前掲書、下巻、282頁。

174）近衛、前掲書、第3巻、283頁。

175）「山田氏旅行中」（田鍋安之助発近衛篤麿宛文書、1900年9月14日、近衛、前掲書、第3
　　　巻、319頁）。

176）「根津一　昨夜到着の由」、1900年7月11日、近衛、前掲書、第3巻、216頁。

177）根津一「北清変乱に対する支那処分案」、1900年7月9日、近衛、前掲書、第3巻、
　　　217–221頁。

178）同上、220頁。

179）近衛、前掲書、第3巻、222頁。

180）同上、239頁。

181）同上、266頁。

182）同上、271頁。

183）「根津一　東洋問題に付又同文会幹事長たらん事を勧む熟考すべしとの事」、近衛、前
　　　掲書、第3巻、273頁。

184）1900年8月24日付近衛篤麿発佐藤正宛文書の文面は伝わっていないが、8月25日付佐
　　　藤正発近衛篤麿宛文書に「貴書拝誦候。願意御許可蒙り難有奉謝候」（近衛、前掲書、第3巻、
　　　287頁）とあり、これに近衛が「幹事長辞任を許可したるに付てなり」（同）と書き入れし
　　　ていることから、佐藤の辞職を認めるものであったことがわかる。

185）「南京同文書院改正章程の大要」（「会報」『東亜同文会報告』第13回、1900年12月、東
　　　亜文化研究所、前掲書、307頁）によれば、4月入学3年制、学費は月額20円、政治科と商
　　　務科からなるとされ、開講予定授業として両科共通課目は「（支那語学）発音、単語、連語、
　　　問答、会話、読書、文法、書取、時文尺牘」と「（英語学）会話、訳解、文法、作文」、「倫
　　　理」、「地理」、「歴史」、政治科のみが「（法学）法学通論、国際公法、国法及憲法大意、民
　　　法大意、商法大意、行政法大意」、「銀行論、租税論」、「大清会典、大律令、書経」は、商
　　　務科のみが「（商業学）支那商品学、日本商品学、機械学、商業実践」、「実地修学旅行」
　　　と紹介されている。なお、これは「改正章程」であることから、以前の「章程」が存在し
　　　ていたはずだが、筆者は見出していない。

186）「南京同文書院留学生募集遊説員各府県巡回報告」「会報」『東亜同文会報告』第14回、
　　　1901年1月、東亜文化研究所、前掲書、307–316頁。

187）「東亜同文会明治三十四年春期大会」、「会報」『東亜同文会報告』第20回、1901年7月、
　　　東亜文化研究所、前掲書、330頁。

188）1901年3月頃に内定していた学校スタッフは、院長根津一、教頭菊池謙二郎、舎監森茂、
　　　舎監西田龍太、授業担当については倫理を根津一、歴史と法学を菊池謙二郎、経済と財政、
　　　商品学、簿記学を根岸佶、支那制度律令を島田瀚、支那政治地理を森茂、支那商業地理と

実業を嘱託講師白岩龍平、支那商品学と商業実践を嘱託講師土井伊八、支那制度律令と支那文学を顧問文延式、支那語を王定五、英語をR＝E＝レウィスである（「南京同文書院拡張事業の進行」「会報」『東亜同文会報告』第17回、1901年4月、東亜文化研究所、前掲書、324頁）。また、菊池については、1901年3月3日の近衛日記には「同文書院教頭に聘用方交渉中の文学士菊池謙次郎氏」（近衛篤麿著、近衛篤麿日記刊行会編『近衛篤麿日記』第4巻、鹿島研究所出版会、1968年、76頁）、3月6日の日記には本人の承諾を得たことが記されている。

189）1901年2月14日の近衛日記には「景山長治郎　南京同文書院設備の為明日出発す」（近衛、前掲書、第4巻、51頁）とあり、景山の出発を1901年2月15日としている。前掲『山洲根津先生伝』は2月12日に出発したとしている（東亜同文書院滬友会同窓会、前掲書、470頁）。

190）前掲「南京同文書院拡張事業の進行」、325頁。

191）1901年3月21日の近衛日記には「上海の南京同文書院は、今回教場、寄宿舎、其他諸般の設備完備したる」（近衛、前掲書、第4巻、109頁）とある。

192）「上海に於ける南京同文書院の開業式」「会報」『東亜同文会報告』第20回、1901年7月、東亜文化研究所、前掲書、333頁。

193）前掲「上海に於ける南京同文書院の開業式」、333頁。

194）中井、前掲文、262頁。

195）近衛、前掲書、第4巻、204頁。

196）根津一発近衛篤麿宛書簡、1901年7月27日、近衛、前掲書、第4巻、234頁。

197）「南京同文書院の改称及章程改正」「会報」『東亜同文会報告』第22回、1901年9月、東亜文化研究所、前掲書、335頁。

198）根津は、1899年近衛に「此の種の人材養成の地は、上海を以て最も適当なり」と説いて賛同を得たと回想している（東亜同文書院滬友会同窓会、前掲書、392頁）。

199）近衛、前掲書、第4巻、275–276頁。

200）「南京同文書院創立予算」（近衛、前掲書、第3巻、114頁）は月の学費と寮費を合わせて2円としている。しかし、1899年12月27日付で各府県知事、議会議長に送られた学生募集の文書では、一年間の学費を240円、すなわち月20円としている（松岡、前掲書、下編20頁）。

201）「三十三年度予算東亜同文会」、近衛、前掲書、第3巻、175頁。

202）前述したように1901年入学の府県費生は51名であるが、前掲「上海に於ける南京同文書院の開業式」によれば1901年入学者の総数は80名程であり（同文、333頁）、府県費生とは別に30名程度の私費生等がおり、学費名目の歳入は1万2240円を上回ったはずである。

203）張之洞「覆日本公爵近衛篤麿　一首」（1901年6月11日、1901趙徳馨主編、呉剣杰、馮天瑜副主編『張之洞全集』12、武漢出版社、2008年、86頁）。同内容の書簡が近衛日記にも収録されているが、字句の異同がある（近衛、前掲書、付属文書、636–637頁）。

204）趙、前掲書、12、485頁。

205）「創立南京同文書院容量」は、「興学要旨」（設立趣意書）と「立教綱領」（教育理念）から構成される（近衛、前掲書、第4巻、170–172頁）。

206）近衛、前掲書、第4巻、171頁。

207）趙、前掲書、12、486頁。

208）近衛、前掲書、第4巻、172頁。

209）羅振玉『羅雪堂先生全集』続編冊2、文華出版公司、1969年、715頁。句読点は羅振玉『羅雪堂先生全集』5編（1）（大通書局有限公司、1973年）による。

第2章

第二次上海事変時に実施された東亜同文書院生の通訳従軍について
―― 原田実之手記『出蘆征雁』に基づいて ――

第1節　はじめに

　本章は東亜同文書院第34期生原田実之の手記（以下、原田手記）をもとに1937年第二次上海事変時に実施された東亜同文書院生の通訳従軍の実態を明らかにしようとするものである。

　東亜同文書院は、1901年上海に開校した私立の高等教育機関である。中国市場をメインとした貿易を担う人材の養成を目指し、中国語と英語のほか、貿易実務に関する教育活動を展開した。1921年に専門学校令の適用を受け、1939年には大学に昇格したが、1945年日本の敗戦によって閉校を余儀なくされている。

　本章が、1937年に行われた東亜同文書院生の通訳従軍を扱う理由は三つある。

図 1-2-1 軍属従軍征服姿の原田実之
（愛知大学東亜同文書院大学記念センター所蔵）

　第一に、先行研究がほとんどなく、その詳細が明らかにされていないということである。東亜同文書院生の回想などで当事者が取り上げることはあっても、その具体的な事柄については一般的には知られてこなかった。

　第二に、1943年の学徒出陣に先立って行われた現役学生の従軍であるとい

うことである。1937年当時、高等教育機関で学ぶ東亜同文書院生は徴兵が猶予されていた。法的な強制力がないにも関わらず、彼らはなぜ従軍したのだろうか。

第三は、東亜同文書院生が東亜同文書院で専門として学んでいたのが同時代の中国であったということである。中国国内にあるキャンパスで学生生活を送る彼らにとっての中国とは、典籍を通して学ぶ観念的なものではなく、自分たちと同じ人間が生活を営んでいる中国社会そのものであった。例えば、彼らは魯迅の葬列を目撃している。

　　寮舎の二階の窓から哀調に充ちた葬送曲を先頭に、「嗚呼魯迅先生」の弔旗を幾本となくうちたてゝ、或ひは弔意を表はした悲しみの数句を誌した布地の両端を、高々とさゝへ乍ら、或ひはゴリキーに似た魯迅の肖像画が数名の者達に支へられて、アカシヤの上海郊外の並木道を悲しみの騒音が十数町、あとからあとから続いて行くのをみた。〔略〕涙をもつて支那の将来を予言し、訴へてゐた魯迅、その魯迅を失つた支那人達の隊伍の中に、頭髪もまつげも埃で真白になりながら小学生達の、疲れを大地にふみつけて今は無心に歩く姿の何と痛々しいものであつたか[1]。

このように生身の中国人を目の当たりにしてきた彼らは、何を考えて日中が干戈を交える戦いに従軍したのだろうか。

以上のような問題意識から、本章は、1937年の東亜同文書院生通訳従軍とはどのようなものであったのかということを東亜同文書院生の立場から考察していく。

第2節　原田実之手記『出廬征雁』について

『出廬征雁』と題されている原田手記）は、1937年10月29日から1938年2月27日までの従軍時の体験を記したものである。従軍中の日記などをもとに原田本人が清書したものであろう。これには多数の写真や関連文書が添付されている。次に挙げるのは添付文書の一覧である（以下、原田手記添付文書）。差出人の大内は東亜同文書院院長、岡部は同文会理事長、馬場は東亜同文書院教頭[2]である。

図 1-2-2　『出廬征雁』

①大内暢三「告諭」（1937年9月3日）[3]
　従軍志願募集の告知文。

②大内暢三、岡部長景発、学生派遣元各府県宛文書（1937年9月3日）[4]
　東亜同文書院に学生を派遣している各府県に学生の従軍について理解を求める文書。

③馬場鍬太郎発、原田実之宛文書（1937年9月3日）[5]
　従軍志願の事務手続きについて説明する文書。

④東亜同文会発、「軍事通訳要項」（1937年9月17日）
　従軍時の待遇を説明する文書。

⑤東亜同文書院第四学年生一同「嘆願書」（1937年10月14日）
　従軍の早期開始を求める嘆願書。

⑥馬場鍬太郎発、原田実之宛文書（1938年1月18日）

卒業判定のために必要なレポート提出を求める文書。

⑦大内暢三発、原田実之宛文書（1938年1月31日）
　就職について兼松商店に学校推薦することを伝える文書。

⑧東亜同文書院学生課発、原田実之宛文書（1938年2月7日）
　従軍終了後の徴兵に関する事務手続きについて説明する文書。

⑨『丁集団参謀部第三課関係名簿　昭和十三年二月十七日於杭州』謄写版
　（1938年2月17日）

⑩「浙江省鉱産分布図　民国23年4月浙江省立西湖博物館地質鉱産組編製
　昭和13年2月丁集団参謀部第三課複写」（1938年2月）

⑪日本軍指揮官布告文（時期不明）
　中国住民に対して抗日勢力の告発を求める布告文。

　このうち①－③は、外務省外交史料館等ですでに公開されているものである
が、それ以外はこれまで知られてこなかった文書である。

第3節　第34期生の従軍志願動機について

　東亜同文書院生は何を目指して従軍を志願したのだろうか。従軍した第34
期生本村弥佐一は、次のように述べている。

　　先づ吾々が学徒従軍を決意嘆願した理由としては（一）書院大学昇格実現
　と（二）書院の歴史伝統に基く九烈士諸先輩の遺志を継承して起つとの二
　点がその主なるものとして挙げられる[6]。

従軍を志願したことには二つの理由があるとしているが、一つ目について、

彼は次のように説明している。

　吾々が四年生に進級した前後頃であったが国内において大陸に総合大学設置の議が盛んに流布されていた。〔略〕巷間書院とは別個に検討が進められている観があった[7]。

　この大陸での大学設置論議が具体的にどのようなものであったのかはわからないが、1935年10月に東亜同文書院は法制関係学科設置の準備を始めており、貿易実務を専門とする商務科だけの体制から拡大していこうとしていた[8]。また、この時期、東亜同文書院生が母校について危機感を抱かざるをえない出来事が起こっていた。第34期生が4年生に進級した1937年4月に「満洲国」では建国大学の開校が決定され、8月には学生募集が告知されたのである[9]。建国大学は日本ではなく「満洲国」の大学ではあるが、この「満洲国」は日本の傀儡であり、いうまでもなく日本の影響下におかれた地域である。それまで同時代の中国を専門とする唯一の日本の高等教育機関であった東亜同文書院にとって、同じ中国大陸に登場する建国大学の存在は自身のステータスを脅かしうるものである。それによる母校の地位低下は自明のことであり、さらに東亜同文書院生の卒業後のキャリアにも影響を与えるだろう。こうした状況に対して、東亜同文書院生は母校の存在を何かしらの行動によってアピールする必要があると考えたのであり、その結果が通訳従軍だったのである。

　二つ目は「書院の歴史伝統」の継承と実践である。その先例として挙げられている「九烈士諸先輩」とは、日清戦争での情報活動に従事した楠内友次郎、福原林平、山崎羔三郎、鐘崎三郎、藤崎秀、藤島武彦、石川伍一、大熊鵬、猪田正吉[10]、日露戦争での特殊工作活動に従事した沖禎介と横川省三[11]である。楠内、福原、鐘崎、藤崎、大熊、猪田は東亜同文書院の前身校に位置づけられる日清貿易研究所出身者ではあるが、みな東亜同文書院の卒業生ではない。それにも関わらず「九烈士諸先輩」をあげるのは、彼らが軍人という立場でないにも関わらず、中国で自ら危険に身をさらしたからであろう。それを範としていることから、東亜同文書院生の従軍志願が中国と戦うためのものではないことがわかる。そして、「九烈士諸先輩」の行動は書院の卒業生でなくとも「書

院の歴史伝統」の実践だというのである。

　では、「書院の歴史伝統」とはどういったものだろうか。

　前出の本村は、何のために従軍したのかということについて次のようにも述べている。

　　湖州は湖筆の生産で名高い街である。茲では治安維持会工作中に広東の黄浦〔埔〕の軍官学校出身の二名の中国将校が捕虜で憲兵隊に送られて来て、この取調べと情報入手の通訳に当たったが、この捕虜は兄弟で中尉と少尉の肩書きであったが、敵兵ながら流石名を負ふ軍官学校出身で気骨もあり立派な軍人であった。当初の間は口が堅く仲々〔ママ〕口を割らなかったが、寝食を共にして語り合ふ中に吾々が〔同文〕書院の学生であり、学徒従軍の目的が、東亜の保全と戦火による苦難の中国民衆の救済と将来の日中親善提携の礎石たらんとして決死嘆願の上来ていることを理解するに至って態度を一変して協力的となり取調べ及び情報の提供に応じた外吾々との親密度を頓に加えて行った[12]。

　中国軍士官も理解を示したという従軍目的は、日中関係の正常化であり、日中提携である。しかし、東亜同文書院生は中国に進攻する日本軍に従軍しているのであり、その目的と行動が一致していない。この一見すると矛盾する東亜同文書院生の従軍に対する考え方はどのように形成されてきたのだろうか。それには東亜同文書院の雰囲気の変化が大きく関わっていた。

　このことについて、第34期生伊藤利雄は、「扨こゝゞ吾々の生活を最も赤裸々に反映する[13]」という校内の落書きに注目している。

　　入学時には「無能教授………排斥」と言ふのが一番多かった。それが今度は二三の教授の更迭を見るや「……を引き止めろ」となつて現れた。之に類するものは後々までも見受けられた。

　　比較的穏やかな二三年生時代には雑多な方面の事が主として見られ、その反駁文が多かった。〔略〕「落書を禁ず、学生監（リンム）」とあつたりした。之などには「コガンコタアコセーコセスルモンガ云フト」と云つた

反抗文が書き残されてゐた。「世の中には何もない、只酒と女だ」「飲ませろ」「酒だ〳〵」とあつたのも此の頃であつたらう。〔略〕「露西亜娘の○又好からずや」とあつたり、「俺は敗惨者だ」とあると「女にか？」と付け加へる。「人生は無だ」と書いた側には「ヘン、さとつたね、バカ、オタンチン」[14]。

「リンム」とは鈴木の中国語読みで、東亜同文書院教員鈴木択郎のことである。彼は厳格な人物だったようで[15]、それを学生に揶揄されたのだろう。このように第34期生が入学してから3年生までの間の落書きとは、学校や教員に対するささやかな文句や憂さ晴らし程度の取るに足らない内容であった。恐らく現在の同世代の日本人と比べても特に変わった点はないだろう。しかし、そうした落書きが大きく変化するのである。

　　之が去年〔1937年1月24日〕の正月岳陽先生の御逝去[16] を機に著しく変化した。例へば「伝統とは何だ」「書院精神を忘れたか」と言ふのに対して「曰く言ひ難し」とあつた位で、他には並立したものは見られず「院長は何をしてるか」「伝統は失ふな、而して伝統を超越しろ」「今の書院のザマは何だ、山洲先生が岳陽先生が地下で泣いて居られるぞ」「靖亜の為に」「身の程を知れ」と云ふ様ないかついものに代り、それらは以前の淫らな裸体画をうすく消した上にかゝれてゐるのであつた[17]。

「岳陽」は山田謙吉の号である。彼は二松学舎（現・二松学舎大学）で漢学を修め[18]、東亜同文書院で倫理及び哲学概論と漢文を教えた人物である[19]。「山洲」は45年の東亜同文書院の歴史の中で20年余り院長を務めた根津一の号である。彼は東亜同文書院関係者にとってカリスマであった。学内には彼を顕彰したり、その遺訓を伝えたりしようとする山洲会や無我会、尚志会という学生団体が結成され、現在でも命日である2月18日には遺徳をしのぶ集まりが催されている。そして、東亜同文書院生らが言う「書院精神」や「伝統」とは、根津が東亜同文書院で展開した教育を受け継いでいこうということを意味している。

　では、根津の教育とはどういうものだったのだろうか。開校時に根津が作成

したとされる東亜同文書院の「興学要旨」では、設立趣意を次のように述べている。

　　講中外之実学。教中日之英才。一以樹中国富強之基。一以固中日輯協之
　　根。所期在乎保全中国。而定東亜久安之策。立宇内永和之計[20]。
　　大意：中国が本来あるべき完全な状態に復興することを目的として、中国
　　と日本の俊英に西欧の実用的な学問を教授することによって、中国の発展
　　と中日提携の基礎を築き、東アジアの恒久的平和と世界永遠の平和を追求
　　する。

「教中日之英才」と述べているのは、東亜同文書院を運営した同文会が、もともと日中両国の青年を対象に教育活動を行っていたからである。東亜同文書院の前身校である南京同文書院（1900）には中国人の学生がいたし、中国人が日本留学をするための学校として日本国内には東京同文書院（1899–1922）が設置されていた。このように日中両国で教育活動をすることによって日中提携を目指したのである。

　また、教育方針を示す東亜同文書院の「立教綱領」では、道徳教育の重要性が説かれている。

　　徳教為経。拠聖経賢伝而施之。智育為緯[21]。
　　大意：儒教の経典に基づく道徳教育を経糸（たていと）とし、知識を豊に
　　したり技能を修得したりする教育を緯糸（よこいと）として教育活動を進
　　める。

　ここでは教育活動を織物になぞらえている。「経糸」は普遍的価値を具える「経書」の「経」である。通時的ということだが、さらに時流に左右されないということを意味する。「緯糸」はある一時期を表しており、共時的ということである。「経書」の解説書を「緯書」というが、主の立場にあるのは「経書」であり、「緯書」は従でしかない。つまり、知識や技能を身に付けるための教育よりも道徳教育を優先しているのである。西洋諸国が植民地獲得を激しく競い

合い、中国国内にまでその食指を伸ばしている状況にあって、日本はやみくも
に近代化して競争に加わるのではなく、儒教的な倫理観を具えて中国との共存
共栄を目指そうというのが根津の示した教育方針なのである。根津は自ら倫理
の授業を担当して陽明学のテキスト『古本大学』を講じて東亜同文書院生を薫
陶した。その影響を卒業生や同窓生は「書院精神」と呼んだのである。

　根津は1923年に引退するが、その道徳教育を受け継いだとされるのが山田
である。もっとも、山田は無為自然を旨とする『荘子』を好んだと伝えられて
おり、実践を重んじる陽明学的な根津とは思想的には異なっている。しかし中
国の伝統的な思想に普遍的価値を認めてこれを理解すべきであるという点にお
いては一致していた。東亜同文書院が目指した教育は単にコミュニケーション
ツールとしての中国語を操ることができる貿易実務者養成に止まらず、自国を
ひたすら優先するのではなく、中国と向かい合ってこれを理解しようとし、ま
た提携していこうという姿勢を育むものだった。

　さて、落書き観察に戻ると、山田の死によって東亜同文書院の道徳教育重視
の部分がにわかにクローズアップされたという。これにはもちろん恩師をしの
ぶ感情という側面もあっただろうが、当時の状況に対する東亜同文書院生故の
もがきであったと考える。この時期は西安事件による国共合作によって中国国
内の抗日が盛り上がり、日中関係は悪化する一方であった。これは中国を専門
とする東亜同文書院生にとって、日中提携を是とする母校の存在意義を損なわ
せるものであったし、さらに現実的な問題として卒業後のキャリアにも影響を
及ぼしうるものであった。

　確認しておかなければならないのは、東亜同文書院生にとって日本の中国侵
略とはあしきことでしかないということである。東亜同文書院を日本の中国侵
略のためのスパイ学校と捉えるならば、中国侵略こそ目的であり、己に利する
ことになるように見えるだろう。しかし、実際の東亜同文書院生は、中国巷間
の商業習慣はどのようなものなのか、どの地域でどのような商品の需要がある
のかといった貿易実務を担うための具体的な事柄を学び、それを生かして就職
しようとしていた。彼らの能力が高く評価されるのは日中が正常な貿易を推進
できる状況なのである。侵略によって日本が中国に対して一方的に優位に立っ
たとしても、それは日本国内の学歴ヒエラルキーが中国国内にも影響を及ぼす

だけであり、同時代の中国を専門とする東亜同文書院の独自性への評価はかえって低下せざるをえない。まして、軍人が幅をきかせるような状況は貿易実務を学んできた東亜同文書院生のキャリア形成に有益になるどころか、学んできたものが軍事と全く関係ないものである以上は不利でしかない。そもそも、この学校と軍部には直接的な関係はなかった。根津は陸軍将校という経歴をもつが、東亜同文書院の開校は同文会会長近衛篤麿の招請に応じたのであって、軍人としての活動ではなかった。

　東亜同文書院生は自身の将来に悪影響を及ぼしかねない日中関係悪化という状況の中で、東亜同文書院のシンボルである根津の道徳教育を継承した山田の死を契機に母校の歴史を振り返り、日中関係正常化のために何か行動しなければならないと考えたのである。前掲の落書きには「伝統は失ふな、而して伝統を超越しろ」というものがあった。日露戦争はもちろん、キャンパスのある上海で日中が軍事衝突した第一次上海事変においても、東亜同文書院生は従軍などしたことはなかったが、第二次上海事変に始まる日中の戦争状態に直面した時、東亜同文書院の伝統を受け継ぎつつ、それを「超越」するものとして、これまでにない従軍という行動を選んだのである。

第4節　原田実之の従軍

第1項　従軍へ

　1937年9月3日、大内院長「告諭」（前掲原田手記添付文書①）と馬場教頭の文書（原田手記添付文書③）によって、東亜同文書院は従軍志願を募り始めた。前者は従軍の理念を説くもので、後者は従軍に際しての事務的な手続きなどを告知するものである。告諭は次の通りである。

　　　　告諭
　　祖国大日本帝国は東亜永遠の和平を顧念し遂に挙国一致の下に皇軍を隣邦
　　大陸の南北に派するに至れり之れ真に已むを得ざるに出づ此の秋に当り帝
　　国臣民たるもの誰かこの債務の重大を顧ひ犠牲奉公の一念耿々たるものな
　　からんや

然るに我が忠勇義烈の将兵と雖も現地に入りては其の言語に通せず又其の地理に暗きが為め多大の不便と支障を生する事無きを保せず

是に於てか敢て第四学年生諸子に告ぐ、諸子は幸にして支那の現地に学び既にその言語地理人情風俗に通じ且は又我が書院の特殊課目たる支那内地大旅行をも了へたり、今日深くこの重大なる時局に鑑み須く書院創立の精神を想起し挺身奉公の至誠を致し決然立つて時艱に赴く熱烈なる意気を有せらるべきを信じて疑はず、祖国は今や切に諸子に求むる所あり、就而此際諸子にしてその長する所を以て或は軍事通訳に或は後方勤務に進んで出動し以て祖国に対する応分の奉公を尽されんことを切望して止まず

　　　　昭和十二年九月三日
　　東亜同文書院長大内暢三 東亜同文書院長之印

　対象者は「大調査旅行」に参加した4年生、第34期生である。この「大調査旅行」とは東亜同文書院生に課せられていたフィールドワークのことで、彼らは4－5名あるいは10名前後からなるグループに分かれて中国を中心とするアジア各地を夏休みの期間に引率者なしで調査旅行をした。例年であれば、この調査を基に卒業論文に相当する「支那調査報告書」が作成されるのだが、第34期生は盧溝橋事件が突発したために旅行の中断を余儀なくされ、さらに通訳従軍をしたことにより「支那調査報告書」を作成していない。

　馬場教頭の文書には、学業半ばで従軍することになる志願者に「修業証書」なるものを出し、通常の卒業時期である1938年3月にあらためて卒業試験を行うことが記されている。従軍期間については明記されていないが、卒業試験をする以上はそれまでに帰還することを想定していたものと思われる。

　次いで9月17日、「軍事通訳要項」（原田手記添付文書④）が出された。従軍時の待遇を通知するほか、軍からの要請があるまで待機するようにという指示がなされている。

　この間、上海が戦場となり9月10日[22]からの授業再開が絶望的となった東亜同文書院は、東亜同文書院生を自宅待機させつつ、国内での代替え施設を検討し、10月13日に長崎集合を指示、10月18日に旧長崎師範学校施設（現・長崎市立桜馬場中学校）を仮校舎として授業を再開した。

しかし、従軍を志願した4年生は不満を強めていた。9月30日、海軍からの要請を受けた5名[23]が出発して以来、軍からの出動要請が途絶えていたからである。本村弥佐一の回想によれば、彼らは学校当局によって従軍が実質中断しているのではないかという不信感を抱き、陸軍省に代表を送り直接交渉することを決議した[24]。次は、その際のものと推測される東亜同文書院生の文書である（原田手記添付文書⑤）。

嘆願書

今次我ガ国ガ東洋永遠ノ平和樹立ノ為ニ南京政権以下軍閥、共産党並ビニ抗日侮日団体ノ暴虐ニ断乎膺懲ノ軍ヲ進メラレ、今ヤ尽忠報国ノ念ニ燃ユル我ガ皇軍ハ北支ニ中支ニ又南支ニ連戦連勝正ニ破竹ノ勢ヲ以テ戦果ヲ収メ居ラレルコトニ対シ満腔ノ感謝ト感激トヲ禁ジ得ザルモノデアリマス。南京政権及ビ之ヲ繞ル幾多ノ黒幕コソ誠ニ中国ヲ毒スル一大癌的存在デアリ、皇国百年ノ将来ヲ考フルトキ如何ナル犠牲ヲモ顧ミズ彼等ノ上ニ徹底的ニ正義ノ刃ヲ振ハル、ハマコトニ欣快ニ堪ヘザル処デアリマス。

吾書院設立ノ趣旨亦大亜細亜主義ニ則ルモノデアリ、集テ我ガ学生ハ根津一先生ヲ始メ幾多先人ノ尊キ意志ヲ受継ギ靖亜ノ大業ニ潔ヨク殉ズベキ意気ト熱トニ燃エ遠ク波涛ヲ越エテ江南ノ学舎ニ笈ヲ負フモノデアリ従ツテ今次聖戦ノ究極目的亦吾書院ノ使命ト合致スルモノナルコトヲ堅ク信ズルモノデアリマス。

皇国ノ興亡ヲ賭スル未曾有ノ重大事ニ当リ、進ンデ此ノ栄アル聖戦ノ一端ニ参加スルコトハ一ニハ光輝カ世ニ冠タル皇国ニ生ヲ享ケタル日本男児トシテノ本懐デアリ、一ニハ又我々書院ノ使命ヲ果ス所以ノモノデアリマス。外ニ汎ユル艱苦ヲモノトモセズ日夜御奮戦ノ皇軍ヲ思ヒ、内ニ朝野ヲアゲテノ涙グマシイ銃後ノ赤誠、遺憾ナク捧ゲラレ居ル真ノ日本ノ姿ヲ目撃スルトキ若キ血潮ニ燃ユル我々何トテ安閑トシテ日ヲ過シ得マセウゾ。戦線ノ拡大ニ伴ヒ皇軍ノ蒙リ居ラレル不利不便、而シテ此ノ方面ニ多少ナリトモ役立ツ通訳従軍、此レコソ我ガ書院ガ微力ナガ御奉公シ得ル処ナルヲ喜ブモノデアリ、カクテ東亜同文会ヲ通ジテノ従軍希望トナッタ次第デアリ、皇恩ト使命ノ前ニ全力ヲ傾注シテ御奉公シタキ念願ノ外ニハ待遇其

ノ他何等ノ希望モ条件モアリマセン。待遇其ノ他ヲ云々スルコトハ却ツテ我々ノ純情ヲ傷ツケルモノデアリマス。東亜同文会ヨリノ通訳従軍手続キ通達ニ接シタトキノ我々ノ歓喜！此ノ機ヲ逸シテ又何時ノ日カ立タント我々ハ勇躍手続キヲ完了シタノデアリマシタ。心ハ既ニ戦地ニ馳セ今日カ明日カト一日千秋ノ思ヒデ待チ佗ビタ従軍命令ハ月余ノ今日、今尚来ラズシテ悶々裡ニ過シテ居ル内、図ラズモ手ニシタモノハ長崎臨時開校ノ通達デアリマシタ。コレ全ク我々ノ不本意トスル処デアリマシタ。長崎ニ集ツタ我々ハ先ヅ一堂ニ集ヒ協議ノ結果茲ニ改メテ直接我々ノ心情ヲ吐露シ一日モ早ク我々ノ願望ヲ容レラレ度ク嘆願スルコトニ一決シタノデアリマス。意気ト熱ト健康トニ恵マレタル我々前ニハ東洋永遠ノ平和ノ為皇軍と苦難を共ニシ全力ヲ尽シテ邦家ノ為ニ御奉公ノ至誠ヲ致シ靖亜ノ使命ノ為ニ殉ジ
天皇陛下万歳ヲ雄叫ビシテ斃レタキ一念アルノミデアリマス。我々ニテ役立ツ処ナレバ如何ナル方面ナリトモ進ンデ参リマス。冀クバ生等ノ微衷ヲ容レラレ一日モ早ク従軍セシメラレルヤウ切願シテ止ミマセン。
昭和十二年十月十四日
東亜同文書院第四学年生一同

　こうした動きを制止した教員、馬場鍬太郎、鈴木択郎、後述する福田勝蔵は東亜同文書院卒業生であった。血気にはやった東亜同文書院生たちは「書院の歴史伝統」の継承を唱えていたが、それをつないできたはずの先輩に対して不満を抱いたのである。あるいは先輩を批判することが「伝統の超越」と考えたのだろうか。本村は、学校当局との衝突を次のように回想している。

　　決議実行を学生監〔鈴木択郎〕に訴え決意を披瀝したが依然として難色を示されたので退学処分も已むなし断乎決行する旨言明して退席し明夜十一時頃の終列車で出発する事と成った。全学生による資金カンパも終り当日午後九時頃より校庭において激励壮行会が開催され代表者の決意表明と資金カンパに対する謝辞に続いて三年生の代表から決意貫徹を期待する激励が交々訴えられ全学生長崎駅迄見送る事を決定して万才三唱と嵐吹け吹

けの寮歌を合唱の後上京代表者三名〔本村弥佐一、今村鎮雄、秋本逸夫〕
を先頭に整然と隊列を組み夜の長崎の街を堂々と行進して長崎駅に到着し
たが列車に乗込む直前になって福田〔勝蔵〕教授だったと記憶するが駅に
駆けつけ同文会本部からの指示と前置きし早急に従軍実現の為善処するの
で一応上京を中止せよ。万一敢えて決行すれば同文会と学校との縁を切る
との申入れがあった。

　事態収拾のための方便と考え激しいやりとりが交わされたが絶対に方便
ではなく真実である。学生を裏切るようなことはしないと確約された。

　右発言の中で同文会と学校との縁を切ると云う件は学校の消滅を意味す
る重大事であり、更に書院大学昇格問題も水泡に帰する結果になりかねな
いと言う点を重視し〔中略〕学校側教授陣と全学生が対向して激論が展開
され、学生側としては日限を切って実現を確約する事、万一虚言を弄して
学生を裏切った場合切腹して責任をとるかとの激烈な詰めよりも見られた
が〔中略〕一応納得し真夜の対決を閉じ解散した[25]。

　陸軍省との直談判強行によって東亜同文会が東亜同文書院と縁を切る、すな
わち東亜同文書院が廃校になるというものや、教員の言質を取るために教員に
切腹を迫ったりするなど、混乱した状況にあったようである。最後には学生側
が折れているが、それは東亜同文書院の消滅を危惧したからであった。東亜同
文書院生の従軍志願理由には東亜同文書院の存在や将来性についての危機感が
あったが、この陸軍省との直談判をめぐる東亜同文書院生と学校当局の衝突か
らも、そのことが重要な意味をもっていたことがわかる。

　結局、この翌日に陸軍から出動要請があり、10月25日に20名が長崎から久
留米経由で任地へ、10月30日に20名が佐世保から任地へ、10月30日に19名
が東京集合の後に11月5日に宇品から任地へ、11月7日に15名が長崎から任
地へ、その後さらに1名が出発していった。9月30日に出発した者を含めれば
80名が従軍したのである。

　さて、原田実之は10月30日東京集合組の一人として従軍している。10月29
日午後2時25分、宮下忠雄教授の銀行論講義の最中に呼び出され、午後2時45
分長崎発門司行きに乗車して上京した。

東京では、10月30日午後5時から同文会の本部がある霞山会館で大内院長、同文会理事長岡部長景、同会理事阿部信行、同津田静枝の訓示を受けて記念撮影後に午後8時まで酒宴が催された。11月2日陸軍省で辞令を受けると午後6時からは滬友会[26]京浜支部主催送別会に出席するなどしているが、これから戦場に向かう切迫感はさほど感じることはできない[27]。この間、原田は同文会がある虎ノ門から近いとはいえない鎌倉の兄の家に泊まり、そこから東京に通っているが、11月1日は日曜日ということもあってか、丸一日を「静養」に充てている。また、11月2日「銀座ニテ頭髪ヲ落トス」と記しているが、お上りさんのような感覚で「銀座」であることを強調して記しているようにも見える。

　そうした彼の上京中の出来事で注目されるのは、11月1日に参謀本部に影佐禎昭を訪ねていることである。よく知られているように影佐は陸軍における中国専門家で、当時も参謀本部内で中国に関する情報活動を担当していた。原田訪問時に影佐は不在で実際には面会していないが、陸軍中枢の人物と東亜同文書院生に何かしら直接的なつながりがあったことをうかがわせる出来事である。

　原田らは11月2日に陸軍省で通訳官の辞令を受けたが、特に具体的な命令は出ていなかったようで、中国に上陸するまでの旅程に緊迫した雰囲気はない。原田は11月2日夜に東京を出発したが、それは「級友数名ト共ニ西下ス」というように出動要請を受けた19名での団体行動ではなく各自での行動である。原田の場合は、その数名とも途中でいったん別れて奈良県郡山に帰省している。11月4日に神戸に到着した原田ら11名は陸軍運輸部と交渉し、それによって宇品から長崎に向かうことになるが、翌日には長崎行きは中止となり、宇品から直接任地へ向かうことになった。つまり、それまではどのように中国に向かうかは全く決まっていなかったのである。11月5日午後5時、三井物産所有の葛城山丸に乗船するが、翌6日に門司に着くと午後1時の出航までの合間に叔父と面会しており、軍務に就いたといっても外部と自由に連絡を取り合っていたようである。

　その後2週間余りの間、東シナ海を渡って杭州湾沖合舟山群島の北端にある馬鞍列島、杭州湾北岸の金山、呉淞と移動し続けた。その船上で原田は11月5日の日本軍の杭州湾上陸を知り、さらに11月14日には「丁集団」すなわち第10軍に配属されることを知らされた。しかし、それでも「今日ハ高等籠球大会.

後輩ノ奮闘ヲ祈ル」（11月14日）と学生の行事について記すあたり、やはり学生気分が残っていたようにも見える。

第2項　軍務

(1) 南京戦

　1937年11月19日、原田は中国に上陸し、第10軍司令部参謀部第3課小畑信良輜重兵中佐付きとなり、11月30日からは第10軍麾下の第18師団輜重兵第12連隊本部へ出向している。第10軍は太湖南岸から南京へと進撃したが、彼は配属先が兵站部門だったこともあって実戦は経験していない。その軍務に関する記述を見てみよう。

〔1937年11月27日　上海〕楊樹浦附近ノ良民野菜ト残飯ノ交換ニ来ル．交易所ヲ設置シテ毎朝此処デ交換スルコトニスル（岳州路消防署跡）

〔11月28日　上海〕午前九時両角少佐ト共ニ南市ニ行ク．甲兵站司令部、知覧部隊ヨリ俘虜収容所ニ行キ、彼等ノ心境、所属部隊、状況、待遇、其他ノ訊問、華軍三千ノ俘虜中ニハ佐官級ヨリ一兵卒迄！！
兵站武官ト多忙ノ日ヲ過ル．

〔12月2日　金山〕秋重少尉ト設営ノ為自動車ニテ出発

〔12月3日　嘉興〕山崎副官〔山崎成憲少尉〕ト共ニ先行．〔略〕教会ト嘉興中学付近ニ設営治安維持会ヨリ苦力ヲ借リ、道路修理ニ設営準備

〔12月4日　嘉興〕主計官、獣医官ト共ニ、軍馬、鶏ノ徴発ニ行ク．
車浜ニ行キ．宣撫工作ヲナス．
称シテ原田村ト
使用ノ苦力ハ憲兵隊ヲ通ジ治安維持会へ．

〔12月5日　嘉興〕軍馬ニ騎乗．馬ノ徴発ニ行ク．

空シク鶏ヲ得テ飯ル.

我々ノ徴発トハ物々交換ナリ.

軍票ハ田舎ノ彼等ニハ通用シナイ.〔略〕愈々明日ハ平望鎮ニ向ケ出発スルコトニ決ス.

人員不足ヲ補フ為苦力ヲ二〇人雇用スル事ニシテ治安維持会ニ交渉ニ行ク.

〔12月6日　嘉興→平望鎮〕苦力ヲ連レ平望鎮向ケ進発

〔12月7日　湖州〕午前五時副官ト設営ノ為胡州〔湖州〕向先行.〔略〕苦力ノ疲労甚シク、前途行軍不可能ナル故証明書ヲ付シ給金ヲ与ヘ食コトヲ与ヘテ飯ス

〔12月8日　湖州〕使用苦力ハ碇泊場司令部ヲ通ジ皇軍ノ温情ヲ示シ嘉興ヘ返シテヤル

〔12月9日〕午前八時設営ノ為先行.

〔12月11日　下泗安→広徳〕徒歩.　先行.

〔12月12日　広徳－十字鎮→寧国〕午前三時起床.　秋重少尉ト設営ノ為自動車ニテ先発.　十字堡〔十字鎮〕迄ハ八里.　更ニ寧国迄先行.

〔12月13日　寧国〕昼食后荒木一等兵ト寧国スペイン教会ヲ訪問
事変前ノ寧国ノ
　　　　　政治経済事情
　　　　　軍備事情
　　　　　交通事情
事変勃発后
　　　　　政治経済事情
　　　　　軍備特ニ防御状況.

青壮年ノ徴発.

戦争情況.

敵ノ退路.

敵ノ武器

現寧国城内ノ模称等詳細ニ亘ツテ調査.〔略〕

兵站ニテ寧国－蕪湖－南京間ノ道路調査.

〔12月16日　寧国〕北門外ニ糧食ノ徴発調査ニ行ク.

〔12月21日　十字鎮→広徳〕乗馬ニテ設営ノ為先発.

〔12月25日　湖州―午後四時〕午后四時埭溪鎮着

　　敵スパイト思ハレル男三名.

　　三回ニ亘リ、訊問・・・・

　このように原田の任務は、物資の現地調達や物資輸送作業員の雇用、部隊宿営地の設営準備である。戦争の悲惨さを直接伝えるような記述はないが、「我々ノ徴発トハ物々交換ナリ」（12月5日）と記しているのは、他の部隊では「交換」とは異なる手法が用いられていたことをほのめかしているのかもしれない。

　12月13日に日本軍は南京を占領しているが、原田は南京には入っていない。後方にいた彼は、そのまま南京の南方、現在の寧国市、蕪湖市、馬鞍山市付近での軍務に従事し、同月25日からは第10軍の杭州占領に従軍した。

(2) 杭州駐屯

　1937年12月28日、原田は杭州に入った。雪が舞う日だったのであろう、「三年振リニ見ル杭州薄化粧」と記している。彼は2月23日まで杭州に駐屯した。その軍務の様子を見てみよう。

〔1937年12月28日〕自動車ニテ先行.〔略〕相当長期ニ渡ル宿舎馬繋場ノ設営ニハ骨ガ折レル

〔12月29日〕長期駐屯第一日ハ雑務ガ多イ
師団通信隊員来隊司令部トノ連絡ニ当ル

〔12月30日〕連隊本部ノ管理使用人ニ証明書ヲ交付霊隠迄還ス〔略〕秋重
少尉ト共ニ明日挙行ノ第十軍戦勝報告祭ノ諸事打合セノ為浙江省立体育場
ニ赴ク

〔12月31日〕第十軍戦勝報告祭ノ日ダ〔略〕連隊本部ヲ浙江省立体育場ノ
式場ニ誘導〔略〕秋重少尉ト長期駐屯地用宿舎及ビ馬繋場ノ偵察ニ行ク

〔1938年1月2日〕馬ノ運動旁ニ馬糧徴発
〔1月3日〕〔川内益実〕隊長ヲ岳廟、清蓮寺〔清漣寺〕、霊隠寺ニ案内

〔1月5日〕治安維持会ニ行キ明日ノ慰霊祭ノ準備交渉

〔1月7日〕銭塘江岸へ薪炭ノ輸送ニ行ク.
午后観兵式ノ予行演習.
鄭林甫ナル華欧製糖廠々長ト連絡ヲトリ、原料ヲ提供シ、川内部隊〔第
18師団輜重兵第12連隊〕専属ニ製菓サセルコトニスル

〔1月8日〕秋重少尉と馬糧徴発

〔1月9日〕不老長寿ノ薬. 艮山ノ鹿角ニ就テ調査〔略〕〔第18師団輜重兵
第12連隊本部の〕新移転先ノ偵察〔略〕隊長ニ提出ス可キ陣中日誌ノ整理

〔1月10日〕薪炭ノ輸送

〔1月11日〕新宿舎ノ整理

〔1月15日〕陣中日誌ノ整理

〔1月16日〕川内部隊〔第18師団輜重兵第12連隊〕本部ヨリ柳川部隊参謀部〔第10軍参謀部第3課〕ヘ復飯〔略〕陣中日誌〔を第18師団輜重兵第12連隊本部に〕提出〔略〕第13碇泊場指令、山本中佐ノ案内.

〔1月17日〕陣中日誌ノ作成〔略〕谷田課長ノ秘書役.
〔1月18日〕兵站関係諸表ノ整理

〔1月20日〕残務整理ニ平々凡々ナ多忙ナ日ガ過ギテ行ク

　兵舎の準備や馬糧調達、燃料の輸送といった兵站業務を主としているものの、現地の製菓工場に「製菓サセルコトニスル」（1月7日）と緊迫感のないものもある。また、岳飛廟など杭州の名所旧跡の案内をしたり、戦勝記念行事の運営に従事したりといった雑務や「不老長寿ノ薬. 艮山ノ鹿角ニ就テ調査」（1月9日）[28] というようなことまでしており、杭州での従軍生活は極めて平穏であった。そうした日常の中で出発時の「熱烈ナル意気！！」（11月6日）は失せていったのであろう、手記は1月23日の「孤山〔孤山公園〕ニテ軍楽隊演奏」と記して中断する。彼が再び筆を執るのは1カ月後の帰国の時である。

第3項　原田手記に記された従軍生活
（1）輜重部隊
　原田が配属されたのは補給を担当する輜重部隊である。日中戦争時期の輜重部隊所属者の従軍記録には江口圭一、芝原拓自編『日中戦争従軍日記 ── 一輜重兵の戦場体験』（愛知大学国研叢書1、法律文化社、1989年）として翻刻された小原孝太郎の従軍日記がある。彼は第16師団の一員として原田と同じく南京戦に従軍している。
　さて、当時、彼らが所属した輜重部隊は、

　　輜重輸卒が兵隊ならば
　　蝶や蜻蛉（とんぼ）も鳥の内[29]

と、軍隊内で侮蔑されていた。そうした存在であった輜重兵である小原の日記について、江口圭一は次のように述べている。なお、引用文中の「輜重兵特務兵」とは、1931年に従来の「輜重輸卒」を改称したものである[30]。

　　小原氏の日記の資料的な意味での最も重要な価値の一つは〔略〕戦場における輜重兵特務兵の実態、その服務と生活のさま、その辛酸と困苦のほどを、ほとんど余すところなく、はじめて本格的に描き出していることにある。
　　輜重兵（科）については『輜重兵史』その他があるが、いずれも輜重兵科将校の手で、将校の観点から編纂されたり書かれたりした文献であって、輜重兵特務兵の真の声と姿を伝えるものではない。
　　他方で、輜重兵特務兵自身の手になる記録類も極めて少ない。軍隊と戦争をめぐる民衆の語りをひろく採集した松谷みよ子『現代民話考Ⅱ　軍隊』（立風書房、一九八五年）にも、輜重兵に関する特別の採集はない[31]。

　江口は小原日記には「辛酸と困苦」が浮かび上がっているというが、同じ兵科の部隊にいた原田の手記にはそうしたことは見られない。これは待遇の違いが関係している。小原は輜重兵特務兵であったが、これは他の兵科の一等兵あるいは二等兵に相当するものの、ほとんど武装しておらず、実態は物資運搬作業員であった。それに対して原田は通訳を任ずる軍属であり、判任官待遇すなわち下士官相当の地位にあった[32]。彼は自ら荷役をすることはなく、士官と行動を共にして騎乗や自動車で移動し[33]、時には「連隊将校ノ会食アリ」（12月24日）といった集まりに列席するなどしており、小原のような苦労をした様子は見られない。
　このように同じ時期に徴兵に応召して同じ兵科に配属され、さらに同じ南京戦の戦場にいた人物と対照してみると、原田の従軍は自ら「優遇ヲ受ケシ川内部隊」（原田手記1938年1月15日）と記しているように比較的良い待遇を受けていたように見える。
　そうであるからといって、両者が描く輜重部隊が全く異なっているわけでは

なく、もちろん同じ内容も見ることができる。それは日本軍の補給問題に関連するものである。江口は、小原日記が記す輜重部隊について次のように述べている。

　　小原氏の日記には、いたるところに、輜重隊による輜重隊のための徴発や
　　略奪が登場する。輜重隊の最も主要な兵器である馬自体が中国馬の徴発に
　　よって補充されているのである[34]。

原田の手記にも軍馬の消耗についての記述がある。

　　馬ハ道路ノ悪キト長途ノ航海ニ足ヲ痛メ、更ニ、急グ無理ナ行軍ト荷ノ過
　　重ノ為ニ次々ニ倒レテ行ク．落伍スル軍馬ニ早ク元気ニナレヨト心ヒソカ
　　ニ祈ル（原田手記1937年11月30日）

原田も小原と同じように馬の徴発を行っており（12月4－5日）、日本軍の輜重部隊にはよく見られた光景だったようである。

　原田手記には、馬だけではなく、前掲したように中国人作業員を物資輸送のために雇用していたことが記されている。戦場で物資輸送を担うはずの部隊が、そのための馬を現地調達するだけではなく、輸送業務そのものを交戦国の国民に委託していたのである。

　そうした輸送手段の不具合は、当然のことながら運搬される物資にも影響を与えていた。原田は11月30日に「飯盒炊ㇰトヲヤル〓一人分ヲ二人仲ヨク食ク」と記しており、12月1日の南京攻略命令以前においてすでに補給が滞っていたことがわかる。前線を支える後方の輜重部隊ですら食料に事欠いていたのである。

(2) 東亜同文書院と軍事教育

　原田の従軍は比較的恵まれていたが、それは直接的には軍部と東亜同文書院、その運営者同文会との交渉によって志願者の待遇が下士官相当とされたからである。彼らは高学歴のエリートであり、それに見合った待遇が必要とされたの

であろう。しかし、後の学徒出陣とは異なり、東亜同文書院生は通訳を担当する軍属であって、戦闘に加わる立場にはなかった。こうした待遇を受けることになったのには東亜同文書院の教育も大きく影響していたと推測する。

前述したように、中国へ通訳官として赴く原田の様子には学生気分が漂っていたが、それは上陸後も同じであった。例えば、「始メテ飯盒ノ飯ヲ作リ」（原田手記1937年11月20日）というのは、まるでキャンプにでも来ているかのようであるし、「就床スルモ網床上ニ外套デ包ムノミニテ冷気些カ身ニ沁ム」（原田手記11月20日）や「寒クテ眠レズ早起管理部衛兵所ニテ暖ヲトル」（原田手記11月22日）等と上陸早々に弱音を吐き、「手紙ハ胡州〔湖州〕ニテノ四通以来一向ニ受信セズ些カ淋シイ」（原田手記1938年1月8日）と寂しさをあらわにしている。ほかにも、「下給品ノバット二箱ト交換スル氷砂糖！！煙草吸ハヌ為煙切レノ心配ハ他ノ人ヨリ少イガ、甘党ニモ悩ミハアル」（原田手記11月27日）とおやつの心配までしている。

手記は極めて私的なものであり、だからこそ本音が吐露されていると解することもできるが、筆者はやはり学生気分があらわれたものだと考える。なぜならば、第二次上海事変より前の時期に東亜同文書院で軍事教練が実施されたことはなく、東亜同文書院生は日本国内の高等教育機関在学者よりも戦争について具体的な知識を得る機会が限られており、従軍について現実的なイメージを抱くことが難しい環境にあったからである。

中等教育以上の教育機関における軍事教練は1925年の「陸軍現役将校学校配属令」によって本格化するが、東亜同文書院では1938年11月までは行われていなかった。つまり、1937年に従軍した東亜同文書院生は中学校での教練以来、軍事教育を受けていないのである。

軍事教練はないが、東亜同文書院には1932年の第一次上海事変に直面したという戦争経験があるのではないかという反論があるかもしれない。しかし、戦闘が激しくなると東亜同文書院は速やかに東亜同文書院生を帰国させ、軍事活動には関わらなかった。しかも、それは上海の日本人居留民に東亜同文書院は「只自己ノ安全ノミ計リ」[35]と強い反感を抱かせるものであった。次は、第一次上海事変当時、上海在住の東亜同文書院卒業生が現地の状況を同文会に伝えるレポートである。

　　　　　三月十三日午後着電
　　　　東亜同文会宛　　　上海同窓会幹事
　　　同文書院ノ引揚及其態度ハ書院ノ使命ヲ没却シタルモノトシテ当地居留民
　　　間ニ避難起リ書院ノ責任ヲ問フ事ヲ決議セリ書院ノ将来並ニ卒業生ノ就職
　　　ニ付重大ナル結果ヲ来スベシ此際釈明旁是非至急白岩[36]氏ノ来滬セラレ
　　　ン事ヲ切望ス[37]

　上海の日本人居留民の東亜同文書院に対する批判は極めて強かった。東亜同
文書院の上海復帰についても「開校モ困難ト思ハル状態」[38]となっており、大
内院長の去就まで取り沙汰されている。

　　　昭和七年三月廿七日牧田〔武〕理事[39]宛発電
　　　大内〔暢三〕氏ハ多数学生ノ上海社会ノ安住ヲ希望シ只管人心ノ緩和ヲ求
　　　ムルノ意味ヲ以テ自発的ニ辞意ヲ申出ラレタ（無論近ク一時帰院サルベキ
　　　モ）事甚ダ重大ナル故ニマダ理事会ニモ謀ラズ何レ貴下ノ帰京ヲ待ツテ協
　　　議スベキモ同氏ノ意志ハ固キモノ、如シ貴下限リ御含ミアリタシ尚其後ノ
　　　情況ニツキ会長モ貴方ノ続報ヲ待タレ居ル　白岩[40]

　結局、外務省の仲介もあって大内は院長職にとどまることができたが、この
第一次上海事変時の東亜同文書院への批判が、第二次上海事変における東亜同
文書院生通訳従軍の実施に何らかの影響を与えた可能性があるのかもしれな
い。
　このように日本人からも戦争に非協力的と批判されるほど、もともと東亜同
文書院は軍事的な教育や活動とはかけ離れた学校だったのであり、東亜同文書
院生は軍事的には全くの素人でしかなかった。例えば、軍事通訳をするといっ
てもヘルメットを中国語で何と言うのかも知らなかった[41]。そうした東亜同文
書院生の従軍生活に学生気分があらわれるというのは自然のことであったとい
えよう。軍部は軍事教練が実施されていない学校で学ぶ東亜同文書院生を軍事
通訳の即戦力としては考えられなかったはずである。また、この従軍について

軍側が東亜同文書院、同文会に積極的に働きかけたような記録もない[42]。その姿勢は従軍を命令あるいは要請するという能動的ものではなく、志願者を受け入れるという受動的な姿勢であった。

(3) 東亜同文書院の大学昇格

東亜同文書院生が従軍志願する動機の一つに東亜同文書院のステータスに関する問題があった。このことは従軍中ますます重要なものとなっていた。なぜならば、上海の東亜同文書院校舎が戦禍で失われたからである。その報せを原田は中国へ向かう船上で受け取っている。

〔1937年11月8日〕同文書院支那軍兵三回目の放火ニヨリ全焼セリト．文化機関ニ迄手ヲ延シタルトハ！
風飄々トシテ支那海寒シ．静ニ思フ我等ノ責務．

東亜同文書院はフランス租界西側の「越界築路」地区、つまり租界の外に位置していた。日本人が集住する上海市街北の虹口地区からも離れていたため、日本軍の保護を受けていなかった。中国軍による東亜同文書院への放火は1937年11月3日夜から始まり、11月8日までに全ての施設が焼失した[43]。これによって東亜同文書院の将来性が極めて不透明となったのである。その後、12月13日に同文会理事会において、上海復帰が決定されるが、それは交通大学施設を借用することによる臨時校舎の設置であって、恒久的なものではなく、新たな校舎を再建しようとするものではなかった。建国大学という脅威に対して、母校は大学昇格どころか、存続あるいは施設再建すら不透明という状況に陥ったのである。それは観念的には、東亜同文書院生の従軍志願動機である東亜同文書院の歴史、伝統、精神の継承を脅かすものであり、即事的には卒業後のキャリア形成を支える高学歴エリートというステータスを危うくするものである。このことについて原田は従軍中に同期生と話し合っている。

〔1938年1月22日　杭州〕日支事変ノ将来ノ発展、事変ノ次ニ来タル可キ問題、書院ノ将来ト教育方針、大学昇格問題、戦友ノ思出

級友田辺〔正登〕ト語リ明ス

　　杭州西冷飯店〔現・杭州香格里拉飯店〕ノ寒空

　原田が邂逅した同期生と語り合う主要な関心事は、日中関係そして母校の将来であった。東亜同文書院のステータス問題は、もともと従軍志願の動機であり、さらに戦禍で東亜同文書院校舎が焼失したことで深刻さを増していたのである。原田ら東亜同文書院生は、従軍して国家の役に立つことが母校への評価を高め、大学昇格や学校再建を助けるものになると考えたのであろう。その後の経過を見ると、東亜同文書院は1938年に上海に復帰し、1939年には大学に昇格しており、東亜同文書院生が望んだ事の大半が実現したようにも見えるが、それについてこの通訳従軍がどのような影響を与えたのかはわからない。これに関する報道は新聞記事1つ以外は確認できず[44]、当時の認知度も低かったようであり、さほどの影響力はなかったのかもしれない。ただ、1943年の学徒出陣まで東亜同文書院生の従軍が行われておらず、それが学生を送り出す側である東亜同文書院、同文会、学生を受け入れる側である軍部の評価を表していると思われる。このことに関して従軍した東亜同文書院生の一人都志弘は次のように回想している。

　………りど昭和十二年の秋からお正月にかけての学生従軍の、あのあほらしい経験だけは今だに忘れまへん。〔略〕けど本当の兵隊になって南支那の巷埠という町で警備してたとき、そや昭和十六年の秋ごろでんな、遠い内地の陸軍省からはるばる南支那のわてらの警備隊の隊長はんに転勤して来はった、今村宗四郎という大佐のお方が「あの同文書院の通訳は役に立たなんだ」私をしり目に言はったことを考えますと、陸軍の中央では折角一所懸命になってたわてらのことを、その程度にしか思うて呉れはらへんのやったかと思いまして、あんなあほらしいことはないと今でも思いますがな[45]。

第5節　おわりに

　1943年に始まる学徒出陣よりも前の1937年、上海にあった東亜同文書院の在学生が通訳として従軍した。学徒出陣が学生を徴兵し軍人としたのと異なり、東亜同文書院生の従軍は通訳を担う軍属という立場であったが、1937年当時、高等教育機関在学者の徴兵が特権的に猶予されていたにも関わらず、東亜同文書院生は戦闘員ではないとはいえ志願して戦場に赴いたのであった。

　その動機は、一つに東亜同文書院の発展のため、もう一つは東亜同文書院が旨としてきた日中提携のためであった。前者については、東亜同文書院が同時代の中国を専門とする唯一の学校であるという独自性に加え、大学昇格も視野に入れた拡大発展を目指していた最中、自身の地位を低下させかねない建国大学が設置されるという状況に対応しようとするものであった。二つ目は、初代院長であり、この学校の関係者にとってカリスマであった根津一が学校の理念とした日中提携が、根津の道徳教育の後継者と見なされていた教員山田謙吉の死を契機に東亜同文書院生間であらためて注目され、日中両国が戦争状態にあるという現状を打破しようとするものであった。そもそも、東亜同文書院生が学んだのは中国市場をメインとする貿易実務であり、それを生かしたキャリア形成をするためには日中関係の正常化が必要であった。つまり、東亜同文書院生は微視的には母校のために、巨視的には日中両国の関係正常化のために、従軍を志願したのである。そこには日本による中国侵略という視点が欠落しており、動機と行動は矛盾に満ちたものとなっているように見えるが、それは現代の目線でしかない。このことについて、従軍した東亜同文書院生井上佶は次のように述べている。

　　〔1937年〕九月、長崎の仮校舎に集った我々は、従軍通訳を志願したが、民族の自由・独立・生存を念じて日本軍の進攻に対して必死に戦った中国の学生に較べて、我々の従軍志願の動機がいかに甘かったか、まして、それが中国への侵略につながるものであったことなど、当時、考え及ぶべくもなかった[46]。

こうした従軍の中で東亜同文書院は2人の犠牲者を出した。1人は従軍した石井勝である。1938年1月23日、南京近くの蕪湖で将校に従い斥候に出たところを中国軍と遭遇し戦死した。もう1人は教員の程楳洵である。彼は早稲田大学に留学し、子息を東亜同文書院中華学生部で学ばせたほど日本、そして東亜同文書院に親しみ、東亜同文書院の日中提携を目指す教育に携わってきた人物である。そのような彼にとって、わが子の同窓でもある教え子が自ら進んで祖国との戦いに従軍する現実は、あまりにも過酷であった。「想不到」すなわち思いもよらずと嘆き、そして苦悩し続けた末、1938年2月2日に長崎仮校舎で自殺している[47]。

そのような悲劇をもたらしたにも関わらず、東亜同文書院生の従軍が軍事活動において大きな役割を果たすことは、もともと不可能であったし、実際に特記されるような成果をあげることもなかった。なぜならば、彼らはただの学生でしかなかったからである。東亜同文書院では軍事教練は実施されておらず、東亜同文書院生は軍事的な知識も技術も皆無であった。彼らは判任官すなわち下士官相当という比較的良い待遇を受けたが、それは能力を期待されたのではなく、高等教育機関在学生という高学歴エリートであったためである可能性が高い。

第二次上海事変時に実施された通訳従軍は、東亜同文書院生にとって何だったのだろうか。東亜同文書院は、従軍者を志望企業に推薦し、卒業に必要な講義のいくつかを受講していないにも関わらず、本来の卒業時期である1938年3月に卒業させた。原田は従軍中に兼松商店（現・兼松）への学校推薦の通知を受け、卒業後に入社している。しかし、中には「通訳従軍の後遺症」を患い、学校が用意した就職先を拒んだり、虚無感に打ちひしがれたりする者もでたという[48]。原田は戦死者が横たわっているようないわゆる戦場に立ち入ることはなかったが、同窓の中には戦闘に参加しないまでも戦争の悲惨さを目の当たりにした者もおり[49]、その中には戦争後遺症と称される戦争でのストレスにさらされたことによる精神的ダメージに苦しむ者もいたのである。

最後に南京戦の最中に原田がキリスト教会を訪問した記述を見る。

〔1937年12月13日　寧国〕昼食后荒木一等兵ト寧国スペイン教会ヲ訪問

第二次上海事変時に実施された東亜同文書院生の通訳従軍について　　　95

〔略〕
夜例ノ教会ヨリ、招待アリ．
渡辺上等兵ト共ニ出掛ケル彼等宣教師間ノ連絡、宣教師ノ任務、余暇ニ何ヲナシ居ルカ、種々洞察ノ矢ヲ向ケル〔略〕
天主堂ノ牧師．
彼等ハ英語ハ勿論、
華語モ可成リ話ス．
彼等ノ主要目的ハ某国ノ諜報機関トシテノ活動デアラウ．集メラレタ各地ノ地図、写真書類、ソハ凡ソ宣教トハ遠縁ノ物バカリ
彼等ノ語ル処信ス可キモノアリ
信スベカラザルモノアリ．
語ルニモ耳クニモ十二分ノ注意ヲ要ス．

　ここで原田は、布教とは直接結び付かない資料を所有していることを理由にして、白人の宣教師をスパイであるとしている。では、原田はどうなのだろうか。彼は日中提携を旨とし、そのために真摯に行動したが、その結果、中国を攻める日本軍に従軍しているのである。かなたからは侵略者のように見える可能性があるのではないだろうか。そして、そのことに原田自身は気づいていないのである。このことこそ東亜同文書院通訳従軍の最大の問題なのである。
　さらに、これは現在、東亜同文書院の理解を難しくさせている最大の要因でもある。
　この学校の中国に関する教育や研究活動が精緻で克明であればあるほど、中国に密着してより理解を深めようとしていたとする理解もあれば、まったく反対に、そこに

図 1-2-6「寧国スペイン宣教師」
（原田手記より）

日本の中国侵略に果たした役割を見ようとする者も出てくるのである。

（資料）原田実之『出蘆征雁』

昭和十二年

十月二九日（金）

午后二時廿五分宮下〔忠雄〕教授ノ銀行論時間ニ学生十九名．第二次陸軍通訳トシテ上京スル事ニ決定．軍刀ニ身ヲ固メ．二時四五分長崎発門司行ノ急行ニ乗リ静ニ匆々トシテ上京．下関ニテ危ク午后八時卅分発ノ特急富士ニ憲兵ノ幹旋ニヨリ乗車．全ク夢ノ如キ山陽道東海道ヲ走ル．

十月卅日（土）

同文会幹部ノ出迎ヲ受ケ午后三時廿五分着京．直ニ陸軍省ニ出頭．補任課ニ於テ必要書類ノ提出ヲナス．午后五時ヨリ霞山会館ニ於テ大内〔暢三〕院長ノ訓辞．岡部長景理事．阿部信行大将．津田〔静枝〕中将等ノ訓辞ヲ拝シ乾杯．記念撮影．伊勢屋旅館ヨリ十一時鎌倉へ

十月卅一日（日）

鎌倉ノ兄ノ宅ニテ静養．鶴岡八幡宮ニ参詣

十一月一日（月）

早朝上京同文会ニ出頭．萩原〔七郎、東亜同文書院第34期生〕光安〔源市、東亜同文書院第34期生〕君ト共ニ参謀本ニ影佐〔禎昭〕大佐訪問不在ニ付田中人剔挨拶．瞑鎌．

十一月二日（火）

早朝上京．銀座ニテ頭髪ヲ落シ午前十時全員揃ツテ陸軍省補任課ニ出頭．宣誓署名シテ十一月一日付ヲ以テ陸軍通訳ニ任官．辞令ヲ受ク．学生一九名ニ一般ノ正木氏ヲ加ヘ合計二十名也．陸軍省経理部ニ出頭后．同文会ニテ準備ヲ整ヘ．午后六時ヨリ同文会ニ於ル在京諸先輩ノ送別会ニ臨席午后九時伊勢屋旅館ニ皈ク．角帽最后ノ撮影ヲナシ軍属服ニ軍刀ヲ佩リ午后十一時ノ急行ニテ級友数名ト共ニ西下ス

十一月三日
午前十時奈良電ニテ京都ヨリ郡山ニ皈省

十一月四日
午后二時省線郡山発神戸ヘ．午后四時神戸後藤旅館ニ集合．〔陸軍〕運輸部．
停泊〔碇泊場〕司令部ト交渉ノ結果宇品ヨリ乗船スルコトニ決定．
午后九時ノ汽車ニテ西下ス同行者十一名也．

十一月五日
午后六時宇品着．運輸部ニテ後来者ト落合フ．長崎ヨリノ乗船中止シテ、三井
物産所属の御用船葛城山丸ニ午后二時乗船．午后五時出帆○○ニ向フ．

十一月六日
早朝門司入港．叔父上ニ袂別記念撮影后一時出帆
江南戦線漸ク酣ナル霜月六日．家伝宝刀ヲ佩リ．三年余半ノ学究ヲ！時局重大
ノ状書院創立ノ精神ヲ想起．挺身奉公ノ至誠ヲ致シ決然立ツテ時艱ニ赴ク．熱
烈ナル意気！！
靖亜礎石ノ一片タル可ク．
勇躍○○戦線ニ向フ．
十一月五日早暁．陸軍部隊
海軍援護下ニ突如杭州湾北岸ニ上陸セルニュースヲ耳ニス
我々ハ遅レヲトリタルカ．ハヤル気ヲ圧ヘ戦線ノ進展ニ十二分注意ヲ払フ．

十一月七日
天気晴朗ナレド我等ノ行先不明トハ！

十一月八日
同文書院支那軍兵三回目ノ放火ニヨリ全焼セリト．文化機関ニ迄手ヲ延シタル
トハ！

風飄々トシテ支那海寒シ．静ニ思フ我等ノ責務．

十一月九日
夜半馬鞍群島ニ投錨．
点滅スルモールス信号．

十一月十日
我々ノ所属ハ丁集団〔第10軍〕ト判明．直ニ同司令部宛打電スルモ状勢急転
ニ依リ当分当地ニテ待機ス可シト
何タルコトゾ！
杭州湾上陸部隊既ニ金山ヲ占領シ楓涇鎮ヲ抜ケリト
月光ノ下友ト談ズ靖亜ノ経綸．

十一月十一日
暁ヲ撫シ空シク過ス馬鞍ノ一日

十一月十二日
クレイン船靖州丸蒸気船四隻下ス．
午后六時通報艦「小鷹」ヨリ金山湾ニ廻航ス可シトノ電信．
愈々上陸ノ時期ガ近ヅイタ．事務長ハ我々ノ為ニ最后ノ乾杯ヲシテ呉レタ　荷
物ヲ整理スル軍刀ノ手入ヲスル．外ハ冷雨ソボ
降ル霜月残月淡シ．

十一月十三日
午前三時金山沖ニ投錨停泊艦船間ニ交サレル発光信号．残月マストニカカリ風
飄々トシテ晩秋、江南ノ寒サ身ニ沁ミル．夜明ケテ驚ク居並ブ朦瞳！！微カニ
聞ク戦線ノ砲声．夕方名取ノ側近迄廻航．明朝○○ニ向テ出動ス可キ旨名取ノ
水雷艇伝令トシテ乗船

十一月十四日

杭州湾上陸部隊嘉善ヲ抜キ昆山ニ迫ルモ我々ハ悶々トシテ船上ノ生活ハ続ク．
明日ハ上陸ダ！故郷へ便リ．今日ハ高等籠球大会．後輩ノ奮闘ヲ祈ル．

十一月十五日
午前十一時抜錨．呉淞沖ニ向フ．海上封鎖ノ皇艦．アチラニ一隻．コチラニ一
隻．海ノ守リハ堅シ　午后八時呉淞沖ニ仮泊．
又ヤル訣別ノ乾杯！！
杭州湾上陸部隊昆山ヲ抜キ乍浦ヲ占領．

十一月十六日
上海碼頭横付ケ荷役ヲ待ツ御用船八十余隻．上海戦線、浦東、南支方面ニ兵船
ニ集メル夜火．

十一月十七日
北支津浦戦線、禹域ヲ占拠．南上海戦線太倉陥落、崑山又抜カシ嘉興ニ迫ル．
支那軍ノ敗戦ノ色全ク全面的ニ濃ク、南京政府ハ軍事機関ノミヲ南京ニ止メ、
蒋介石自ラ之ヲ指揮シ他ノ政府機関ハ長沙、漢口、重慶ニ移転セリト

十一月十八日
代表者呉淞上陸．碇泊所〔碇泊場〕司令部ニ連絡ニ行ク．嘉興ノ一角陥落．

十一月十九日　上海上陸
午前十時上海ニ向ケ出帆
激戦ヲ思ハセル上海戦跡目ニ映ル．午后二時浦東、N. Y. K.碼頭〔日本郵船株
式会社浦東埠頭〕ニテ、下船．二週間ニ亘ル悶々生活に終リヲ告ゲ葛城山乗組
員一同ニ深謝．特務艦八重山ノカッターニテ大連碼頭ニ上陸．
午后三時十五分公平路二丁集団参謀部ニ出頭．小畑参謀中佐〔小畑信良輜重兵
中佐〕ニ挨拶連絡ヲトル
「諸君ノ到着ヲ祝ス．諸君ノ前ニ待ツモノハ困苦欠乏アルノミダ．将兵ト共ニ
艱難ヲ共ニシテコソ戦勝出来ルノダ」乾杯．

力強キ感激励ノ言葉．感激死報国〔万死報国〕ヲ期ス．

兵站部ニ連絡后、大連湾路ト匯山路角支那煙草会社ニ宿営スルコトニ決定．

灯火管制ノ下、コンクリートノ上ニ結ブ

上陸時一夜ハ冷々トスル．

十一月廿日上海→金山

始メテ飯盒ノ飯ヲ作リ午前八時二〇分一五名先発隊トシテ自動車ニテ出発．陸戦隊、中山路、杭州街道ヲ経テ午前十一時松江到着．

松江兵站支部ニテ昼食．

午后一時徒歩ニテ黄浦江ニ出デ午後四時軍艦内火艇ニテ金山迄遡航．午後五時金山碼頭着．直ニ柳川〔平助中将〕部隊〔第10軍、丁集団〕本部ニ連絡ヲトル．午后六時柳川部隊本部ノ宿舎ニ落着ク．管理部ニテ夕食后、直ニ就床スルモ網床上ニ外套デ包ムノミニテ冷気些カ身ニ沁ム

十一月廿一日　金山

午前十時柳川部隊本部

今岡副官ヨリ一同ニ対シ．

柳川部隊本部付ヲ命ゼラル．余ハ脇田〔五郎、東亜同文書院第34期生〕、田辺〔正登、東亜同文書院第34期生〕、道下〔福四郎、東亜同文書院第34期生〕ノ三君ト共ニ参謀部第三課付トナリ特ニ余ハ小畑参謀付トナル．

上海ニ引返ス予定ナルモ一日延期シテ明日上海ノ柳川部隊出張所ニ飯ルコトニナル．

今村、本村君ト一ケ月振リニ会見ス

十一月廿二日　金山→上海

寒クテ眠レズ早起管理部衛兵所ニテ暖ヲトル．軍司令部ハ嘉興へ前進ノ為大混雑．午前八時山本曹長ト共ニ碇泊所司令部ニ連絡．三祐丸ニ乗船．午后三時出帆午后六時閔行ノ渡通過．午后七時半航行不能ニ付仮泊．サロンニテ足ヲカゞメテ仮睡．

十一月廿三日　上海

午前六時出帆．九時上海南市．十六舗附近ニ仮泊．潮流ノ関係ニヨリ午后三時
日清汽船撃沈場所ノ隘路通過．

炎々ト燃盛ル南市ヲ左ニ見テ午后四時浦東着．柳川部隊本部上海出張所ニ連絡．
小畑参謀ニ挨拶．

十一月廿四日　上海

愈々勤務．早朝ヨリ、虹口、楊樹浦ヲ走廻ル．夜熊谷曹長ト共ニ灯火管制下ヲ
自動車ニテ呉淞ヘ．

「誰カ」「今日ノ合言葉ハ大砲、水雷」ト海軍歩哨ノ警戒物凄シ．

便衣隊ノ出没多ク、郊外一帯ノ夜火炎々タリ．野犬遠吠軍馬ノ死体ニ集ル群
犬！！凄惨！！

小畑参謀ト第一後備歩兵団司令部ノ藤井少将訪問

十一月廿五日　上海．

戦地デ迎ヘタ亡父ノ命日

小林中佐、熊谷曹長ト上陸后始メテ入浴．

十一月廿六日　上海．

小林中佐、熊谷曹長、杉丸ニテ金山ノ柳川部隊本部ヘ．

十一月廿七日　上海．

楊樹浦附近ノ良民野菜ト残飯ノ交換ニ来ル．交易所ヲ設置シテ毎朝此処デ交換
スルコトニスル（岳州路消防署跡）下給品ノバット二箱ト交換スル氷砂糖！！

煙草吸ハヌ為煙切レノ心配ハ他ノ人ヨリ少イガ、甘党ニモ悩ミハアル．

十一月廿八日　上海．

午前九時両角少佐ト共ニ南市ニ行ク．甲兵站司令部、知覧部隊ヨリ俘虜収容所
ニ行キ、彼等ノ心境、所属部隊、状況、待遇、其他ノ訊問、華軍三千ノ俘虜中

ニハ佐官級ヨリ一兵卒迄！！

兵站武官ト多忙ノ日ヲ過ル.

日支事変北支ヨリ上海ニ及ビシ

最初、即チ、大山〔勇夫海軍〕大尉事変直後、支那軍飛行機、我第三艦隊停泊艦ノ船及陸戦隊ヲ砲爆撃シタルトアルモ、厳然ト控ヘテル陸戦隊及ビ出雲ヲ始メ碇泊艦ヲ見ル時涙ガ出タ.

十一月廿九日　上海

午后三時半、小畑参謀ノ紹介ニテ輜重兵大佐川内益実氏面接.

川内部隊〔第18師団輜重兵第12連隊〕、職務上、通訳必要ナルニ付、臨時ニ柳川部隊ヨリ全隊ニ応援ニ行クコトニナル.

午后四時半、同興紡ノ川内部隊本部（18D）〔第18師団〕ニ落着キ、着任ノ挨拶ヲナス.

川内部隊本部ハ先進輜重第一、第二中隊ト共ニ明日出発予定.

上海最后ノ夜ヲ同興紡ノ歓送会ノ鋤焼ニテ元気ヲ付ケル.

明日ハ愈々出発カ

六畳ノ日本間ニ、静カニ結ブ川内部隊最初ノ夜、一人寝ハ寒ク、矢張リ藁床ノゴロ寝ガ恋シイ.

余リノ優遇！明日ヨリノ活動ヲ誓フ.

十一月卅日

上海　→松江

午前五時起床. 隊長、副官ト朝食ヲ共ニシテ、午前七時自転車ニテ虹虹路聖廟、龍華鎮ニ出デ第一中隊長、堤少尉ノ下ニテ部隊ノ先頭ヲ進ム

上海県手前デ冷飯ヲ羊羹デ食シテ、直ニ設営ノ為前進、先行ス.

最初ノ設営予定地呉家巷ハ敗残兵ノ出没ノ恐レアル故、之ヲ中止. 松江迄前進スルコトニスル

架橋材料中隊ノ馬ハ道路ノ悪キト長途ノ航海ニ足ヲ痛メ、更ニ、急グ無理ナ行軍ト荷ノ過重ノ為ニ次々ニ倒レテ行ク. 落伍スル軍馬ニ早ク元気ニナレヨト心ヒソカニ祈ル

午后六時先発隊東着．設営飯盒炊コトヲヤル

二人分ヲ三人仲ヨク食ク．古利十八里ノ行軍、臀部ガ痛ミクルマル十二時藁ノ

上

十二月一日

松江→金山

午前五時起床．七時半出発．

午前九時黄浦江ノ軍橋ヲ渡ル

松蔭鎮〔松隠鎮〕迄ハ難行軍．

兵、軍馬、車輛共ニ苦ム

午后二時連隊本部金山着．

復興委員会ノ□章□□夕古利ノ和尚ノ語ルニハ！！

土間ニ敷ク筵一枚、値毛布十枚．

十二月二日

金山→楓涇鎮

午前五時起床．秋重少尉ト設営ノ為自動車ニテ出発

楓涇鎮ヨリ嘉善迄延スモ嘉喜ハ設営地ニ不適．

明日ハ嘉興迄前進スルコトニスル．

楓涇鎮一夜．

外国留学考古学者ノ夜床．

十二月三日

楓涇鎮→嘉興

午前五時半起床．山崎副官〔山崎成憲少尉〕ト共ニ先行．

ヘッドライトヲ頼リニ悪路ヲ進ム

杭州街道、設営行進．

午前八時嘉興兵站着

教会ト嘉興中学付近ニ設営治安維持会ヨリ苦力ヲ借リ、道路修理ニ設営準備．

久方振リノ日本酒ニグッスリ眠ル

十二月四日

嘉興

主計官、獣医官ト共ニ、軍馬、鶏ノ徴発ニ行ク.

車浜ニ行キ宣撫工作ヲナス.

称シテ原田村ト

使用ノ苦力ハ憲兵隊ヲ通ジ治安維持会ヘ.

下痢患者続出. 検便トナル.

明日ノ出発?

十二月五日

嘉興

軍馬ニ騎乗. 馬ノ徴発ニ行ク.

空シク鶏ヲ得テ飯ル.

我々ノ徴発トハ物々交換ナリ.

軍票ハ田舎ノ彼等ニハ通用シナイ.

始メテノ軍馬ニモ全ク自信□.

襲撃サレタ時ハ呑気ニ出来ヌ.

愈々明日ハ平望鎮ニ向ク出発スルコトニ決ス.

人員不足ヲ補フ為苦力ヲ二〇人雇用スル事ニシテ治安維持会ニ交渉ニ行ク.

隊長病気

十二月六日

嘉興→平望鎮

苦力ヲ連レ平望ニ鎮向ケ進発.

夕刻平望鎮ヨリ南潯鎮ノ矢野少佐ノ処迄連絡ニ行ク.

隊長不在. 呑気ニ設営.

十二月七日

平望鎮→胡州〔湖州〕

午前五時副官ト設営ノ為胡州向先行.

范村ノ宿泊予定地ハ不適当ナリ.

故ニ夜行軍ニテ、胡州迄行クコトニスル

胡州ニテ、柳川部隊参謀部第三課ニ連絡ヲトリ、級友、脇内、道下、田辺ノ三君ニ会フ.

南潯鎮ヲ過ギタ第一中隊ハ旧館子〔旧館鎮〕ニテ、連隊本部ハ□明ニテ、途中飯盒炊コトヲヤリ、休息.

苦力ノ疲労甚シク、前途行軍不可能ナル故証明書ヲ付シ給金ヲ与ヘ食コトヲ与ヘテ飯ス

老酒ニ白糖ヲ入レ沸カシタ精力湯、体ガ温ル.

本部ハ午后九時□明発.

夜行軍ニ入ル. 全ノ暗黒. 渡橋仲々〔ママ〕容易ナラズ

先行ノ設営隊、懐中電灯ヲ頼リニ設営.

午前三時眠ル.

十二月八日

胡州

軍司令部訪問

使用苦力ハ碇泊場司令部ヲ通ジ皇軍ノ温情ヲ示シ嘉興へ返シテヤル

各部隊付ノ級友ト久方振リニ面接シタ.

白倉部隊ニテ級友ノ世話ニテ入浴スル.

　　　　戦場百里霜白ク.

　　　　　　湖南万里風荒レテ

　　　　枯木ニ宿ハ鳥モナク.

　　　　　　只上弦ノ月蒼シ.

十二月九日

胡州→長興

饅頭ヲ車ニシテ、午前八時設営ノ為先行.

長興ニ設営スルコトニスル

長興丙兵站出張所ニテ光安君ニ会フ.

長興ノ華人、続々ト南京米ヲ田舎ニ運ブ. 兵站倉庫ヨリ.

関帝廟ニ宿営.

十二月十日

長興→下泗安

十二月十一日

下泗安→広徳

午前七時出発. 徒歩. 先行.

午后□時広徳着.

寧国ニ向ケ出発スル赤松君ニ遭フ.

広徳ノ清流砂上ニ体ヲ清メ野天風呂ヲ沸カシ野塵ヲ洗フ.

夜兵站ニ行キ、寧国迄ノ道路調査ニ行ク.

十二月十二日

広徳－十字堡〔十字舗、十字鎮〕→寧国

午前三時起床. 秋重少尉ト設営ノ為自動車ニテ先発. 十字堡迄ハ八里. 更ニ寧国迄先行.

十八師団、南京攻撃ノ激戦地寧国ニ向フ.

正午再ビ十字堡ニ戻リ、本隊ニ合シ、中隊主計ト再度寧国ハ. 本隊ハ十字堡ニテ飯盒炊コトヲナシ寧国迄十里夜行軍ヲナスコトニ決定.

設営隊ハ寧国ニテ宿泊.

本日設置サレタ兵站ニテ赤松君ニ遭フ.

戦地ノ汁粉又格別ナリ.

十二月十三日

寧国

午前九時本隊寧国着

夜行軍ニ疲労シ切ツタ

彼等人馬ニ与フルハ食ト暖ナリ.

昼食后荒木一等兵ト寧国スペイン教会ヲ訪問

事変前ノ寧国ノ

　　　　政治経済事情

　　　　軍備事情

　　　　交通事情

事変勃発后

　　　　政治経済事情

　　　　軍備特ニ防御状況.

　　　　青壮年ノ徴発.

　　　　戦争情況.

　　　　敵ノ退路.

　　　　敵ノ武器

　　　　現寧国城内ノ模称等詳細ニ亘ツテ調査.

　　　　夕刻野戦病院付キノ渡辺武雄君ニ遭フ.

　　　　兵站ニテ寧国－蕪湖－南京間ノ道路調査.

　　　　夜例ノ教会ヨリ、招待アリ.

　　　　渡辺上等兵ト共ニ出掛ケル彼等宣教師間ノ連絡、宣教師ノ任務、余暇

ニ何ヲナシ居ルカ、種々洞察ノ矢ヲ向ケル

第一中隊ハ夜行軍ニ次グニ更ニ今夜湾上鎮〔湾沚鎮〕迄夜行軍スルト云フ

軍馬ノ疲労甚シキヲ以テ中止トナル

天主堂ノ牧師.

彼等ハ英語ハ勿論、

華語モ可成リ話ス.

彼等ノ主要目的ハ某国ノ諜報機関トシテノ活動デアラウ. 集メラレタ各地ノ地

図、写真書類、ソハ凡ソ宣教トハ遠縁ノ物バカリ

彼等ノ語ル処信ス可キモノアリ

信スベカラザルモノアリ.

語ルニモ耳クニモ十二分ノ注意ヲ要ス.

十二月十四日
寧国→湾上鎮→蕪湖→寧国
師団ト連絡ノ為副官及ビ秋重少尉ト共ニ先行.
湾上鎮付近ハ南京攻略終リ新ナル戦闘ノ為引返ス野重〔野戦重砲〕等デ悪路ガ
更ニ悪路トナル
午前十時半、蕪湖着
牛島部隊本部（18D）ニ連絡.
「先進輜重ハ寧国、湾上鎮ノ間ニ集結、待機ス可シ」ト.
愈々○○攻撃ノ命令下ル.
18Dハ16日ニ蕪湖に集結. 111D〔第111師団〕ハ嘉興ニ集結○○攻撃
急ニ湾止鎮ニ引返ス.
後進輜重ノ内川大尉ト湾止鎮ニ会ス
第1. 2. 中隊ハ本日平望鎮発ニツキ胡州ニテ待機スルコト
湾止鎮ヨリ設営ノ為寧国ニ引返ス
北門付近ニ設営. 本夜ハ兵站宿舎ニ休ム

十二月十五日
寧国
早朝ヨリ相当長期待機ノ設営寧国ノ街ニハ苦力ハ不居. 教会ノ華人使用ハ防諜
上不可ナリ.
午后十一時五〇分、敵襲アリ.
寧国南門付近ヨリ西門ニカケテ、即チ、第一中隊馬繋場目標ニ敵襲アリ
特務兵夜間演習デチト騒ギ.

十二月十六日
寧国
入浴後、北門外ニ糧食ノ徴発調査ニ行ク.

十二月十七日
寧国
副官自動車ニテ胡州ノ隊長ノ処迄
秋重少尉ト宣撫傍ラ馬糧ノ調査ノ為田舎ニ出掛ケル
全然弾痕ナキトーチカアリ．又全然、痕跡ナキ迄ニヤラレタトーチカアリ．

十二月十八日
寧国
北門糧食庫ヲ襲撃シテ来ル敵兵ハ夜毎々々放火ヲナス
急激ニ寒ク、小雪トナル
病気中ナリシ第2中隊長伊藤少尉出迎ヘノ為東門ニ連絡ノ為赴キシ{今橋伍長
今村伍長}敗残兵ノ為東門東方八〇〇米、鉄路付近ノ露ト散ル時ニ午后七時午
后八時警備隊討伐ニ向フ．
南京陥落后兵站線ヲ狙フ敗残兵ノ蠢動スル事ヨ．

十二月十九日
寧国
故今村、今橋両伍長ノ死体、南門付近ニテ火葬ニス
明日ハ出発カ．級友ハ続々通過シテユク．残ルハ第五連団ノミ．

十二月廿日
寧国→十字舖〔十字鎮〕
午前〇時頃夜襲アリ．北門付近ナリ．
午前七時出発．乗馬．
午后四時十字舖着．三叉路ヲ漂水ノ方曲ツタ処ニテ露営．本部ハ長□曹長ノ外
ハ特務兵九人ニ銃二挺．心細キ次第ナリ．夜襲ノ多キ十六舖．武装シタ侭軍刀
ヲ握リ眠ル．
中隊ニハドラ／＼焚火ヲサセ百万ノ大軍ニ見セカケル

十二月廿一日

十字舗→広徳

敵襲モナク過ギタ朝七時出発.

乗馬ニテ設営ノ為先発.

警備隊ノ側ニ設営.

午后〇時半、十字堡ニ敵襲アリタル為応援.

討伐ノ為、広徳警備隊林隊ノ白襷隊ハ十字堡向ツテトラックデ飛ンデ行ク.

無事皈還ヲ祈ル

歩兵砲、迫撃砲、野砲ノ銃砲声殷々ト耳〔聞〕ユ.

我々ノ出発后5D〔第5師団〕ノ輜重ヲ襲ツタ正規〇〇軍、頑強ニ攻撃シテ来ルラシイ

十二月廿二日

広徳→太平橋

午前六時、残月ヲ背ニ出発.

午前十一時下泗安通過.

乗馬ニテ先行. 敵襲ヲヨソニ連絡上グラ／＼飛ス.

午后三時太平橋着.

長興－広徳間ハ敗残兵ノ出没頻々タリ. 警戒モ厳重.

十二月廿三日

太平橋→胡州

火災ノ為跳起キル. 午前四時半出発.

小雨ソボ降ルモ暖ク.

午前八時長興着. 第3.4.中隊ト合ス.

途中川内隊長ニ遭フ　乗馬ニテ前進.

午前十一時第四中隊襲撃ヲ受ク.

午後四時雨中ヲ胡州着.

柳川部隊本部第二課ニ小畑参謀ヲ訪フ.

萩原、田辺、脇内ノ三君ト会フ.

第二次上海事変時に実施された東亜同文書院生の通訳従軍について　　III

十二月廿四日
湖州
午后参謀部第三課ニ飯ル.
輜重隊ハ暫ク待機ス可シト.
連隊将校ノ会食アリ.

杭州攻撃開始！！
十二月廿五日
湖州－埭渓鎮
午前八時出発.
菁山站ニテ大休止.
　　　　　敗残兵ノ討伐
午后四時埭渓鎮着
　　　　敵スパイト思ハレル男三名.
　　　　三回ニ亘リ、訊問‥‥
第一線歩兵隊杭州ニ入城

十二月廿六日
埭渓鎮→上柏鎮
午前七時出発.
武庫ニテ休止.
杭州入城部隊多ク、前進不可能ニツキ野重〔野戦重砲〕ノ後デ上柏鎮ニ一泊スル事ニスル
部隊長ハ師団司令部ニ連絡ノ為杭州ヘ.

十二月廿七日
上柏鎮→瓶窯鎮
午前八時半出発.
午后二時瓶窯鎮着
敗敵付近ニ多ク、警戒厳ナルヲ要ス可シ.

柳川部隊本部、本日杭州ヘ向フ.

十二月廿八日
瓶窯鎮→杭州
午前八時自動車ニテ先行.
雪ニモメゲズ杭州ヲ望ンデ何レモ元気.
野戦重砲、全輜重隊、衛生隊、師団輜重、第三野戦病院、馬廠等続々ト入城
三年振リニ見ル杭州薄化粧.

十二月廿八日.　18D.
宮崎部隊激戦地
午前九時半、杭州大華飯店ニ師団司令部ヲ訪フ.
先輩土屋通訳官〔土屋弥之助、東亜同文書院第25期生〕ニ会フ.
十月廿九日午后二時四三分.
長崎駅頭
「又戦地デ会ワウ」
ノ日ガ二ヶ月后ノ今日懐シキ限リナリ.
相当長期ニ渡ル宿舎馬繋場ノ設営ニハ骨ガ折レル

十二月廿九日
杭州
長期駐屯第一日ハ雑務ガ多イ.
師団通信隊員来隊司令部トノ連絡ニ当ル
挙動不審華人多数.
放火犯人ノ潜入多ク、不断ノ注意警戒ヲ要ス.
藤君ト語ハ憂悶ノ談.

十二月卅日
杭州
連隊本部ノ管理使用人ニ証明書ヲ交付霊隠迄還ス

午前九時半、秋重少尉ト共ニ明日挙行ノ第十軍戦勝報告祭ノ諸事打合セノ為浙江省立体育場ニ赴ク.

第一中隊ハ本日餅搗ヲナス.

師団ノ歩55連隊ノ右翼先遣隊広徳ヲ出デテヨリ激戦中.

桑名〔照弐？〕旅団富陽付近ニテ激戦中.

右翼先遣隊ノ安全且有効ナル戦勝ヲ祈ル

昭和十二年十二月卅一日

杭州

昭和十二年、大晦日ヲ戦地杭州デ迎ヘ昭和十二年ハ杭州デ総決算ヲナストハ思ヒモヨラヌ！！

第十軍戦勝報告祭ノ日ダ

午前十時連隊本部ヲ浙江省立体育場ノ式場ニ誘導

午后秋重少尉ト長期駐屯用宿舎及ビ馬繋場ノ偵察ニ行ク.

目モアテラレヌ国立浙江大学ノ廃墟

十分設置サレタ高射砲陣地ト防空壕.

昭和十二年度ノ戦塵ヲ杭州河坊街ノ胡同デ流落シ久方振リノ長鬚ヲ落ス

夜ハ隊長、内川大尉ニ年末ノ挨拶

午後六時連隊本部餅搗開始.

　　　　寧国ヨリ持来リシ七升ノ糯米.

　　　　衛兵所前ニ建テラレタ門松

戦地ノ迎春準備全ク完了.

杭州城内外ノ敗残兵盛ニ出没.

単独行動ハ絶対禁止.

上海－杭州間ノ鉄道ハ鉄道隊ノ不眠不休ノ復旧作業ト本輜重隊ノ絶大ナル援助ニ依リ

残リ一、〇〇〇米ニテ完全復旧スル事ニナル　応援ニ行キシ輜重隊夕刻濡鼠トナリ皈隊

昭和十二年回顧

於杭州河坊街川内部隊本部.

誠ニ多事多難ノ一ヶ年.

先ヅ帝国ヲ省ルニ政変相次ギ遂ニ六月近衛内閣ノ出現トナリ、日支ノ大問題解決ス可ク乗出シ、盧溝橋事変ニ次ギ上海事件、次デ丁集団ノ歴史的杭州湾敵前上陸、敵首都南京ノ陥落続イテ杭州入城トナリ. 茲ニ聖戦半ヶ年、暴支膺懲ノ第一次段落ヲ見ル

二〇億ノ臨時軍事費易々賄シテ予算通過. 国内次第ニ協心同力困難ニ向ツテ邁進スルノ機至リ. 八月末ニハ国家総動員運動起ル　挙国一致ノ実次第ニ顕著トナル

外極東ノ風雲急ヲ告ゲタルハ勿論ノコト、欧州地中海ノ空気険悪、英仏独伊露ニ西班牙ヲ繞ル国際関係ハ微妙ニ動イタ

全文書院ハ不幸第三次兵燹ニ罹リ、十月十三日長崎市ノ臨時開校、四年級ノ通訳従軍志願！！友人ノ出征、幸ヒ本日迄戦死者無シ

余幸カ不幸カ、本日迄健在、乞フ、我ニ与フルニ至難至大ノ仕事ヲ与以テセラレヲ.

昭和十三年　迎戦勝新年
思ハザリキ、此ノ地ニ此春ヲ迎ヘントハ
皇運ノ日ニ盛ナル斯ノ如シ.

　月　　日
午前七時隊長ニ新年ノ挨拶.
午前八時、新年屠蘇ノ祝.
午前十時、新年拝賀式
東方遙拝、聖寿万才ヲ叫ビ皇国ノ隆昌ヲ祈リシ時ノ新鮮ナル無量ノ感！！
「乱ニ居テ乱ヲ忘レル勿カレ」
連隊長訓示
馬糧ハ輜重隊ノ活動ノ源泉ナリ.

一月二日　杭州
午前八時秋重少尉指揮.
馬ノ運動旁ニ馬糧徴発.
杭州陣地中迎春見物
三年振リニ見ル西湖的真面目
各乗馬隊ハ来ル可キ戦闘ニ備ヘル為軍馬ノ運動.
西湖－岳王廟－清蓮寺〔清漣寺〕→飯隊.

古賀第四中隊
山口少尉ノ指揮スル一ヶ小隊
太田特務兵ノ銭塘江ニ於ル、敵兵生捕リ水中ノ奮戦アリ.
本日試験的ニ電灯ツク.
杭州発電所ノ一部復旧.

一月三日　杭州
隊長ト共ニ軍司令部訪問.
小畑参謀及谷岡第三課長ニ新年ノ挨拶ヲナス
落着シタ軍司令部.
隊長ヲ岳廟、清蓮寺〔清漣寺〕、霊隠寺ニ案内.
夜、清蓮寺〔清漣寺〕魚楽園ノ鯉ヲ食ス.

一月四日　杭州
御前九時本部ニテ
　　　　勅語下賜紀念式ヲ挙行ス
丙兵站司令部ニテ本日ヨリ同盟ニュース発表.

一月五日　杭州.
治安維持会ニ行キ明日ノ慰霊祭ノ準備交渉.

一月六日　杭州.

浙江省立体育場ニテ午后二時ヨリ十八師団関係戦没者慰霊祭執行.

一月七日　杭州.
銭塘江岸ヘ薪炭ノ輸送ニ行ク.
午后観兵式ノ予行演習.
鄭林甫ナル華欧製糖廠々長ト連絡ヲトリ、原料ヲ提供シ、川内部隊専属ニ製菓
サセルコトニスル

一月八日　杭州
華人ヲ如何ニシテ復業サセルカ.
原料ヲ提供シテ製菓サセルコト之モ良法ナシ.
午后秋重少尉ト馬糧徴発.
夜始メテ、ライオン会社ノ慰問袋到着ス.
手紙ハ胡州ニテノ四通以来一向ニ受信セズ些カ淋シイ.

一月九日　杭州
不老長寿ノ薬. 艮山ノ鹿角ニ就テ調査.
軍司令部ニ赴キシ処上海方面ノ宣撫工作多忙ニツキ近日中ニ十八師団ヲ引揚ゲ
軍司令部ニ皈還ス可シト
新移転先ノ偵察.
隊長ニ提出ス可キ陣中日誌ノ整理.

一月十日　杭州
114i〔歩兵第114連隊〕佐々木隊本部ノ跡ヲ引継ギ、之ヲ川内部隊本部ト決定
スル
午後薪炭ノ輸送.
軍司令部ヨリ至急皈隊ス可シトノ事.

一月十一日　杭州
観兵式ハ中止、軍客検査ヲ挙行.

新宿舎ノ整理.

十八師団徴発ニ関シテ、隊長会議開催.

新宿舎、川崎部隊（小堺部隊第Ⅱ大隊）本部跡ニ変更

一月十三日　杭州.

拱宸橋ニ海軍砲艇隊来杭.

自分ハ愈々十六日朝軍司令部ニ復飯ス可シト

一月十四日　杭州.

本部ハ本日急ニ川崎部隊付ニ移転スルコトニナツタ

立花君ノ努力ニ依リ通訳室ハ三階中央.

冥想ニ耽ル新居大寒ノ夜.

一月十五日　杭州.

川内部隊最后ノ日

新本部ハ本朝食ヨリ会食.

陣中日誌ノ整理.

優遇ヲ受ケシ川内部隊.

一月十六日．杭州.

川内部隊本部ヨリ

柳川部隊参謀部へ復飯.

　　　朝食后隊長ニ挨拶.

　　　陣中日誌提出

　　　服務中ノ懇切ナル指導ヲ深謝

午前十時柳川部隊参三課ニ復飯.

午後第13碇泊場司令、山本中佐ノ案内.

久方振リニ級友田辺君ト全室ニテ語々

一月十七日　杭州.

陣中日誌ノ作製. 訂正デ参謀部第三課ハ大混雑

谷田課長〔谷田勇工兵大佐〕ノ秘書役.

一月十八日　杭州.

兵站関係諸表ノ整理.

金子参謀〔金子倫介歩兵太尉〕内地飯還ノ為瀬川少佐ノ引継ギ忙殺.

一月十九日

　　　　杭州

参謀部第三課宴会

於迎紫街聚豊園

自　午後六時.

　　瀬川少佐、

　　熊谷、松本、山本三曹長、

　　福島、田辺、原田通訳

一月廿日

　　　　杭州

残務整理ニ平々凡々ナ多忙ナ日ガ過ギテ行ク.

毎日陰鬱ナ日ガ続ク.

陣中熊谷曹長ハ囲碁

一月廿一日

杭州

金子参謀陸軍省ニ栄転決定.

瀬川少佐ノ秘書

一月廿二日

杭州

川内部隊本部、山崎副官来課.

金子参謀ト袂別ノ紀念撮影
田辺君ト管理部ニ萩原君訪問

日支事変ノ将来ノ発展、事変ノ次ニ来タル可キ問題、書院ノ将来ト教育方針、
大学昇格問題、戦友ノ思出
　　　　　級友田辺ト語リ明ス
　　　　　　　杭州西冷飯店〔杭州香格里拉飯店〕ノ寒空

一月廿三日
杭州
金子参謀総長出発、陸軍省資源局ヘ
日出前ノ西湖ノ景観、平和ノ暁光トハー.
浅靄ニ浮ブ湖心亭.
杭州何百年ノ夢ハ破レ、今新ナル更正生活ノ一歩ヲ踏出サントス.
保叔塔〔保俶塔〕ニ耳ク、杭州ノ盛衰
川内部隊長来課.
福地君来課

一月廿三日
孤山〔孤山公園〕ニテ軍楽隊演奏.

西湖遊記　一三・二・廿二
山丸一等兵　福島通訳　田辺通訳　熊谷曹長　山本曹長　ロスマン

於中支兵站監部本部前　昭13．2．26

柳川部隊本部
昭和13年2月23日杭州発凱旋
嘉興站ニテ大休止

戦塵ノ上海ヲ出ル
　　　昭一三・二・廿七日
長崎丸

13.　2.　27
上海匯山碼頭

13.　2.　27
上海匯山碼頭

注

1) 小倉音次郎（代表）『嵐吹け吹け』、第三十四期生旅行誌編纂委員会、1938年、16–17頁。

2) 1937年9月9日、6月30日付けで教頭和田喜八が辞職し、教頭代理馬場が教頭に就いている（大学史編纂委員会『東亜同文書院大学史――創立八十周年記念誌』、滬友会、1982年、148頁）。つまり、9月3日時点では馬場は教頭代理のはずだが、原田手記添付の文書では「教頭」と記されている。

3) JACAR（アジア歴史資料センター）Ref. B05015340800（第17画像）、「2. 一般（15）第四学年生徒陸軍通訳トシテ従軍ニ関スル件　昭和十二年九月」東亜同文書院関係雑件　第四巻（H–4–3–0–2_004）（外務省外交史料館）

4) JACAR：B05015340800（第20画像）

5) JACAR：B05015340800（第18–19画像）

6) 本村弥佐一（編）『続・嵐吹け吹け』、滬友三四期生会、1980年、276頁。

7) 同注6。

8) 大学史編纂委員会、前掲書、143頁。

9) 宮沢恵理子『建国大学と民族協和』、風間書房、1997年、53頁。

10) 大学史編纂委員会『東亜同文書院大学史：創立八十周年記念誌』、滬友会、1982年、246頁。

11) 対支功労者伝記編纂会『対支回顧録』下、対支功労者伝記編纂会、1936年、1097–1098頁。

12) 本村、前掲書、306頁。

13) 小倉、前掲書、355頁。

14) 小倉、前掲書、356–357頁。

15) 戦後、鈴木は愛知大学の教授となっている。彼の愛知大学での教え子・愛知大学名誉教授今泉潤太郎は、東亜同文書院大学から愛知大学に移ってきた先輩はみな鈴木を怖がっていたと回想している（石田卓生「今泉潤太郎先生に聞く」『日中語彙研究』第7号、2018年）。

16) 大学史編纂委員会、前掲書、146頁。

第二次上海事変時に実施された東亜同文書院生の通訳従軍について　　121

17）小倉、前掲書、357頁。

18）大学史編纂委員会、前掲書、265頁。

19）大学史編纂委員会、前掲書、132頁。

20）「創立東亜同文書院要領」、東亜同文書院、1901年。

21）前掲「創立東亜同文書院要領」。

22）大学史編纂委員会、前掲書、571頁。

23）海軍に通訳従軍した5名の中、山田忠は実家が上海にあったこともあり、8月末から上海海軍武官府の要請を受けて情報翻訳すなわち中国語文書の翻訳業務に就いている（本村、前掲書、296頁）。なお、彼は孫文の革命活動に参画した山田良政（同文書院の前身である南京同文書院教員）の弟純三郎（同文書院第1期生）の子である。

24）本村、前掲書、279–280頁。

25）本村、前掲書、280–281頁。

26）滬友会は同文書院の同窓会組織である。

27）小倉、前掲書、305頁。

28）艮山については、杭州の城門に艮山門がある。鹿の角については、後藤朝太郎『支那文化の研究』（冨山房、1925年）が、戦前の杭州で鹿の袋角を扱う薬局のことを紹介しているが（同書、296–300頁）、艮山門周辺のことではなく清河坊のことである。

29）江口圭一、芝原拓自編『日中戦争従軍日記 ── 一輜重兵の戦場体験』愛知大学国研叢書1、法律文化社、1989年、486頁。

30）江口、前掲書、482頁。

31）江口、前掲書、488頁。

32）東亜同文会発、「軍事通訳要項」、1937年9月17日（原田手記添付文書④）

33）原田手記で手段が明記されている移動を見ると、12月5、21–23日、1月2日は乗馬、11月20、24日、12月2、17、28日は自動車で士官と共に移動し、11月30日は自転車を使っている。

34）江口、前掲書、485頁。

35）JACAR：B05015337300（第18画像）、「2. 一般（36）上海事変ニ学生等内地引揚大内院長辞意表明　昭和七年三月」東亜同文書院関係雑件　第三巻（H-4-4-0-2_003）（外務省外交史料館）

36）白岩龍平、当時は同文会理事長。

37）JACAR：B05015337300（第11画像）

38）JACAR：B05015337300（第18画像）

39）牧野理事とは牧野武のことである。同文書院第1期生、同文会理事。

40）JACAR：B05015337300（第13画像）

41）上海海軍武官府に従軍した山田忠は、上官に「鋼盔」について尋ねられたがわからず、父純三郎の友人の中国人に教えてもらっている（山田忠「第一陣従軍記」、本村、前掲書、296頁）。

42）この従軍についての関係文書を綴じた外務省文書「2. 一般（15）第四学年生徒陸軍通

訳トシテ従軍ニ関スル件　昭和十二年九月」（JACAR：B05015340800）には、同文書院、同文会側から書院生を従軍させることを希望する文書はあるが、軍側からの要求や照会は全くない。

43）福崎峰太郎「東亜同文書院焼失に関する現状視察報告」、小倉、前掲書、298–305頁。

44）「江南に従軍の学生戦死す：同文書院の石井君」『大阪毎日新聞』1938年2月1日（JACAR：B05015340800（第24画像））

45）本村、前掲書、313頁。

46）本村、前掲書、328頁。

47）大学史編纂委員会、前掲書、593頁。

48）大学史編纂委員会、前掲書、574頁。

49）例えば、井上佶は「南京戦に参加して、老百姓をも巻き込んでしまう凄惨な戦争の実態を目撃して」（本村、前掲書、328頁）と回想している。

第3章

東亜同文書院の北京移転構想について

第1節　はじめに

　本章では、これまで紹介されてこなかった東亜同文書院の北京移転構想を考察することによって、日中戦争初期における東亜同文書院と運営団体東亜同文会の実態を明らかにする。

　戦前、上海にあった東亜同文書院は、日中両国に関係するさまざまな分野で活躍する人材を育成した。ここで注意したいのは、上海は重要な都市ではあったが、日本の対中国政策の重心が常に北京以北にあったということである。度々戦禍を被り移転を余儀なくされたこと、北京語教育を行ったことからすれば、日本勢力圏内や北京語が巷間で通用する地に校地を置いてもよかったはずであ

図 1-3-1　東亜同文書院徐家匯虹橋路校舎（愛知大学東亜同文書院大学記念センター所蔵）

った。それでも東亜同文書院が上海で活動し続けたことは、上海という立地自体を重視していたことを示している。

この東亜同文書院について、第二次上海事変直後、北京移転が検討されたことがあった。後述するように、それは会内部より提案されたもので、政府や陸軍の内諾すら得ていた。

一学校が所在地を移すことは当事者にとって大事業であり、何かしら意味をもつものであろう。そこには自律的にせよ他律的にせよ、何らかの理由や原因があったはずである。

では、この移転構想は一体どのような要因によるものだったのだろうか。また、実際には移転は行われなかったのであるが、政府首脳の内諾をえたものがどうして実現されなかったのだろうか。これらの問題を解明することは、東亜同文書院、東亜同文会だけでなく、所管官庁であり日本の対中国文化政策を担った外務省対支文化事業の実態の一端を明らかにすることにつながるだろう。

第2節　上海と東亜同文書院

東亜同文書院は、なぜ上海に置かれたのだろうか。北京に移転することに何かしら意味があるとすれば、上海に置かれたことについても考察しておかなければならない。

1900年5月、東亜同文会によって開校した南京同文書院は、義和団事件下の不穏な情勢のため同年8月に上海へ避難した。そしてそのまま上海で運営されることになり、翌年、東亜同文書院となったのである。しかし、これは移転によるたんなる校名改称ではなかった。両校間には内容的にさまざまな違いがある。

東亜同文会の中国での教育活動は、同会の前身同文会の「上海及東京に同文学堂を置く[1]」という構想からはじまる。当時、中国では真宗大谷派が南京に金陵東文学堂を開いて教育活動を行っており、東亜同文会はその譲渡を希望したが交渉は不調に終わり[2]、南京に独力で学校を開設したのである。

しかし、開校以前に上海こそ学校設置の適地であると東亜同文会外部から個人的に会長近衛篤麿に意見していた元日清貿易研究所[3]代理所長根津一が[4]、

1900年春頃より会の指揮をするようになると[5]、上海での活動を進めはじめた[6]。同年6月には両江総督劉坤一から南京同文書院用地の20年間租借と共に上海での学校新設への支援を取り付けている[7]。このように南京同文書院が南京にあった時点で、上海での教育事業を進めていたことや、上海こそ適地と考えていたことから、根津はもともと上海での学校開設を決めていたと考えられる。

また、南京同文書院と東亜同文書院は教育内容が異なっていた。

南京同文書院初代院長佐藤正の「南京同文学堂設立意見書[8]」は、日本人教育について、「支那に於て日本学生を一堂の下に集め、支那語学を教ふると共に商工業其他時務必須の学業を修めしむる[9]」、「東亜同文会の留学生及び其他諸種の在清国日本の留学生を教育する所にして、主として支那語を教へ、理財商業等に必須の学科を授くるものとす。学課々程は別表に依る（註、本表は諸種留学生の遊学年限と学力とに鑑みて立案する可し今之を定めずして後日に譲る）[10]」と、曖昧に述べるのみである。それに対して中国人教育については、「支那学生には主として日本語に依りて科学的思想を注入[11]」と述べ、具体的な課程表を付し、中等教育に主眼をおくことをはっきりと示している。

この南京同文書院の学生を募る各府県知事・府県会議長宛の文書では、日本人教育について次のように述べられている。

> 三年を以て一期として支那語を主として之に英語を加へ生産工商業等の学術を始め経済学法律学一般の智識をも授け学業の傍ら内地旅行を奨励して一面には同国の精細なる事情を報告せしめ、他の一面には実地練習の便宜を与へ、専ら活用的人材を造くる事に致し度〔中略〕中学卒業者若しくは之れと同等以上の学力を有する学生を派遣相成度候[12]。

日本国内の高等商業学校程度であること、中国語と英語を教授すること、調査旅行を奨励することなどの点は前掲佐藤構想よりは具体的である。これらは貿易実務を担う人材を養成するために中国語と英語教育を行い、中国調査旅行を課した日清貿易研究所のそれと似ている。この文章は根津と接触した後のものであり、また東亜同文会には白岩龍平らの同研究所卒業生が多数参加していたことから、明らかにその影響を受けているが、課程についての記述はやはり

漠然としたものに止まっている。

　このように教育内容が明確にされないまま開校が進められたことが影響したのか、南京同文書院では語学しか開講できなかった[13]。

　これに対して上海の東亜同文書院は日本人教育に特化しており、特に商務科は日清貿易研究所と似たカリキュラムであった[14]。さらに、同校の特徴とされる学生の実地修学旅行（後の「大調査旅行」）が、南京同文書院での「奨励」ではなく、日清貿易研究所と同じように課程に組み込まれていたこと[15]、開校当初の教職員に同研究所関係者が含まれていたこと[16]、商人蔑視の雰囲気があったという南京同文書院に対して事業意欲をもつ東亜同文書院生という校風の違いから[17]、東亜同文書院は南京同文書院よりも日清貿易研究所の後継校であったと位置づけられる。

　日中貿易に携わる人材を養成する日清貿易研究所は、日中二国間のみを射程にするものではなかった。日中両国は経済的に発展することによって列強に対抗しうるという創設者荒尾精の考えがその根幹にあり[18]、この国際的な見地に立つ商業重視の姿勢があったからこそ列強が競い合う経済都市上海が選ばれたのである。そして、その実質的な後継校である東亜同文書院にとっても上海が最適地となった。

　この上海の東亜同文書院開校を進めた根津一は、倫理授業を担当し『大学』、『論語』を自ら講義することで学生と直接接触をもっていた[19]。彼は日中両国で徳育にあたる団体や学校の設立を計画[20]したように道徳教育を重視したが、その教化は東亜同文書院にあらわれている。学内には山洲会、無我会、尚志会といった彼を追慕するサークルがあり[21]、学外にも彼に傾倒した卒業生による修養団体東光書院があった[22]。さらに東亜同文書院内には彼を祭る靖亜神社が建立されてもいる[23]。このように彼自身が関係者間で特別な存在となるということは、その行動自体も特別なものとして捉えられることを意味する。彼が上海を校地に選んだのは、日清貿易研究所での経験をふまえたものであったが、東亜同文書院の同窓会が上海の別称にちなんで「滬友会」と称しているように、同校関係者は上海自体に特別な感情を抱いたのである。竹内好は、「根津は書院とほとんどイコールに結ばれていた[24]」と述べているが、それは上海をも含むものであった。

第3節　北京移転構想

第1項　2度目の校舎焼失

　1901年5月26日、東亜同文書院は高昌廟桂墅里で開校した。この時の校舎は、上海実業界の有力者である経元善が中国最初の女学校として整備し、後に羅振玉の東文学社として使用された施設である[25]。この校舎は1913年7月29日第二革命の戦禍を被り焼失、同校は長崎へ避難したが、同年10月上海北駅付近の赫司克而路に仮校舎を設置し上海に復帰している。

　この時の東亜同文会と東亜同文書院の対応をみると、わずか2カ月で上海に復帰していることからこれは既定路線であったと思われる。それには、上海を最適地と考える根津一の存在が大きく影響しているのだろう。当時、彼は東亜同文書院院長とその運営団体東亜同文会の事実上の指導者である幹事長職を兼任していた。

　この後、中国政府から損害賠償金を得て1917年4月徐家匯虹橋路校舎を竣工させるが、これも1937年第二次上海事変によって焼失する。租界外にあったことから、8月15日中国側に接収され、11月3日中国兵の放火によって全焼したのである。

第2項　二つの移転案

(1) 交通大学借用案

　第二次上海事変時、東亜同文書院は長崎に仮校舎を設置していたが、徐家匯虹橋路校舎焼失後の1937年11月26日、東亜同文書院院長大内暢三は同校幹事久保田正三（東亜同文書院第16期生）を上海へ派遣した。この報告は、12月2日付で東亜同文会理事長岡部長景に提出されている。

　久保田報告には、「当地諸情勢モ著シク緩和シ尚近ク敵軍首都南京ノ陥落ヲ見ルニ至ラバ此ノ情勢ハ更ニ一段ト好転スベク従ツテ本年度学年末（来年三月）ニモ相成候ハバ本院ノ上海復帰ハ充分可能ナルベシトノ見込相立チ申候ニ付キ早速仮校舎物色ニ着手仕候[26]」とあり、すみやかな上海復帰が目指されていたことがわかる。久保田は、上海総領事岡本季正と陸軍駐在武官原田熊吉少将を

通して現地の日本軍へ協力を求め、希望地として「第一ハ中山医院及国立上海
〔医科〕学院ノ一廓、第二滬江大学、第三交通大学」をあげた。上海医科学院・
中山医院は上海自然科学研究所付近、滬江大学は東北郊外、交通大学は焼失し
た東亜同文書院付近にあった。

　これに対して原田は、第一希望は野戦病院として、第二希望は兵舎として軍
が使用しており転用不可と答え、第三希望の交通大学については次のように協
力姿勢を示した。

　　交通大学ハ目下仏蘭西工部局ノ管理ノ下ニ支那避難民収容所トナリ未ダ皇
　　軍ニ占領セラレザルヲ以テ今後ココヲ占領セバ書院仮校舎ニ提供シ得ベシ
　　同大学ハ租界外ニ在リ国立大学ニシテ永年月排日抗日教育ノ策謀地タリ且
　　ツ最近マデ支那軍の占領セシ証拠アルニヨリ占領ノ事由ハ充分成立スベキ
　　ニヨリ早キニ従ヒ正式ノ手続ヲ経テ軍ニ交渉アラバ武官ハ応分ノ援助ヲナ
　　スベシ[27]

　この時点で、交通大学が日本側の管理下になかったことは注目すべきことで
ある。日本軍は、東亜同文書院の要望に応える形で交通大学施設を占領しよう
としていたのである。交通大学借用後、院長大内暢三は「〔交通大学は〕一時
中国の武装軍隊が駐屯したため、目下わが軍の占領管理下に在る[28]」と述べて
いるが、それは原田の「支那軍の占領セシ証拠アルニヨリ占領ノ事由ハ充分成
立スベキ」をうけたもので、そこに東亜同文書院の働きかけがあったことは確
認しておかなければならない。上海総領事岡本が「文化機関カ文化機関ヲ占拠
スル結果トナリ面白カラサル印象ヲ与フルヤニ思考セラルル[29]」と記している
ように、この交通大学借用案は日本の上海占領の一部に組み込まれたものであ
った。

　この久保田報告でもう一つ注目されるのは、次に引くように東亜同文書院が
東亜同文会へ事後承諾を求めていることである。

　　就テハ当地総領事ヨリ外務省ニ電報ヲ以テ右ノ件指令ヲ仰ギ候場合ハ多分
　　一応貴会ニ対シテモ御照会可有之ト被存候ヲ以テ予メ右経緯ノ概略ヲ御報

告申上候次第ニ御座候〔中略〕貴会ヨリ極力交通大学ヲ以テ仮校舎使用ノ事ニ御決定有之様御助言賜リ度候〔中略〕大至急決定致シ置クベキモノト確信罷在候[30]

現地上海で交渉が順調であった交通大学借用案を、東亜同文会として追認するように促しているということは、久保田の行動が東亜同文会の意向によるものではなく、彼が「小職去月廿六日大内院長ノ命ヲ奉ジテ来滬[31]」、東亜同文書院院長大内長三の指示による上海出張であると記しているように、東亜同文書院独自のものであったことを示している。

高昌廟桂墅里校舎焼失の際は、東亜同文書院院長兼東亜同文会幹事長である根津一のもとで東亜同文書院と東亜同文会は一体化していた。しかし、徐家匯虹橋路校舎焼失時の両者の間には一定の距離感がある。

(2) 北京移転構想

東亜同文書院が上海で交通大学借用を交渉していた頃、東京の東亜同文会には異なる移転構想があった。それが東亜同文会理事長岡部長景による北京移転構想である。次にその全文を引用する。

在支邦人教育機関設立ニ関スル要旨

曠古未曾有ノ事変ヲ終息シ将来ニ亘リ其効果ヲ完カラシメ日支提携ノ実ヲ挙ケムニハ有能ナル人材ヲ養成スル事刻下ノ急務也則チ之カ為左ノ諸施設ヲ緊要ナリト認ム

一、支那事情ニ精通シ将来支那ニ於テ活動シ得ル邦人子弟ノ系統的教育機関ヲ北支及ビ南支ニ設立スル事

一、北支ニ於ケル教育機関トシテハ曩ニ兵火ニ罹リタル上海同文書院ヲ至急復興スル必要アルヲ以テ応急ノ処置トシテ之ヲ北京清華大学跡ニ移転シ教育ヲ継続セシムル事

一、上海ニ於ケル同文書院ノ地位ハ南支ニ対スル我国ノ教育機関トシテ之ヲ更生セシムル事

一、前記教育機関ノ学制其他ニ関シテハ時代ノ要求ニ応シ得ル様委員ヲ設

ケ審議セシムル事

一、右ニ要スル経費ニ関シテハ我ガ国ノ文化国策ノ一部トシテ之ヲ考慮スル事

以上 [32]

この文書には、同じ文面で外務省用紙印字のものと陸軍用紙のものがある。外務省用紙には、欄外に「岡部同文会理事長案」、「本案ハ岡部東亜同文会理事長ヨリ陸軍側ニ提出セルモノナリ」と手書きされている。陸軍用紙には「秘」印が押され、欄外に「昭和十二年十二月□日　接受」、昭和12年12月3日の文化事業部印、「文化事業部　花押」、同部第一課並びに第二課長の花押、米内山庸夫（東亜同文書院第8期生）の認印があり、さらに「岡部長景子ノ案ニシテ趣旨同意ナリ御研究御願ヒシ□　軍務課宮本印」と記された上に「林〔安文化事業部第一課長〕ハ反対ノ意思」とやや後に書き加えられたと思われる付箋がある。これらから、北京移転構想は12月3日以前に陸軍の内諾を得ていたものの外務省が難色を示していたことがわかる。

さて、ここで注目されるのは、北京移転構想が東亜同文書院一校のためではなく、日本の「文化国策」の一環とされていることである。提案者の岡部は、東亜同文書院焼失の直前に「此の地〔北京〕に於いて先づ所謂文化の戦を展開していくならば、支那の民心も必ずや我が国の人目的に対して理解を持つ [33]」と述べており、北京での国家的文化事業実施は、東亜同文書院復興問題以前からの持論であった。北京移転構想は、東亜同文書院だけではなく、より大きな日本の「文化国策」という視点からなされたものであった。

また、この移転構想についての交渉は、12月3日以前に陸軍との間でもたれており、交通大学借用案の交渉時期と重なる。同時期に東亜同文会と東亜同文書院が、それぞれ異なる活動をしていることは、両者の意思の疎通がはかられていなかったことを示している。

第3項　北京移転構想に対する反応

(1) 外務省の反応

岡部長景の前掲「在支邦人教育機関設立ニ関スル要旨」に対する外務省の方

針を示したのが、次の外務省文化事業部「在支邦人教育機関設立ニ関スル件」である。

DEC7・1937

秘

第一課長印　花押

第二課長印　花押

米内山認印

昭和十二年十二月四日

文化事業部長印　花押

在支邦人教育機関設立ニ関スル件

一、北支ニ邦人教育ノ学校ヲ設立スルコトハ上海東亜同文書院トハ別個ニ研究スルヲ要ス

二、上海東亜同文書院ハソノ歴史ト伝統的精神トニ鑑ミ依然其侭上海ニ継続存在セシムルヲ要ス

三、同文書院北京移転ヲ不可トシ上海存続ヲ必要トスル理由左ノ如シ

（一）学校ノ歴史及伝統ハ学生ノ精神、気迫ニ影響スルトコロ極メテ大ナリ之ヲ尊重スルヲ要ス

（二）東亜同文書院ハ北支ノ如キ日本的色彩ノ濃クナリツツアリ又濃クナルベキ土地ヨリモ南支ノ如キ支那民族精神渦中ノ中心ニ存在スルコトヲ必要トス

（三）北京ハ経済的活気少ナク而シテ古代支那文化的気象濃キニ過グ、支那ノ将来ハヨリ多ク経済的ノ活動ヲ要求スコノ意味ニ於テ同文書院ハ支那経済ノ中心タリ且ツ国際経済的舞台トモ見ラレルヘキ上海ニ存在スルコトハ極メテ必要ナリ

（四）北京ハ支那語習得ト支那文化研究ニハ便利ナルモソレハ又一面ニ於テ精神的ニ支那文化ニ同化セラレ日本精神的気迫ヲ失フ処ナシトセズ

（五）上海ハ英語及ビ国際的活動修練ノ便利ト不断ノ刺激トヲ有ス北京ハ之ヲ欠ク

（六）人間トシテモ北支那人ハ人物重厚ナルモ因循姑息何レカト云ヘバ
　　　退嬰的ナリ南支那人ハ巧滑ナルモ機敏ニシテ進取ノ気象ニ富ム、学生
　　　修学訓練ノ土地トシテハコノ環境ヲ無視スヘカラズ

（従来北京ノ学問都市トシテ活気アリタルハ其ノ教授学生ノ大部分ハ南方人ニシ
テ且ツ政界ニ於テモ南方人ガ其ノ中心ヲ為シ居リシ為メナリ将来南方人ガ従来
ノ如ク北支ニ来ルコトハ予期セラレズ北京ノ気風ハ必ズヤ一変スヘシ）

四、仮リニ同文書院ヲ便宜上一旦北京ニ移サンカ事実ニ於テ上海復興又ハ
　　岡部子案ノ如キ南支教育機関ノ設立ハ予期セラレサルヘシ之ニ反シ同文
　　書院ヲ上海ニ復帰セシメ別ニ北支ニ□邦人子弟教育機関ヲ設立スルコト
　　ハ現下ノ状勢ニ鑑ミ実行必ズシモ不可能ナラズ同文書院ヲ上海ニ復帰セ
　　シムルコトハ結局同文書院本来ノ伝統精神ヲ破壊セザルノミナラズ併セ
　　テ岡部子案ノ主旨ニ基ツキ北支及南支双方ニ支那ニ活動スル邦人教育機
　　関設立ノ目的ヲ達スルコトトナルヘシ

五、故ニ同文書院ハ其ノ書院創設ノ歴史ト伝統並南北支那ノ現実ニ鑑ミ□
　　□□□□従来ノ通リ上海ニ復帰復興ノ途ヲ講スヘク北支教育機関設立ハ
　　全然コレト別ニ考究スルヲ要ス

以上[34]

　ここでは、東亜同文書院は上海にあるべきだとくり返し述べているが、その
理由にある北京、上海の特徴は紋切り型にすぎない。また、第二、四、五項で
強調している東亜同文書院の「創設ノ歴史ト伝統」、「学生ノ精神、気迫」を尊
重するということは、理由としては抽象的であり、まるでこの文書が移転反対
を前提として作成されているかのような印象をうける。
　前掲「在支邦人教育機関設立ニ関スル要旨」は、「文化国策」の一部として
東亜同文書院移転を位置づけていた。これに対して、外務省の方針は北京移転
構想の骨子ともいえる「国策」面にふれることなく一学校の復興問題としての
み扱っている点が特徴的である。
　そして、ここに奇妙な状況が浮かびあがる。外務省は対支文化事業を通して
東亜同文会に多額の補助を行い、統制する立場にあり、東亜同文会が補助を受
けて存続していくためには、その枠内で独自性を発揮して存在意義を示す必要

があるはずである。しかし、実際の東亜同文会は東亜同文書院が「国策」の一部に完全に組み入れられることを望み、外務省はかえって同校の独自性を認めようとしているのである。この東亜同文会の「国策」に対する姿勢は、外務省対支文化事業の統制に強いられたものではなく、きわめて自主的なものといえる。

(2) 石射猪太郎、東亜同文書院卒業生の反対

東亜同文会の意思決定機関は理事会であるが、東亜同文書院焼失後の善後策については、理事会招集以前に東亜同文書院卒業生による会合がもたれた。このことは、外務省記録「同文書院北京移転問題」で紹介されている外務省東亜局長石射猪太郎の談話にみえる。彼は日中戦争緒戦において不拡大方針をもち和平を模索したことで知られる外交官であるが、東亜同文書院出身者（第5期生）であり、この卒業生の会合に参加していた。

　　十一月二十六日津田同文会理事ノ司会ノ下ニ同文書院卒業生有志者ノ会合ヲ開キ同文書院北京移転問題ニ関シ討議ス、本件ハ其ノ席上ニ於テ多数決ヲ以テ否決セラル[35]。

理事である津田静枝が司会を務めているものの、この会合は東亜同文会内の正式な機関ではない。もっとも、移転問題を討議し決まで採っていることから、理事会の諮問機関的な役割を果たしていたようである。

この会合で否決されたにも関わらず、岡部が移転構想実現を目指して運動を続けたことが、「同文書院北京移転問題」の中で続けて述べられている。

　　岡部理事長ハ水野梅暁ト共ニ近衛首相ヲ訪問シテ其ノ同意ヲ取付ケタルヤニテ爾後陸相各大臣ヲ訪問シテ本件ニ関スル主義上ノ賛成ヲ得タル由ナリ、次テ十二月六日岡部、水野同道、石射東亜局長ヲ訪問シ多少本件ノ趣ヲ変ヘテ同意ヲ求メ賛成ヲ促シタル処同局長ハ断然之ヲ刎ネツケタリ[36]

水野は東亜同文書院出身[37]で、僧侶やジャーナリストとして活躍した。彼

と岡部の関係については後述するが、古参の東亜同文書院卒業生として東亜同文会内でも著名であった[38]。ここで注目されるのは、移転構想が近衛文麿の同意を得ていたことである。当時、近衛は東亜同文会会長であると同時に内閣総理大臣でもあった。東亜同文書院の北京移転は、卒業生間で否決されたが、会内部では実現へ向けて動きはじめており、それは政府首脳や軍部の内諾を得たものであった。

　これらの事柄は、石射の日記にも記されている。

　　十一月二十七日　土
　　〇午後六時から同文会に於て書院復興計画につき意見交換会あり、拙者は
　　上海を主張し中座す[39]。
　　十二月六日　月
　　〇岡部子、水野〔梅暁・支那時報社長〕和尚来訪。同文書院を北京に移す
　　べしとの趣旨を大学制案にて巧みに説きたてる。手は見えすえ〔ママ〕て居る。
　　所説納得出来ずと主張す。岡部子は和尚に乗ぜられたのだ[40]。

　文面からは、石射が当初より北京移転構想に反対であったこと、またその構想が水野によるものととらえていたことがわかる。12月6日付日記では、石射が水野によい印象をもっていないようにも感じられるが、2人の間に確執はなかった。石射日記に水野は度々登場するが批判めいたものはない。また、直前の11月25日付日記によれば、中国から帰国したばかりの水野は石射に現地の状況を直接報告している。移転構想での対立は、両者の中国をめぐる状況認識や母校への考えの相違によるものであった。

　石射の反対理由は、「我国ハ上海ヲ放棄スル国策ヲ決定シタル次第ニ非ス〔中略〕書院ヲ此ノ際北京ニ移転スルコトハ上海放棄ノ前提トナリ而シテ一度移転センカサイド上海ニ復帰スルコトハ不可能タルニ近ラン[41]」というものであった。当時、東亜同文書院は上海での日本勢力の象徴と目されていたようで、石射と同様の意見は外務省記録「東亜同文書院北支那移転問題ニ就テ」にもあり、これも移転について「日本帝国ノ国策ヨリ見ルモ一ノ退嬰ト見做ス[42]」と述べている。

また、石射は移転構想を支持したとされる側にも連絡をとっている。それは彼とは旧知の柴山兼四郎で、当時、陸軍省軍務局軍務課長という陸軍中枢の要職にあった。この際、柴山は「岡部子爵ノ申出ハ同文会理事会ノ議決ヲ経同文会トシテ決定シ来リタルモノトシテ之ヲ援助スル意味ニテ賛成シタルニ過キサル由ナリ[43]」と述べている。もちろん、移転構想は「何等同文会理事会ノ決定ヲ経タルモノニアラス[44]」というように理事会での正式な承認をうけておらず、柴山発言によって陸軍の内諾は白紙に戻されたといえる。

　こうした石射の反対に遭った岡部と水野は、外務省文化事業部長岡田兼一にも働きかけたが、「岡田部長ハ之ニ対シ明白ナル意思表示ヲ為スコトヲ避ケタリ[45]」と、同意を得ることはできなかった。しかし、ここで岡田が反対の態度を明確にしていないことは注目される。この問題に直接反対の姿勢をみせたのは石射をはじめとする東亜同文書院卒業生たちなのである。近衛など政府首脳や軍部の内諾すら得ていた移転構想が実現しなかったという結果をみるならば、その最大の原因は、石射たち東亜同文書院卒業生の反対にあったといえよう。

第4節　北京移転構想の背景

第1項　岡部長景と水野梅暁

　北京移転構想は岡部長景と水野梅暁によるものであった。彼らがいつから面識をもったのかは不明である。ただ、水野は外務省関係で中国実地調査を行ったり[46]、同省系の東方通信社調査部長を務めたりしたことからわかるように外務省とのつながりが強く[47]、外務省文化事業部長として日本の対中国文化事業を統括していた岡部と接触する機会はいくらでもあったであろう[48]。彼らの経歴が組織の中ではっきりと重なるのは、日満文化協会（満日文化協会）である。

　日満文化協会は、「本会ハ日満学界ノ協力ニ依リ東方ノ文化ヲ保存並ニ振興スルヲ以テ目的トス[49]」という団体で、1933年、「満洲国」側の要請をうけた日本が支援する形で成立した[50]。そもそものきっかけは、羅振玉が所有する文物の整理、保管について満鉄大連図書館の松崎鶴雄[51]に協力を求めたことからはじまるという[52]。この時の日本側の窓口が外務省文化事業部であり、現地

で実際の折衝をしたのが水野であった[53]。そして、協会副会長2名の内の1人に当時貴族院議員であった岡部が就任したのである。会長には「満洲国」国務院総理鄭孝胥が就いているが名誉職にすぎず、もうひとつの副会長ポストは「満洲国」側に配分されており、実質的に岡部が同協会を統括する責を負っていた。彼には外務省文化事業部長として済南事件時に中国側の反発から頓挫しそうになった文化事業を中国から日本国内に重点を移し、東方文化学院という形で継続させた実績があることなどから、日中文化事業の識者として指名されることになったのであろう。

　さて、日満文化協会発足準備から参画していた水野が果たした役割は大きかった。外務省記録「満洲国側ヨリ水野梅暁ヲ日本側評議員並理事ニ推薦方ニ関スル件[54]」によれば、評議員に推薦された水野が「日系評議員ハ純学術的ノ立場ヨリ所謂一世ノ碩学ヲ推挙スル[55]」として辞退していたにも関わらず、「満洲国」側の要望をうけて評議員、さらに1934年には理事となっており[56]、現地側の強い支持を得ていたことがわかる。ここから、実質はどうであれ日本人と中国人が協同する形をとる同協会で、現地側との意思の疎通をはかるのに欠かせない存在としての水野が浮かびあがる。

　その姿を間近でみていた岡部は、文化事業部長時代に日中共同による文化事業の難しさを痛感していたはずであり、彼の目に水野は日中人士を結ぶ得難い人物と映ったに違いない。そのことは、後年の岡部が「水野梅暁君は自分にとって実に無二の兄友であった。日華両民族の文化交流について、同君のように実際的に深く研究し、且つ実行力の強い人はまれである[57]」と絶賛したことにもあらわれている。

　また、岡部は、「同君〔水野〕はよく余に対して『どうもお互いの考えはあまり進み過ぎて居るので今日の実社会には適応しない』と慷慨されたものである[58]」と述べているが、この言葉には北京移転構想の顛末も入っているのかもしれない。

第2項　近衛文麿会長下の東亜同文会

　1936年12月2日、近衛文麿は牧野伸顕に替わって会長となり、あわせて幹部役員も刷新された。大島隆雄は、「会長近衛の強化された権限、その管理体

制のもとでの理事長、常務理事、少数の理事と、それを補佐する主要実務職員といった寡頭的な組織[59]」と評しているが、多忙な近衛に代わって実際の会の運営を担ったのは理事長岡部長景であった[60]。

岡部と東亜同文会の接点は、彼が外務省対支文化事業局（後の外務省文化事業部）事務官であった時代にみられる。1923年7月、彼は中国視察に派遣されたが、そこで目の当たりにしたのは、「日本ノ関係ヲ有スル文化事業ニ至リテハ到底欧米諸国ノソレト比肩スヘクモアラス[61]」という状況であった。もちろん、そこには東亜同文書院も含まれている。この際、東亜同文書院教授山崎百治が「今夏〔1923年〕筆者の会見せし現外相伊集院男[62]、外務事務官岡部氏の如きは殆ど全く〔東亜〕同文会本部に好感を有せざるが如く[63]」と伝えていることからすると、個人的な印象はよいものではなかったようである。

その彼が、1925年7月に東亜同文会評議員となっている[64]。もっとも、これは前年1924年12月、外務省文化事業部長に就任したことが大きく関係している。彼の後任の文化事業部長坪上貞二も同様に評議員に推されており[65]、この人事は東亜同文会が所管官庁との関係強化をねらったものであったと思われる。実際、評議員となった岡部が会内で積極的に活動した形跡はない。東亜同文会機関誌『支那』には、彼の文章が9篇掲載されているが[66]、7篇は理事長時代のもので、他の2編は近衛篤麿を記念する内容であり、会の活動とは関係ない。彼が東亜同文会で積極的な活動をみせるのは理事長時代（1936年12月–1939年6月）だけなのである。

東亜同文会内で実績がない岡部が理事長として実務を担うことには、彼を選任した会長近衛文麿の強い意向と大きな権限があらわれているだろう。そのような力を近衛が持ち得たのには、東亜同文会そのものに要因がある。

東亜同文会創成期からの会員にとって創立者近衛篤麿は特別な存在であり、文麿はその跡継ぎであった。中村義は「白岩〔龍平〕等の東亜同文会のメンバー一部はいわば『旗本』のように近衛家に恩顧を感じて、文麿の成長に期待をかけていた[67]」と述べている。このような「期待」が、絶対的な支持へとつながり、結果として会内で強い権限を与えるであろうことは想像するに難くない。

そして、そうした近衛の支持をうけていたことを背景として、岡部は強引に北京移転構想を進めようとしたのである。

第5節　北京移転構想のその後

第1項　北京移転構想の失敗

　北京移転構想は、1937年12月6日、岡部長景、水野梅暁が外務省東亜局長石射猪太郎の説得に失敗し頓挫した。

　同年12月8日起草の外務省本省から上海総領事へ送られた電文には「東亜同文書院ハ明年四月ヨリ上海ニ復帰開校セシ意向[68]」とあり、この時点で東亜同文書院の上海復帰は内定していたと思われる。翌9日、岡部は理事津田静枝、主事牧田武と共に外務省文化事業部に出向いて今回の問題について説明した[69]。

　岡部は、「同文書院北京移転ハ上海復帰困難ノ予想ノ下ニ考ヘタルモノナルモ上海へ復帰出来ルナラ無論上海へ復帰スル[70]」と、上海復帰を表明しつつも、「今般北支文化工作ニ関シ同文書院ノ問題トハ別ニ年一千万円外ニ救済事業費トシテ一千万円計二千万円位ヲ支出シ之ヲ国策トシテ実行シタク之ハ文化事業部ノ仕事ノ如ク小サク考ヘス国策トシテ実行スル様致度シ[71]」と、北京移転構想で示していた「北支ニ於ケル教育機関[72]」設立への含みをもたせている。

　これに対して文化事業部第一課長林安は、「北京移転ハ絶対反対[73]」と明言し、さらに「事務ハ先ツ事務当局ト折衝アリタシ〔中略〕何等御意見アラハ予メ当方へ申出アリタシ[74]」と、今回の件で岡部が外務省に諮ることなく政府首脳や陸軍の内諾をとったことを指導している。

　そして1937年12月13日、外務省文化事業部長岡田兼一列席の下、理事長岡部、人内暢三（東亜同文書院院長兼任）などの理事によって東亜同文会理事会が開かれ、東亜同文書院の上海復帰が正式に決定した[75]。

第2項　北京移転構想と東亜同文書院の大学昇格

　東亜同文書院の北京移転構想は実現しなかったが、そのなかで提案されていた在北京教育機関設立構想は諦められたわけではなかった。

　北京移転が頓挫した直後、1938年1月、東亜同文会は外務省へ「北支ノ新情勢ニ応ジ東亜同文会ガ支那ニ於テ経営セントスル諸学校案[76]」を提出する。これは北京に総合大学「東亜同文大学」を新設することを中核としたもので、「日

満支三国ノ優秀ナル青年[77]」を教育しようとしているように、日本の中国侵略をふまえたものであった。この計画も外務省に受け入れられなかったが[78]、翌2月には同種の「支那ノ新情勢ニ応ジ東亜同文会ガ支那ニテ経営セントスル諸学校案[79]」を提出している。これらの事業案の特徴は、東亜同文書院よりもはるかに大きい「国策」規模といえる点にある[80]。

東亜同文大学設立案に関して、栗田尚弥は、「昭和十四年の東亜同文書院の大学昇格を、東亜同文大学設立計画の一部実現と見ることも可能であろう[81]」と述べている。この大学昇格は、北京移転構想や北京新学校案が出されたわずか数カ月後の1938年7月、東亜同文書院長大内暢三によって提案されたもので[82]、「今次事変ヲ一転機トスル我カ対支文化事業トシテ書院大学昇格ノ如キハ最モ機宜ニ適セル事業[83]」という外務省の賛同を得て、同年11月に内閣総理大臣近衛文麿が東亜同文会長として「東亜同文書院大学設立申請書」を外務大臣有田八郎に提出、翌1939年1月の国会承認を経て実現する。時系列的には、「文化国策」としての在北京新学校案の一部実現とみることができそうであるが、大内の『東亜同文書院の昇格問題に就き敢て同窓各位諸氏に懇ふ』をみると、その主たるねらいは別にあったように思われる。

　　　東道〔日本の中国での活動の先導者〕役の任にあるものゝ実力なり、資格
　　　なりが、東道されるものから軽んぜられ、或は自ら気遅れするやうなこと
　　　であつては、単に一個の通弁たるに止まり、或は一個の案内人となり終る
　　　虞れが多分にある〔中略〕知識階級の者に比べて毫も遜色なき実力と資格
　　　とを我が書院に付与し、その卒業生に高い矜持と自信とを持たせることが
　　　何よりも肝要急務の事業と信ずるのであります[84]。

ここで、大学昇格は東亜同文書院卒業者に日本国内の学校出身者同等の格式を与えるためのものだとされている。当時、同校卒業生達は中国に関わるさまざまな現場で活躍はしていたが、指導的立場にあった者は少なかった。このことについて竹内好は次のように述べている。

　　　彼ら〔東亜同文書院卒業生〕は日本内地の専門学校よりもプライドをもっ

ている。しかし出世のコースは限られている。外交官ならせいぜい領事か
総領事どまりだ。日清貿易研究所以来の中国市場の開拓者であるにもかか
わらず、大資本の進出によって、官界にせよ実業界にせよ、トップ・レベ
ルに達する道が閉ざされてしまった[85]。

　こうした東亜同文書院の置かれた状況は、第二次上海事変時に行われた東亜
同文書院生の通訳従軍にもあらわれている。高等教育機関学生の徴兵が猶予さ
れていたにも関わらず、本人の希望とはいえ現役学生が従軍したのである。徴
兵猶予が特権視されていた当時にあって[86]、このことは同校が置かれた環境を
如実にあらわすものである。そして、この時の院長こそ大内であった。
　日露戦争時、東亜同文書院の学生が卒業と同時に通訳従軍したことがあった
が、当時、同校は日本の学制内では認められたものではなく、彼らの敵はロシ
アであり、中国と直接対峙するわけではなかった。また、専門学校令が適用さ
れて正式に日本の高等教育機関となった後、1932年におこった第一次上海事
変では通訳従軍は行われていない。この時の院長も大内であり、全学生をすみ
やかに日本国内へ疎開させていることから、彼が学生の従軍に消極的だったこ
とは明らかである。だからこそ、1937年の学生従軍は、日中関係悪化という
状況下、日本の学校でありながら中国に在って中国の専門家を養成するという
特殊性故に担わされる役割の過酷さを痛感させたに違いない。そうした状況を
打破することこそ、日本国内の同程度の学校と同じ扱いをうけることであり、
特殊性を学術的な専門性へと発展しうる大学への昇格であったのであろう。
　そして、前述したように大学昇格は順調に進められるのだが、外務省が行っ
た東亜同文書院内部調査[87]によれば、昇格が確実となると大内は辞表を提出し、
昇格準備には積極的に関わらなかったという。その姿は、一部教職員に「院長
ノ態度ニ付テハ些カ不満足ナル点ヲ感シ居ル[88]」という感想を抱かせるもので
あった。つまり大学昇格が決定した時点で彼の目的は達成されたのである。こ
こには、大学という形式を整えることをなによりも重視していたことがあらわ
れている。
　北京移転構想や北京での大学新設は、東亜同文書院を中心に据えたものでは
なく、そこでの東亜同文書院は日本の対中国「文化国策」のひとつでしかなか

った。それに対して、大内の大学昇格は、東亜同文書院のみを対象としたものである。しかし、外務省が日中戦争勃発以後の文化事業として「最モ機宜ニ適セル事業[89]」と評したように、大学昇格もやはり中国への侵略を進める日本の「文化国策」の一部に組み入れられたものであったことは確認しておかなければならない。

第6節　おわりに

　1901年から1945年の日本敗戦まで、東亜同文書院は上海において教育活動を行ったが、1937年の第二次上海事変で徐家匯虹橋路校舎が焼失した際、北京移転が検討されたことがあった。本章は、この移転構想を考察することによって、日本が中国侵略を激化させるなか、外務省対支文化事業の統制下にあった東亜同文書院や運営団体東亜同文会がどのような活動をし、またそれがどのように位置づけられるものであるのかを解明しようとした。

　東亜同文書院は、主として日中貿易に関する実業教育を行ったことから、国際的経済都市上海に置かれた。また、その同窓会が上海の別名をとって「滬友会」と称したように、関係者にとって東亜同文書院と上海は感覚的に一体化していた。

　この東亜同文書院の北京移転構想を進めたのが、東亜同文会理事長岡部長景である。彼は外務省対支文化事業や日満文化協会で日本の対中国文化政策に携わってきた人物である。日本の「文化国策」として北京での文化事業を行うべきだという持論をもっていた彼は、東亜同文書院の復興問題を機に、その北京移転を企図したのである。この構想は、東亜同文会内に強い権限をもち、また内閣総理大臣でもあった近衛文麿、さらに政府首脳や陸軍中枢の内諾すら得たものであった。同時期、この東京の東亜同文会とは別に東亜同文書院自体が交通大学施設借用による上海復帰工作を進め、現地の上海総領事館、日本軍の協力を取り付けることに成功している。

　北京移転は、卒業生でもある外務省東亜局長石射猪太郎の働きかけによって一度は示された陸軍の同意が覆されるなど、東亜同文書院卒業生や外務省側の反対をうけて頓挫し、結局、交通大学借用による上海復帰が決定された。

ここで注目されるのは、日本の対中国文化政策に対する東亜同文会の積極性である。当時の日本が中国を侵略していたことをふまえれば、ここに日中提携を是とした東亜同文会の変質をみることができる。これは、外務省文化事業部長として東亜同文会を統括していた岡部長景を理事長に迎えたこと、北京移転構想や北京での大学新設案にもあらわれている。岡部招聘は、監督官庁外務省との関係を密接にするものであり、「国策」規模の事業への積極的な参画は日本の対中国文化政策と自身を一体化しようとするものである。竹内好は、外務省文化事業部の統制の影響について、「文化事業団体に質的な変化がおこるようになった。ということは、創意が失われて、国家の意思（その実体は軍をふくめての官僚である）への盲従の傾向が出てきたということだ[90]」と述べたが、それは「盲従」にとどまらないものであった。

その一方で、東亜同文書院は、東亜同文会の北京移転構想とは別に上海復帰を進め、大学昇格への働きかけを行っている。その上海復帰工作での交通大学借用は、日本軍の上海占領と密接な関係をもつものであり、大学昇格も日本の対中国文化事業の象徴として外務省から評価されるものであった。つまり、東亜同文書院の活動もまた中国侵略を進める日本の「国策」に帰納されるものであったといえる。

このように東亜同文書院の北京移転構想をめぐる東亜同文会、東亜同文書院の活動からは、外務省対支文化事業の統制を一方的にうけるだけでなく、さまざまな思惑を抱えつつも、なお自身の活動を継続発展させていこうとする能動的な姿勢を認めることができるのである。

注

1) 「同文会設立趣旨書」近衛篤麿著、近衛篤麿日記刊行会編『近衛篤麿日記』付属文書、鹿島研究所出版会、1969年、401-402頁。
2) 三田良信「南京同文書院設立の経緯」『一か八か』私家版、2006年、101-109頁。
3) 本書第2部第1章「日清貿易研究所の教育について」を参照のこと。
4) 「〔明治〕三十二年秋京都にて近衛公に面商し置けり。此の種の人材養成の地は、上海を以て最も適当なりと考へつゝ、ありければ、此の旨を近衛公と語り合ひ、略ぼ同意見なり」（東亜同文書院滬友同窓会編『山洲根津先生伝』根津先生伝記編纂部、1930年、392頁）。
5) 1900年4月8日「面会　根津一同文会の事並に南京同文学堂の事」（近衛篤麿著、近衛篤

東亜同文会と東亜同文書院の北京移転構想について　143

磨日記刊行会編『近衛篤麿日記』第3巻、鹿島研究所出版会、1968年、116頁）、同年4月
11日「本日正午前根津一来る。南京同文書院の担任を嘱託し、承諾せり佐藤根津意気投合
して佐藤より根津を推薦するの順序となれり。而して差当り同人は、近日会長代理の資格
にて渡清し、善後処分と新経営を為し一先帰朝する事に決し、不取敢同人を評議員に加ふ
る事とす。」（同書、117頁）、同年8月17日「面会〔中略〕根津一東洋問題に付又同文会幹
事長たらん事を勧む熟考すべしとの事」（同書、273頁）、同年8月19日「面会〔中略〕根
津一同文会幹事長を諾すとの事」（同書、280頁）。

6)「同文会近衛公は、〔根津〕先生に懇託するに其後任に当るべきを以てし、且つ更らに大
規模の学堂を上海に設立して、南京同文書院を解散併合するの計画を委嘱せり」（東亜同
文書院滬友同窓会、前掲書、75頁）。

7)「六月十六日付上海　根津氏は明朝漢口へ向け南京を発する筈〔中略〕劉〔坤一〕総督も
病気宜敷非常に好都合にて、妙相菴内の空地を学校敷地として二十年間の約束にて借受け
たり」（白岩龍平発近衛篤麿宛書簡、1900年6月21日、近衛、前掲書、第3巻、192頁）と
ある。この際、根津は劉坤一から「目下の妙相庵の学校、及び上海に新興すべき学校に対
しては、何事にても出来るだけ協力すべし」（東亜同文書院滬友同窓会編、前掲書、
392-393頁）と協力をとりつけていた。

8) 近衛篤麿著、近衛篤麿日記刊行会編『近衛篤麿日記』第2巻、鹿島研究出版会、1968年、
489-494頁。

9) 同上、491頁。

10) 同上、492頁。

11) 同上、490頁。

12) 近衛篤麿、長岡護美発各府道府県知事、道府県議会議長宛文書、1899年12月27日、松
岡恭一、山口昇編纂『日清貿易研究所東亜同文書院沿革史』東亜同文書院学友会、1908年、
下編19頁。

13) 松岡恭一、山口昇編纂『日清貿易研究所東亜同文書院沿革史』（上海：東亜同文書院学
友会、1908年）によれば、開校時の授業は「法律・経済学」、「時文・中国語」、「英語」、「中
国語」、「漢学」であったが、「法律・経済学」担当教員は開校直後に帰国している。

14) 日清貿易研究所の学科科目は、「清語学」、「英語学」、「商業地理」、「支那商業史」、「簿
記学」、「和漢文学」、「作文」、「商業算」、「経済学」、「法律学」、「習字」、「商務実習」、「臨
時講義」、「柔術体操」である。（松岡、前掲書、上編43頁）。開学時の東亜同文書院学科科
目、政治科商務科共通科目「倫理」、「清語」、「英語」、「清国政治地理」、「清国商業地理」、「法
学通論」、「民法」、「商法」、「経済学」、「財政学」、「清国制度律令」、「漢字新聞」、「漢文尺牘」、
「実地修学旅行」、商務科専修「国際法」、「経済政策」、「清国近代通商史」、「商品学」、「清
国商品学」、「商業算術」、「商業学」、「簿記」である（大学史編纂委員会編『東亜同文書院
大学史——創立八十周年記念誌』滬友会、1982年、91頁）。

15)「日清貿易研究所と名づくるものを附設し、之に日本有為の青年、其数概略三百人を選
みて入所せしめ各物品の取引に従事する傍、支那語英語の研磨より〔中略〕凡そ日清貿易
に関するものは、細大漏さず実地に練習せしめ、以て相当の人物を造出することに決しま

した。〔中略〕先づ〔課程を〕三個年と仮定し、首尾よく業成るの時は、猶一個年間、支
那内地の旅客として〔中略〕大に視察せしめ、之を卒へたる所にて、始めて免状を附与す」
（荒尾精「日清貿易研究所学生募集演説」東亜文化研究所編『東亜同文会史──明治大正篇』
霞山会、1988年、127頁）。

16）上海開校直前の予定教職員に日清貿易研究所出の白岩龍平、土井伊八がおり、後に元日
清貿易研究所教員御幡雅文が教鞭をとっている（「南京同文書院拡張事業の進行」『東亜同
文会報告』第17回、1901年、1-5頁）。

17）「〔南京同文書院には〕商売人を軽蔑する風潮があった。」（大学史編纂委員会、前掲書、83頁）。
根津は東亜同文書院生について「独立シテ事業ヲ営ムト云フ考カラ来自ノデス、是ハ誠ニ
悦ブベキ」（東亜文化研究会、前掲書、416頁）と述べている。

18）大学史編纂委員会、前掲書、23-30頁。

19）川畑豊治「山洲根津一先生の『古本大学』講義」（滬友会編『東亜同文書院大学史』滬
友会、1955年、99-107頁）。「曾て論語の抄本を作り、之れを書院に課して自ら講明せられ
た」（東亜同文書院滬友同窓会編、前掲書、145頁）。

20）中国では山東省曲阜に儒学に基づく教育を行う大学を、日本では道徳教育を行う誠明学
社を計画している（東亜同文書院滬友同窓会編、前掲書、110頁、141-142頁）。

21）「山洲会」、山洲とは根津の号。1927年、山口慎一（第25期生）を代表として結成され、
根津ゆかりの人物に話を聞いた（東亜同文書院滬友同窓会編、前掲書、191-192頁。大学
史編纂委員会、前掲書、242頁）。「無我会」、1916-1917年頃、座禅を好んだ根津一になら
い結成された座禅会（大学史編纂委員会、前掲書、242頁）。「尚志会」、1935年今村雄雄（34
期生）によって結成され、「根津院長を偲ぶ会」等の勉強会を催した（大学史編纂委員会、
前掲書、242-243頁）。

22）東光書院。1930年、村上徳太郎（第18期生）が東京に開いた精神修養団体。機関誌『大
日本協会報』（村上武「〈講演〉『学問のすすめ』『脱亜論』と荒尾精先生の思想」愛知大学
東亜同文書院大学記念センター編『オープン・リサーチ・センター年報』第2号、2008年）。

23）靖亜神社。1935年、東亜同文書院内に建立されたもので、近衛篤麿、荒尾精、根津一を
主神として祀る。

24）竹内好「東亜同文会と東亜同文書院」『日本とアジア』ちくま学芸文庫、筑摩書房、
1993年、433頁。

25）「本書第1部第1章「東亜同文書院の開校について──高昌廟桂墅里校舎について──」
を参照のこと。

26）久保田正三発東亜同文会理事長岡部長景宛1937年12月2日付文書「2. 一般（16）同文
書院ヲ北京へ移転問題昭和十二年十二月」「2. 一般（16）同文書院ヲ北京へ移転問題 昭和
十二年十二月」JACAR（アジア歴史資料センター）Ref. B05015340900（第2画像）東亜同
文書院関係雑件第四巻（H-4-3-0-2_004）（外務省外交史料館）。

27）同上（第3画像）。

28）大学史編纂委員会、前掲書、152頁。

29）上海総領事岡本季正、第2549号電信（1937年12月7日上海発同8日本省着）「2. 一般（17）

同文書院上海二復帰交通大学ニテ開校ノ件 昭和十二年十二月」JACAR（アジア歴史資料センター）Ref. B05015341000（第5画像）東亜同文書院関係雑件第四巻（H-4-3-0-2_004）（外務省外交史料館）。

30）久保田、前掲文、第3-4画像。

31）同上、第3画像。

32）「在支邦人教育機関設立ニ関スル要旨」「2. 一般（16）同文書院ヲ北京へ移転問題 昭和十二年十二月」JACAR（アジア歴史資料センター）Ref. B05015340900（第5-7画像）東亜同文書院関係雑件第四巻（H-4-3-0-2_004）（外務省外交史料館）。

33）岡部長景「軍事鷹懲と併行すべき『対支文化工作』速行の急務を提唱」『支那』第28巻10号、東亜同文会、1937年、16頁。

34）「在支邦人教育機関設立ニ関スル件」「2. 一般（16）同文書院ヲ北京へ移転問題 昭和十二年十二月」JACAR（アジア歴史資料センター）Ref. B05015340900（第8-9画像）東亜同文書院関係雑件第四巻（H-4-3-0-2_004）（外務省外交史料館）。

35）「同文書院北京移転問題」「2. 一般（16）同文書院ヲ北京へ移転問題 昭和十二年十二月」JACAR（アジア歴史資料センター）Ref. B05015340900（第14画像）東亜同文書院関係雑件第四巻（H-4-3-0-2_004）（外務省外交史料館）。

36）同上。

37）本書第2部第4章「非正規学生から見る東亜同文書院教育の一側面——水野梅業と藤井静宣（草宣）——」を参照のこと。

38）『東亜同文会報告』第50回（1904年1月1日）の「湖南通信」以来、同会機関誌には彼の文章が92篇と多数掲載されている。

39）石射猪太郎著、伊藤隆・劉傑編『石射猪太郎日記』中央公論社、1993年、223頁。石射日記は会合を11月27日、前掲「同文書院北京移転問題」は11月26日としている。

40）石射、前掲書、227頁。

41）前掲「同文書院北京移転問題」。

42）「東亜同文書院北支那移転問題ニ就テ」「2. 一般（16）同文書院ヲ北京へ移転問題 昭和十二年十二月」JACAR（アジア歴史資料センター）Ref. B05015340900（第12画像）東亜同文書院関係雑件第四巻（H-4-3-0-2_004）（外務省外交史料館）。

43）JACAR : B05015340900（第15画像）。

44）同上。

45）同上。

46）『水野梅暁清国視察一件』JACAR（アジア歴史資料センター）Ref. B03050609500、水野梅暁清国視察一件（1-6-1-38）（外務省外交史料館）。

47）「〔水野は〕東方通信社調査部を退職された後は、外務省情報部に関係されたので、毎年一回乃至二回づ、中国に渡航して〔中略〕わが国の対華関係の諸機関、諸団体の間に報告して、わが対華政策の資に供せられたのであった」（田中清「水野梅暁師追憶記」松田江畔編『水野梅暁追懐録』私家版、1974年、65頁）。

48）岡部長景「1929年2月24日」岡部長景著、尚友倶楽部編『岡部長景日記』柏書房、1993年、

53頁。

49) 日満文化協会「日満文化協会章程」『昭和十六年康徳八年一月 満日文化協会紀要』JACAR（アジア歴史資料センター）Ref. B05016057100（第73画像）日満文化協会関係雑件／設立関係附本邦ヨリ服部博士外8名渡満（H-6-2-0-29_1）。

50) 1933年9月1日、満洲国国務院総理鄭孝胥、監察院長羅振玉、府中令宝熙、参議袁金鎧、民政部総長臧式毅、財政部総長熙治、中央銀行総裁栄厚、文教部次長許汝棻が発起人として日本側に協力を要請、これに応じて内藤虎次郎、服部宇之吉、関野貞、浜田耕作、池内宏、羽田亨が派遣され、同年10月19日、新京（現・長春）で成立した。（満日文化協会「満日文化協会紀要並職員表送付 昭和十五年五月」JACAR（アジア歴史資料センター）Ref. B05016056800、日満文化協会関係雑件／設立関係附本邦ヨリ服部博士外8名渡満（H-6-2-0-29_3）（外務省外交史料館））。

51) 松崎鶴雄（1869–1949）肥後の人。済々黌、独逸協会学校、熊本洋学校、長崎鎮西学院、国民英学校、青山学院に学び、大阪朝日新聞の長沙通信員となる。当時、長沙に拠点をおいていた水野梅暁と知り合い、さらに王闓運、葉徳輝に学びつつ東亜同文会常設員としても活動した。後、満鉄大連図書館司書を務めた。

52) 水野梅暁「国立博物館設置ニ関シ水野梅暁ノ意見」（1933年9月）JACAR（アジア歴史資料センター）Ref. B05016059400（第2画像）日満文化協会関係雑件／博物館関係（H-6-2-0-29_5）（外務省外交史料館）。

53) JACAR（アジア歴史資料センター）Ref. B05016055100（第10–11画像）日満文化協会関係雑件／設立関係附本邦ヨリ服部博士外8名渡満（H-6-2-0-29_1）（外務省外交史料館）。

54) 「満州国側ヨリ水野梅暁ヲ日本側評議員並理事ニ推薦方ニ関スル件」JACAR（アジア歴史資料センター）Ref. B05015988400、日満文化協会関係雑件／評議員会理事会関係（H-6-2-0-29_3）（外務省外交史料館）。

55) 前掲『昭和十六年康徳八年一月 満日文化協会紀要』（第5画像）。

56) 「10. 日本側理事ニ池田・羽田・水野追加ニ関スル件 昭和九年五月」JACAR（アジア歴史資料センター）Ref. B05015988900、日満文化協会関係雑件／評議員会理事会関係（H-6-2-0-29_3）（外務省外交史料館）。

57) 岡部長景「梅暁君を憶う」、松田、前掲書、11頁。

58) 松田、前掲書、12頁。

59) 大島隆雄「近衛文麿と東亜同文会・東亜同文書院」前掲『オープン・リサーチ・センター年報』第2号、211頁。

60) 1938–1939年の理事会・特別委員会に近衛が出席したのは1939年6月15日だけであり、平時の会運営は岡部が担っていた。（大島、前掲文、208–210頁）。

61) 入沢達吉、岡部長景「支那出張復命書」「2. 大正十二年六月 入澤博士嘱託ニ岡部事務官外属官等支那出張」JACAR（アジア歴史資料センター）Ref. B05015013900（第40–45画像）東方文化事業部関係人事雑件第二巻（H-1-3-0-1_002）（外務省外交史料館）。

62) 伊集院彦吉（1864–1924）、帝国大学法科大学卒。清国、中華民国公使、イタリア特命全権大使を歴任。1919年パリ講和会議全権委員、第二次山本権兵衛内閣外務大臣。東亜同文

東亜同文会と東亜同文書院の北京移転構想について　　147

会副会長（1914年8月–1916年3月）。妻芳子は、東亜同文会会長牧野伸顕の妹。

63）山崎百治「対支文化事業と東亜同文会及東亜同文書院との関係に就て」（1923年10月）「1.
　　対文文化事業ト東亜同文会及同書院トノ関係ニ就テ山崎百治氏来信 大正十二年十月」
　　JACAR（アジア歴史資料センター）Ref. B05015246100（第14画像）東亜同文会関係雑件第
　　七巻（H-4-2-0-1_007）（外務省外交史料館）。

64）「財団法人東亜同文会大正十四年七月会員大会」（東亜文化研究所、前掲書、635頁）。

65）牧野伸顕「坪上部長評議員ニ推薦」JACAR（アジア歴史資料センター）Ref. B05015246800
　　東亜同文会関係雑件第七巻（H-4-2-0-1_007）（外務省外交史料館）。

66）「学習院長としての印象」（『支那』第25巻第2号、1934年）、「霞山公を語る」（同上）、「遍
　　く東亜の同志に愬ふ」（『支那』第28巻第2号、1937年）、「軍事鷹懲と併行すべき『対支文
　　化工作』速行の急務」（『支那』第28巻第10号、1937年）、「対支認識の再検討」（『支那』
　　第29巻第1号、1938年）、「支那事変一周年に際して」（『支那』第29巻第8号、1938年）、「発
　　刊三十年に際して」（『支那』第30巻第1号、1939年1月）、「興亜文化の使命」（『支那』第
　　30巻第4号、1939年）、「会員諸氏に感謝す」（『支那』第30巻第7号、1939年）。

67）白岩龍平著、中村義編『白岩龍平日記──アジア主義実業家の生涯』研文出版社、1999
　　年、202–203頁。

68）広田弘毅「東亜同文書院上海復帰ニ関スル件」「2. 一般（17）同文書院上海ニ復帰交通
　　大学ニテ開校ノ件 昭和十二年十二月」JACAR（アジア歴史資料センター）Ref. B05015341000
　　（第6画像）東亜同文書院関係雑件第四巻（H-4-3-0-2_004）（外務省外交史料館）。

69）「同文書院上海復帰問題ニ関スル件」「2. 一般（17）同文書院上海ニ復帰交通大学ニテ
　　開校ノ件 昭和十二年十二月」JACAR（アジア歴史資料センター）Ref. B05015341000（第
　　9–10画像）東亜同文書院関係雑件第四巻（H-4-3-0-2_004）（外務省外交史料館）。

70）同上（第9画像）。

71）同上。

72）前掲「在支邦人教育機関設立ニ関スル要旨」。

73）JACAR：B05015341000（第9画像）。

74）同上。

75）文化事業部「東亜同文書院上海復帰ニ関スル件」JACAR（アジア歴史資料センター）
　　Ref. B05015341000（第14画像）東亜同文書院関係雑件第四巻（H-4-3-0-2_004）（外務省外
　　交史料館）。

76）「北支ノ新情勢ニ応ジ東亜同文会ガ支那ニ於テ経営セントスル諸学校案」JACAR（アジ
　　ア歴史資料センター）Ref. B05015249200、東亜同文会関係雑件第七巻（H-4-2-0-1_007）（外
　　務省外交史料館）。

77）同上（第6画像）。

78）「東亜同文会北支学校設立案ニ就テ」JACAR（アジア歴史資料センター）Ref. B05015249200
　　（第2–3画像）東亜同文会関係雑件第七巻（H-4-2-0-1_007）（外務省外交史料館）。

79）前掲「北支ノ新情勢ニ応ジ東亜同文会ガ支那ニ於テ経営セントスル諸学校案」。

80）東亜同文大学、東亜同文農工院、東亜同文産業学院、東亜同文女子学院の新設を計画。

東亜同文大学の経常経費だけで225万円が見込まれている（前掲「北支ノ新情勢ニ応ジ東亜同文会ガ支那ニ於テ経営セントスル諸学校案」）。これは同時期東亜同文書院の経費の5倍程度である。東亜同文書院運営経費は、1935年38万2205円、1936年43万3450円、1937年45万1270円（霞山会編『東亜同文会史―昭和編』霞山会、2003年、684頁）。

81）霞山会、前掲書、2003年、114頁。

82）宇垣一茂「東亜同文書院大学昇格ニ関スル件」JACAR（アジア歴史資料センター）Ref. B05015359600（第2画像）東亜同文書院関係雑件／大学設立関係（H-4-3-0-2-3）（外務省外交史料館）。

83）日高信六郎「第二五六五号ノ二」JACAR（アジア歴史資料センター）Ref. B05015359600（第10画像）東亜同文書院関係雑件／大学設立関係（H-4-3-0-2-3）（外務省外交史料館）。

84）大内暢三『東亜同文書院の昇格問題に就き敢て同窓各位諸氏に愬ふ』JACAR：B05015359600（第6画像）。

85）竹内、前掲書、434頁。

86）高田里恵子『学歴・階級・軍隊：高学歴兵士たちの憂鬱な日常』中公新書、中央公論社、2008年。

87）「東亜同文書院昇格ニ関スル件」JACAR（アジア歴史資料センター）Ref. B05015359800（第2－3画像）東亜同文書院関係雑件／大学設立関係（H-4-3-0-2-3）（外務省外交史料館）。

88）同上（第3画像）。

89）日高、前掲文。

90）竹内、前掲書、436頁。

第2部
東亜同文書院をめぐる人物

第1章

日清貿易研究所の教育について

第1節　はじめに

　本章は1890年から1893年まで上海にあった日清貿易研究所の教育活動の実態を明らかにするものである。

　東亜同文書院とは別の組織である日清貿易研究所を取り上げるのは、両者のつながりが関係者間では自明のことであるとされてきたからである[1]。たしかに、院長として東亜同文書院の開校から指導しつづけた根津一が日清貿易研究所に関わっており、その根津の盟友荒尾精[2] によって日清貿易研究所が経営されていた。しかし、そうした運営者側の人的側面からではなく、その教育活動に注目することによって、日清貿易研究所の教育を明らかにしつつ、さらに後の東亜同文書院の教育との関わりを考察する。

　日清貿易研究所の創立者荒尾精は、陸軍将校として従事した清国での調査活動から、日中貿易が清国商人主導で行われており、日本が主体的な貿易をするためには日本人の専門家が必要であると考えた。そのための人材養成を目指し、高等教育相当の学校として、この日清貿易研究所を開設したのである。

　これ以前にも上海には日本人の教育機関東洋学館があったが、教育体制を整備できないまま消滅している[3]。それに対して、日清貿易研究所は、3年間の教育活動を行って90名ほどの卒業生を輩出し、さらに清国の地域ごとの特徴を詳述する地誌的な百科事典『清国通商綜覧』（日清貿易研究所、1892年）を刊行するなど教育・研究機関として実体のある活動をしており、明治以降の日本の中国に対する、さまざまな取り組みを考える上で重要な存在であると考える。

　さて、この日清貿易研究所はこれまで次のように捉えられてきた。

　①歴史や政治思想分野を中心に日本の中国進出や侵略に積極的な関与があったとして批判的に捉えるもの。野間清「日清貿易研究所の性格とその業績——わが国の組織的中国問題研究の第一歩」（『歴史評論』第167号、1964年7月）、翟

新『東亜同文会と中国』（慶応義塾大学出版会、2002年）、黄福慶『近代日本在華文化及社会事業的研究』（台湾中央研究院近代史研究所、1982年）がある。

②教育機関として肯定的に捉えるもの。井上雅二『巨人荒尾精』（佐久良書房、1910年）、『東亜同文書院大学史』（滬友会、1955年、1982年）など関係者によるもののほかに、日清貿易研究所の『清国通商綜覧』を中国に関する地域研究の先駆けとして評価する藤田佳久『東亜同文書院中国大調査旅行の研究』（大明堂、2003年）がある。

③肯定、否定という評価をするのではなく、専ら事実関係を追うもの。瀬岡誠「企業者活動供給の原基──総合商社のルーツ」（『彦根論叢』第262・263合併号、1989年）、佐々博雄「日清貿易商会構想と日清貿易研究所」（『アジアの教育と文化──多賀秋五郎博士喜寿記念論文集』、巌南堂書店、1989年）、村上勝彦「産業革命初期の日中貿易──日清貿易研究所に関連して」（『東京経大学会誌』第174号、1992年）、向野康江「日清貿易研究所における学生生活──向野堅一の兄たちの書簡を手掛かりに」（『アジア教育史研究』第23号、2014年）など経済史や教育史分野のものがある。

これらの多くは、日清貿易研究所幹部の動静や学生の卒業後の活動に焦点をあてており、日清貿易研究所の教育そのものについては詳しくない。その中で向野は、本章と同様日清貿易研究所の教育活動を考察しているが、その教育を後の日本の中国東北地方への進出や侵略と結びつけて、「中国大陸の東北地方への経済的進出を念頭においたともいえる」（向野、前掲文、45頁）としている点に問題がある。向野が主眼にすえた向野堅一[4]が日清貿易研究所卒業後に北京や東北地方で実業家として活動したことを踏まえた解釈なのだろうが、日清貿易研究所出身者には日清汽船を経営した白岩龍平のように長江流域で活動した例もあり、日清貿易研究所を日本の中国東北地方進出のためのものとするのは、当時の状況を正確に把握しているとは言い難い。

これらの先行研究を踏まえ、本章は日清貿易研究所の学生高橋正二の手記を軸とし、職員宗方小太郎や学生向野堅一などの資料[5]も参考としながら、日清貿易研究所の教育の実態を明らかにする。

同時に、日清戦争以前の日本人の清国観にも注目したい。幕末から日清戦争以前の期間に清国を訪れた日本人の記録[6]は、岸田吟香[7]、小栗栖香頂[8]のも

のなど少なくないが、それらは何らかの任務や方向性をもつ特殊な人物による
ものが多い印象がある。一般人では、日清戦争の軍夫の見聞記録があるが、戦
争という特殊な状況下のものである[9]。日清戦争の勝利は清国に対する優越感
を強め、後の日本人の中国観に大きな影響を及ぼしたといわれるが、そうした
バイアスがかかる以前に上海で学んでいた日本人青年がどのように清国を見て
いたのか、ということについても検討したい。

第2節　高橋正二とその手記

第1項　高橋正二について

　高橋正二は1870年2月24日筑後国久留米藩久留米城下に藩士の三男として
生まれた。名は「セイジ」あるいは「ショウジ」と読めるが、父正幸（まさゆき）、
兄正幹（まさもと、あるいはまさみきか？）、正照（まさてる）のように通り字「正」
を「まさ」と読むと揃うことから、「まさつぐ」あるいは「まさかず」や「ま
さじ」なのかもしれない。

　明治になったといっても久留米は幕末以来の不安定な状態が続いていた。
1871年には反乱の企みがあったとして久留米城が熊本藩に接収されたり、佐
賀の乱では近郊で戦闘が行われたりした。一方で、西南戦争での特需を契機に
久留米絣が近代産業化し、後のムーンスター、アサヒコーポレーション、ブリ
ヂストンを生む経済発展が始まりつつあった。

　そうした中、高橋は1886年4月13日福岡県立久留米中学校（現・福岡県立明
善高等学校）を卒業し、同月、久留米私立明善学校で英語を修業する。同年上
京し12月17日帝国大学を目指す予備校私立東京英語学校（現・日本学園中学
校・高等学校）初等科第3級に入学した。しかし帝大には入らず、1888年10月
2日から宮武外骨の兄南海が経営する東京学館[10]に勤め始め、『速成簿記学独
修書商用単式之部』（東京学館独修部、1889年）を著した。ここまで彼と清国を
結びつける事柄は見られないが、1890年4月に久留米市選抜清国派遣留学生に
なると同年9月9日に日清貿易研究所に入学し、1893年6月30日に卒業した。
日清戦争では陸軍省雇員第二軍付通訳官となり、戦後は台湾憲兵隊付通訳官を
務めている。1899年には三井物産に入り、厦門出張所や香港支店に勤務した。

1902年から1907年までは上海の東亜同文書院の中国語教員を務め[11]、発音教材『北京官話声音譜』（東亜同文書院、1905年序）を著している。1909年から1930年までは久留米市商業学校（現・久留米市立久留米商業高等学校）で教諭を務め、1933年からは九州帝国大学本部嘱託として中国語を教え、1936年7月3日に病死した[12]。

第2項　高橋正二の手記について

　高橋正二の手記は、福岡市立博物館所蔵鶴久資料に含まれており、『在清見聞録』全5巻（以下見聞録）、『日誌第二』（以下日誌）、『雑書綴』からなる。見聞録と日誌が日清貿易研究所在学時のもの、『雑書綴』は台湾時代の記録である。このうち、見聞録は中村彰夫[13]、日誌は前掲向野「日清貿易研究所における学生生活」で紹介されている。

　見聞録は1890年から1893年にかけて書かれた約19万字余りの記録である。その清国についての広範な内容は、日清貿易研究所の『清国通商綜覧』をほうふつとさせる。学生独力での作成は不可能であり、講義録的なものである。例えば「上海ニ輸入スベキ綿糸ニ就キ日本ト印度トノ比較」（見聞録第5巻）と福沢諭吉『実業論』（博文館、1893年）の一部（57-59頁）は同じだが、これは福沢の著作が授業で用いられたことを示しているのかもしれない。

　日誌は1891年9月9日から1892年12月31日、すなわち1年生期末試験から3年生冒頭までの26,000字ほどの記録である。「予ガ昨年渡清セシヨリ以来記セシ所ノ日誌及ビ通信本件ノ一小冊子何者カ盗ミ去レリ」（日誌1891年9月30日）とあるように「日誌第一」は早くに失われていた。所内での盗難は珍しくなく、宗方小太郎も被害に遭っている[14]。

第3節　日清貿易研究所の学生生活

第1項　教育

　日清貿易研究所の開学前のカリキュラム計画「日清貿易研究所生徒第一年学科予定表[15]」には次の科目があげられている。

①清語学（会話口授）

②英語学（綴字、読本、会話口授、習字、作文、書取）

③商業地理（亜細亜ノ部、支那ノ部）

④支那商業史（太中古ノ部、中世ノ部）

⑤簿記学（単式、複式）

⑥和漢文学（読書、輪講）

⑦作文（通信文、記事文、報告書、契約文）

⑧商業算（和算・洋算）

⑨経済学（経済原論、貿易論）

⑩法律学（法律原理、日本商法）

⑪習字（楷書、行書）

⑫商務実習（日清両国度量衡使用法、日清貿易品研究、日清各種商業ノ組織及営
　　業ノ方法、研究所模形ノ実践、商会ノ実習）

⑬臨時講義（貿易上ノ心得）

⑭柔術体操（古式、兵式）

　語学とビジネス系の科目が並ぶ中で特徴的なのが⑫商務実習である。座学と
実学を並行して行おうとしていることから、日清貿易研究所が実践的なビジネ
ス教育を目指していたことがわかる。しかし、これは計画にすぎず、現実は異
なっていた。日誌によれば3カ月ごとに試験が行われているが、その科目から
次のような実際の開講状況がわかる。

　　①算術
　　②作文
　　③簿記
　　④英語（英会話、英訳、英作、英書、英読、英文）
　　⑤清語（清抄、清訳〔清翻〕、清暗、清書）
　　⑥商地
　　⑦経済
　　⑧物品

実施された授業は計画より縮小されており、大半は語学であった。

こうした計画と大幅に異なる授業に不満を募らせる学生も少なからずいた[16]。彼らは1891年2月28日に「一同の疑点ある廉を質問し兼ねて其改良の要点をも請願する[17]」として所長の荒尾精に「意見書[18]」を突きつけている。

　　第一年学科予定表ヲ見ルニ之ヲ小ニシテハ各科時間ノ変化商業地理ノ欠漏
　　商業史ノ遅滞簿記学習字科ノ欠課等ナリ之ヲ大ニシテハ商務実習ノナキコ
　　ト及ビ学科仮卒業カ商会及研究所ノ実務見習ノナキコト是ナリ[19]

このように計画より授業が減っていることに不満を抱き、特に実習がなくなったことを問題視した彼らは、次の点について荒尾に回答を求めた。

　　第一商会ノ設立
　　第二商会ノ資本及其出途
　　第三商品陳列所ノ設立
　　第四現今実施ノ学科ハ往々規定ノ科表ニ由ラザルカ如シ将来亦果シテ如何
　　ニ施行セラルヽヤ
　　第五清英両語ハ重キヲ何レニ置カルヽヤ
　　第六英語ハ如何ナル程度迄ニ及サレ其学力ハ三年間ニ於テ各組平均セシメ
　　ラルヽノ見込ナルヤ[20]

　第一と第三は、学生募集時、商会（貿易会社）の教育部門が日清貿易研究所、実習部門が日清商品陳列所（以下陳列所）であり、日清貿易研究所で学びながら陳列所で実習すると説明を受けていたにも関わらず、上海に来てみると、商会も陳列所も存在せず、さらに「商会ノ設立ハ二年後ト云ヒ或ハ三年後ト云ヒ未ダ其何ンカ信ナルヤヲ知ラズ[21]」と、その実現すら疑わしい状況にあることを問うている。第二の金銭問題は、日清貿易研究所の開設資金は国庫から借り受けたもので、その返済に学費が流用されているのではないか、という疑惑が取り沙汰されていたため[22]、商会設立資金の出所について説明を求めているの

である。

　ここで注目したいのは、学生の不満がビジネス教育の不足にあるということである。つまり商会や陳列所と一体となった実践的ビジネス教育こそが入学者の目的だったのである。

　これに対して荒尾は、公的援助は受けておらず、個人資金で運営していると述べた。さらに商会と陳列所設立については次のように説明した。

　　陳列所を開くも傍ら貿易のことをなさず只各府県の物品を陳列して其試売丈に止め過つも差支なき様に手続をなし聊か余及び諸君の責任を軽くし且つ一ケ年間陳列所に於る物産を集め其需要如何損益如何を取調べ其上商業を組織せば日清幾千の物産往来するや判然す又幾何の資本を以てすれば幾何の損益あるや判然す期の如く失敗なき発達を遠く慮り〔略〕現今の陳列所の用意を解き幾千の日月を経て後に設立することとなし商会は尚其上のこと[23]

　学生が実際のビジネスに従事する当初計画の陳列所では多額の損失を被る危険があるため、市場調査を行う見本市、展示場的な施設として準備し直し、そこでの調査結果に基づき利益が見込める取扱商品を見定めた上で商会を設立しようというのである。この方針転換のためなのだろう、陳列所が開設されたのは2年後の1893年7月であった。

　第四から第六の教育についての質問には、1年目と2年目はビジネスの基本を学び、3年目は清国各地で現地調査を行う、という次の方針を示した。

　　第一年間は語学のみを教授し
　　第二年間は語学を主とし傍ら必用なる実践課を設け貿易品の研究度量衡の使用法貨幣のことなど貿易上の必用事件を教授す
　　第三年期に至りて各港を巡回をなし上海と其異同を視察し又支那商の物品の需用使用法より運輸交通の売買法及び風俗等を研究せしめんと欲す[24]

　ここで荒尾が述べている2年目の教育内容と前述した高橋が実際に受けてい

た語学中心の2年生の授業は一致しており、開校後はこの方向で教育が進められていたことがわかる。

このように、日清貿易研究所は貿易業務に必要な語学やビジネススキル習得へ向けた教育に取り組み、学生もそうした実用的なビジネス教育を求めていた。浮かび上がってくるのはビジネススクールとしての日清貿易研究所の姿である。

次に具体的な教育内容を見ていこう。前掲開講科目の中で教材が伝わっているのは中国語である。例えば北京語会話テキストの御幡雅文『華語跬歩』下編（日清貿易商会蔵版、1891年序）は東京大学法学部附属明治新聞雑誌文庫内の井出三郎文庫に原本が所蔵されている。

それ以外にも卒業生香月梅外が手写した中国語教材が伝わっている（北九州市立中央図書館所蔵）[25]。これらは作成時期から日清貿易研究所の教材の写本と考えられる。

① 『清国通俗文』、1891年

② 桂林、御幡雅文『日清貿易研究所教科書生意雑話』、1892年序、1940年抄（以下、生意雑話）

③ 『欣賞斎尺牘』、1892年

④ 『欣賞斎尺牘3』、1892年

⑤ 『生意筋絡抄話』、1892年

このうち③④は日誌に登場しており、「夕食後花園ニ散歩帰途欣賞斎尺牘ヲ求ム価洋二角」（日誌1891年11月11日）、と高橋は同書を上海で購入している。書名から書簡例文集の曹仁鏡『欣賞斎尺牘』（1887年）の写本だと考えられる。

①『清国通俗文』も書簡例文集である。冒頭の「(1) 託友買貨　總角知交，意爲造物分隔數百里，然而吾願友誼之勿小衰，前聞……」から始まる部分と、御幡雅文『文案啓蒙』（私家版、1889年）の「尺牘類」第9葉が同じであることから、その写本と思われる。『文案啓蒙』は公文書編「吏牘類」と書簡文編「尺牘類」の二部構成であり、①は「尺牘類」部分の写しである。①のタイトルに「通俗文」とあるのは、「吏牘類」の公文書に対して「尺牘類」が通俗的な私文書を扱っているからであろう。

書名に「日清貿易研究所教科書」と明記されている②『生意雑話』はビジネス会話集である。「第一篇金店周范問答」の一部を引用する。

　　您貴姓　賤姓周，沒領教　賤姓范，在那兒發財　在前門外西河沿富有金店裡　啊，这可巧了，昨兒有一个朋友，正託我打听金子的行市呢，請問現在合多少換

地名「前門外西河沿」や方言「昨兒」があるように、これは北京語の教材である。
　⑤『生意筋絡抄話』は、王秉元『生意筋絡』というビジネス書を、日清貿易研究所教員桂林と御幡が北京語で要約したものである。王秉元『貿易指南一卷傳家至寶一卷　卽生意筋絡』（1891 年）[26] が種本であろう。次に一部を引く。

　　生客人貨物還沒到，他先上行裡來必要盤問他的姓名住処，從那一路來賣的什広貨物合什広價錢，到这兒關稅盤纏用了多少細說一遍

この書は『燕語生意筋絡』（文求堂、1903 年）と内容が同じである。例えば引用部分は『燕語生意筋絡』19 頁と同文である。また、王秉元『支那ノ商売道』（満鉄上海事務所調査室、1941 年）として日本語に訳されている。引用部分を訳本で見てみよう。

　　店ニ来ル初対面ノ客テ品物カ未タ着カナイ先ニ取引ノ活ヲ持チカケテ来ル者カアル、コンナ客ニハ貴方ハ郷里ハ何処テ姓名ハ何々ト申サレマスカ、貴方何処カラ何処ヲ経テ此処ニ来タノテスカ、品物ハ如何ナル品物テ総体金額トシテ何ノ位ノ値段カ、又関税旅費等ハ何程カカツタカヲ詳細ニ一度尋ネルノテアル。

この訳本の「ハシガキ」は、原作と訳本について、次のように説明している。

　　本資料ハ王秉元著「生意経路」ノ邦訳テ恰モ日本ノ徳川時代ノ「商売往来」

ノ如ク支那ノ商店ノ内部組織、商人の気質ヲ知ル上ニ貴重ナル文献テアル
邦訳者、上海瀛華洋行ノ好意ニ依リ中支慣行調査ノ参加資料トシテ此処ニ
謄写印刷ニ付スル次第デアル

引用文中の「生意経路」は「生意筋絡」の誤りであろう。

また、瀛華洋行は前述の陳列所を前身とする商社で、日清貿易研究所卒業生
土井伊八が経営していた。出版社でもない会社が翻訳していたのは、社内教育
で使用していたためと推測される。このように⑤『生意筋絡抄話』は日清貿易
研究所だけではなく、卒業生経営の商社でも使われていたようであり、さらに
満鉄の中国調査でも有用な資料とされていた。これは日清貿易研究所のビジネ
ス教育の実用性、有効性を示す事例といえる。

また、卒業生向野堅一も日清貿易研究所の中国語教材を伝えている[27]。

⑥長白桂林先生口述『申報意解』、1891年
⑦『清話集録』
⑧句曲王秉元、御幡先生訳解『貿易指南』、1891年序

⑥『申報意解』は新聞『申報』に材を取ったものであろう。⑧は『貿易指南』
という書名から、前出の工秉元『貿易指南一巻　傳家至寶一巻　即生意筋絡』
を種本としたものと考えられる。つまり⑤『生意筋絡抄話』と同じものであろ
う。

こうした教材のうち、②『生意雑話』と⑤『生意筋絡抄話』は北京語教材で
ある。⑧『貿易指南』も同じであろう。日清貿易研究所は、北京語が使われて
いない上海で北京語を教えていたのである。中国語教員御幡雅文と草場謹三郎
は東京外国語学校、陸軍派遣北京留学で学んだ北京語の専門家であり、教える
のが北京語となるのは自然なことであった。

しかし、日清貿易研究所では北京語だけではなく、上海語教育も行われてい
た。そこで使われていたと考えられるのが次の教材である[28]。

⑨御幡雅文『滬語便商』、修文書館、1892年序[29]

⑩御幡雅文『滬語便商意解』、修文書館[30]

⑪御幡雅文『滬語商賈問答』未定稿、1893年5月12日[31]

「上海語授業始マル」（日誌1892年7月29日）と開所から2年近くたって上海語教育が始まったのは、北京語専門の御幡が上海に来てから上海語を研究したためと考えられる。

日清貿易研究所の上海語教育は随意科目ではなく、北京語と同等のものであった。『滬語便商』を再版した際、その序文で御幡は、本書がもともと日清貿易研究所向けだったことを明かしつつ、北京語と上海語について次のように述べている。

　　北京語爲用最廣，上海語爲用至要。蓋京語者宜施之于官宦也，滬語者宜施之于商賈也。余將曩日爲日清貿易研究所生徒所輯之滬語便商一册[32]

役人とは北京語を、ビジネスでは上海語を使うとしており、両者の重要性に違いはない。さらに、具体的な使い分けまで想定している点には、実践的な教育を目指していたことがあらわれている。

このように日清貿易研究所は語学を中心に清国でビジネスをするための授業を行っており、清国に特化したビジネススクールとして機能していたのである。

第2項　日常

日清貿易研究所開所当初の校舎は共同租界労合路西億鑫里（現・南京東路北、六合路）にあり、1891年夏に競馬場前（現・南京西路、人民公園西側）に移転した[33]。

日常は「起床時間五時ニ改正」（日誌1892年6月1日）、「午前六時始業日十一時終業ノコトニ改正」（同7月11日）、「本日ヨリ午前六時起床ニ改正」（同9月26日）とあり、夏は5時起床の6－11時授業、冬は6時起床の7－12時授業だったようである。高橋は平日午後に度々外出しており、授業は基本的に午前中だったようである。放課後は「九時五十分頃ニシテ点検ノ時間迄ニ僅二十分ヲ余スノミ」（同1891年12月12日）とあるように夜10時門限だが、休日は「午後十一時

帰途ニ就ク」（同1892年12月28日）ことも
あった。

　次に高橋の外出先を見ていこう（表2-1-
1）。

　花園、跑馬場、張園などの娯楽施設へ頻
繁に出掛け、時には郊外の行楽地鳳凰山、
龍華寺にも足を伸ばしている。遊びの中に
は「午前十時ヨリベースボール購求ノ為メ
大馬路西洋雑貨店ニ至ル」（日誌1891年10
月1日）、そして1891年10月3日と翌年2月
20日に「ベースボール」をプレーしたと
いう記述がある。当時、「野球」という言
葉がまだなかったのである。

　娯楽以外では日本の半官半民商社、広業
商会の上海分店広業洋行[34]が多い。1890
年7月には閉鎖に向けて「広業洋行は今殆
んと残務を取扱ふに過きす[35]」と伝えられ
ているが、1891年から1892年にかけて高

表 2-1-1　日誌に見る高橋正二の上
海での訪問先

訪問場所	訪問回数
花園(現黄浦公園)	38
広業洋行	35
張園・味蓴園(現南京西路南・威海路北)	18
本願寺(共同租界虹口。現武昌路・乍浦路角)	15
総領事館(共同租界虹口)	14
跑馬場(現人民公園)	14
虹口(共同租界)	13
郵船会社(共同租界虹口)	9
大馬路(現南京東路)	5
上海県城	4
楽善堂(共同租界河南中路342号。現河南中路・九江路角)	4
蘇州河	4
東和洋行(現河南北路・北蘇州路角)	2
十六舗(仏租界外灘。現中山東二路)	2
鳳凰山(現上海市松江区佘山周辺)	2
上野照相(福州路16号。現福州路・河南中路)	1
龍華寺(現上海市徐匯区)	1
亜細亜協会	1
徐家匯天主堂（現上海市徐匯区)	1

橋は訪問しており、1890年以降も存続していたことがわかる。

　表中の本願寺とは東本願寺別院のことである。自由民権論者大石正巳の講演
会（日誌1891年12月12日）、「午後三時ヨリ本願寺ニ於テ第二回福岡県人懇親会
ヲ開ク本会者三十余名非常ニ歓ヲ尽シテ午後七時散会ス」（同1892年1月5日）
のように宗教とは関係のない行事も行われており、催事場のようである。川辺
雄大は「明治十年代の上海別院は在留邦人や日本からやってきた人々の溜まり
場と化していた[36]」と述べているが、明治20年代も同様だったといえる。こ
こには邦字紙閲覧を供する「新聞縦覧所」が設けられていたこともあって邦人
の社交場となっていたのだろう。高橋は上海別院訪問の目的を2回だけ記して
いる。1回が「新聞縦覧所」の発起人佐野即悟[37]に会うため（同12月24日）。
もう1回は「夜本願寺ニ於テ亡父仏事執行所長始メ同窓諸氏来会セラル」（同3
月13日）という仏事である。彼以外の日清貿易研究所学生も、「夜景山長治郎

日清貿易研究所の教育について　163

表 2-1-2　日誌に見る高橋正二の日清貿易研究所の生活

西暦	和暦	月日		
1891	明治24	9.21		○一年生試験（〜30迄）
		10.3		開所一周年記念会
		10.6		大掃除
				室長改選
				筆紙墨等備品配布
		10.20		定期試験成績発表
		10.27		定期試験優秀者表彰
		11.3		天長節遙拝式於領事館
		11.30		半靴配布
		12.3		暖炉使用開始
		12.21		○臨時試験（〜26迄）
		12.28	冬休み	年末休業
1892	明治25	1.1	冬休み	勅語奉読於研究所
				遙拝於領事館
		1.6		始業式
		1.8		室長改選
		1.25		臨時試験成績発表
		2.1		上海旧暦正月視察のため休講
		2.7		候補道台が研究所視察
		2.25		高雄（艦長有栖川宮）入港、埠頭で研究所一同奉迎。
		2.7		有栖川宮研究所訪問予定も中止。市川白岩（龍平）生徒総代が高雄にて中国貿易について講義。
		2.15		草場定三郎氏幹事退任、後任益田三郎
		2.29		鶴原定吉領事離任につき領事館で見送り。
		3.3		試験前休講
				暖炉使用停止
		3.10		○三学期試験（〜15迄）
		3.15	春休み	春休み（〜18迄）
		3.16		室長改選
		4.3		神武天皇祭
				万国祭大懇会於領事館
		4.9		臨時休講、荒尾精所長離別懇親会於龍華
		4.16		定期試験成績発表
		4.28		荒尾精所長離別会
				猪飼麻次郎教頭、所長代理兼務委嘱
				根津乾（一）評議員就任
		6.1		夏服着用開始
				起床5時に改める
		6.4		蚊帳使用開始
		6.9		陸軍参謀本部高橋維則、伊地知（幸介）来所
		6.20		○臨時試験（〜24迄）
		6.25		部屋換え
				室長改選
		7.11		6時始業11時終業に改める
		7.24		臨時試験成績発表
		7.29		上海語授業開始
		8.1	夏休み	夏休み（〜10迄）
		8.5		西村幹事代理根津一と交代
		8.16		夏休み延期（〜20迄）
		8.22		授業再開
				午前だけ授業（宗方日記）
		9.14		試験準備のため休講
		9.19		○二年生試験（〜24迄）二学年定期試験（宗方日記）
		9.25		部屋換え
				室長改選
		9.26		試験慰労休講
				6時起床に改める
		10.17		神嘗祭
		11.3		天長節遙拝式於領事館
		11.4		臨時休講
		11.26		ロシア特命全権大使西徳次郎来所
		12.10		定期試験成績発表
		12.16		定期試験成績優秀者表彰
		12.26	冬休み	冬休み開始
				室長改選

氏母堂法会ヲ本願寺ニ行フ」（同9月28日）、「夜本願寺ニ於テ岡部喜三郎氏親父追吊法会ヲ執行ス」（同11月5日）と仏事を行っている。

宗教関連では徐家匯天主堂にも出向いている。そこには弁髪を結い清国人と同じ格好をして高安仁と名乗る東京から来た土橋という人物がおり、教会附属の学校で学んでいた。彼の案内で高橋は学校、児童養護施設、天文台などの教会施設を見学している[38]。

日本総領事館にも度々赴いている。天長節や有栖川宮威仁親王歓迎式典（日誌1892年2月25日）といった行事以外に「夕食後郵便差出ノ為メ領事館ニ至ル」（同1891年10月9日）や「午後領事館ニ至リ国武氏宛ノ書面ヲ投函ス」（同12月5日）という私用でも訪れている。また「領事鶴原定吉氏近日帰朝ノ筈ニ付県人一同領事館ニ至ル鶴原領事予等ニ向テ後来ノ注意ヲ与ヘタル」（同1892年2月29日）と同郷の総領事との付き合いもあった。この席で鶴原は、日本は石炭を清国に輸出しているが、取引の主導権は清国側に握られており、高橋たちがこれを奪取しなければならない、と述べている。ここで注目したいのは、鶴原が日清貿易研究所をビジネススクールとして認識しており、それ以外の例えば情報活動的な事を学生に求めていないということである。当時、官僚からみても日清貿易研究所はビジネススクールだったのである。

その他の外出先も、日本関係が多い。郵船会社や楽善堂、上野照相、東和洋行は全て日系である。虹口も次のように訪問目的が明記されたものは日本人と会うためであった。

①虹口文監師路倉富氏ノ旅宿ヲ訪ヒ暫時刈談ス（1891年12月13日）
②芝罘路ニ田鍋氏ヲ訪フ不在聞テ虹口乍浦路ナル同氏出張所ニ至リ面会ス（1892年4月17日）
③夜虹口高木方ニ於テ中山氏ノ送別会ヲ開ク（1892年6月2日）
④夜虹口森田方ニ田中義勇氏ヲ訪フ（1892年7月16日）
⑤日本墓地ニ至ル各墓前ニ虹口連相集マリ酒ヲ酌ヒ或ハ歌フモノアリ或ハ三絃ヲ弾スルモノアリ恰モ花見ヲ催シテナセルガ如シ（1892年9月5日）

このような高橋の上海での外出先を見ると、その日常は日本人コミュニティ

一の枠内にあったといえる。

第3項　清国人観

　日誌から見る高橋の上海生活で個人的なつながりのある清国人は教員だけである。しかも正月のあいさつまわり（日誌1892年1月30日）と被災した教員の避難を手助けしたこと（同8月22日）しか登場しない。「支那人」という語も出てくるが、事故のニュース（同1891年9月15日）、アメリカの移民排斥法（同1892年4月26日）という時事と、「支那人ノ癖トシテ金銭貪リ飽クコトヲ知ラザル」（同10月17日）という高橋の清国人評の計3回だけで、いずれも知人のことではない。高橋は清国人と特に親しい交流をもっていなかったのである。

　では、前掲の清国人評は何を根拠にしたものなのだろうか。これは夜の路上で落とした時計袋を探すために清国人からカンテラを借りたものの、その謝礼をめぐってもめた際に出てきた言葉である。注意しなければならないのは、これが清国人への侮辱や偏見とは言えないということである。それは、続けて次のように述べていることにあらわれている。

　　　蓋シ拾ヒシ時ニ於テ該品ヲ彼ニ示シ置キシナラバ斯ク彼ガ貧出ルコトナカ
　　　リシナルベシ然レドモ当時之ニ心付ナカリシヲ以テ彼ハ予ガ落セシ所ノモ
　　　ノハ則チ時計ナリト思惟セシ為メナラン（日誌1892年10月17日）

　落としたのは袋だけだったのだが、それを明示しなかったために時計を探していたと清国人を勘違いさせてしまい、時計に見合った謝礼を要求されたというのである。高橋は清国人を責めているのではなく、彼らのしっかりとした金銭感覚と比べて軽率な自身の立ち振る舞いを反省しているのである。個人的な付き合いもないのに、清国人の金銭感覚を把握することができたことについては、日清貿易研究所の講義録と思われる見聞録が参考となる。

　　　〔清国人は〕幼少ノ時ヨリ銭ヲ与ヘテ楽マシムルノ風アリ元来支那ニハ玩
　　　弄品甚ダ少ナク皆金銭ヲ以テ之レニ充ツ此ノ如ク少児ノ時カラ金銭ヲ弄ス
　　　ルヲ以テ大ニ金銭上ニ於ケルノ利欲心ヲ奮興シ此等ノ児童ニシテ已ニ十歳

ニモナレバ最早度量衡ノ使用法ヲ熟知セザルモノ稀ナリ[39]

　清国の金銭についての慣習を客観的に述べており、そこに優越感や差別感はない。こうした教育を受けていたからこそ、謝礼金を要求される場面に遭遇しても、感情的にならず、冷静に自省することができたのである。
　先に見たように高橋は上海のさまざまな場所に出掛けており、親密ではなくとも、多くの清国人と接触していたはずだが、そうした個人的経験を日清貿易研究所の教育で得た知識によって整理することによって、日中の違いを理知的に捉えていたのである。

第4節　明治の一青年としての高橋正二

第1節　『頓智会雑誌』

　高橋は、「東京同窓会ヨリ会誌ヲ送リ来ル」（日誌1892年7月19日）、「明善交友会誌第二号来ル」（同11月5日）のように同窓会誌を上海で受け取っている。そうした日本からの郵便物の中に『頓智会雑誌』と『滑稽』（新滑稽）という雑誌が登場する（図2-1-1）。これは宮武外骨の『頓智協会雑誌』の後継誌で、彼が不敬罪で投獄されていた時期のものである[40]。誌面はしゃれや悪ふざけの様な投稿文で構成されていた。
　なぜ、高橋は上海でこの雑誌を読んでいたのだろうか。考えられるのは、彼も投稿していたのではないかということである。誌面に彼の名前はないが、「筑紫妖夫」という投稿者が注目される。筑紫は高橋の郷里久留米がある旧国名であり、筑紫妖夫自身が「余が故郷久留米市[41]」と述べている。また、筑紫妖夫は九州や東京、上海から投

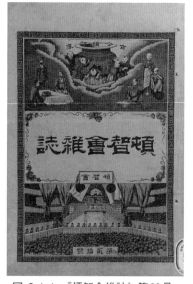

図 2-1-1　『頓智会雑誌』第20号、頓智会、1889年

日清貿易研究所の教育について　　167

稿しているが、これが高橋の東京から上海へという移動と時期的に一致する。こうしたことから筑紫妖夫は高橋の筆名であると推測される。

　彼の投稿文を見てみよう。

　　「樽見て酔であらふ」一人の広東人あり北京に到らんと欲す然れども其気候の寒冷なるを怕れ人に向て問て曰く冬日北京に在りて寒を凌ぐは如何の法ありやと其人答て衣服多ければ則ち可なりと彼北京に到る恰も冬日なり多くの衣服を求めて之を着し一日外出せしが歩行自由ならず為に悉く衣を脱し之を一枚の風呂敷に包みて行けり寒甚だしくして粟を生ず人彼が有様を見て汝は寒からずやと彼答て曰く多くの衣服あり故に寒からずと[42]

　　「利口相」李鴻章氏が孜々汲々日も尚ほ足らずして経営せるは兵備的の事業なり〔中略〕最大必要を感ずるは軍事上鉄道の布設に在り幸に募集し得たる外債の有るあり因て以て之れが資に充つるを得ん苑明園〔ママ〕の修理の如きは山東の塩税を増加すれば之れを弁ずるを得べし[43]

　前者は大陸の気候、後者は李鴻章について述べたもので、ともに清国についての知識がなければ書くことができない。

　こうした投稿をして高橋は楽しんでいたのだろうが、彼は単なる投稿者ではなかった。日誌には雑誌発行者大谷谷三郎らしき人物に度々清国の事情を伝えていることが記されており[44]、さらにこの雑誌の刊行には東京時代の勤め先、東京学館の経営者宮武南海が関わっていた[45]。また『頓智会雑誌』だけでなく、「学海一部来ル」（日誌1892年1月8日）と東京学館発行誌『学海』も上海で受け取っている。高橋は出版側の関係者であり、上海に来ても東京との人脈を保っていたのである。高橋と南海は書簡のやりとりもしており、「宮武南海氏及正幹兄ニ発信ス」（同1891年12月4日）のように高橋は南海宛てに書簡を6通出し、南海から2通受け取っている。高橋が「宮武氏へ上海港ノ景況各国居留人ノ有様及ビ一昨得タル所ノ怪報」（同9月17日）や清国東北地方で反乱があったという伝聞（同12月4日）を知らせているのに対し、南海は「郵券五十銭」（同1892年10月28日）を送っており、南海が清国事情のリポートを依頼していたと考え

る。

表 2-1-3 『頓智会雑誌』『新滑稽』の筑紫妖夫投稿文・高橋日誌記載号の一覧（東亜同文書院大学センター所蔵巻号から作成）

号数	発行年	発行日	筆名	記事名	日誌記載日	高橋所在
1		6月				
2						
3	1889					東京
4						
5						
20		4月20日				
21		5月10日		第二回投書点数表 （八点在京筑紫妖夫）		
23		6月16日				
24		6月17日				
25		7月10日	筑後一等投書家筑紫妖夫	ソーは桑名の四日市		久留米
26	1890	7月25日	同上	一趣考参らせん 消したる数字を当る法		
27		8月10日	同上	ぷせうトハ		
			同上	甲冑を要せん		
28		9月15日	同上	議院の名物		
29		10月20日	同上	歌の番頭		
			同上	長い犬		
30		11月30日				
32		3月7日	在清会員筑紫妖夫	上寒下熱		
			同上	当選の際には賞与なし		
			同上	甘く唾へる		
			同上	樽見て酔であらふ		
				第三回当初点数表 （七点在清筑紫妖夫）		
33		4月1日				
34		4月25日				
36		6月1日				
37		6月15日	在清会員筑紫妖夫	御体操		
			同上	地獄の沙汰も……		
39	1891	7月15日				
40		8月1日				
41		8月15日	在清会員筑紫妖夫	禁葷酒入山門		
			同上	（十）暑中見舞いに		
42						上海
43					9月29日	
44					10月14日	
45					10月26日	
46		11月1日			11月10日	
47					12月1日	
48					12月25日	
49		12月20日	在清会員筑紫妖夫	非職はまだゝ	12月29日	
50		1月1日			1月8日	
51		1月24日		第五回投書点数調 （四点在清筑紫妖夫）	2月2日	
52		2月5日			2月15日	
53		2月25日				
54	1892	3月10日初版 3月14日増補	在清投書家筑紫妖夫	利口相	3月21日	
55		3月25日	同上	孫呉の秘法	4月1日	
56		4月10日		叙任及び辞令 （任二等投書家但取扱は一等投書家に準ず在清筑紫妖夫）	4月15日	
57		4月15日			4月26日	
58					7月8日	

第2項　久留米とのつながり

　故郷久留米とのやり取りも日誌に記されている。高橋は家族宛てに書簡24通を出し、家族からは8通受け取っている。送金を請うものや（日誌1892年3月18日）、高橋の思い人のことなのだろうか、「本庄民野柳川藩士田中乙松氏へ嫁シタル」（同1891年10月20日）といった私的なものから、清国の綿花相場について、兄が「国武氏へ棉花商況ヲ報ズベキ」（同10月20日）と指示するようなビジネスに関わるようなものもある。

　さて、兄の手紙に登場する国武とは久留米絣の製造販売で成功した実業家国武喜次郎のことである。高橋は国武と直接に連絡を取っており、書簡13通と電報1通、年賀状2通を出し、国武からは4通受け取っている。その中には「国武喜次郎氏へ棉花商況ヲ報告ス」（同11月20日）、「国武氏へ棉花相場ノ件ニ付発信ス」（同11月27日）と高橋が清国の綿花についてリポートするものがある。久留米絣の原材料として清国産綿花に注目した国武が清国の状況を知ろうとしていたのであろう。高橋が「棉花相場調査ノ為メ広業洋行ニ至ル」（同12月24日）、「棉花商況取調ノ為メ十六舖同仁泰其他棉花商店ニ至ル」（同1892年11月20日）と上海の街中へ出掛けているのは、このためだと考えられる。

　このように久留米経済界の大物国武と高橋が直接つながっていたことは注目に値する。東京で清国とは特に関係のない出版社に勤めていた高橋が久留米市選抜清国派遣留学生に突然選ばれたことと関係があるのかもしれない。さらに地方経済界の清国市場への意欲や日清貿易研究所との関わりをうかがわせるものでもあり、さらなる研究が求められる。

第5節　おわりに

　日清戦争では、多くの日清貿易研究所出身者が通訳従軍し、情報活動に従事した者もいた。しかし、これは日清貿易研究所の教育の問題ではなく、卒業生が置かれた状況の問題である。民生用途では文明の利器となる科学技術が、時に軍事利用されることと同じである。本章で見てきたように日清貿易研究所の教育自体は戦争や侵略を前提としたものではなかった。日清貿易研究所を理解するには、歴史がたどった結末に基づく結果論だけではなく、共時的にも見る

べきである。

　日清貿易研究所で学ぶ高橋正二は、上海から東京の雑誌に娯楽的な文章を投稿したり、故郷の女性の嫁入りを気にしたりする青年で、上海にいても日常生活は日本人コミュニティーの中にあった。だからといって、彼が清国を専門とする日清貿易研究所の教育に適応できていなかったわけではない。彼は好成績を表彰される優秀な学生であり[46]、日清貿易研究所の教育によって両国の違いを偏見なく客観的に認識していた。そうした彼の清国観が個人的な経験だけではなく、日清貿易研究所の教育の影響を受けて形成されたものであることは、日清貿易研究所の清国への姿勢も同様であったことを意味するだろう。

　日清貿易研究所の教育の実態からは、批判の対象とされてきた侵略に関わる形跡を見いだすことはできない。日清貿易研究所は荒尾精や根津一、宗方小太郎など軍や政府とつながりのある人物によって運営されていたが、教育機関としては対清貿易専門家養成に努めていたし、学生の目的もビジネス教育を受け

図 2-1-2 「甲午清役従軍通訳官照相」（根津家文書より）：日清戦争に通訳従軍する日清貿易研究所関係者。前から2列目、向かって右端中西正樹、4人目山田良政、左端井手三郎。3列目中央白岩龍平。4列目右から2人目田鍋安之助、5人目宗方小太郎。

ることにあった。高等教育レベルのビジネス教育機関が高等商業学校（現・一橋大学）だけしかなかった当時、日清貿易研究所は清国に特化したビジネススクールだったのである。

このように日清貿易研究所を理解することによって、戦前の日本における中国に関する教育の一大拠点であり同じく上海にあった東亜同文書院と日清貿易研究所とのつながりが明瞭となる。両者間には、日清貿易研究所の教職員や卒業生が東亜同文書院の創立、運営に関与していたという人的な側面[47]だけではなく、共に中国ビジネスに関わる人材を養成する教育内容も共通しているのである。

例えば、東亜同文書院の教育の特徴に学生だけで中国各地をフィールドワークする「大調査旅行[48]」がある。東亜同文書院の学生は教室で学ぶだけではなく、中国を1–2カ月かけて踏査し、その結果を卒業論文に相当する「調査旅行報告書」としてまとめることが課せられていた。それらは、中国についての百科事典『支那経済全書』全12巻（東亜同文会、1907年）や『支那省別全誌』全18巻（東亜同文会、1917–1920年）、『新修支那省別全誌』9巻分（東亜同文会、1941–1946年）の編纂に利用されるほど有用なものであった。

学生のみでフィールドワークを実施する方式の「大調査旅行」は1907年、東亜同文書院5期生から始まっているが、1期生の頃から教員が引率する方式での実地調査は行われていた[49]。こうしたフィールドワークの発想は、日清貿易研究所のカリキュラム構想の中にすでに存在していた。日清貿易研究所の運営についての取り決めである『日清貿易研究所規則[50]』のカリキュラムについての記述には「各地商業観察」があげられており、東亜同文書院の「大調査旅行」のルーツを日清貿易研究所に求めることができる。

『日清貿易研究所規則』は1890年開校時のものであり、実際にフィールドワークが行われていたのかは不明だが、1891年初めの段階でも3年生のカリキュラムとして、「各港を巡回をなし上海と其異同を視察し又支那商の物品の需要使用法より運輸交通の売買法及び風俗等を研究せしめんと欲す[51]」と記されているように実施しようとしていたことは確かである。また、注目するのは、荒尾が述べた調査項目が地誌学的であるということである。これは、日清貿易研究所が出した中国についての百科事典『清国通商綜覧』にも見られるものであ

り、さらに東亜同文書院の「大調査旅行」をベースとした『支那経済全書』（東亜同文会、1907–1908年）、『支那省別全誌』（東亜同文会、1917–1920年）、『新修支那省別全誌』（東亜同文会、1941–1946年）にも通底している。こうした類似性を時系列で捉えると、東亜同文書院の活動の骨子は日清貿易研究所によって確立されたものであるといえる。日清貿易研究所の教育活動は単発で終わったのではなく、東亜同文書院によって再構築され、その後も継続されたのである。

（資料）高橋正二手記目録
　①高橋正二『在清見聞録』一　明治23年9月起
　　　日清貿易研究所開所式祝詞
　　　上海租界ノ成立
　　　支那商人及長江運輸ノ概況
　　　支那官制
　　　支那貿易の要点附支那商人及家庭教育官吏登用ノ事
　　　上海ノ沿革風俗習慣商事一般附今海及普陀山
　　　上海ノ景況運輸及風俗
　　　支那現時ノ状態
　　　南清各地ノ概況
　　　香港繁盛ノ理由
　　　亜片ニ就テ
　　　支那商業地理ノ概要及運輸上ノ一般
　　　直隷張家口貿易ノ景況
　　　支那人反古紙ヲ重シスル事
　　　香港ニ於ケル日本雑貨ノ景況
　　　上海諸般ノ情況

　②高橋正二『在清見聞録』二　明治24年6月起
　　　匪情一班
　　　商業上支那人の有スル重ナル点
　　　支那ノ通貨

支那ノ質屋

会館

公所

上海工匠及ビ雇人ノ給料

上海市場織物丈尺幅員

上海ニ於ケル銀行

釐金税

半税

支那ノ銀行

支那銀行ノ起原及現状

福州領事館莫大小試売ノ景況

自来水

鴉片

支那人ノ衣服

支那人ノ飲食

支那人ノ家屋

支那人ノ性質

税関

支那米附塩

賑房（コンプラド）

噸税

北支那ノ糧穀

③高橋正二『在清見聞録』三　明治24年9月起

怡和洋行碼頭料並ニ倉敷料規定

支那ノ尺度

支那ノ権衡附海関館ト上海銀

清国ノ兵勇

清国度量衡

支那ノ風俗一般

支那ノ物産

支那ノ製造業

支那ニ於ケル毛皮類

北支那輸入品及ビ其説明

北支那人所用枡ノ名称及容量

天津市上ニ於ケル衡ノ種類

広東貨物陸揚及ビ船積ノ手続

福州貨物陸揚手続

福州市城内外職工賃銭及商業雇人ノ給料

明治廿四年中支那ニ於ケル重ナル事件

④高橋正二『在清見聞録四』明治25年3月起

北支那貿易事情

清国産漆

北支那ニ於ケル木材ノ需要

湖北省ノ鉱山事業

昆布ノ産地及支那各地ニ於ケル需要ノ割合

明治廿四年中上海輸入海産物担数

支那内地商業ノ運転

広州府ノ景況

支那内地ノ野蛮人

天津ノ輸入米

南国需要百貨輸入ノ制限明治廿五年上半期長崎ヨリ支那ニ輸出セシ重要品ノ数量

香港ニ於ケル各国製石鹸ノ景況

清国ニ於ケル日本銅

支那金ノ輸出

雑感一束

北京銀行附貨幣制度

放帳局

天津塩商

天津ノ当舗

天津ノ洋行附輸出入重要品

商事慣例

支那人種成国ノ関係

清国ノ歳晩及年始

千八百九十二年度上海貿易ノ景況

天津市上主要ナル木材

上海ニ於ケル人参ノ商況

⑤高橋正二『在清見聞録』五　明治26年3月起

武昌織布局

上海ニ輸入スベキ綿糸ニ就キ日本ト印度トノ比較

自強書院ノ創設

芝罘港荳油製造法

上海ニテ刻烟草ヲ製造輸入ト内地製造費トノ比較

支那南部地方ニ於ケル海産物輸入取引

上海市街道路名

明治二十五年中ノ支那貿易ニ就テ

清国向本部産需要品ノ景況

上海ニ於ケル木綿縮縅織ノ商況

千八百九十二年支那外国貿易

上海ヨリ各港ヘノ汽船運賃ノ差及其高低ノ季節

上海ニ於ケル保険ニ就テ

上海銀行及其荷為替取組法并ニ普通為替ノ組織

上海ニ於ケル大売小売ノ利掛

上海ニ於ケル日清両商間ノ商事訴訟

盛京省黄海沿岸ノ各港ノ概況

在上海日本商店ノ閉鎖并ニ其原因

清国各港駐在本邦領事交代年表

盛京省金州城ノ沿岸

金州半島老鉄山附近ノ砂金附塩田及煤窟

⑥高橋正二『日誌』第二　明治24年9月9日起（1891年9月9日-1892年12月
31日）

⑦書簡（長江一帯　暴民蜂起について）全三通　一　明治26年
権藤千之助宛猪田正吉書簡

⑧書簡（長江一帯　暴民蜂起について）全三通　二　明治26年
権藤千之助宛猪田正吉書簡

⑨書簡（長江一帯　暴民蜂起について）全三通　三　明治26年
権藤千之助宛猪田正吉書簡

⑩高橋正二『雑誌綴』明治28年起
第一号　彰化及其附近ニ於ケル土人ノ風俗習慣　明治二十八年十二月　日
第二号　台湾葫蘆墩両□隊管轄区域生蕃地境ニ於ケル隘勇ニ就イテ報告
明治二十九年四月七日
第三号　「モルモット」（九月十六日）
第四号第五号　台中城内及其附近ノ沿革　明治廿九年十二月廿八日　（戸
川軍医）
第六号　台湾島ノ我国ヘ割譲前最近ノ台湾府以下ノ各地方朝刊ハ左ノ如シ
第七号　台湾島塩業調査書　明治三十年二月十日
第八号　田地ノ種別　田地ノ等級并ニ税率　大租戸小租戸佃戸ノ関係　租
税並ニ徴税法　地券並ニ田地売買質入等ニ就テ　附記　三十年五月十五日
第九号　台湾ニ於ケル金融上ノ慣例（第一章貸借　第二章為換　第三章両替）
第十号　台湾ニ於ケル政府ノ歳入　明治二十九年一月　日（葫蘆墩屯斗）
日本銀貨ニ刻印□又其刻印字ルモノ通用ヲ禁ズ（葫蘆墩屯斗）
許可□□ヲ屠牛スルヲ禁ズ（葫蘆墩屯斗）

本部用トシタ借家ノ件（第二区隊本部）

人夫代雇ノ件（第二区隊本部）

人民安慰ノ告示　明治二十九年八月南投御屯斗

汲水時限ノコト（台中屯斗）

死屍引渡ノコト　明治廿九年十月十三日（台中屯斗）

後門ノ出入ヲ禁ズ明治廿九年十月　日（台中屯斗）

明日係　靖国祭典須用梨園演唱以為□祝…　明治二十九年十一月二日

［台中から各地ヘノ距離表］

［軍人階級の英日対照表］

立合同議□第九憲兵隊軍吏鈴木龍男…明治卅一年某月某日

旧清国治下台湾府（台湾彰化苗栗雲林ノ四県及□里社庁）管内堡名

伏シテ□ヲニ帝国ノ…

台湾善後四策

第六十六号台湾ノ人民ハ…明治三十年十一月八日

台湾中路ニ於ケル住民ノ種族及ビ性質

司法省顧問カークード氏演説筆記明治三十一年一月十二日台中県府ニ於テ
カークード顧問本当巡視ノ際明治三十一年一月十三日彰化東門□楊吉臣宅
ニ於テ当彰化紳士呉徳切、周連山、楊吉臣、林朝清、黄文波、林英俊等ニ
就キ本地ノ民情風土及目下官民ノ間ニ於ケル調和ノ如何土民ノ感情等ヲ聴
取セル事項如左（一営業税徴収ノ件　一道路開鑿ノ件　一刑罰ノ件　一民事裁
判ニ関スル件　一阿片令施行ノ件一伝染病予防消毒ノ件一公文ヲ漢文ニテ発セ
ラレタシ云々ノ件）

第九憲兵隊□土語専修科規則

第五分隊土語研究会規則

一、暴風雨一般ノ概況　二、隊内被害ノ個所及人馬ノ死傷　三、被害個所
ニ対スル応急処置　四、暴風雨ニ際シ隊内ニ於テ執行セシ人民政策

土匪ノ状況

管内生蕃ノ状況

生蕃人加害表自明治三十年十月至全三十一年八月

台湾□……□

土匪処分及善後策　明治□十一年十二月一日稿

注

1) 滬友会編『東亜同文書院大学史』滬友会、1955年。大学史編纂委員会編『東亜同文書院大学史——創立八十周年記念誌』滬友会、1982年。

2) 荒尾精（1859–1896）、尾張国名古屋の生まれ。軍人、教育者。名は義行、後に精と改名。耕雲、東方斎と号する。陸軍教導団、陸軍士官学校（旧第5期）。1886年中国に派遣され漢口を拠点に諜報活動に従事した。1890年上海に日清貿易研究所を設立。1893年予備役。1896年台湾でペストに罹り急死した。

3) 佐々博雄「清仏戦争と上海東洋学館の設立」『国士舘大学文学部人文学会紀要』第12号、1980年。熟美保子「上海東洋学館と「興亜」意識の変化」『経済史研究』第12号、大阪経済大学、2009年。「明治17年における上海の日本人街」『経済史研究』第14号、大阪経済大学、2011年。

4) 向野堅一（1868–1931）、筑前直方鞍手郡新入村（現・福岡県直方市）の生まれ。日清貿易研究所卒業。日清戦争では陸軍通訳官となり清国内で諜報活動を行う。その後、北京に筑紫弁館を開店、日露戦争後は奉天に移り茂林洋行を開くなど華北、東北の実業界で活躍した。奉天商業会議所副議長、正隆銀行取締役、瀋陽建物会社専務取締役。（東亜同文会内対支功労者伝記編纂会編『対支回顧録』下巻、東亜同文会内対支功労者伝記編纂会、1936年、601–618頁）。

5) 大里浩秋「宗方小太郎日記」『人文学研究所報』第40–41、44、46–49号、神奈川大学人文学研究所、2007–2014年。向野康江「向野堅一記念館所蔵『向野書簡』目録」1–4『茨城大学教育学部紀要——人文・社会科学・芸術』第61–63号、2013–2014年。村上節子「展示報告加子浦歴史文化館企画展『閑谷と中国——閑谷山中から上海へ』」『閑谷学校研究』第18号、2014年5月。

6) 小島晋治監修『幕末明治中国見聞録集成』ゆまに書房、1997年。

7) 岸田吟香『岸田吟香『呉淞日記』影印と翻刻』武蔵野書院、2010年。

8) 魚返善雄「小栗栖香頂の北京日記」『東京女子大学論集』第8巻1–2号、1957-1958年。小栗栖香頂著、陳継東、陳力衛整理『北京紀事北京紀游——近代日本人中国游記』中華書局、2008年。

9) 大谷正『兵士と軍夫の日清戦争』有志社、2006年。

10) 吉野孝雄『宮武外骨』河出書房新社、1988年、87頁。

11) 高橋正二の東亜同文書院勤務については、「1907年12月30日高橋教授辞任」（松岡恭一、山口昇編纂『日清貿易研究所東亜同文書院沿革史』東亜同文書院学友会、1908年、下編92頁）、教職者名簿に「高橋正二　明治36年5月15日–明治40年12月30日」（同上、下編97頁）とあり、六角恒廣は、「〔御幡雅文は〕明治三十五年（一九〇二）九月に東亜同文書院を辞任することとした。後任には、日清貿易研究所出身の高橋止二が明治三十六年五月に来た」

日清貿易研究所の教育について 179

（六角恒廣『漢語師家伝』東方書店、1999年、169頁）としており、1903-1907年の期間だったと考える。

12）高橋の経歴は、東亜同文会内対支功労者伝記編纂会編『続対支回顧録』下巻、大日本教化図書、1941年、545–546頁）、『久商百年史』（久留米商業高等学校、2002年）、九州大学文書館による。

13）中村彰夫「在清見聞録」『第一経大論集』第9巻1・2号、1979年。中村彰夫「在清見聞録（2）」『第一経大論集』第10巻2号、1980年。

14）大里、前掲文、第40号、76頁。

15）松岡恭一、山口昇編纂『日清貿易研究所東亜同文書院沿革史』東亜同文書院学友会、1908年、上編43頁。

16）「辱知諸君ニ謹告」『上海新報』第46号、修文書館、1891年4月18日、1頁（不二出版、2011年）、孫安石「清末上海の日本語新聞『上海新報』（1890–1891年）の世界」（『年報非文字資料研究』第10号、2013年）参照。

17）「退所の始末」前掲『上海新報』第49号、1891年5月8日、9頁。

18）「意見書」前掲『上海新報』第49号、9–10頁。

19）同上、10頁。

20）同上。

21）同上。

22）「日清貿易研究所の近状（承前）」前掲『上海新報』第49号、8頁。

23）「荒尾所長二月廿八日演説筆記」前掲『上海新報』第49号、11頁。

24）同上。

25）①②⑤については鱒澤彰夫「御幡雅文伝考」（『中国文学研究』第26期、2000年）、「御幡雅文伝考拾遺」（同第27期、2001年）参照。

26）『懐徳堂文庫電子図書目録』子部雑貨類95頁（http://kaitokudo.jp/Kaitokudo2_cgi-bin/Simple.exe?StyleSheet=Top 2019年2月14日閲覧）。

27）向野堅一記念館所蔵。向野康江「日清貿易研究所における学生生活——向野堅一の兄たちの書簡を手掛かりに」『アジア教育史研究』第23号、2014年、30頁。

28）鱒澤、前掲文、2000年。

29）原本未見。六角恒廣『中国語書誌』不二出版、1994年、56–58頁。

30）同上。

31）鱒澤、前掲文、2000年。

32）御幡雅文『滬語便商』上海三井洋行、1907年序、1922年。

33）松岡、前掲書、上編18頁。

34）木山実「明治九年設立「広業商会」の国産会所的性格」『愛知大学経済論集』第158号、2002年。

35）日清貿易研究所編『清国通商綜覧』第1編、日清貿易研究所、1892年、931頁。

36）川辺雄大『東本願寺中国布教の研究』研文出版、2013年、110頁。

37）孫、前掲論文、2013年。

38）高橋正二『在清見聞録』第1巻、手稿本、執筆時期不明。

39）高橋正二「支那貿易ノ要点附支那商人及家庭教育官吏登用ノ事」前掲『在清見聞録』第1巻。

40）『頓智会雑誌』第58号は『新滑稽』第16号との合併号。

41）『頓智会雑誌』第29号、頓智会、1890年10月20日。

42）同上、第32号、1891年3月7日、22頁。

43）同上、第55号、1892年3月25日、3頁。

44）日誌1891年9月11日、同9月16日、同10月20日、同1892年1月12日。

45）『頓智会雑誌』第35号までの発行所と南海の住所は共に「東京市赤坂区青山北町49番地」である。南海は外骨の『頓智協会雑誌』を引き継いだのだろう。南海住所は『論理学教授法——帰納法』（東京学館独習部、1892年）、『学海燈影』（東京学館独習部、1893年）、『数学自修書』第1・4巻（東京学館、1903年）奥付による。

46）日誌によれば高橋の成績は、1891年9月7位で表彰、1891年12月4位、1892年3月8位、1892年6月4位、1892年9月3位で表彰されている。

47）同文書院長根津一（研究所幹部）、同文書院教員御幡雅文（研究所教員）、同文書院教員青木喬・高橋正二（研究所卒業生）、東亜同文会幹部白岩龍平（研究所卒業生）。

48）藤田佳久『中国との出会い』東亜同文書院・中国調査記録第1巻（大明堂、1994年）同『中国を歩く』東亜同文書院・中国調査記録第2巻（大明堂、1995年）、同『中国を越えて』東亜同文書院・中国調査記録第3巻（大明堂、1998年）、同『中国を記録する』東亜同文書院・中国調査記録第4巻（大明堂、2002年）、同『東亜同文書院・中国大調査旅行の研究』（大明堂、2000年）、同「東亜同文書院の中国調査『大旅行』について」『大倉山論集』第52輯（大倉精神文化研究所、2006年）、同『満州を駆ける』東亜同文書院・中国調査記録第5巻（不二出版、2011年）に詳しい。

49）大学史編纂委員会、前掲書、187–189頁。

50）日清貿易研究所『日清貿易研究所規則』「日清貿易研究所荒尾精出願ニヨリ内閣ニテ刊行ノ書籍交付ノ件」、1890年、5頁、国立公文書館所、請求番号：纂00159100。

51）前掲「荒尾所長二月廿八日演説筆記」、11頁。

第2章
坂本義孝から見る東亜同文書院の教育活動の変遷

第1節 はじめに

　本章は、東亜同文書院の初代、第3代院長である根津一の思想と教育活動、それを継承しようとした同校卒業生で母校の教授を務めたキリスト教信者坂本義孝の活動を追うことによって、東亜同文書院の教育活動の変遷をキリスト教との関わりから明らかにしようとするものである。

　東亜同文書院は、1901年から1945年まで上海に存在した日本人運営の学校である。日中提携を担う人材養成を目指して開校し、学術研究面を整備することによって専門学校、さらに大学へと昇格した。学内には学生YMCAも結成されるなどキリスト教信者がおり[1]、その中の福井二郎（第17期生）、堀亮三（第22期生）、村井美喜雄（第27期生）は牧師となり、坂本義孝（第1期生）、藤原茂一（第9期生）、森沢磊五郎（第13期生）は母校の教職に就いている[2]。もちろん、東亜同文書院はキリスト教系の学校ではなかったのであるから、信仰を個人的な事柄でしかないと考えるならば、信者がいること自体は不思議ではない。しかし、坂本義孝については信仰を個人のみの問題とすることはできない。なぜならば、彼は東亜同文書院教授以外にも、上海日本人YMCA[3]理事長として同会経営の

図 2-2-1　根津一（愛知大学東亜同文書院大学記念センター所蔵）

外国語学校で教壇に立ち、また上海に存在したキリスト教系の聖約翰大学[4] の教授を務めるなど、常にキリスト教との関わりの中で教育活動に従事しており、その活動はキリスト教信仰に基づいたものであったといえるからである。そのような人物が東亜同文書院で学び、教授となっている以上、東亜同文書院とキリスト教との関わりが問題となる。

第2節 「書院精神」とキリスト教

第1項 「書院精神」

東亜同文書院についてよくとりあげられる事柄に「書院精神」と呼ばれるものである。これについて竹内好は次のように述べている。

> 根津一は卒業生の多数によって今でも追慕されており、「根津精神」または「書院精神」ということばがよく取り交わされている。〔中略〕この団結心、一種の精神共同体を遺産として残したことが、歴史の古さだけではなく、東亜同文書院を他の類似大学とちがった特色ある存在たらしめているようだ[5]。

このように「書院精神」とは根津一の思想そのものであった。この傾向は根津に直接師事した学生間では特に強かったようである。ある学生は入学式での根津の訓示に感動したことを次のように書いている。

> 同文書院は単に学問を教えるだけの学校ではない。学問をやりたい者は大学にゆくべきだ。大学は学問の蘊奥を究めるところであるから、そこで学ぶのが正しい。諸子の中で学問で世に立ちたい者があれば、よろしく高等学校から大学に進むべきで、本日この席において退学を許す。志を中国にもち、根津に従って一個の人間たらんと欲する者は、この根津とともに上海にゆこう[6]

こうした言葉が学生の心を捉え、その思想を深く浸透させていったのだろう。

また、宗教と直接関わりのない高等教育機関でありながら「人間たらんと欲する者」という言葉にあらわれているように、徳育を重視する姿勢が彼の教育の特徴であった。

第2項　根津一の思想

(1) 陽明学にもとづく道徳教育

　根津一の思想すなわち「書院精神」とはどのようなものなのだろうか。彼は50年近い東亜同文書院の歴史の中で20年余り院長を務めた教育者であった。もともと軍人であったが、その頃から中国問題に取り組み、すでに東亜同文書院院長就任以前には上海の日清貿易研究所の運営に参画してもいる。その思想について栗田尚弥は次のように述べている。

　　　根津の思想の根本にあったのは、儒教とくに陽明学であった。陽明学の思想は、「生民」の「困苦荼毒」を「吾が身」のこととして捉え、これを取り除くために即行動に移すことこそ「良知」である、とするものである。〔中略〕この陽明学の「良知」論は、万人すべてがそれぞれに所を得た社会を理想とする清末の大同思想へと、また大同社会を実現するための政治論、王道論へと繋がっていく[7]。

　王守仁（陽明）思想の影響は、東亜同文書院での活動にも認められる。王守仁思想の関鍵にある「知行合一」（認識と体験行動を不可分とする）、「事上磨錬」（日常生活での自己修養）は、参禅を好んだ根津の自己修養はもちろん、東亜同文書院での中国を知るために中国のただ中に入って生活し「大調査旅行」をするといった実体験に重きをおくカリキュラムに通底する。さらに、そこから日中間にあってどうすべきなのかを思索し判断することは「良知」論につながるだろう。

　また、根津は自らの思想を学生に直接伝えようとしている。商業学校である東亜同文書院にあって、彼は実務的とはいえない「倫理」科目を設け、王守仁が編んだ『古本大学』を自ら講義した[8]。こうした教育活動の中で、その思想は栗田が述べた政治論へのつながりよりも、道徳的な意味において強い印象を

学生にあたえていた。

　　その教育の方針は、人格の向上につとめることを主とし、愛と義とを重ん
　　ずべきことをその両翼とした。いわゆる根津精神の真髄はここにあつたと
　　解していいだろう[9]。

　「大調査旅行」を監督指導した東亜同文書院教授根岸佶[10]も、その思想を「明
治初年我が国に流行した英米功利主義と正反対なる東洋道徳主義であつた[11]」
と述べている。この徳育重視の姿勢は、根津の教育活動の特徴であり、軍人時
代には近代化を急ぐあまり技術偏重となっている軍隊教育を批判し、道徳教育
の重要性を説いた「将徳論」、「哲理論」を著している[12]。さらに、東亜同文書
院開校後も儒教にもとづく中国人教育に行う大学の構想をもちつづけ[13]、日本
国内でも徳育を主とする誠明学社なる団体を計画していた[14]。
　このように根津の思想は、陽明学を基層に置いたもので、大同の語や王道論
といった政治論につながりうるものであったが、東亜同文書院では人間形成の
ために道徳面に重きを置くものとしてあらわれ、これが「書院精神」と呼ばれ
たのである。

(2) キリスト教側から見た「書院精神」

　栗田尚弥は、根津一の思想に影響を与えた陽明学について、内村鑑三がキリ
スト教信者の立場から「陽明学の始祖王陽明をキリスト教に『最も近くまで達
した』中国人と評したのはたんなる偶然ではない[15]」と評価していることを指
摘している。それは具体的には次の一文を指す。

　　The writing of Wang Yang Ming, who of all Chinese philosophers, came nearest to
　　that most august faith, also of Asiatic origin, in his great doctrines of conscience and
　　benign but inexorable heavenly laws .[16]
　　訳：陽明学は数ある中国思想のなかでも、善悪の観念と寛容ながらも厳格
　　な天の法を説く崇高な教えという点で、同じアジアから生まれたかの威厳
　　ある〔キリスト教〕信仰に最も近い。

これはキリスト教信者にとって東洋に生じた陽明学の考え方が自身と断絶したものではなく、かえって相似点を見いだしうることを意味する。このことは、陽明学を基層とする「書院精神」においても同様であり、実際に校内のキリスト教信者は「書院精神」と信仰を併存させていた。大学史編纂委員会編『東亜文書院大学史――創立八〇周年記念誌』（滬友会、1982年）は、キリスト教を信仰する学生について次のように述べている。

　　酒こそは愛したが、謹厳己を持し、身を修めることをすべての根元とした根津精神は、厳しいクリスチャンの戒律とも相容れるものであったといえよう[17]。

図 2-2-2　同志社女学校時代の根津（藤居）ゑい（愛知大学東亜同文書院大学記念センター所蔵）：前列向かって左端がゑい、後列右から3人目は新島八重

また、キリスト教側から見て「書院精神」が違和感のないものであるならば、逆方向から見た場合も同様であった可能性がある。根津がキリスト教自体について言及した資料は見いだしていないが、彼はキリスト教との接点を身近な所にもっていた。それは妻ゑいの存在である[18]。彼女はキリスト教信者で、当時、外国人女性宣教師が教鞭を執っていた同志社女学校高等科（現・同志社女子大学）を卒業し、母校で英語や数学を教えていた[19]。同志社時代には、洋装、洋食を好み[20]、教育者を志してアメリカ留学を考えるなど[21]、当時としては進歩的で欧化された女性であった。それは結婚生活に関する話にもあらわれている。

　　自分〔ゑい〕は根津家に嫁ぎしより、日日先生に仕ふる間に、若し先生にして非点有らば如何にもして其の非を改めさせ、どこまでも立派な家庭と

図 2-2-3　根津家に伝わる同志社女学校教職員学生習合写真（愛知大学東亜同文書院大学記念センター所蔵）

して婦道を尽くさんと、婦人の強き信念を以て一日一日と日を送れる[22]

受動的に夫に付き従うのではなく、夫の欠点を自ら正して家庭を築こうとする能動的姿勢には、女性としての強い自意識がうかがえ、ここに外国人女性宣教師に師事した教育の影響を感じることができる。また、キリスト教信者の立場で根津に接していたことが近親者の回想のなかに見ることができる。

　姉〔ゑい〕は同志社育ちでございますから、今のクリスチヤンと違ひまして、あの時分のクリスチヤンはなかなか信仰心が篤かつたと申しますが、叔父の感化を受けたためにイエスキリストとを信仰してゐたのでございます。至つて同志社出のハイカラさんで、クリスチヤンであったのでございますが、根津の家へととつがれてからはさっぱり根津さんの方へ立て換へになって、「これは根津先生のお偉い事と、奥さんの従順な事と、日本人としての特有の徳を持つてをられたためや」という方もございます。
　しかし姉は姉で、ここへ片付きます前は、ちゃんと話がきまりまして、「何でも変つた人物さうだから、一つクリスチヤンに導いて上げよう」と思つてゐたさうでございます。併しそれは結局反対になつたのでございまして、頭山（満）さんが「日本の婦人の鑑とすべき人だ」といふことを申されたさうでございます[23]。

図 2-2-4　根津ゑい（向かって右に立っている女性）（愛知大学東亜同文書院大学記念センター所蔵）

ゑいの根津への伝道は成功せず、か

えって彼女は論語や仏教に関する書を繙き、写経や読経をして、時に建仁寺管長に教えを乞うようになっている[24]。このキリスト教信者からの変化は強制されたものではなく、前掲文のように自発的なものであった。また、彼女は新婚夫婦の新婦に向かって、「あなたに新婚の贐をしたい。それは先生（旦那さん、亭主の意味）を神様と思ひなさい[25]」といったという。夫を神とするということばは、ゑいが根津を信仰の対象としているかのようである。彼女のキリスト教信仰は、構造はそのままに対象が根津に置き換わったといえるのかもしれない。こうした妻の存在は、根津の人となりがキリスト教信者に拒絶感を覚えさせるものではなかったこと、根津の方にもキリスト教への偏見がなかったことを示している。

このように「書院精神」とは、根津一の思想を基底とした道徳教育を通じて東亜同文書院に醸し出されたものであった。それが含む陽明学的な考え方は、キリスト教信者から見たときに相似点を見いだしうるものであったし、妻ゑいが感化されたことからうかがえるように、キリスト教信者にとって根津という人物やその思想は対立するものではなかった。

第3節　東亜同文書院におけるキリスト教

第1項　聖書研究会

東亜同文書院第1期生は、1901年4月、東京の華族会館において入学式を行い、5月8日上海市街南郊江南機器製造総局近く高昌廟桂墅里の東亜同文書院に入り学生生活をはじめている。

高昌廟桂墅里校舎は、もとは開明的実業家経元善による中国人経営初の女学校で、後に羅振玉が設立し王国維も学んだ東文学社が使用していたものである[26]。しかし、その施設は東亜同文書院にとって満足のいくものではなかったようで、開校時の教員根岸佶は、「校舎は〔中略〕粗末なものであった。ここに教室・寮舎・職員住宅などを建て増し、ようやく一応の体裁が整ったのは〔明治〕三十六〔1903〕年の六月頃であって、二年かかっている[27]」と述べている。第1期生坂本義孝も「私が来た時には教師と学校との設備は更に甚だ不完全[28]」、授業についても「学課の名ありて実なき事などには歎焉たるものがあつた[29]」

と述べている。

　このような体制も整わない開学当初から校内にはキリスト教的な活動がすでに存在していた。それは英語講師チャールズ＝ハネックス（Charles Hunnex）[30]による聖書研究会である。彼は上海YMCA協力主事であった[31]。現在のYMCAは、キリスト教的な考え方を基底におきつつも布教活動を行う教会とは異なるものであるが、当時両者の線引きは曖昧だったようである。例えば、上海在住日本人のキリスト教会は、1914年に上海日本人YMCAから独立するような形で成立している[32]。ハネックスは東亜同文書院で英語を教えつつ学生を集めて聖書研究会を催し、36名が参加した[33]。これについて上海YMCA総主事ロバート＝E＝ルイス（Robert E. Lewis）は、1901年8月北米YMCA同盟へ次のように報告している。

The enterprise of the Japanese in China is very marked. They have a government college here of one hundred Japanese students who are fitting to be interpreters in consular or business offices. We are teaching 80 of these students in daily English classes, and I have two weekly Bible classes with 45 members among graduates and undergraduates of this and other Japanese college. As the Bible may not be taught in the class-rooms of the college, we have rented a three-roomed tile roofed house just opposite the college buildings for a Japanese Association House. Could you look in on Sunday morning you would see from thirty to forty men sitting, Japanese style, on the matted floor and studying the Gospel of Mark with the American teacher, also sitting on a mat, in the midst of then. The little house is being fitted up for Association purposes, with the class-room on the left seating（on the floor）fifty students, with a reception room in the center and a reading-room on the right. Three of the class are baptized

Christians, two more desire to be[34]

訳：中国での日本人の事業は注目すべきものです。彼らには領事館や企業の通訳になるであろう100名の学生を擁する政府系の学校〔東亜同文書院〕があります。私たちは毎日英語の授業でこの80名を教え、この大学と日本の他大学からの学部生および卒業生の中から45名が参加する週1回の聖

書研究会を2クラス持っています。聖書を学校の教室で教えることは許可されていないため、学校にある日本のアソシエーション・ハウス〔事務棟？〕の真向かいに3室あるタイル葺きの建物を借りました。日曜の朝には30名から40名が、日本式に、床の敷物にじかに座り、その真ん中に座るアメリカ人教師と〔聖書の〕「マルコによる福音書」を学んでいるのを垣間見ることができます。そのささやかな建物は組織〔YMCA〕の目的にふさわしいもので、左側は（床にじかに座って）50名が座る聖書研究会のもの、中央に応接室、右側に勉強部屋があります。会に参加した3名はキリスト教の洗礼をうけ、2名がさらに洗礼を希望しています。

　翌1902年には常時25名、平均35名が参加、1903年も25名が参加した。同年3月のハネックス退職後も活動は続き、1904年には75名から91名が参加し、さらに聖書研究以外にも野球チームを結成したり、日露戦争時の日本YMCA同盟の軍隊慰問活動へ参加したりしている[35]。この時期の学生の様子について上海YMCA総主事代理D＝ウィラード＝ライアン（D. Willard Lyon）は、1903年9月30日付報告書に次のように記している。

Not the least interesting, I trust not the least fruitful work which I have been able to do in the line of Bible teaching during the year, was the class in the Japanese Commercial College in Shanghai. This class averaged between thirty and forty in attendance and was conducted in English. I find the Japanese students much more philosophical in their turn of mind than the Chinese Students. Many most interesting questions were asked in the class[36].

訳：興味深く、またわたしが確信しているのは上海での日本の商科大学〔東亜同文書院〕で一年間に亘る有意義な聖書教育ができたことです。このクラス〔聖書研究会〕の参加者は平均30名から40名ほどで、英語で行われました。日本人学生は中国人学生よりも性質が極めて哲学的です。幾多の興味深い質問がクラスでなげかけられました。

　このように宗教者であるライアンが会の活動と東亜同文書院での活動に手応

えを感じていることは、聖書研究会の性格が宗教的であったことを示している。そして「… in the Japanese Commercial College」の行からは、同会が校内で活動していたようにとることができる。前掲ルイス報告書では許されていなかった校内活動が、後に許可されたのだと池田鮮は次のように述べている。

　　校舎内で賛美歌や祈りをする事が厳禁であったが、ルイスやハネックスらの指導よろしきを得て、漸次理解が進み聖書研究には祈りが欠かせぬものである事が了解されて解除となった[37]。

　讃美歌、祈りというような完全な宗教活動が学校に許されていたことは注目すべきであろう。東亜同文書院生の回想のなかにも、このような活動が行われていたことを示すものがある。

　　根津先生は基督教そのものに対して、一種の理解を持つていられたようである。二期の有志で作つたバイブルクラス〔聖書研究会〕に教室を利用すること、集合にドンドン太鼓を叩くことなど、院長から一応は断わられたが後には許して下すつたとのことである[38]。

　根津一が当初禁止していた会の校内活動を後に認めたというのは、前掲ルイスおよびライアンの報告書の内容と一致する。この回想は、そのような根津の姿勢が、彼のキリスト教への理解のあらわれだと学生がとらえていたことを示している。

　さらに、宗教的活動であるにも関わらず多数の学生が参加していることは注目してよい。「表2-2-1 東亜同文書院聖書研究会参加学生数」に示したように、全校学生数に比して聖書研究会に参加した学生は多く、1904年には200人

表 2-2-1　東亜同文書院聖書研究会参加学生数

西暦	1901年	1902年	1903年	1904年
聖書研究会参加学生	36人	25人	25人	75-91人
全校学生数	79-60人	175-136人	243-208人	248-208人

＊聖書研究会参加者数は池田鮮『曇り日の虹——上海日本人YMCA40年史』（上海日本人YMCA40年史刊行会、1995年、9-10頁）、上海YMCA総主事ロバート＝E＝ルイス発北米YMCA同盟宛報告（1901年8月）、上海YMCA総主事代理D＝ウィラード＝ライアン発北米YMCA同盟報告（1903年9月30日）による。
＊全校学生数は、入学者数と卒業生数を併示する。入学者数は佐々木亨「東亜同文書院入学者の群像」同文書院記念報』第11号（2003年、10頁）に、卒業者数は大学史編纂委員会編『東亜同文書院大学史——創立八十周年記念誌』（滬友会、1982年、84頁）にもとづく。

強の学生のうちに半数近くの90人余りが参加している。もちろん、参加者数がそのままキリスト教信者数と重なるわけではない。英語教師が主宰し、英語で行われていることからすれば、英語学習の一環として参加していた者もいたであろう。そうであっても初期の東亜同文書院では多くの学生がキリスト教と接触していたことは確認しておかなければならない。

第2項　聖書研究会の位置づけ

　1904年以降の聖書研究会の活動を示す資料を筆者は見いだしていないが、校内でのキリスト教に関わるいくつかの事柄を確認することができる。

　ひとつが日本YMCA同盟主事大塚素の来校である。彼は「東亜同文書院にて演説せし事は、この旅行中学生のみに対して演説せし始めにして終りに候[39]」と述べている。校内での講演であるから学校側の認可があったと考えられ、これは東亜同文書院と日本YMCA同盟のつながりを示している。また、この交流はその後も続いており、1917年には中国視察中の日本YMCA同盟名誉主事フィッシャー、京都YMCA総主事村上正次や中国基督教教育大会出席のため中国に来ていた日本メソジスト教会の平岩愃保が講演を行っている[40]。

　もう一つが1908年から1913年まで英語講師を務めた「ドクトル・マイヤース[41]」の存在である。1904年長崎の東山学院[42]で活動していたマイヤース（C. M. Mycrs）が上海に渡り、日本人キリスト教信者を指導して1906年成立の上海日本人基督協会や1907年成立の上海日本人YMCAの基礎を築いている[43]。このマイヤースと東亜同文書院の「ドクトル・マイヤース」は、おそらく同一人物であろう。

　戦前、上海日本人YMCAで活動していた池田鮮は、明治末年の上海在住日本人の状況について、「当時、上海市内には二つの日系キリスト教の集会があった[44]」と述べ、東亜同文書院の聖書研究会とマイヤースの集会の二つをあげているが、両者はマイヤースを通してつながる。先に述べたようにマイヤースは、日本人キリスト教信者を組織化しているのだが、その活動の中に東亜同文書院の聖書研究会もあったとすれば、これは上海の日本人社会を考える上でも興味深い事柄である。

　このように東亜同文書院は、開校当初よりキリスト教の集会があり、そこに

坂本義孝から見る東亜同文書院の教育活動の変遷　　193

は上海YMCAや日本YMCA同盟とのつながりが見られる。また、聖書研究会は
院長根津一に認められたもので、多数の参加者を得ており、参加者の中には洗
礼を受ける学生もいた。この東亜同文書院のキリスト教の集まりは、同時期の
上海日本人社会の中では比較的規模の大きなキリスト教団体であった。こうし
た活動の存在は、従来の校内に存在した少数のキリスト教信者という捉え方を
くつがえし、初期の東亜同文書院の学生にとってキリスト教が身近なものであ
ったことを示している。

第3項　聖書研究会の消滅

　前述したように、聖書研究会自体の活動は1904年以降、確認することがで
きなくなるのだが、東亜同文書院内では1915年に学生YMCA[45]が結成されて
いる。キリスト教的な集まりということでいえば、聖書研究会の後継組織が学
生YMCAであるかのように思われるが、その性質を比較するに、両者はまった
く異なっており組織上の継続性は認められない。

　この二つの組織の特徴をそれぞれ示したものが「表2-2-2聖書研究会と学生
YMCAの比較」である。

　先に確認したように、聖書研究会は根津一に認められたもので、上海YMCA
を指導する北米YMCA同盟関係者たちが組織し、さらに英語学習の意味があっ
たからかキリスト教を信仰する学生以外も参加していた。これに対して、学生
YMCAは、東亜同文書院赫司克而路校舎近くにあった日本人向けのキリスト教
会神愛館[46]のバイブル・クラス（聖書研究会）に個人的に参加していたキリス
ト教信者の学生たち数名が集まった信者同士の親睦会からはじまったものであ

表 2-2-2　東亜同文書院内の聖書研究会と学生YMCAの比較

	校舎	時期	特徴
聖書研究会	高昌廟桂墅里校舎 （1901年5月–1913年7月）	1901–1904…？	・学校公認をうけ学内で活動。 ・上海YMCA所属の英語教員。 ・英語が使用されている。 ・学生YMCA的な親睦活動。
学生YMCA	赫司克而路校舎 （1913年10月–1917年4月）	1915 – ？	・神愛館主催バイブル・クラス参加者が結成。 ・学生と信者の教員との勉強会。 ・中国の大学間の組織「国際学生親睦会」 　（International Student Fellowship）に参加。

り、両者は規模も性格もまったく違っていた。

　では、1915年の学生YMCA結成以前にすでに姿を確認することができなくなっていた聖書研究会はどうなっていたのだろうか。先述のように、東亜同文書院は創立以来、院長根津一の強い影響下にあった。そもそも、聖書研究会自体が彼の許可をうけて学内活動を行っていたことを考えると、その活動の消長を左右できるのは根津以外にはいない。

　聖書研究会の活動が確認できない学生YMCA成立までの期間の根津の発言には、同会の活動と関係している可能性があるものがある。

　　　亜米利加ガ今年ノ春突如トシテ持出シマシタ満洲鉄道ノ中立問題ト曰ヒ，
　　　団匪事件ノ賠償金無慮三千五百万円ヲ一昨々年学生派遣ノ条件ノ下ニ棒引
　　　ニシタコトヽヒ〔中略〕日本ノ対清経営ニハ重大ナル関係ガアルダラウト
　　　思ヒマス [47]

　この発言がなされた第一次世界大戦前夜の1910年当時、アメリカは列強の中国での権益争奪にも影響を及ぼす存在となっていた。とりわけ、義和団事件での賠償金を減額し、さらに残額分もすべて中国人学生のアメリカ留学費用に充てる政策は、中国世論に好感を持って迎えられており、急速に中国との関係を密にしていた。こうした中国とアメリカの接近について、根津は思想的な側面から危機感を抱き、1914年には次のような警句を発している。

　　　亜米利加の風が支那の社会に段々と拡まると、其の結果はどうなるかと云
　　　ふと、名教と、相容れないことになりはせぬか [48]

　このアメリカの「風」とは、ピューリタニズムを背景に形成されたプラグマティズムにあらわされる当時のアメリカ社会の思想的傾向を指すだろう。根津は、そうしたアメリカの影響が、彼が日中両国を結びつけると考える精神的なつながりである「名教」すなわち儒教を基層にした中国社会を根幹から変質させることになるではないかと危惧したのである。

　根津が中国でのアメリカの台頭に脅威を感じた時期、聖書研究会は姿を消し

ている。この聖書研究会に北米YMCA同盟というアメリカ系のキリスト教関係者が深く関わっていることを考えると、この時期的な一致に関連性を推測することができるのではないだろうか。

第4節　「書院精神」を受け継ぐ坂本義孝

　坂本義孝は、1884年5月15日、福島県石城郡内郷村小島（現・福島県いわき市内郷小島）に羽二重業を営む坂本勝次郎の三男として生まれ、キリスト教を信仰する家庭に育った。

　1901年、福島県立磐城中学校（現・福島県立磐城高等学校）の第1回生として卒業、同年4月東亜同文書院商務科に第1期生として入学する。1904年4月に卒業すると1905年営口税関勤務を経て、アメリカのカリフォルニアに渡り雑貨業や庭園業を営んでいた長兄儀助をたよって渡米している[49]。

　アメリカでは、現地のハイスクールで学んだ後に南カリフォルニア大学で経済学を学び、修士号（Master of Arts）を取得し[50]、卒業後はロサンゼルス領事館嘱託を務めながら南カリフォルニア大学東洋科教授ジェイムズ＝メイン＝ディクソン（James Maine Dixon）の助手をしている[51]。ディクソンは、かつて文科大学（現・東京大学文学部）で夏目漱石に英文学を講義していた人物である。

　当時は、いわゆる排日土地法（「カリフォルニア州外国人土地法」1913年）が可決されるなど日本人移民排斥が高まっていた時期であり、彼が生活していたカリフォルニアはとりわけ排日興論が強かった。そうした風潮と対峙した彼の姿がカリフォルニア州日本移民

図 2-2-5　坂本義孝・太代子夫妻（『東亜同文書院第一期生渡支満二十年記念写真帖』私家版、1921年）

の記録『南加州日本人史』に残されている。

　　同〔1917年〕十一月六日、市教育課に於て多数教員の集会席上、南加大
　　学東洋科主任教授ディクソン博士の講演あり、日支関係を論じて日本の特
　　殊権益なるものは日本の野心権なりとて極力日本を罵倒し、河上清を偽善
　　者なりと罵りたるに対し領事館嘱託坂本義孝これを弁駁す[52]。

　坂本にとってディクソンは南カリフォルニア大学での上司である。それにも
関わらず、その主張に対して正面から意見する姿には、彼の強い人間性や日本
人としての自覚があらわれているのではないだろうか。このように坂本がアメ
リカで差別される側の境遇を体験していたことは、日清戦争以後、中国人を一
方的に蔑視する傾向があった多くの日本人としては特異なものであり、彼の中
国観が日中二国間だけではなく、それをアジアとして一括りにする、より国際
的な視野に基づいていた可能性を示唆する。
　その後、ニューヨークに移り、コロンビア大学で博士号（Ph. D）を取得し[53]、
1919年には、ワシントンで開かれた国際労働機関（ILO）第1回国際労働総会
に日本政府代表補佐として参加した。
　このように豊かな国際経験を積んだ彼は、1921年、37歳の時に帰国すると、
母校東亜同文書院に教授として招聘され上海に赴任した[54]。
　東亜同文書院での活動については、坂本自身が「私は経済学史を教へておる[55]」
と述べているが、1926年1月の商務科「学年試験時間表[56]」によれば、2年生と
4年生の「英訳」を担当しているのみである。坂本同様、東亜同文書院卒業後
アメリカ留学を経て教職に就いた森沢磊五郎は「私の書院での本務は中華学生
部にあったので、本部〔商務科〕の教室では僅かに商業英語のピンチヒッター
に立ったのみ[57]」と述べている。日本人主体の商務科での担当科目が少なく、
1925年には中華学生部部長に就いている坂本も森沢同様の状態だったと推測さ
れる。坂本は主として中国人学生を担当していたと考えられる。
　坂本の東亜同文書院での待遇はかなりよいものであったようで、1926年1月
以前のものとおもわれる「東亜同文書院教職員一覧[58]」に記されている俸給額
によれば、日本人教職員中で3番目、東亜同文書院出身者では坂本よりも後輩

ではあるが先に教職についていた真島次郎、馬場鍬大郎、藤原茂一、清水董三、鈴木択郎よりも高給であり[59]、同校出身者としては破格といってもよい待遇を受けていた。このことは、後述するような度々長期間にわたって学務を離れる活動を許されていたことにもあらわれている。

第1項　国際的活動

　坂本義孝は滞米中にILOの第1回国際労働総会に参加したとされるが、教授就任後も国際労働総会のために2回洋行している。1922年ジュネーブでの第4回国際労働総会に参加し[60]、帰途にはエルサレムを訪問している[61]。翌年にも第5回国際労働総会参加のために再びジュネーブに渡っている。

　　〔1923年〕八月廿日に至り突然、ゼネバ〔ジュネーブ〕国際労資会議〔国
　　際労働総会〕に出席する様外務省及協調会より切なる勧誘あり院長の許可
　　を得て急遽渡欧することになり[62]

　外務省から直接要請を受けたとあることからは、彼個人と外務省のつながりがうかがえる。ほかにも、1922年5月には学期中にも関わらず、「幸にして院長及書院の好意により余は彼等支那青年に接し[63]」と、学校の許可を得て北京で行われた世界学生キリスト教連盟大会（WSCF）へ参加している。

　このように坂本は着任早々から学務を離れた国際的な活動に従事することを許され、前述したように給与面でも厚遇をうけており、その待遇は特別といってよいものであった。東亜同文書院教職員中では際だって国際的な存在であったと考えられる。

第2項　共産思想への警戒

　さて、坂本義孝は教授在職中に東亜同文書院でどのような活動をしていたのだろうか。

　留学時の研究テーマである経済や労働問題について論じたものは「中国に於ける経済的非協同[64]」のみである。そのほかの論述には「五卅事件と米支両国の関係[65]」、「外人の観たる支那[66]」、「中日親和の要諦[67]」、「支那の命運を傍

観すべきか[68]」があるが、時事評論的なものである。また、東亜同文書院支那研究部定期講演会で「北京の万国基督教青年会大会所感[69]」、「国際労働会議と欧州の近況[70]」、「満洲研究旅行報告[71]」と題して講演しているが、演題から推測すると、いずれも研究というよりも時事的なものであったと思われる。このような活動からは、彼は研究者として学術的研究に積極的に取り組んだようには見えない。

　そうした中で、次に紹介する東亜同文書院発行の学術誌『支那研究』に掲載された文章には、共産思想への警戒があらわれており興味深い。

　「護憲社の性質と事業[72]」は、反共産主義組織「護憲社」を紹介するものである。

　「支那に於ける教育権回収の観測[73]」は、中国の教育権回収運動の意義については理解を示しつつも矢面に立たせられていたキリスト教系大学を擁護し、「民国十二年若しくは一九二三年頃より急遽赤露の影響を受くる事となり、北京八大学を始とし教育界は殆ど赤化され共産主義化さるゝ傾向を馴致した[74]」と、運動の共産思想的傾向を指摘し、「紊りに回収の喧声に聴従すべからさる多くの事由と実状とを見出すのである[75]」と、その急進的姿勢を批判している。

　「上海の将来[76]」は、『支那研究』「上海研究号[77]」所収諸論文を踏まえた総論である。反日の世論が強い当時にあっても、将来について楽観的な論調を展開するが、「現今の国民政府が農工中心の社会革命、否共産革命に圧倒され、中国は再び混沌たる乱世に陥る[78]」と、不安要素として共産主義勢力をあげている。

　宗教をアヘンにたとえる共産思想の勢力拡大は、キリスト教信者である坂本にとって懸念すべきことであったのかもしれない。実際、上海YMCAの機関誌『上海青年』に寄せた文章では、「最近三四年間は中国内共産党の浸潤を伴ふて反基督教運動が跋扈[79]」と、キリスト教信者として共産思想への警戒を露わにしている。

　このように坂本は研究者としては積極的でなかったように見えるが、その文章には反キリスト教につながる共産思想への警戒というキリスト教信者としての立場を見ることができ、彼の行動が常にキリスト教信仰に基づいていたことをうかがわせている。

第3項　対支文化事業統制下における東亜同文書院の変化に対して

東亜同文書院教授時代の坂本義孝は、研究者ではなく教育者としての印象が強い。例えば、東亜同文書院の同窓会である滬友会の機関誌『滬友』1921年に掲載された「同じ経験から」という文章がある。これはホームシックになった学生との対話を述べている。

　　人間とは一体何であるか、何故に生くるか云々の哲学的宗教的疑問を発したるにつき私は悦んで該学生の友人となり人生問題に論及したのであつた。〔中略〕かくて私は此種の寂寞に打たれ此種の煩悶に悩まさる、学生に対し友人として胸襟を展き懇談したき希望を切に感したのである、これは第一期生としての「兄」が「弟」たる現在学生諸君に対し懐ふ至情である、而して又私が欣んで諸君に尽すべき当然の義務であると思ふ[80]。

学生を「友人」と対等に扱ったり、「兄弟」と称したりしているが、「兄弟」とは、神を父としイエスを長兄とし信者を兄弟とするキリスト教を想起させる表現である。

また、キリスト教的な姿勢をあらわしているのが、学生への禁酒の主張である。当時、校内で恒常的に行われていた酔った学生が寮を回って他学生に飲酒を強いる「寮回り」に対して、「酒は青年の最も嫌悪すべき敵である[81]」と敵意すら露わしている。禁酒法が全米にひろがりつつあった時代のアメリカに留学していた影響もあるのだろうが、この当時は、「『キリスト者とは禁酒、禁煙』で知られていた時代[82]」であり、理事長を務めた上海日本人YMCAでも禁酒運動が行われていることから[83]、彼の禁酒の提言は信仰に基づくものであったといえる。

そうした生活面についてだけでなく、学校自体への提言も行っている。

「書院の反省時代[84]」では、開校当時は「東亜に通有なる最高倫理価値を発揚するのが目的であつた[85]」ものが、「書院なる者も時を経るに従つて制度化されて終つたのである様に聞へておる[86]」と述べ、さらに「私は日本の学制自身に疑を挟むのである、学校の卒業証書を目的として又試験通過を目的として

勉学する学生では独創的に東亜に貢献する事はできぬと信ずる[87]」と、学校の現状を痛烈に批判するばかりか、アメリカ留学の経験をふまえて日本の教育自体の問題を指摘する。これは根津一を精神的支柱とし、日本国内の学制下の学校とはまったく異なる、いわば私塾的性格をもっていた東亜同文書院の規格化が進んでいるのではないかという危惧のあらわれだろう。

　また、「改新時代の書院」と題する文章では、そのような東亜同文書院の変化が同校を所管する外務省にあると指摘している。

　　　余にとりては近年書院が外務省文部省より細微の点まで検束さるのでないかと疑るゝが之は余りに官庁に依頼するから厳重なる取締といふ代価を支払はねばならぬのであつて、〔中略〕もし官僚的形式主義を準して書院を経営せは内よりも外よりも破綻を来たす事必然である理当である、吾人は断然書院の官僚化を欲しない[88]

　このように、坂本が東亜同文書院の現状を憂い、「破綻を来す事必然」と警鐘を鳴らした時期は、その直前に中華学生部が設置されたり、専門学校令が適用されたりしており、実は同校にとって必ずしも悪い状況にあったとはいえない。

　1920年から学生を受け入れはじめた中華学生部とは、中国人向けの教育活動部門である。これによって、東亜同文書院は、日中両国の学生が共に学ぶ学校となっていた。

　さらに、1921年の専門学校令の適用は、東亜同文書院にとって大きな発展であった。これ以前、東亜同文書院は日本国内の学制の中で学位を取得できる学校ではなく、卒業生はただ専門学校卒業に相当するとして「学士」を自称していたにすぎなかった。それが、同令適用によって正式な専門学校になったのである。

　また、この1920年代は、東亜同文書院の特徴のひとつである「大調査旅行」が、経験の蓄積とともに質的にも規模的にも最盛期を迎えたといってもよい時期であった。中国の政治情勢は軍閥の抗争によって混乱していたが、東亜同文書院生は、そうした地方の有力者の保護を受けつつ中国の奥地にまで調査に入っ行

った。1930年以降の日中戦争期の日本の勢力圏内でしか実施できなかった状態と比べると、その調査域は格段に広かったのである。

このように、坂本が東亜同文書院の変質と、それを原因とする危機を主張した時期というのは、見方によっては、東亜同文書院が飛躍的に発展していたともいえる時期であった。

しかし、その一方で、たしかに坂本が同校の現状と将来に危惧を抱く因子が、この時期に生じていた。それは、同校の象徴的存在である根津一が院長を退いた1923年、外務省に対支文化事業局が設置され、日本の対中国文化事業が全面的にその統制下に入ったことである。もちろん、東亜同文書院もその統括を受けることになった。

このことが同校に与えた影響の大きさについて竹内好は次のように述べている。

　　　東亜同文書院をふくめて、ほとんどすべての中国関係の文化事業がこの傘下にはいり、一元的な金しばりの支配を受けることになった。〔中略〕この文化事業部による統制の進むにつれて、文化事業団体に質的な変化がおこるようになった。ということは、創意が失われて、国家の意思（その実体は軍をふくめての官僚である）への盲従の傾向が出てきたということだ。東亜同文書院についても、いわゆる根津精神がうすらいでゆくのが、この時期から顕著になった[89]。

この竹内の指摘は、具体的には東亜同文書院およびその運営団体東亜同文会の外務省文化事業部（1924年、外務省対支文化事務局を改称）からおりる補助金への依存度の高まりにみることができる。この補助金は、1923年3月に制定公布された「対支文化事業特別会計法」にもとづくものであった。

その補助金と同会および東亜同文書院の経常収入との関係を示したものが、次にあげる「表2-2-3対支文化事業特別会計法成立（1923年）前後の東亜同文会及び東亜同文書院の経常収入金額と政府補助金の割合[90]」である。

これによれば、東亜同文会の経常収入に占める東亜同文書院の割合（⑦東亜同文会経常収入に対する東亜同文書院経常収入金額の割合）は70％半ばで推移して

表 2-2-3　対支文化事業会計法成立（1923年）前後の東亜同文会並びに東亜同文書院の経常収入金額と政府補助金の割合（単位：円）

年度（西暦／元号）	1919年8月	1920年9月	1921年10月	1922年11月	1923年12月
東亜同文会総収入	319,109.45	798,461.24	793,842.77		
①東亜同文会経常収入	316,566.86	402,096.87	512,653.32	582,824.11	562,327.32
②同会経常収入内補助金額	116,960.00	124,010.00	171,533.00	179,533.00	182,726.00
③同会経常収入内東亜同文書院経常収入金額	—	233,034.27	401,427.16	438,805.37	385,412.44
④同会経常収入内東亜同文書院補助金額	—	65,960.00	115,960.00	115,960.00	115,960.00
⑤外務省側記録にもとづく補助金額	492,075.00	304,653.00	271,533.00	179,533.00	182,726.00
⑥同文会経常収入に対する補助金の割合（②÷①）	36.9%	30.8%	33.5%	30.8%	32.5%
⑦同会経常収入に対する東亜同文書院経常収入金額の割合（③÷①）		58.0%	78.3%	75.3%	68.5%
⑧同会経常収入内補助金に対する東亜同文書院補助金の割合（④÷②）		53.2%	67.6%	64.6%	63.5%
年度（西暦／元号）	1924／13	1925／14	1926／15・1	1927／2	1928／3
東亜同文会総収入	—	—	—	—	—
①東亜同文会経常収入	606,310.29	602,459.54	623,472.20	611,456.88	690,945.60
②同会経常収入内補助金額	179,000.00	240,000.00	319,000.00	319,000.00	319,000.00
③同会経常収入内東亜同文書院経常収入金額	455,554.70	435,260.00	466,559.39	465,670.47	505,638.00
④同会経常収入内東亜同文書院補助金額	110,000.00	153,000.00	192,000.00	192,000.00	192,000.00
⑤外務省側記録にもとづく補助金額	—	—	—	—	—
⑥同文会経常収入に対する補助金の割合（②÷①）	29.5%	39.8%	51.2%	52.2%	46.2%
⑦同会経常収入に対する東亜同文書院経常収入金額の割合（③÷①）	75.1%	72.2%	74.8%	76.2%	73.2%
⑧同会経常収入内補助金に対する東亜同文書院補助金の割合（④÷②）	61.5%	63.8%	60.2%	60.2%	60.2%

注：1920-1926，1928年分は決算書の値．1919年分は1920年分予算書内記述．1927年分は予算書の値．

おり、同会の主要な事業が東亜同文書院の運営であったことが確認できる。そして、その東亜同文会の経常収入に占める外務省文化事業部からの補助金の割合（④東亜同文会経常収入に対する補助金額の割合）は、1923年の対支文化事業会計法が成立すると、それ以前の30％前後から40-50％へと高い数値を示すようになる。1924年度については一時的に30％を切る低い数値となっているが[91]、前年の関東大震災や為替相場での銀高金安[92]が影響しているのかもしれない。ともかく、東亜同文会の収入の半ば近くを「対支文化事業特別会計法」による補助金が占めるようになったということは、これを支給する外務省の統制力が強くなっていたことを示すだろう。それは、もちろん東亜同文会が運営する東亜同文書院へも波及したはずである。そして、この時期は、ちょうど東亜同文書院が飛躍的に発展し充実していた時期と重なる。

　つまり、根津一の私塾的な性格をもっていた東亜同文書院は、日本の学制に組み込まれ、さらに外務省対支文化事業の強い統制をうけることで、かえって大きく発展していたのである。

　このような変化の端緒にあって、坂本は精神的な改革によって学校の独自性

を保つことを主張した。

　　殉難殉教殉道の精神あつて始めて書院の反省が意義附けられ、書院の復興
　　が実現し延いては東亜の復興に及び得るのである、真に中国の為になる日
　　本人ならば日本の為になる事は勿論である、小我に捕はれ日本、日本とい
　　ふておる所には日本の為にもならぬ結果を生する、書院が思切つて反省す
　　べきは斯点にある、身を殺して仁を成す、これ霊界に永遠に生くる唯一の
　　方途である[93]。

　殉難殉教殉道の精神や霊界云々の行は宗教的な言い回しであるが、この内容
は東亜同文書院設立の理念を記した「興学要旨」の一節「所期在乎保全清国〔中
国〕而定東亜久安之策。立宇内永和之計」(清国を本来あるべき姿にすることによ
って東アジアの安定化を計画し、世界がながく親睦していく方法をたてることを決意
する)が述べる日中の友好関係や、「立教綱領」の「徳教為経。拠聖経賢伝而施
之。」(道徳にもとづく教化を根底にして、儒教の経典によって教育活動を行う)とい
う道徳重視の姿勢、つまり根津の東亜同文書院での教育活動と通底しており[94]、
徳育を志向する「書院精神」への回帰を提言するものだといえる。さらに、そ
れが宗教的な表現を散りばめてなされていることには、彼のキリスト教信仰と
「書院精神」が一体化していたことが認められる。
　日本当局の影響を強く受けることになった東亜同文書院の変化に対して、坂
本は「書院精神」への回帰を主張した。これは「書院精神」すなわち根津の思
想を受け継ごうということであり、彼のキリスト教信仰の中に「書院精神」が
一体化していたことを示すものである。また、国際労働総会出席を要請された
り、後に外務省嘱託となるなど、彼個人が外務省とつながりがあったにも関わ
らず、その管理を批判するという姿勢は、個人的利益を顧みない無私的な点に
おいて、やはり信仰と結びついたものであったといえる。
　しかし、坂本の主張が東亜同文書院に具体的に影響を与えた形跡はない。彼
の「書院精神」は、学生YMCAとの交流[95]やその以外の教え子との個人的関係
のなかでは生かされたが、全学では彼が警戒する共産思想が盛んになっていっ
たのである。日本人学生間では1930年の第一次学生検挙事件にみられるよう

に左傾化が表面化し、部長を務めた中華学生部でも反日意識と共産思想の影響[96]から運営に支障をきたすほど、学生の授業放棄が常態化するようになり[97]、1930年9月中華学生部は商務科に吸収され解体された[98]。このように教育すべき学生を失った時点で、彼の東亜同文書院での教育活動は頓挫したといえる。

坂本は1931年3月16日付けで東亜同文書院を依願退職している[99]。前述したように中華学生部が解体されたことが原因と考えられるが、同時期には、前年におこった学校予算の開示や教学体制の改革を求めた学生によるストライキや上海訪問中の日本海軍将校に左翼学生・職員が反戦ビラを配布した反戦ビラ事件という学内での不祥事の責任をとって多くの教員が退職しており、そうしたことも影響していた可能性がある[100]。

第5節　二つの「書院精神」

坂本義孝の教育活動は東亜同文書院の外でも行われた。それは上海日本人YMCAでのものである。彼が何時から上海日本人YMCAに参加していたのかは不明だが、東亜同文書院在職中の1927年3月上海日本人YMCAが経営する上海商業学校の卒業式の写真にその姿があり[101]、この頃より上海日本人YMCA理事長となり、1930年からは同YMCA運営の外国語学校で英語を担当しつつ校長となっている[102]。

上海日本人YMCA理事長としての具体的な活動は、キリスト教系の記録『The Chinese Recorder and Missionary Journal（教務雑誌）』にある。この雑誌は、中国におけるキリスト教活動を伝えるために1868年に創刊されたものである。

ここには1932年第一次上海事変についての日本人キリスト教信者による公開文書「Japanese Reply Missionaries Appeal[103]」が掲載されている。次にあげるように、この文書の日本人信者の筆頭に坂本はサインをしている。

Signed:

　J. G. SAKAMOTO〔ジェームズ＝義孝＝坂本〕

　　　　Pres. Japanese Y.M.C.A.〔上海日本人YMCA理事長〕

　K. INOUE

Secy. Japanese Y.M.C.A.〔上海日本人YMCA書記〕

EV. M. FURUYA

Pastor, Japanese Congregational Church.〔日本組合基督教会牧師〕

REV. R. NARITA

Pastor, Japanese Christian Church.〔日本基督教会牧師〕

G. SUGA

Secy. Tokyo Y.M.C.A.〔東京YMCA書記〕

　この文書の中で坂本たちは、上海の現状を憂慮していることを述べているが、「We still welcome , as we always have, the opportunity to confer constructively with these friends with a view towards bringing about a more complete understanding」と、今後の相互理解へ向けた話し合いを提案するだけで、何ら具体的な対策を打ち出すことはできていない。

　東亜同文書院退職後は、上海虹口北四川路阿瑞里（現・上海市第四人民医院付近）に移り住み[104]、1934年まで同校校長職に専念したようである。ここでの中国人教育について、彼は次のように述べている。

　　　今後特ニ本会ノ事業トシテ最モ重キヲ置カントスルハ本邦ニ留学セントスル支那学生ニ対スル日本語科ニ一層ノ努力ヲ傾注シ彼等ノ本邦渡航□ニ学業上必要ナル日本語ノ基礎的教養ヲ具フルト共ニ渡航上□□ノ便宜ヲ供給セントスルモノニ有[105]

　同校では1931年までに累計1000名が学んだとされるが、日中関係の悪化から1932年6月時点で「生徒ノ就学皆無トナリタリ[106]」という状態に陥った。ここでも坂本は東亜同文書院時代同様学生を失い、教育活動の中断を余儀なくされたのである。彼は1934年から翌年にかけて日本に帰国しており、中国での教育の場を完全に失った[107]。

　このように東亜同文書院、上海日本人YMCA外国語学校での活動が行き詰まる中でも、坂本の教育による日中提携への志向に変化はなかった。それは東亜同文書院での教え子洪水星への援助にみることができる。洪は、東亜同文書院

中華学生部卒業後、坂本の外務省への働きかけによって京都帝国大学に留学をし、後にキリスト教系の聖約翰大学教授となっていた。1933年、坂本は、洪が指導する聖約翰大学学生の日本旅行への援助を外務省文化事業部長坪上貞二に求めている。

　外務省文化事業部長
　　　坪上貞二殿
　拝啓
　　初夏ノ候貴殿愈々御多祥奉□祝候
サテ曾テ小生ヨリ貴部ヘ宛テ願出デタル結果京都帝大留学ノ特典ヲ与ヘラレタル洪水星君（同文書院中華部出身）ハ同大学ヲ首尾ヨク優秀ノ成績ニテ卒業シ、帰滬致□付、小生ヨリ同君ヲ当方聖約翰大学校長ニ紹介推薦シ、日本語教師ノ任ニ当ラシメ候、而シテ同君ノ学生タル下記六名ハ既ニ二ケ年ノ学習ヲ終リ来ル七月初旬日本見学ヲ熱望致居候、御承知ノ如ク従来聖約翰大学出身者ハ上海南京其他ニ於テ実業界教育界其他ノ方面ニ活動中ナルガ、亦外交員トシテ海外ニ活動スルモノ多キ次　ナルガ、概シテ日本ニ□ユル智識及体験ヲ得ル機会ナキヲ遺憾ト存居□□、今回在学生自身ヨリ日本見学ヲ懇望スルニ至リタルハ寔ニ欣幸トスベキ兆候ニ有之、昨今ノ時局ニ顧ミ特ニ是等学生ノ希望ヲ御計□相成様御取計下候ハ□将来ノ日支ニ資スル所亦鮮カラザルベリ候、若シ当方ノ切望ヲ御受諾セラルノ場合ハ同文書院中華学生ニ与ヘタル如キ補助乃至便宜ヲ御提供□□上度右不取敢御□考迄ニ申上候、尚洪君ヲ引率者タラシムル件ヲモ御考慮相煩□願上候
匆々敬具
日本見学希望者氏名　日本語二ケ年修了　一週三時間ノ割
一、韓潤卿
二、韓玉卿
三、胡家春
四、陳栄廷
五、華士浩
六、郭兆汾

六月十一日

坂 本 義 孝

（上海日本総領事館内）[108]

　この時、東亜同文書院にはまだ中国人学生が在籍していたが、すでに新規学生募集は停止しており中国人教育は廃止されようとしていた。この状況下で聖約翰大学学生に対して、「同文書院中華学生ニ与ヘタル如キ補助乃至便宜ヲ御提供」と、東亜同文書院の中国人学生同様の待遇を与えるようにと要求することは、中華学生部の役割を同大学に引き継がせようとしているかのようである。

　しかし、このように親密な洪水星との師弟関係にも、坂本の理想と現実との乖離が生じていた。意外なことに、洪水星の名は、キリスト教に批判的として坂本が警戒していた共産主義に関係する人脈の中に登場する。

　満鉄調査部事件で逮捕された大上末広は、取り調べ時の手記で次のように述べている。

　　自分〔大上末広〕は昭和六年〔1931年〕九月に外務省の支那留学生を命ぜられ間もなく満洲事変が始まりましたが同年十二月上海に行き田中忠夫と交際し田中の紹介で朱其華[109]に会い、又洪水星の紹介で某支那人に会い支那経済のマルクス主義的研究を深め且つ資料を集めんとしましたが間もなく上海事変が起ったので一時避難の目的を以って〔昭和〕七年〔1932年〕二月に大連に来て天野元之助氏方に厄介になりました[110]。

　大上は京都帝国大学出身であり、同大に留学した洪水星ともともと面識があったのかもしれない。しかし、この大上の手記によれば、洪水星は大上の「マルクス主義的研究」の手助けをしているのであり、日中人士間にあって共産主義活動に従事していた人物であったといえる。つまり、坂本が東亜同文書院以来面倒をみていた教え子が、実はキリスト教に批判的な共産主義に近い立場にいたのである。

　このように日本の中国侵略に起因する反日の風潮や、反キリスト教的側面を

もつ共産主義思想の拡大は、坂本のキリスト教信仰と「書院精神」が一体化した教育活動を完全に頓挫させた。

そうした坂本の挫折の一方で、東亜同文書院は戦禍で徐家匯虹橋路校舎を失いつつも1939年には大学に昇格し、日本の学制の中では発展していく。この過程を竹内好は「根津精神がうすらいでゆく」と見た。しかし、中国を学ぶ学校として教育の場を確保し続けた点に注目すれば、日中関係の最悪化という状況下で現実的な選択をしたともいえる。

第6節　おわりに

東亜同文書院の特徴としてあげられる「書院精神」とは、根津一の陽明学解釈を通して形成された思想が教育活動の中であらわれたものであった。それは内村鑑三がキリスト教側から陽明学を評価したことからもわかるように、キリスト教的な感覚と相容いれるものでもあった。また、根津自身もキリスト教に理解を示しており、初期の東亜同文書院では聖書研究会のようなキリスト教の集まりが認められていた。

この東亜同文書院に学び、「書院精神」を受容したキリスト教信者に母校の教授となった坂本義孝がいた。彼は、東亜同文書院での学生生活と15年間のアメリカでの生活を通して豊かな国際経験を積み、自身のキリスト教信仰と根津の強い影響を受けた「書院精神」を一体化させていた。

しかし、坂本が根津から受け継いだ「書院精神」と、実際の東亜同文書院が採った姿勢は異なるものとなっていく。悪化する日中関係の狭間にあって東亜同文書院は日本の学校として規格化されることによって、栗田尚弥が述べるような「理想と現実の狭間に自己のアイデンティティーを喪失させていく[111]」という状態に陥りつつも、専門学校へ、さらに大学へと日本の高等教育機関として発展する道を選んだ。その一方、坂本の中でキリスト教信仰と一体化した「書院精神」は、日中提携が有力な思潮であった時代には現実に即していたのかもしれないが[112]、日本の中国侵略が激化する時代にあっては、理想主義的な色彩を強めざるをえなかった。反日意識の高まりから中華学生部の学生を失い、続く上海日本人YMCA外国語学校でも同じ結末を見たのである。

東亜同文書院退職以降であるが、坂本と日本人青年が満洲事変後の情勢について話した様子が伝わっている。

〔坂本が言うに〕「どうも日本の若い人は、ことの論理がわからない。凡てを既成事実として鵜呑みにし、肯定している。心ある中国人は決して承認していませんよ。沈黙しているが承服ではない。〔中略〕」
〔青年が反論して〕「満洲問題まで否定してかかると、我々の立場がないではありませんか」
「〔坂本〕先生の立場は古い、それでは全くの敗戦論ですよ」
「〔坂本〕先生の頭は古くて駄目です。そんな考へ方で発展して動いてゆく今の国際問題など論ずる資格はありません」
　〔坂本〕先生は憂鬱な顔して、だまつてしまうのである[113]。

この沈黙こそ、日本の中国侵略という現実を前にした坂本の「書院精神」の限界点であったのだろう。坂本退職以降の東亜同文書院内にも、学生YMCAが存続したようにキリスト教信者は存在していた。しかし、根津時代のような大規模な集会はなく、また坂本がかつてしたようなキリスト教の立場から全学に呼びかける動きもない、個人の内面的な事柄となっていたのである。

このような状況にあっても、根津の教えを受け、また敬虔なキリスト教信者であった坂本義孝の教育への熱情は絶えることはなかった。彼は、上海日本人YMCA外国語学校の活動が頓挫すると帰国したが、1942年には外務省嘱託として上海に戻り、翌年には聖約翰大学教授として再び教育者として活動している。1945年5月、日本に残した家族を気遣い帰国するが、驚くべきことに終戦直後に最後の上海行きの飛行機に乗り込んで上海に再び戻った。坂本の次男坂本義和（東京大学名誉教授）によれば、この時、彼は「日本人は信用できないが、中国人は信用できる。自分の居るべきところは中国だ」と言ったという。敗戦国の国民として日本人が上海の虹口地区に集住させられる状況にあっても、彼はフランス租界の知人宅にあって自由な行動が許され、かつての教え子たちと邂逅した。彼の教育活動を日中両国の教え子はしっかりと見ており、評価していたのである。

その後、坂本は、1946年3月に帰国を余儀なくさせられ、帰国直後の同5月には急死し、戦後において新たな教育活動を行うことはできなかった。しかし、見てきたような中国に対する真摯な姿勢は、根津が東亜同文書院新入生に投げかけた「志を中国にもち、根津に従って一個の人間たらんと欲する者は、この根津とともに上海にゆこう[114]」という言葉と重なる。坂本の足跡それ自体が東亜同文書院の教育活動が目指した一つの形であり、またその成果といえるだろう。

（資料）坂本義孝執筆物一覧

「滞米印象記」『滬友』第17号、東亜同文書院同窓会、1921年11月

「同じ経験から」同上

「北京大会の意義」『滬友』第19号、1922年7月

「公人私人」『上海』第523号、春申社、1923年3月12日

「エルサレムにて」日本基督教青年会同盟『開拓者』第18巻第5号、1923年5月

「渡欧の途上より」『滬友』第21号、1923年8月

「西本氏経営週報『上海』を推奨す」同上

「公人私人」『上海』第549号、1923年9月10日

「一人一言」『滬友』第23号、1924年1月

「書院の反省時代」『滬友』第24号、1924年4月

「改新時代の書院」『滬友』第25号、1924年7月

「遠藤保雄君を憶ふて」同上

「同窓と書院新興の気運」『滬友』第26号、1924年11月

「同窓会員として」『滬友』第27号、1925年3月

「中国に於ける経済的非協同」『支那』第16巻第8号、東亜同文会調査編纂部、1925年8月

「同窓会員として」『滬友』第28号、1925年8月

「媽々鋪子戸籍調べ」同上

「弔辞」「書院近状故手塚教授の追悼法会」『滬友』第29号、1926年2月

「弔辞」「真島教授逝去」同上

「東西南北集漫言漫録」同上

「五卅事件と米支両国の関係」『支那』第17巻第8号、1926年8月

「護憲社の性質と事業」『支那研究』第7巻第2号通巻第11号、東亜同文書院研究部、1926年9月

「支那に於ける教育権回収の観測」『支那研究』第8巻第2号通巻第14号、1927年7月

「英雄出現と馬上統一は果して夢なる乎」『上海』第768号、上海雑誌社、1928年2月21日

「外人の観たる支那」日華学会『日華学報』第7号、1928年12月

「支那の命運を傍観すべきか」『支那』第21巻第2号、1930年2月

「青年会は何をしているのか」上海日本人基督教青年会『上海青年』第15巻第7号、1930年7月

「上海の将来」『支那研究』第9巻第3号通巻第18号、1930年12月

「中日親和の要諦」『日華学報』第12号、1930年

「満洲問題と日支共存共栄」『上海』第899号、1933年5月5日

「対支外交の要諦」『上海』第908号、1933年10月1日

「非常時と我が外交政策」『上海』第913号、1934年1月1日「門下生の霞山公想い出」『支那』第25巻第2号、1934年2月

「満洲国に対し大国的寛度を持てよ」『上海』第921号、1934年5月

「支那の安全保障に就いて」『上海』第929号、1934年10月1日

「支那の安全保障に就いて（下）」『上海』第932号、1934年11月20日

「日華両国提携に関する基本条件」『上海』第940号、1935年4月5日

「対日態度に関する支那言論界の趨向」同上

（訳）「支那の対日言論　一、密勒氏評論報　二、中国評論週報　三、民国週刊」『上海』第941号、1935年5月1日

「潜行式排日を根絶し得るや」『支那』第26巻第8号、1935年8月

代読「滬友同窓会の祭詞」「靖亜神社鎮座祭式典」『支那』第26巻第12号、1935年12月

「根津先生十三回忌法要並に追悼晩餐及座談会」『支那』第30巻第3号、1939年3月

「興亜政策の難易弁」『支那』第30巻第5号、1939年5月

「時局収拾に関する示唆」『支那』第30巻第12号、1939年12月

インタビュー「燎原の火の如き民族精神」、1942年3月、木村英夫『民族の咆哮秘録・聖戦と皇軍その実態』雲母書房、1995年

注

1) 大学史編纂委員会編『東亜同文書院大学史──創立八十周年記念誌』滬友会、1982年、201頁。

2) 同上、243頁

3) 上海日本人YMCA。1907年、上海在住日本人キリスト教信仰者が組織した。機関誌は『上海青年』。

4) 聖約翰大学（St. John's University）。1879年上海に開校した米国聖公会系の学校。中華人民共和国下の1952年に大学統廃合の対象とされ解体された。跡地は現在の華東政法学院である。

5) 竹内好「東亜同文会と東亜同文書院」『日本とアジア』ちくま学芸文庫、筑摩書房、1993年、420頁。

6) 石川順『砂漠に咲く花』私家版、1960年、78-79頁。

7) 栗田尚弥「引き裂かれたアイデンティティ──東亜同文書院の精神史的考察」ピーター＝ドウス、小林英夫編『帝国という幻想』青木書店、1998年、102頁。

8) 川畑豊治「山洲根津一先生の『古本大学』講義」滬友会編『東亜同文書院大学史』滬友会、1955年、99-107頁。

9) 石川、前掲書、76-77頁。

10) 根岸佶（1874-1971年）、和歌山の生まれ。東京高等商業学校（現・一橋大学）名誉教授。東亜同文書院開校時から教鞭をとり「大調査旅行」の調査内容、方法などを指導した。

11) 東亜同文書院滬友同窓会編『山洲根津先生伝』根津先生伝記編纂部、1930年、446頁。

12) 「将徳論」、「哲理論」は、同上に収録。

13) 1905年、根津は張之洞の協力をえて、山東省曲阜に倫理教師を養成する大学を設置しようとしたが、張の死去で頓挫した。以後も設立を図ったが実現しなかった（同上、141-142頁）。

14) 同上、110頁。

15) 栗田、前掲文、102頁。

16) 内村鑑三著、稲森和夫監訳『代表的日本人』講談社インターナショナル、2002年、24-27頁。

17) 大学史編纂委員会、前掲書、267頁。

18) 根津ゑい（1867-1939年）、近江国長浜町字錦（現・滋賀県長浜市大宮町）の醤油醸造業藤居太郎長女。同志社女学校に学び、卒業後母校で英語、数学を教えた。1896年根津一と結婚。名前表記について、栄子また恵以子（東亜同文書院滬友同窓会編、前掲書、250頁）ともされるが、本章では彼女自身が公正証書に「ゑい」と記していることから（宗像金吾

編『山洲根津先生並夫人』私家版、1943年、125-126頁)、「ゑい」とする。

19) 宗像、前掲書、138頁。

20) 同上、138-139頁。

23) 同上、19-20頁。

22) 東亜同文書院滬友同窓会編、前掲書、247頁。

23) 宗像、前掲書、79-80頁。

24) 同上、140頁。

25) 同上、159頁。

26) 本書第1部第1章「東亜同文書院の開校について――高昌廟桂墅里校舎について――」を参照のこと。

27) 大学史編纂委員会、前掲書、93頁。

28) 坂本義孝「同じ経験から」『滬友』第17号、1921年、74頁。

29) 坂本義孝「書院の反省時代」『滬友』第24号、1924年、5頁。

30) 松崎恭一、山口昇編纂『日清貿易研究所東亜同文書院沿革史』(東亜同文書院学友会、1908年、100頁)に、「講師　チヤーレス　ハン子ツキス」とある。

31) 池田鮮『曇り日の虹――上海日本人YMCA40年史』上海日本人YMCA40年史刊行会、1995年、9頁。

32) 同上、30頁。

33) 同上、9頁。

34) Robert E Lewis, *Report Letter Development in Shanghai*, Shanghai: The International Committee of YMCA, 1901. University of Minnesota Libraries Kautz Family YMCA Archives.

35) 池田、前掲書、10頁。

36) D. Willard Lyon, *Report of D. Willard Lyon for the Year Ending September 30, 1903*, Shanghai: Shanghai YMCA, 1903. University of Minnesota Libraries Kautz Family YMCA Archives.

37) 池田、前掲書、10頁。

38) 滬友会『滬友』第17号、1964年、10頁。

39) 大塚素「満洲より長江」『開拓者』第1巻第11号、日本基督教青年会同盟1906年、54頁。

40) 「〔日本YMCA同盟名誉主事フィッシャー、京都YMCA総主事村上正次は、4月〕廿四日夜東亜同文書院の招聘を受け一場の講演をせらる」、「五月一日夜原田〔助〕社長は三馬路一品香に於ける同志社出身者歓迎会に出席、平岩〔愃保〕監督は東亜同文書院の聘に応じて学生のため講演せられたり」(『上海青年』第3巻5号、上海日本人YMCA、1917年、5-6頁)。原田助、同志社社長。平岩愃保、日本メソヂスト教会指導者。

41) 清水董三編『東亜同文書院創立二十週年根津院長還暦祝賀記念誌』、東亜同文書院同窓会、1921年、69-70頁。

42) 東山学院。1882年創立のキリスト教系学校。1890年神学部、1932年に全学が現明治学院大学と合併した。

43) 池田、前掲書、9-13頁。

44) 同上、9頁。

45）大学史編纂委員会、前掲書、243頁。

46）神愛館教会。上海北四川路海寧路交差点にあった英人ミス・スミス主催の日本人向け教会。上海日本人基督教会、中日基督教公理教会とならぶ上海における日本人キリスト教会のひとつ（「上海の三教会」『上海青年』第5巻第12号、上海：上海日本人YMCA、1919年、20頁）。同一人物かは不明だが，赫司克而路校舎時期の東亜同文書院には「ミス・スミス」なる英語教師が1916年6月から1917年10月まで在籍している（清水、前掲書、73頁）。

47）根津一による1910年東亜同文会秋季大会での報告、「会報」東亜同文会編『支那調査報告書』第1巻第13号、東亜文化研究所編『東亜同文会史——明治・大正編』霞山会、1988年、488頁。

48）根津一による1914年東亜同文会春季大会での報告、「会報」『支那』第5巻第11号、1914年。

49）藍原寛子「波涛の向こうに——南カリフォルニア移民の軌跡——第5部戦後から現代の日系人——坂本儀助（上）」『みんゆうNet』福島民友新聞社、2007年9月29日掲載、http://www.minyu-net.com/serial/hatou/hatou0929.html（2008年9月1日閲覧）。

50）南カリフォルニア大学図書館には、「Sakamoto, James Giko.」名の論文「The economic policy of Japan during the Meiji era (1868-1912)」が所蔵されている。また、英語圏の学位論文のデータベースPro Quest（http://search.proquest.com/）にも、「The economic policy of Japan during the Meiji era (1868-1912) By Sakamoto, James Giko, University of Southern California, 1913, 109 pages; EP69057」と記録されている。なお、坂本義孝の英名が「Sakamoto, James Giko.」であったことは、坂本の次男故坂本義和（東京大学名誉教授）のご教示による。

51）桜井寅之助『野鳥語』寳文館、1918年、203、217、276頁。

52）南加日系人商業会議所、代表佐々木雅実『南加州日本人史』前編、ロサンゼルス：南加日系人商業会議所、1956年、355頁。

53）末包敏夫「二人の使徒の中国に在りし日のことども（一）——坂本義孝博士」日本基督教青年会同盟『開拓者』復刊第9号、1947年、4頁。また、アメリカ経済学会の紀要に掲載された博士論文のリストには、「Giko Sakamoto, B.S., Tung Wen College (Shanghai); A.M., Southern California, 1913. Labor Movement in Japan, 1868-1907, 1920. Columbia.」（The American Economic Review Vol. 10, No. 3, American Economic Association, Sep., 1920, p. 700）。

54）教授就任について、長男坂本義行氏は「書院においては中華学生部の創設に力を傾注」（〔東亜同文書院第二十四・二十五期生〕記念誌出版世話人編『江南春秋』〔東亜同文書院第二十四・二十五期生〕記念誌出版世話人、1980年、36頁）とする。坂本は「米国より帰国して直ちに根津先生に会晤した」（坂本義孝「同窓会員として」『滬友』第28号、1925年、39頁）と述べる。つまり、坂本は1920年と思われる帰国直後から東亜同文書院と接触をもち中華学生部へ参画しはじめたのだろう。前掲『東亜同文書院創立二十週年根津院長還暦祝賀記念誌』所収教職員一覧（1921年3月時点）に坂本の名はないが、同校は1921年から入学時期を8月から4月に変更しており、教授就任もこの新学期からと考える。

55）坂本、前掲「書院の反省時代」10頁。

56）東亜同文書院商務科「学年試験時間表」、1926年1月、JACAR（アジア歴史資料センター）

Ref. B05015244600（第7–8画像）東亜同文会関係雑件第三巻（H-4-2-0-1_003）（外務省外交史料館）

57）記念誌出版世話人、前掲書、16頁。

58）「東亜同文書院職員一覧」（「東亜同文書院職員一覧」「2．雑件分割2」JACAR（アジア歴史資料センター）Ref. B05015244600（第44–46画像）東亜同文会関係雑件第三巻（H-4-2-0-1_003）（外務省外交史料館））には記録日時が記されていない。「東亜同文書院職員大正15〔1926〕年1月25日現在」（同第1–4画像）には、「東亜同文書院職員一覧」にある真島次郎の名がなく、代わって敗戦時まで在職した小竹文夫の名があることから、「東亜同文書院職員一覧」は1926年1月25日より前のものである。

59）　給額　摘要　氏名　〔括弧内は期別〕

五〇〇　院長　法学士大津麟平

三〇〇　教授　法学士経済学士大野熊夫〔雄〕

二五〇　教授青木喬

　〔以下東亜同文書院出身者のみをあげる〕

二六〇　教授　ドクトル、オブ、アイロソフヒー　坂本義孝〔1〕

二五〇　教授　真島次郎〔2〕

二二〇　教授　馬場鍬太郎〔5〕

二〇〇　教授　藤原茂一〔9〕

一九〇　教授　清水董三〔12〕

一五〇　教授　鈴木択郎〔15〕

二〇〇　学生監督　認可済和田重次郎〔9〕

一四〇　助教授　認可済久重福三郎〔16〕

一四〇　助教授　バチエラーオブアーツ久保田正三〔16〕

一三〇　助教授　熊野正平〔17〕

一七〇　講師　森沢磊五郎〔13〕

60）末包、前掲文、4頁参照。

61）坂本義孝「エルサレムにて」『開拓者』、1923年、27頁。

62）坂本義孝「一人一信　渡欧の途上より」『滬友』21号、1923年、78頁。

63）坂本義孝「北京大会の意義」『滬友』19号、1922年、20頁。

64）坂本義孝「中国に於ける経済的非協同」東亜同文会調査編纂部『支那』第16巻第8号、1925年。

65）坂本義孝「五卅事件と米支両国の関係」『支那』第17巻第8号、1926年。

66）坂本義孝「外人の観たる支那」日華学会『日華学報』第7号、1928年。

67）坂本義孝「中日親和の要諦」『日華学報』第12号、1930年。

68）坂本義孝「支那の命運を傍観すべきか」『支那』第21巻第2号、1930年。

69）東亜同文書院支那研究部『大正十二年十一月東亜同文書院支那研究部事業報告』、「分割4」JACAR（アジア歴史資料センター）Ref. B05015244100（第12画像）東亜同文会関係雑件第三巻（H-4-2-0-1_003）（外務省外交史料館）。

216　　　　　　　　　　第 2 部　　　第 2 章

70) 同上（第 13 画像）。

71) 財団法人東亜同文会編『事業報告』自昭和二年四月至昭和二年九月、東亜同文会、1927 年。

72) 坂本義孝「護憲社の性質と事業」東亜同文書院支那研究部『支那研究』第 7 巻 2 号通巻第 11 号、1926 年）。

73) 坂本義孝「支那に於ける教育権回収の観測」『支那研究』第 8 巻第 2 号通巻第 14 号、1927 年。

74) 同 253 頁。

75) 坂本、前掲「支那に於ける教育権回収の観測」、256 頁。

76) 坂本義孝「上海の将来」『支那研究』第 9 巻第 3 号通巻第 18 号、1930 年。

77)『支那研究』第 9 巻第 3 号通巻第 18 号、1930 年。

78) 坂本、前掲「上海の将来」、767 頁。

79) 坂本義孝「青年会は何をしておるか」上海基督教青年会『上海青年』昭和 5 年 7 月号、1930 年。

70) 坂本、前掲「同じ経験から」、74-75 頁。

81) 坂本義孝「改新時代の書院」『滬友』第 25 号、1924 年、14 頁。

82) 池田、前掲書、144 頁。

83) 同上、142-144 頁。

84) 坂本、前掲「書院の反省時代」。

85) 同上、5 頁。

86) 同上、6 頁。

87) 同上、9 頁。

88) 坂本、前掲「改新時代の書院」、18 頁。

89) 竹内、前掲書、436 頁。

90) 東亜同文会会計資料には、収支予算、収支決算があり両者の記述は異なる。補助金が受給された金額を知るために本表は決算書の数値をおもに採り、欠落年度は予算書で補った。『東亜同文会関係雑件』第一–六巻（JACAR（アジア歴史資料センター）Ref. B05015243300；05015243700；B05015244200；B0501524480；B05015245100；B05015245500、東亜同文会関係雑件第一–六巻（H-4-2-0-1_001-006）（外務省外交史料館））、『東亜同文会関係雑件／補助関係』第一–三巻（JACAR（アジア歴史資料センター）Ref. B05015252000；05015252900；05015253700、東亜同文会関係雑件／補助関係第一–三巻（H-4-2-0-1_1_001-003）（外務省外交史料館）をもとに作成。1920-1926 年は各年度決算書の数値、1919 年度は 1920 年度予算書内記述の数値、1927 年度は予算書の数値である。

91) この時期の東亜同文会が受給した補助金について、阿部洋は、「同文会補助費一覧表（自大正 12 年至同 16 年）」（『東亜同文会関係雑件』第一巻）の 1923 年 182,726 円、1924 年は経常補助費 237,000 円に臨時補助費 539,729 円を加えて 776,729 円、1925 年 248,998 円、1927 年 255,198 円をあげている（阿部洋『「対支文化事業」の研究——戦前期日中教育文化交流の展開と挫折』汲古書院、2004 年、392 頁）。これと同じ「同文会補助費一覧表（自大正十二年至同十六年）」（『同文会収支予算表（自大正十二年至同十六年）』JACAR（アジア歴史資

料センター）Ref. B05015244000（第30–31画像）東亜同文会関係雑件第二巻（H-4-2-0-1_001–009）（外務省外交史料館））には、「大正十二年七月十四日」（同第19画像）と印字されている。つまり、これは1923年7月時点で出された数値であり、その後実際に受給したのかは確認できないため「表2-2-3 対支文化事業特別会計法成立（1923年）前後の東亜同文会及び東亜同文書院の経常収入金額と政府補助金の割合」では採らなかった。

92）攝津斉彦「（付）東亜同文会 会計資料」『東亜同文会史——昭和編』霞山会、2003年、662–663頁。

93）坂本、前掲「書院の反省時代」、11頁。

94）根津一「興学要旨」、同「立教綱領」。1900年南京同文書院のために起草されたが、その後進校東亜同文書院でも、「清」の語を「中国」に替えて用いられた（「書院漢文要領」『東亜同文会報告』第18回、1901年5月1日、5–13頁）。

95）大学史編纂委員会、前掲書、243–244頁。

96）「昭和4年6月同文書院中華学生不穏会合ニ関スル件」「2．一般（20）中華学生不穏会合 昭和四年六月」JACAR（アジア歴史資料センター）Ref. B05015335700、東亜同文会関係雑件第三巻（H-4-3-0-2_003）（外務省外交史料館）。

97）記念誌出版世話人、前掲書、17頁。

98）1930年12月10日付東亜同文会会長伯爵牧野伸顕発外務省文化事業部長坪上貞二宛文書には「上海東亜同文書院中華学生部ハ本年九月一日之ヲ廃止シ従来ノ支那人本科生ハ之ヲ日本学生ト合併シ中華学生部予科ハ之レヲ特設予科ト改称スル事ト致候」JACAR（アジア歴史資料センター）Ref. B05015247000（第2画像）東亜同文会関係雑件第七巻（H-4-2-0-1_007）（外務省外交史料館））とある。

99）財団法人東亜同文会々長伯爵牧野伸顕発外務省文化事業部長坪上貞二宛1931年4月21日付け文書「22．教職員大串哲雄外七名解嘱、工藤義男外六名委嘱 昭和六年四月」JACAR（アジア歴史資料センター）Ref. B05015354100（第2画像）東亜同文書院関係雑件／人事関係第一巻（H-4-3-0-2_1_001）（外務省外交史料館）。

100）記念誌出版世話人、前掲書、18頁。

101）池田、前掲書、168頁。

102）同上、176–177頁。

103）*The Chinese Recorder and Missionary Journal*（教務雑誌）, 63（4）, 1932, pp. 253-254.

104）「阿瑞里（アゼリヤテレス）と云う私の旧宅〔魏盛里〕の斜め向かいにある住宅には〔中略〕同文書院の坂本義孝先生も此処に居られた」（内山完造『花甲録』岩波書店、1960年、186頁）。

105）坂本義孝「上海日本人基督教青年会後援資金募集趣意」「5．昭和七年度（4）上海日本人基督教青年会補助申請」JACAR（アジア歴史資料センター）Ref. B05015846800（第12画像）助成費補助申請関係雑件第一巻（H-6-2-0-2_001）（外務省外交史料館）

106）上海総領事村井倉松発外務大臣斎藤実宛「上海日本人基督教青年会ノ補助申請ニ関スル件」前掲「5．昭和七年度（4）上海日本人基督教青年会補助申請」（第3画像）。

107）坂本義孝次男坂本義和によれば、1937年当時、坂本は鎌倉に住んでおり、1938年に東

京に移っている。

108）坂本義孝発外務省事業部長坪上貞二宛文書「3．上海聖約翰大学教授 洪水星 昭和八年六月」、JACAR：B05015734500（第4–5画像）満支人本邦視察旅行関係雑件／補助申請関係第二巻（H-6-1-0-3_2_002）（外務省外交史料館）

109）朱其華については、本書第2部第3章「「満洲国」の中国文学翻訳家大内隆雄と東亜文書院」を参照のこと。

110）大上末広手記「当面の任務並活動の概要」資料第10号（極秘）、1943年5月11日、小林、福井、前掲書、77頁。

111）栗田、前掲書、112頁。

112）同上、105頁。

113）末包、前掲文、5頁。

114）石川、前掲書、79頁。

第3章
「満洲国」の中国文学翻訳家大内隆雄と東亜同文書院

第1節　はじめに

　大内隆雄（1907-1980）は、「満洲国」の文学を考察する上で欠かすことができない存在である。彼は満洲国時代には『満洲文学二十年[1]』を著してこの地域の文学を総括しており、「満洲国」文学研究の先駆けとなっている。さらに、岡田英樹の調査によれば、訳者名が確認できる「満洲国」の中国語作品の翻訳142篇の内、彼によるものは110編にのぼり[2]、質的にはもちろん量的にも「満洲国」の文学において大きな存在であった。

　その大内隆雄が、上海の東亜同文書院の卒業生であることはよく知られている。

　しかし、それは経歴事項の一つであったり、卒業後の彼自身の文章中に見える断片的な記述に基づいて簡単に紹介されたりしたにすぎず、必ずしも十分に把握されてきたとはいえない。「満洲国」という特殊な状況下で中国語の文学に関わった人物が、日本の学校でありながら中国国内にあって教育活動を行う東亜同文書院に学んだことは注目すべきことであろう。

図 2-3-1　大内隆雄事山口慎一（東亜同文書院第二十五期生卒業紀念写真帖編纂委員編『卒業紀念写真帖』桑田工場、1929年）

　後述するように、東亜同文書院での学生時代、大内は田漢（1898-1968）や郁達夫（1896-1945）など創造社系の人々と交流していた。創造社は当時の中国現代文学の中心勢力であり、ちょうど革命文学論争から左翼作家連盟結成へと向

かうただ中にいた。そうした人々とその作品を通して、彼は変動する中国の社会と文学に直に触れていたのであり、時間的に「満洲国」時代に先行することから、彼の文芸面での活動の始点に位置づけることができる。このことは、『満洲評論[3]』を中心とした政治社会評論や「満洲国」文学における大内隆雄の文筆活動を考える上で、東亜同文書院での学生時代が重要な意味をもつことを示していると考える。

本章では、そのような時期の大内隆雄の考え方や行動を、外務省文書や東亜同文書院関係の資料に注目して考察する。これによって、彼個人の学生生活だけではなく、当時の東亜同文書院生の具体的な学生生活を把握することが可能となる。

第2節　左翼活動家としての大内隆雄について

大内隆雄、本名山口慎一（本章では大内隆雄名で表記する）は、1907年4月8日福岡県山門郡柳河町大字常盤町大字常盤町72番地（現・福岡県柳川市常盤町）の士族山口参七郎の長男として生まれた[4]。福岡県立中学伝習館（現・福岡県立伝習館高等学校）で1年間学んだ後、1921年中国に渡り、長春商業学校を経て1925年満鉄派遣給費学生として東亜同文書院に第25期生として入学する。1930年東亜同文書院を卒業すると、大連の南満洲鉄道本社に入り、同社総務部庶務課事務助手雇員[5]、翌年には同事務員[6]、その後総務部資料課に移って勤務する一方、『満鉄調査月報』や「満鉄二十日会月例報告」の編集を担当し、さらに『満洲評論』では第2代編集責任者となって政治経済方面の翻訳や評論を執筆した[7]。1933年満鉄を退社し、東京と奉天を経て1935年新京（現・長春）に移ると、新京日日新聞社や満洲映画協会に勤務しながら中国語文学作品の翻訳、紹介に精力的に取り組んだ。1946年帰国すると、宮崎県延岡市役所に入り、同市立図書館に勤務した。晩年は宮崎県の緑ヶ丘学園（現・聖心ウルスラ学園）で英語を教えた。著書に『東亜新文化の構想[8]』、訳書に『満人作家小説集 原野[9]』、『満人作家小説集第2輯 蒲公英[10]』がある。

大内の帰国以前の活動を見みると、長春商業学校時代、上海の東亜同文書院時代、大連の満鉄時代、新京時代に区分することができるが、大連時代と新京

時代の合間の1933年から1934年については、次に引用する大内自身の言葉や関係者の断片的な証言でしか足跡を追うことができない期間となっている。

　　　大内隆雄は昭和八年三月大連を去つて東京へ行き、同年末奉天にかへり翌年いつぱい奉天にゐて、昭和十年二月今は新京となつた、彼の第二の故郷へ帰つて来た[11]。

　この文章からは、大連を離れた原因は明かされていない。これについて、大内と共に『満洲評論』を編集していた田中武夫は「山口が検挙された[12]」と出来事のみを記し、山本秀夫は「三二年（昭和七年）の末、検挙されたため、翌三三年に満鉄を退社している。摘発されたいきさつは不明であるが、左翼思想関係の嫌疑のためらしい[13]」と、その理由も述べている。この左翼嫌疑で摘発されたことに始まる2年間を、岡田英樹は大内の活動の転機と位置づけている。

　　　この間のかれの生活は、ネツスル練乳会社奉天出張所勤務という経歴以外は、闇に閉ざされたままであり、ましてやかれの思想的変化をあとづけるすべはない。ただこれ以降、これまでのような理想的言辞はかげをひそめ、それにかわって在満中国人作家の翻訳、紹介の仕事が、一気にふえる[14]。

　つまり、摘発されたことに始まる空白期間には、満鉄に勤務しつつ『満洲評論』で政治経済方面の執筆活動をした山口慎一から、「満洲国」文学を代表する文学者大内隆雄へという変化にとって大きな意味をもつ可能性があるのである。本章は、当時の記録によってこの期間の大内の様子を明らかにしつつ、さらにそれ以前の東亜同文書院時代についても考察を進める。

第1項　外務省記録について

　外務省外交史料館に大内隆雄の本名山口慎一についての記録「要視察人関係雑纂／本邦人ノ部　第二十巻31. 山口慎一[15]」があり、次にあげるA–Dの4部の文書（以下、外務省記録）が収められている。

A. 小栗一雄「特外鮮秘第660号　治安維持法違反不起訴者発見ニ関スル件」
1933年3月18日（手稿）

欧米局

特外鮮秘第六六〇号　昭和八年参月廿貳日接受

船舶乗込　　昭和八年三月十八日

　　　　　　　　　　　福岡県知事小栗一雄

内務大臣　山本達雄　殿

外務大臣　内田康哉　殿

　　　指定庁府県長官　殿

　　　治安維持法違反不起訴者発見ニ関スル件

　　　本籍福岡県山門郡柳河町

　　　　　元満鉄本社総務部資料課員

　　　　　　　無職　山口慎一　当二十七年

右ハ三月十四日大連発帆阪国ノ途ニアルヲ以テ全船乗込本県移動検索員ニ
於テ取調タルニ本名ハ本年一月二十五日関東庁ニ於ケル共産党一斉検挙ニ
テ検挙サレ関東庁地方法院ニ於テ審理中ノ処二月二十七日不起訴トナリタ
ルモ之ガ為ニ満鉄モ馘首サレタルヲ以テ妻ノ実家タル

　　　東京市亀井戸桜井周太郎方ニ赴クモノニシテ経歴携帯品其他左記ノ通
リ

　　　　　記

一、経歴

本名ハ福岡県立中学伝習館一学年ヲ修了後新京（当時長春商業学校）商業
学校ヲ経テ昭和四年東亜同文書院商務科ヲ卒業シ前記満鉄資料課ニ入リ今
日ニ至リタルモノニシテ昭和六年十月ニモ治安維持法違反トシテ検挙サレ
不起訴トナリ今回モ亦前全様ニシテ本名ハ相当深刻ナル研究ヲ続行シ居ル
モノヽ如シ

二、所持品

（イ）マルクス主義経済学（コフマン監輯）

（コムアカデミーレーニングラード支部発行）

（ロ）中国政治現状維持与革命前途

　　（原稿（朱新繁）本名ノ知人）

（ハ）マルクス主義ノ旗ノ下ニ外十数冊

三、家庭ノ状況

本名ハ兄妹二人ニシテ妹ハ奉天ニテタイピストヲナシ居リ両親ハ死去妻ハ現在実家ナル桜井方ニ客年八月ヨリ仮宅シ居リテ今回ノ事件ヲ関知シ居レリト

以上ノ如ク相当注意ノ要アリト認メ山口（貴）県ニ注意引続ヲナシタリ

右及申（通）報候也

　これは大内隆雄が大連から日本へ向かう最中に受けた取り調べの記録である。彼の経歴、家族の状況、渡航の目的地が東京にある妻の実家であること、所持品が記されている。さらに福岡から東京への旅程にある山口県に対して注意勧告されたとあり、彼の動向が監視下にあったことがわかる。

B.　藤沼庄平「特高秘第1561号　治安維持法違反被疑者上京ニ関スル件（大警高秘収第4468・5331号ノ2大連署）（対水警高秘収第6068号ノ2　大連水上署）（特外鮮秘第660号福岡県）1933年4月13日（タイプ印字）

　　昭和八年四月拾八日接受

　　欧米局

　　特高秘第一五六一号

　　　昭和八年四月十三日

　　　　　　　　　　警視総監　藤沼庄平

　　　内務大臣　山本達雄　殿

　　　外務大臣　内田康哉　殿

　　　　関東庁長官　殿

　　　神奈川、福岡県知事　殿

治安維持法違反被疑者状況ニ関スル件

　　　　　　　（　　　　大警高秘収第四四六八　　五三三一号ノ二
　　　　　　　　　　　大連署）
　　　　　　　（対　　水警高秘収第六〇六八号ノ二　　　大連水
　　　　　　　　　　　上署）
　　　　　　　（　　　特外鮮秘　　第六六〇号　　　　福岡県）
本籍　福岡県山門郡柳河町字常盤町七三番地
　　　　　　　山口慎一
　　　　　　　　　　　当二十七年
　右者大連ヲ諭旨退去受命後上京ノ趣ニ付東京市城東区亀戸町三丁目二百二
十八番地義父桜井周太郎ニ就キ調査セシニ同人ハ二月上旬同市本所区東駒
形二丁目十六番地ニ転居セシカ本名来訪ノ事実ナシ
　妻周子ハ曩キニ本名ト確執ヲ生シ帰京セルカ其後横浜三輪下山田和一方ニ
在住シ居レルヲ以テ神奈川（貴）県ニ於テハ一応御内査相成度
　右及（通）報候也

　これは大内の目的地とされていた妻の実家についての調査報告である。妻の
実家は既に引き払われており、大内は来訪していないと記録している。大内が
立ち寄りそうな場所として妻周子の所在が記されており、管轄する神奈川県に
調査依頼がなされている。
　また、関連文書として前掲外務省記録A以外に、次の2部の文書が紹介され
ているが、筆者は未見である。
(1) 大連署「大警高秘収第4468・5331号ノ2」
(2) 大連水上署「対水警高秘収第6068号ノ2」
　これら大連警察文書は未見だが、検挙時から大連を離れる際の記録が残され
ていると思われる。

C.　藤沼庄平「特高秘第2488号　思想容疑者所在ニ関スル件」1933年6月7日
（タイプ印字）

昭和八年六月拾八日　接受

欧米局

　　特高秘第二四八八号

　　　昭和八年六月七日

　　　　　　　　警視総監　藤沼庄平

　　　内務大臣　山本達雄　殿

　　　外務大臣　内田康哉　殿

　　　　神奈川、福岡県知事　殿

　　　　関東庁警務局官　殿

　　　　　　思想容疑者所在ニ関スル件

　　　本籍　福岡県山門郡柳河町字常盤町七十三番地

　　　　　　　被疑者　山口慎一

　　　　　　　　　当二十七年

　　右者首題ニ関シテ曩キニ申（通）報ノ処本名ハ三月末上京次テ東京市神田

　　区小川町一丁目八番地美登利館ニ下宿シ求職ニ奔走中ナルガ容疑ノ点ナシ

　　　　追テ本名ハ横浜市三輪下山田和一方ニ前住セル妻山口周子ニ対シ上京方

　　通信シタル趣ナルガ同人ノ所在判明セス為念

　　右及申（通）報候也

　これは1933年6月7日現在の大内の所在記録である。彼は「東京市神田区小
川町一丁目8番地美登利館」に下宿しており、その行動について「容疑ノ点ナシ」
とする。また、妻周子所在不明となっている。

D.　藤沼庄平「特高秘第6528号　思想容疑者渡満ニ関スル件」1933年12月26
日（タイプ印字）

　　昭和九年壱月九日　接受

　　欧米局

特高秘一第六五二八号

　昭和八年十二月廿六日

　　　　　　　　警視総監　藤沼庄平

　内務大臣　山本達雄　殿

　外務大臣　広田弘毅　殿

　　福岡県知事　殿

　　関東庁警務局長　殿

　　　　　思想容疑者渡満ニ関スル件

　本籍　福岡県山門郡柳河町字常磐町七三

　住所　東京市神田区小川町一ノ八　美登利館

　　　　　容疑者　山口慎一

　　　　　　当二十七年

右肩書美登利館ニ止宿中ノ旨既報ノ処本名ハ原稿生活ヲ為シ居リシカ客月

廿六日奉天富士町ギフ屋ニ赴クト称シ出発セリ滞京中ハ容疑ノ言動ナシ

右及申（通）報候也

　これは大内が再度中国大陸に渡ることを伝えており、「奉天富士町ギフ屋」（奉
天満鉄附属地富士町〔現・瀋陽市南京北街〕）へ向かったことを報告している。彼
の行動については、「滞京中ハ容疑ノ言動ナシ」としている。

　これらは「要視察人関係雑纂」に収録されていることからわかるように、思
想犯やそれに類する人物の取り締まりに関する文書である。この外務省記録に
よって1933年中の大内の足跡をたどることができる。そこには、これまで知
られてこなかった事柄も含まれており、彼を考察する上で重要な資料である。

第2項　左翼嫌疑での検挙について

　大内隆雄が摘発されたことについては、前掲山本の1932年末説が定説であ
った。しかし、外務省記録には「本名ハ本年〔1933年〕一月二十五日関東庁
ニ於ケル共産党一斉検挙ニテ検挙」（外務省記録A）と記されており、これまで

の説を訂正するものとなっている。また、外務省記録にはこれまで知られてこなかった1933年より前に摘発されていたことが記録されている。

　　昭和六〔1931〕年十月ニモ治安維持法違反トシテ検挙サレ不起訴トナリ今回モ亦全全様〔前回同様〕ニシテ本名ハ相当深刻ナル研究ヲ続行シ居ルモノ、如シ（外務省記録A）

　このように大内は1931年10月と1933年1月25日の2回摘発されていたのである。
　さらに、外務省記録には1933年の東京行きの事情を明かす記述がある。それは「不起訴トナリタルモ之ガ為ニ満鉄モ馘首サレタル」（外務省記録A）、「右者大連ヲ論旨退去受命」（外務省記録B）というものである。つまり、これまで述べられてきた満鉄退社ではなく、彼は治安維持法違反を問われた2度目の摘発によって満鉄を解雇され、大連を追放されたのである。
　大連退去後に故郷柳川ではなく東京を目的地とした理由については、取り調べ記録にある妻周子の実家があったこともあるだろうが、満鉄時代に1930年と1932年6月の2度、書籍出版のために東京に渡っていたことから仕事として文筆に携わる目論見があったのかもしれない[16]。

第3項　満洲の左翼運動と大内隆雄

　大内隆雄が摘発される原因となった左翼的思想との関わりは外務省資料以外の資料にも記録されている。それは満鉄調査部事件を総括する報告書である関東憲兵隊司令部編『在満日系共産主義運動[17]』であり、大内についての記述がある。

　　大塚〔大塚令三〕の後を受けた山口慎一〔大内隆雄〕は時事ニュースの収集員として満評に参加し、昭和七〔1932〕年一月より同八〔1933〕年二月迄の間編輯を担当したのであるが、編集方法は余り変化はなく、僅かに当時に於ける調査部左翼分子の投稿と、編輯者たる山口自身がマルクス主義的言論を吐露して居たに過ぎなかつた。

228　　　　　　　　第2部　　第3章

　然し、編輯の技術的問題に行詰りが生じ、昭和十七年一月より山口慎一
の編輯助手であつた田中武夫は、同年末頃山口の編輯批判として編輯の計
画化、誌面の統制化を唱へて協同編輯方式の下に編輯会議制度を設け〔中
略〕編輯会議制度はかくして発生したのである[18]。

　取り締まる側が大内を左翼的と見ていたことは明らかである。しかし田中の
批判によって大内が『満洲評論』内での主導権を失ったように述べられており、
左翼的人物としての存在感は大きなものではなかったようである。田中は大内
について次のように述べている。

　　□□〈満〉評〔『満洲評論』〕十年の言論を一見すると前期が思想的に先
　鋭であるが、後期は緩和せられているではないかという錯覚を生ずるかも
　しれ□□〈ない〉が、それは用語や□〈文〉脈や且又思想の主張的具体性
　等の表面的条件に由るに過ぎ□□□〈ないの〉であって、本質的には何等
　差異ないのみならず却て前期より□□□□けてマルクス主義理論は蓄積せ
　られ、其の蓄積を背景とす□□□□□□□□□として打出されている。
　無頭羅列主義─三頭調和主義─二頭併進主義──一頭独占主義
　〔中略〕
　　・・・第一の無頭羅列主義とは、大塚〔令三〕─山口〔人内隆雄〕時代
　の同人の持寄り原稿依存主義に対し名付けたのであります[19]。

　『満洲評論』同人のマルクス主義思想理解について、大内が編集責任者であ
った時期よりも田中らが主導権を握った時期の方が進歩しているとし、大内の
編集方針を「無頭羅列主義」としていることから、田中が大内に対して批判的
であることは明らかである。この大内評価は、前掲『在満日系共産主義運動』
での低い位置づけと同様である。大内は、たしかに左翼的傾向があったが、一
般的な左翼系の人々とは相容れない部分があったのであろう。少なくとも"同
志"として完全に受け容れられてはいなかったようである。
　こういった左翼としての低い評価がなされた背景には、彼が東亜同文書院出
身であったことが大きく影響していたようである。『満鉄評論』同人の多くを

「満洲国」の中国文学翻訳家大内隆雄と東亜同文書院　　229

占めていた満鉄の調査部門では、時を経るに従って東亜同文書院出身者の地位が低下していた。このことについて、1939年大阪商科大学を卒業して満鉄に入った野々村一雄は次のように述べている。

　満鉄はマルクス主義的な調査も毛穴の中に潜んでいるという形で存在するところだと思って入ったのです。入ってみてびっくりしたのは、あなた〔野間清〕のいう実態調査派というのが多数を占めていたことです。それはだいたい東亜同文書院出身の人たちです。この連中が理論も何もなく、ただ農村を歩き回って、非常に部分的なところの実態調査をやって、それが数において多数です。ところが僕の入った時、中心になって牛耳っている青年将校派というのはですね、我々から見ると全部似而非マルクス主義の組なんです。1933年版の『満洲経済年報』が出て、それが従来からあった記述的な年鑑みたいなものを否定して、新しい宣言を出して科学的に満州経済を分析するといったことがきっかけというか、外からみていると一つの象徴的な出来事として起こり、ついで1934年版にいたるや、マルクス主義的色彩が非常にはっきりしてきたと思います。この1934年版によって、外に対して満鉄調査部というのは、この現在の困難な時局のなかで、マルクス主義的な方法で調査しているのだという印象を与えたと思います。〔中略〕それがじっさいには、理論的にはマルクス主義じゃないと、われわれははじめから思っていた。そういうふうにして、あとから入ってきたものが理論的には指導権を握っていった。〔中略〕そういう形で満鉄調査部のマルクス主義的な方法論というものが成立したということになる。〔中略〕たしかに実態調査派というのはじつに多かった。だから、実質的にはその連中が調査部の中心的な働き手である。しかし中央の幹部というか、要所要所は大学出が握っているのです。帝国大学系が握っているというのが、僕のみた入社当時の調査部の状況です[20]。

　この東亜同文書院出身者を軽んじる風潮が満鉄の左翼関係者間にあった以上、大内を考えるには出身校である東亜同文書院との関わりや影響も考慮する必要があろう。

さて、大内への低い評価は満鉄内部の左翼関係者によるものであり、満鉄部外者から見た姿とは異なっていた。『在満日系共産主義運動』として総括される以前に作成された関東憲兵隊司令部文書では、大内を満鉄調査部事件で逮捕された「マルクス主義者」達と同列に扱っている。

> 同誌〔『満洲評論』〕の特別号（概ね年二回発行）編輯に当たりては被疑者を始め石田、和田喜一郎、田□、小泉、山口慎一〔大内隆雄〕、□□□中心とし野間、渡辺、佐瀬六郎、□□進、和田耕□〈作〉及□□□□斡旋入社□□めたる前記四名を加えたる一群のマルクス主義者を以て□□独占的に執筆、編輯し以て当時稀有なりし満洲事情に関する論評紹介雑誌たる同誌を利用して建設初期に在る満洲事情に関する左翼的見解の宣伝啓蒙力を強化拡充し爾後同誌（週刊、特別号共）の編輯、執筆に於ける左翼分子主導の体制を順致し[21]〔傍点は引用者〕

つまり、満鉄外部から見れば、大内もまた重要な左翼的人物だったのである。

さて、1933年1月25日の2度目の摘発は、外務省記録によって共産党に類する人物と目されたためだとわかるが、具体的にどのような行動が問題となったのかは確認できない。また、1931年10月の1度目の摘発についても、「治安維持法違反トシテ検挙」（外務省記録A）とあるだけで2度目同様詳細不明である。

しかし、1度目の検挙時期が1931年10月であることは興味深い。なぜならば、この時期に左翼運動を厳しく取り締まったことが前掲『在満日系共産主義運動』に記されているからである。それは「昭和六〔1931〕年頃大連を中心に日本共産党満洲事務局を結成し、満洲に於いて日共の再建を企図したが結成後間もなく検挙され[22]」や「昭和七〔1932〕年大連を中心とする日本共産党満洲地方事務局事件の掃滅[23]」というもので、1931年秋から1932年にかけて大規模な左翼活動の取り締まりが行われていた。

> 又当時発生した満鉄社員減給問題に対しても若干の策動を為したものと観られた。〔中略〕然し当時の日本人労働組合なるものは何れも二、三名乃至数名のインテリ分子に依つて組織せられた実行力無き啓蒙的団体に過ぎ

ず〔中略〕結局該計画は何等実行に移ることなく一味は検挙せられた[24]。

この事件は、単援朝によれば日本国内でも「日支事変に乗じ全満撹乱を企つ一味五十余名一網打尽捕る・満洲共産党の全貌」(『神戸又新日報』1935年5月11日、第一面) として報道され、摘発された人物の一人として大内の本名が伝えられているという[25]。

第4項　検挙後の大内隆雄

　大内の左翼的傾向をうかがわせる事柄は、2度目の摘発直後にも認めることができる。それは外務省記録Aに記された、大連から日本内地に向かう際の所持品である。

　　（イ）マルクス主義経済学（コフマン監輯）（コムアカデミー・レーニングラード支部発行）[26]
　　（ロ）中国政治現状維持与革命前進（原稿（朱新繁）本名ノ知人）
　　（ハ）マルクス主義ノ旗ノ下ニ外十数冊[27]

　（イ）、（ハ）ともに明らかな左翼的書籍であるが、注目されるのは（ロ）である。「朱新繁」の「原稿」と記されていることから、中国語による手稿だと思われる。作者の朱新繁は朱其華の別名と考えられている[28]。彼は国民党、共産党両党に関係しながら「職業的共産主義アジテーター[29]」とされる活動をし、「社会主義的作家[30]」といわれるような執筆活動を行ったが、共産党からはトロツキストとされ、国民党からは共産党との関係を疑われた複雑な経歴をもつ人物である。これまでも大内の知人と伝えられてきたが[31]、外務省記録でも「（朱新繁）本名ノ知人」(外務省記録A) とされている。二人の関係の親密さをうかががわせるように、彼の文章邦訳は大内によるものが多い。

　　（a）朱佩我〔朱其華〕（嘉村訳）「中国農村経済界の黎明期」『満蒙』第11巻第5号、1930年
　　（b）朱其華（訳者不明）「中国革命の過去現在及び将来」『新亜細亜』、1931

年[32]

(c) 朱其華（天野元之助訳）「中国に於けるブルジョアイデオロギーの史的
　　発展」1–6、『満鉄支那月誌』第8巻第8号–第9巻第1号、1931年–1932
　　年

(d) 朱其華（訳者不明）「1925–27年中国大革命に於ける農民運動」上下、『満
　　鉄支那月誌』第9巻第1号–2号、1932年[33]

(e) 朱其華（矢間恒耀〔大内隆雄〕訳）「上海事変と陳独秀主義」『満洲評論』
　　第2巻第16号、1932年

(f) 朱其華（矢間恒耀訳）「中国の社会民主主義運動」上下、『満洲評論』
　　第2巻第22–23号、1932年

(g) 朱其華（山口訳）「上海文化界の現状」上下、『満洲評論』第3巻第4–5
　　号、1932年

(h) 朱其華（山口慎一訳註）「中国経済の現状と将来」一–五（原題「中国到
　　那裡去？」）『満鉄調査月報』第12巻第8–12号、1932年

(i) 朱其華（藤井正夫訳）『一九二七年の回想』金精社、1991年

　朱の文章の邦訳は戦後の1点を除けば1930年から1932年の間に集中してい
る。1932年は大内の翻訳の多さが際立つが、この時期の大内は満鉄社員とし
て『満鉄調査月報』の編集をし、同時に『満洲評論』の編集責任者でもあった。
1933年になると邦訳はなくなるが、これは大内が2度目の摘発によって大連を
去った時期と重なる。これらから朱の論文の翻訳発表について大内が果たした
役割の大きさをうかがい知ることができよう。

　しかし、前掲朱の文章の邦訳の中には、大連から内地に向かう際に大内が所
持していた「中国政治現状維持与革命前進」らしきものが見当たらない。「上
海事変と陳独秀主義」、「中国の社会民主主義運動」、「上海文化界の現状」は『満
洲評論』向けに執筆したものだとされており[34]、「中国政治現状維持与革命前進」
も同様に準備され、大内が翻訳をしようとしていたのかもしれないが、この文
章が「朱新繁」名義であることに注目すると、『満洲評論』向け文書と異なる
性格をもつ可能性が生じる。なぜならば、朱其華は「朱新繁」名を限定的に
しか用いていないからである。

筆者の確認している「朱新繁」名義による著作は下記のみである。

(a)『中国資本主義之発展』、上海：上海聯合書店、1929年
(b)『中国革命之過去現在与将来』中国革命与中国社会各階級：上集、上海聯合書店、1930年
(c)『現代中国社会各階級』中国革命与中国社会各階級：下集、上海聯合書店、1930年
(d)『中国農村経済関係及其特質』、上海：新生命書局、1930年

これらは1932年秋に国民党当局の発禁焼却処分をうけ、「彼自身〔朱其華〕も亦朱新繁名義にて発表せる一切の著作を否認した[35]」という。つまり、「朱新繁」名は1933年時点では使われていないものだったのである。

1933年の『満洲評論』には朱の動向を伝えるものがあるが、やはり「朱新繁」名ではなく「朱其華」名である。

朱其華は元の大江書舗の汪複香と共同編輯した『中国革命文献集』を本年内に出版する計画の由。先ごろ、北平の『北方日報』社から編輯長として招聘されたが、断つたと言ふ。その言い分が振つて居る「上海は租界があつて好いですよ、安全ですよ」──以上、何れも、この間上海へ行つて来た青年書局曲伝政君の土産話[36]。

そもそも1932年中の大内による翻訳は「朱其華」名の文章であった。「中国政治現状維持与革命前進」は、あるいは「朱新繁」名で執筆されてからかなり時間が経っていたのかもしれない。しかし、この名義での著作が発禁処分とされ、朱本人もこの名義での執筆活動を否定した後に出てくるのはいかにも唐突である。発禁処分とされた「朱新繁」名による文章は、朱其華名による『満洲評論』向けの文章とは異なり、中国において反体制的と見なされるものであったからである。このような「朱新繁」名義の論文を大内退去時に所持していたことはもちろん、大内による朱其華論文の邦訳の多さを考えると、本章考察の目的ではないが、これまで「知人」としてのみ紹介されてきた朱が大内に与え

た影響を考える必要が生じる。

　これまで見てきたように、大内は左翼嫌疑で摘発された直後であるにも関わらず、マルクス主義の書籍と左翼的とされる朱其華の原稿を所持しており、摘発されたことが大内の思想に対して即座に大きな変化を与えたとすることはできない。

　むしろ、従来通りの活動を志していたといえる。しかし、東京に移った彼は「原稿生活ヲ為シ居リシ」（外務省記録D）と、なんらかの執筆活動をしていたものの、それは「容疑ノ点ナシ」（外務省記録C）、「容疑ノ言動ナシ」（外務省記録D）と記されているように左翼的と見なされるものではなかった。この東京滞在中の姿は、大連退去時に左翼的文献を携えていた姿と大きく異なる。岡田英樹は「検挙され満鉄退社を余儀なくされたという挫折体験が、翻訳者大内隆雄を生み出したともいえる[37]」と述べているが、満鉄退社そのものよりも東京での生活に変化の要因があったとも考えられる。

第5項　大内隆雄の対中国姿勢の源流としての東亜同文書院

　外務省記録によって、これまで具体的には知られてこなかった1933年から1934年にかけての空白期間の中、1933年中の大内隆雄の行動を把握することが可能となった。これまで1932年末に左翼嫌疑によるものと推測されるだけであった大内の摘発が、実際には1933年1月25日の「共産党一斉検挙」によるものであったこと、さらに「満洲」で大規模な左翼思想弾圧が行われた時期と重なる1931年10月にも治安維持法違反によって摘発されていたことが明らかになった。同時に、事実のみ知られてきた満鉄退社と東京滞在についても、実状は摘発されたことによって満鉄を解雇され、大連を追放されていたこと、東京滞在中にはなんらかの執筆活動をしていたことを確認することができた。

　また、大内を満鉄退社に追い込んだ左翼思想との関わりでは、当時、満鉄内部の左翼関係者間には東亜同文書院出身者を軽んじる傾向が強まっており、大内を考えるに際して単純な左翼としてではなく東亜同文書院との関係を考える必要性が浮かび上がった。

　大内は1年間の東京滞在を経て再び中国大陸に戻り、東亜同文書院の学生だった頃に中国人文学者としたと同じように「満洲国」の中国人文学者たちと交

「満洲国」の中国文学翻訳家大内隆雄と東亜同文書院　235

流を持つようになるのだが、この中国へのこだわりと文学者との個人的なつながりを築くという行動の相似性は、その思想形成上、満鉄時代だけでなく、それより前の東亜同文書院時代を考察する必要を示すものである。

第3節　大内隆雄と東亜同文書院

第1項　長春商業学校

　大内隆雄は福岡県立中学伝習館（現福岡県立伝習館高等学校）を経て1921年長春商業学校に編入学したという。これは後の新京商業学校のことである。この商業学校は満鉄の経営によるもので、1920年4月日本の商業学校規定に基づいて開校された修業年限5年の中等実業学校である。『南満洲鉄道株式会社第三次十年史』によれば、「学科目中特に語学を重視し満洲語、露語及英語の一科を専修する外第二外国語を兼修せしめ又蒙古語をも課し本校卒業者をして満蒙其の他に活動すべき資質の向上を努む[38]」とあるように外国語教育に力を入れていた。後年、大量の中国語文章の翻訳をしていることから、大内は「満洲語」つまり中国語を専修したと考えられる。

第2項　満鉄派遣学生

　1925年3月、長春商業学校を卒業した大内は、同年4月30日に東亜同文書院商務科へ入学している。東亜同文書院は、一般的な私立学校とは学生構成が異なり、私費学生よりも府県派遣給費学生の占める割合が大きかった。例えば、大内を含む第25期の入学者は府県派遣学生67名、公費派遣学生12名、私費学生39名である[39]。このように各府県知事の公費負担による学生派遣を要請し、実現できたのは、東亜同文書院を運営する東亜同文会の会長近衛篤麿が五摂家筆頭の家柄である公爵近衛家の当主であり、また貴族院議長や枢密顧問官を務めた有力政治家であったことが影響しているだろう。

　さて、大内は公費生に区分される満鉄派遣学生として入学している[40]。この派遣制度の規定について、『南満洲鉄道株式会社第三次十年史』は次のように説明している。

東亜同文書院及哈爾賓学院派遣給費学生

　中等学校出身社員中優秀なる者に対し更に上級学校に学ぶべき機会を与ふ
る為大正九年本制度を定めたもので、即ち勤続一年以上に及ぶ前記社員中
詮衡の上東亜同文書院に五名以内、哈爾賓学院に三名以内を派遣して居る。
而して派遣中は非役を命じ帰社の年会社所定語学検定試験を受験せしめ
る。

　東亜同文書院派遣生

一、学費　　月額五五円及学友会費

二、渡航旅費　　同文書院既定額

三、雑費　　月額五元

四、往復旅費入学の際現在地東京間　金三〇円

　　　卒業の際帰社旅費　金九〇円

　沿線に赴任する者に対しては大連任地間所定旅費

五、支度料　同文書院既定額

六、修学旅行費　一回に限り金一〇〇円[41]

　派遣資格である「勤続一年以上に及ぶ前記社員」という点が、長春商業学校
卒業の翌月に東亜同文書院に入学した大内とは合致していない。満鉄からの派
遣は1920年から始められているのだが、当初は社員以外からも選ばれていた
こと[42]、彼が東亜同文書院に入学した翌年1926年からは満鉄派遣学生とは別
に長春商業学校が独自に学生を派遣していること[43]、また長春商業学校が満鉄
運営の学校であることを考えると、なんらかの事務的な調整が行われたのであ
ろう。

　この満鉄派遣学生の選考は、東亜同文書院ではなく派遣元の満鉄内で行われ
ていたが[44]、その難度は高かった。例えば、大内と同じ第25期生の満鉄派遣
学生であった中崎一之は、1924年日本国内の中学校を卒業後、学費の問題か
ら官費の陸軍士官学校を受験するものの結果は不合格となり、満鉄派遣学生制
度を利用して進学するために満鉄社会課消費組合甲種備員（日給一円八十銭）
となって働きながら夜学校に通う受験勉強をしている。彼は「もし帝国大学へ
の給費制度があったなら一高、東大を受けていた[45]」と述べており、その自信

「満洲国」の中国文学翻訳家大内隆雄と東亜同文書院　　237

ある言葉から満鉄派遣学生選抜のレベルの高さがわかる。

　学費問題が中崎の東亜同文書院入学の最大の要因となっているのであるが、彼同様に学費負担がないことを理由として同校を志望した者が多くいた[46]。東亜同文書院の学費自体は国内の学校よりも高額であったのだが、入学者の多くが府県派遣や公費派遣であったことから、学費問題を抱える者にはかえって負担が少ない学校というイメージがあったのである。大内が、なぜ東亜同文書院を志望したのかはわからないが、たとえ日本国内の学校以上の魅力を同校に感じていたとしても、高額な学費を負担するのは実家にかなりの財産がなければ難しく[47]、少ない負担で高等教育を受けるために導き出されたのが満鉄派遣による東亜同文書院入学であったとも考えられる。東亜同文書院は、全寮制で、制服や教材をはじめ、小遣いまでもが学校から支給されることから、学費分の給費さえ受けることができれば、金銭的な負担はほとんど必要なかった。

　満鉄派遣学生として東亜同文書院に入学することになった大内は、前掲規定中にある「二、渡航旅費　同文書院既定額[48]」と「四、往復旅費入学の際現在地東京間　金三〇円」の支給をうけて上京し、東亜同文書院新入生の恒例行事である日本国内見学旅行に参加したはずである[49]。

　4月15日東京集合、東亜同文書院教授高野庸之[50]、同大谷孝太郎[51]に引率され華族会館での招見式に参加、宮城（現・皇居）拝観をした後、21日離京、名古屋を経て伊勢神宮参拝、京都、大阪を見学、27日神戸港で上海丸に乗船し29日上海着、30日の入学式を経て5月4日から授業を受けはじめた。

第3項　学生生活について

　大内隆雄の学生生活は、1925年4月30日から1929年3月3日の4年間である。それは、入学直前の孫文の死に始まり、入学後の五・三〇事件、2年生時の国民党の北伐から武漢政府成立、3年生時の蒋介石（1887-1975）の上海クーデター、4年生時の済南事件、張作霖爆殺、南京国民政府による全国統一というような変転し続ける情勢下でのものであった。校内では、彼が2年生の時に近衛文麿（1891-1945）が院長に就任し数日ではあるが実際に来校している。また、1年生時には衆議院議員中野正剛（1886-1943）の講演、3年生時には胡適（1891-1962）の特別講義、4年生時には殷汝耕（1885-1947）の講演が行われている。

学生時代の大内は、創造社の左翼文学青年と交流しているが[52]、上海といっても東亜同文書院は、日本人が集中していた虹口地域へは1時間ほどかかるような郊外の田園地帯にあり、生活のほとんどは学校内にあった[53]。

大内在学時の東亜同文書院は商務科のみの専門学校で、貿易実務者を養成するために設立されたことから、中国語教育以外の課程は日本国内の高等商業学校に準じていた。大内と同じ第25期生である安澤隆雄によれば、大内は大変な秀才であったという[54]。長春商業学校で学んだ大内は、中学校出身者が戸惑ったという商業簿記、銀行簿記、商業算術[55]といった商学系の科目も苦ではなかったのかもしれない。

また、東亜同文書院の独特のカリキュラムである「大調査旅行」では、森本辰治、日高清磨瑳（上海日報、『新申報』主幹、『大陸新報』編集局長、『日向日々新聞』編集局長、『宮崎日々新聞』社長を歴任）、中崎一之と「華南、滇越南沿線経済調査班」を結成し、1928年5月29日から7月25日にかけて上海、仙頭、厦門、香港、広東、仏領印度支那、雲南、台湾を調査し[56]、その学内報告会では班を代表して調査結果を報告している[57]。さらに、「大調査旅行」の記念文集『線を描く――東亜同文書院第二十五期生大旅行紀念誌』（東亜同文書院、1929年）の奥付には、編集者発行者として彼の名があり、さらに同書「跋」も書いており、第25期生を代表する役割を担っていた。

大内は勉学だけでなく、課外活動にも積極的に取り組んでいた。東亜同文書院第二十五期生記念写真帳帖編纂委員会編『卒業記念写真帖』（桑田工場、1929年）には、「校友会」幹事として彼の名がある。「校友会」とは学友会のことと思われるが、それは学生全員を会員とした学内親睦団体で、学内行事の幹事や各サークルなどを統括していた。役割はやや異なるが、現在の自治会に相当する。大内は、そうした組織に参加し、先に述べたように「大調査旅行」についての講演をも行う活発な学生であった。

学内サークルでも活躍しており、1927年には講演部の四国地方遊説に参加している[58]。現代のように情報伝達が速くない当時、この学生による遊説は中国にある東亜同文書院の活動を日本国内に知らしめる重要な広報活動でもあった。弁士である学生たちは学校の顔であった[59]。

さらに、学芸部員であった杉本勝比古（第23期生）の回想によれば、大内は

学芸部でも活動していた。

　その頃学内では年二回発行の雑誌『江南[60]』を通じて時論や文芸作品を発表してきた〔中略〕また北四川路の内山書店に出向き、老上海の内山完造さんのご好意にあまえて、魯迅・田漢・郁達夫・郭沫若らとの談笑の輪に書院学生も加わるようになった。それに満鉄社歌の作詞者として知られている山口慎一〔大内隆雄〕（25〔期生〕）や山名正孝[61]（26〔期生〕）らを中心としたグループが、中国ものの翻訳・自由詩・短編小説・時事評論など、盛んに邦字紙へ投稿したのが中国の文化人の目にとまったのか、彼らの文化サークルからも時折お呼びがかかった[62]。

　大内は内山書店を通して中国の文化人との交流を持ち、さらに翻訳活動を学外にまで広げていたのである。また、邦字紙への投稿というのは、郁達夫から「公開状答山口君[63]」と返答を受けた『上海毎日新聞』（1927年3月25日）へのもののことであろう。

　学芸部は、そうした中国の文芸に親しむものとは別の、もうひとつの姿をもっていた。奥村栄（第28期生）は次のように述べている。

　私は昭和三年春、入学と同時に満鉄派遣生ということで一年先輩の安斎庫治[64]の部屋に入り、同時に学芸部の一員となった。当時は山口慎一〔大内隆雄〕・尾崎庄太郎[65]・山名正孝など、中国文学・中国経済研究の権威者が多数部員としていた[66]。

　ここに出てくる安斎は、東亜

図 2-3-2　講演部習合写真：前列向かって右端が大内隆雄事山口慎一、2人目は坂本義孝（東亜同文書院第二十五期生卒業紀念写真帖編纂委員編『卒業紀念写真帖』桑田工場、1929年）

同文書院内左翼運動の中心人物である。尾崎秀実[67]や中国共産党の王学文[68]と連絡を取りつつ活動を展開した。1931年11月には、学校当局に予算内容の開示や教育内容の充実を要求した学生ストライキ事件を主導し、同年12月、上海訪問中の海軍少尉候補生に反戦ビラを配布したという事件の捜査の中で摘発され退学処分を受けている。

　こうした東亜同文書院での左翼運動は、すべて大内が卒業した後に行われたものである。しかし、それらは、大内と在学時期が重なる後輩たちが行ったものであった。安斎以外では、例えば西里龍夫（第26期生）や中西功[69]（第29期生）がおり、満鉄調査部事件やゾルゲ事件周辺で逮捕された人物もいた[70]。こういったことから、大内在学時期の満鉄派遣学生と学芸部には左翼的な風潮があったことがみとめられよう。

　大内自身についても、在学中に交流をもった中国の文学者たちには左翼的傾向をもつ者がいたし、卒業後間もなく、本名で『支那革命論文集』（マルクス書房、1930年）、『支那問題研究資料』第1輯（黎明社、1930年）、『支那問題研究資料——1929年政治決議そのほか』第2輯（黎明社、1930年）という中国の革命についての訳書を出しており、明らかに左翼的な傾向があった。その後輩がさまざまに活動をしていることを考えると、彼は東亜同文書院内の左翼活動の始点にいたといえる。

第4節　山洲会と根津一の精神主義

第1項　東亜同文書院を象徴する根津一

　講演部、学芸部での活動のほかに、大内隆雄は山洲会という東亜同文書院の初代、第3代院長をつとめた根津一を記念する学内サークルにも所属していた。会名にある「山洲」とは根津の号である。

　根津一は、陸軍将校として中国での諜報活動にも従事し、日清戦争以前には日清貿易研究所の運営に参加し、東亜同文会幹事長に就くと、会の運営を指揮しつつ東亜同文書院長を兼任した。そして、竹内好が「根津は書院とほとんどイコールに結ばれていた[71]」と述べたように、関係者にとってはカリスマであった。人内が入学した頃はすでに引退し、京都の自宅に戻っていたが、第

25期生入学の際には新入生代表があいさつに赴くなど[72]、東亜同文書院の象徴であり続けていた。

その根津が1927年2月18日に死去すると、同22日、東亜同文書院で追悼集会が開かれ、そこで大内は次に引用する「弔辞」を読んでいる。

江南の柳が緑を含んで近づく春の装ひを見せて居ります時に、その春に背いて故根津先生の御霊

図 2-3-3　中国人ボーイに支えられながら職員宿舎から校舎へ向かう根津一（愛知大学東亜同文書院大学記念センター所蔵）

を祀るためにこの集ひに列しまして、私は今更に深い悲しみに閉ざされずにはゐられないのでございます。私達は書院に憧れた時に於て、先生のお名前を存じて居りました。しかし先生がどれだけに大きな仕事を我が書院に、又此の支那の上になされて居るかを切実に知りましたのは、私達が支那に来り書院人となつてからであります。私達の書院に参りました時、先生は既に書院においでではございませんでした。しかし私達は講堂に於て、寄宿舎に於て、校庭に於いて、先生を感じたのであります。先生はおいででないけれども、おいでであると同じに感じたのであります。此の度先生の御病気の知らせの到りますや、私達は深い憂にとざされつつも、心をこめて一日も早く先生が御恢癒あるやうにとお祈り致しました。さうして御病状のお宜しい報道が来れば、私達は雲が霽れて太陽がさし上るかの如く喜んだのであります。しかし又御病気の憂慮すべき旨が報ぜられると、私達は深い谷間に突き落とされたかのやうな気持ちを覚えたのであります。その様にして学業も手につかずに、私達は日々を送りましたが、遂に先生はお逝きになりました。私達はその時、実に書院と云ふものの根底が揺るかの如く感じました。先生を失つて私達の将来はどうなるであらうと考

えさせられました。しかしかろうじて私達は悲しみの中にありながらも、嘆きの中にありながらも、この悲しみと嘆きとを超えて進んで行かねばならぬことを思ひ、そうして己を持し得たのであります。私は先生の伝記編纂の仕事をお手伝ひしている関係で、先生がその晩年に自らお書きにな

図 2-3-4　東亜同文書院内での根津一追悼集会（愛知大学東亜同文書院大学記念センター所蔵）

つたものを拝見することが出来ましたが、先生はその中にこう書いておられます。「予は日々日課時間を定め、朝より晩に至り、経書、全書、歴史、政治、経済書の外に、折り折り参考書として新しき出版物を研究することを怠らず、爾後十年間、斯くの如く研究を継続し、前途日本の精神界の救済必要なれば、今一度奮つて其の救済に微力を尽すべし。若し必要なければ、三部の書[73]を著し後に残すの考にて、其の腹案略ぼ成れり、併し其の前に天命尽きれば、其の事途中に終るも遺憾を感ぜざる覚悟にして、元来予は不死不滅の真理を確信せるものなるを以て、幾度にても更る更る生れ来りて力を道徳の事に尽くさんとす」と。誠に学識高き先生であるのに、その晩年であるのに、先生はそのやうな勉強をなされたのであります。そして先生は事途中に終るも少しも遺憾なしと仰言つてゐます。先生のお企てになつた著作は成らなかつたかも知れません。しかし先生は不死不滅の真理を信じ、道徳のことに尽すために、幾度も生まれ替わるとお言ひになつてゐます。誠に先生はおなくなりになつたのではありません。儼然として書院が存続する限り、又支那問題の生ずるあらゆる所に、そして日本人と中国人とが接触するあらゆる時に、先生のお仕事の跡は其処に残され、先生の御霊は其処に生きて居るのであります。

　私達はこの先生のお言葉に学び、先生のお仕事にならひ先生の御人格を

慕はんとするのであります。山洲会の計画は既に先年からで御座いました。これが漸く機熟して先日その第一回の会を開いたのであります。私達は今や書院の将来のため、私自身の将来のため深い省察を自らの上に加へ、次で私達の行動を律しなければなりません。私達は斯く考へます時に、先生の御霊が常に私達を守つて下さることを信ずるのであります。そして書院を卒業された方々と、書院に学びつつあるもの達とが、それぞれの道を歩いて誤らない時に、先生は何処かに在つてお喜び下さることを考へるのであります。そうはいふものの、此の悲しみの席に列しては、徒らに感慨のみ胸に迫り言葉は意を尽し得ません。蕪辞で御座いますけれども、私達の微衷を述べまして、先生の御霊に捧げるもので御座います。

　　　　昭和二年三月十六日

東亜同文書院山洲会代表　山口慎一〔大内隆雄〕[74]

　大内が根津に会った記録はない。彼の根津理解は、関係者への聞き取りであったり、講演を主催したりするという山洲会の活動や[75]、伝記編纂[76]作業で根津自身の著述や原稿を実見することを通してなされたものであった。

第2項　根津一の思想と東亜同文書院の教育

　さて、大内が「〔根津〕先生のお言葉に学び、先生のお仕事にならひ先生の御人格を慕はんとする」と述べる根津の考え方とはどのようなものであったのだろうか。「支那通」の陸軍将校、日清貿易研究所や東亜同文書院といった中国での活動、中国問題に取り組む東亜同文会の幹事長という経歴からすれば、彼の志向や行動は、いわゆる「アジア主義」と称されるものとなるだろう。しかし、竹内好が「日本のアジア主義」（松本建一『竹内好「日本のアジア主義」精読』岩波現代文庫、2000年）で述べているように、それは使用者や時期によってさまざまな内容を持つ多義的なものであり、その一語によって説明することはできない。

　根津に直接教えを受けた中山優（第16期生、建国大学教授、亜細亜大学教授）は、その思想を「王道」に立つものであったとし、「王道は、之を導くに徳を以ててし、これととのえるに礼をもつてし、民に信あるをもつて前提とする[77]」と

説明している。東亜同文書院関係者の事蹟を調査した栗田尚弥は、根津が陽明学の影響を強く受けていたことを指摘した上で、「この陽明学の『良知』論は、万人すべてがそれぞれに所を得た社会を理想とする清末の大同思想へと、また大同社会を実現するための政治論、王道論へと繋がっていく[78]」と述べている。

　そういった考えは、東亜同文書院の運営にも反映されていた。根津は東亜同文書院の前身南京同文書院創立に際して、設立趣意書である「興学要旨」を著し、その中で次のように述べている。これは後の東亜同文書院でもそのまま用いられている。

　　講中外之実学。育日清之英才。一以樹清国富強之基。一以固日清輯協之根。所期在乎保全清国而定東亜久安之策。立宇内永和之計[79]。
　　訳：中外の実学を講じ、日清の英才を育て、一つは以て清国富強の基を樹て、一つは日清輯協の根を固む。期する所は清国を保全して東亜久安の策を定め、宇内永和の計を立つるに在り。

　このように、根津の中国に対する考え方の根本には共存を前提とする日中関係の構築があった。そのキーワードとなる「日清輯協」すなわち日中提携、「保全清国」である。この中国保全の内容については、あくまで日本の利益に基づいたものであり、中国への進出を推し進めることにつながるものとして批判的に捉える向きもある[80]。たしかに、日本の中国侵略はさまざまな美辞麗句のもとに行われたが、根津は辛亥革命への不干渉を主張しているし[81]、対華21ケ条要求については、「日本の不正義に由るものにして、独り支那国民之れを暴戻視するのみならず、支那在留諸外国人も其の日貨排斥を以て日本の自業自得となす所、惟ふに汝に出でたるものは汝に反る。自ら犯す罪は宜しく之れを自ら償はざるべからず[82]」と批判しており、そこに中国侵略を肯定する様子を見いだすことはできない。それどころか、根津の東亜同文書院での活動は、開校時の清国側の協力、1913年第二革命の戦渦に巻き込まれ校舎が焼失した際の中国政府の補償、「大調査旅行」での中国側の協力などにあらわれているように、中国にも認められていた。

　そういった根津の考え方の一端は、東亜同文書院での教育姿勢にもあらわれ

ており、日中貿易に従事する実務者養成を目的としていたにも関わらず、教育方針を示す「立教綱領」には、「徳教為経。拠聖経賢伝而施之。智育為緯[83]」（徳教を経と為し、聖経賢伝に拠りて之を施す。智育を緯と為す）として、儒学を教育の根幹としていた。自ら倫理の授業を担当して『大学』を講義し[84]、「殊にこれより真に社会に立ち活動すべき人士に取りては、第一精神修養を先にせざるべからす[85]」と道徳教育の重要性を主張している。また、自身の思想については「西洋哲学にもあらず、世俗の所謂倫理学にもあらず、東洋独特の真理道徳にして、孔子釈迦の教養を本として、説かん[86]」と述べている。それは日中両国に共通する東洋の道徳があると考える点において、日本を至上とする国粋的なものとは異なる。彼は中国人に対しても儒学に基づいた道徳教育を行う大学の設立構想を持っており[87]、彼が日中間に共通しうると想定する思想に基づく徳育の重視が、その教育の特徴であった。そして、そうした教育を受けた人々によってこそ「興学要旨」で述べたアジアの安定が成立すると考えたのである。

　このように大内が慕った根津の考え方とは、古典的かつ道徳的な精神主義といえるものであった。そして、こういった根津の考え方と中国の革命運動や思想への関心が、大内の中では同時に存在していたのである。

　さて、山洲会や根津伝記編纂作業は、東亜同文書院における根津一という人物の重要性を踏まえると学校事業的な性格を持っていたといえる。例えば、根津への弔辞にしても、それは東亜同文書院主催による追悼会で読まれたものであった。そうした学校事業に深く関わる大内の姿は、学内の左翼活動の始点にいたにも関わらず、学校の信頼を受ける優等生であった。

第5節　在学中の執筆活動

　在学中の大内は、東亜同文会、東亜同文書院が発行する雑誌に次の文章を発表している。

（イ）東亜同文書院学生山口慎一〔大内隆雄〕訳「浙江省自治法（十五年一月一日公布）」『支那研究』第7巻第1号通号第10号、東亜同文書院支

那研究部、1926年

（ロ）山口慎一「支那現代劇の概観（上）」『支那』第18巻第2号、東亜同文会調査編纂部、1927年

（ハ）山口慎一「支那現代劇の概観（下）」『支那』第18巻第3号、1927年

（ニ）山口慎一「支那に於ける資本主義発達の過程」『支那』第18巻第6号、1927年

　（イ）は、江浙戦争時期にみられた地方自治運動のなかで発表された「浙江省自治法」の邦訳である。本文のみで解説などはない。

　（ロ）、（ハ）は、向培良「中国戯劇概評」を参考にした演劇評論である。人芸戯劇専門学校の創立者陳大悲にはじまり、欧陽予倩、胡適、熊仏西、侯曜、丁西林、蘋影、田漢、張聞天、郭沫若、郁達夫、白薇女士、陶晶孫、王新命、曹靖華、徐葆炎、尚鉞、朋其、成仿吾、張資平、王統照、余上沅などの劇作を紹介しながら中国現代演劇を総覧して、「郭沫若は教訓を代表する。郁達夫は感傷を代表する。田漢はその中間に位する。之等の間に於いて、真の演劇はまさに生まれようとしつゝも、他の介雑物に邪魔されて、それが実現されなかつた観がある[88]」と、郭沫若、郁達夫、田漢に高い評価を与えている。また、これ以前にも「支那戯曲の推移[89]」という演劇に関する評論を満鉄内の文化教育組織である読書会の機関誌『読書会雑誌[90]』に寄稿したと述べている。

　（ニ）は、満鉄調査課員伊藤武雄の『現代支那社会研究[91]』を参考にして清末以来の中国の経済発展を概説しつつ、それが政治体制に与える影響を述べている。その結論部分には次のようにある。

　　支那の資本主義生産は、外国資本のそれと衝突しはじめる。反帝国主義運動が、それがこの対抗闘争のために、支那資産階級の取れる手段である。その重複と差異はあれ、支那民衆殆んどが、列強資本主義のために圧迫搾取されつゝあるは明らかである。こゝに反帝国主義たる反抗は、支那大衆一般を、それに資産階級のみならず、中産階級をも、無産階級をも集め来る。斯くて「国民革命」運動は行われる。〔中略〕対外的には民族革命であり、対内的には民主革命である[92]。

階級論を意識しながら、中国の「革命」を肯定的に捉えている。

これらの文章は、その内容から文芸方面の（ロ）、（ハ）と政治、経済、社会に関する（イ）、（ニ）の二つに大別することができる。また、（イ）、（ロ）、（ハ）は大内が2年生、（ニ）は3年生時のものであるが、それらが掲載された『支那研究』、『支那』両誌の性格を考えると、当時、それがどのように評価されていたのかを推測することができる。『支那研究』は学術的な中国研究を目指して東亜同文書院の学内研究所である支那研究部が発行する学術雑誌であり、『支那』は東亜同文書院の運営母体である東亜同文会の機関誌である[93]。『支那研究』に収録された文章の作者は同校の教員を中心とする研究者であり、『支那』は会誌という性格にとどまらない中国に関する総合雑誌として編集され、収録記事は会外の識者のものも多く、両誌とも学生による文章の掲載は稀であった。そうであるにも関わらず、学生である彼の文章が発表されているということは、関係者から高く評価されていたということである。また、彼は卒業後に中国専門家として『支那』に寄稿しており[94]、東亜同文書院や東亜同文会の活動を支えうる人材として関係者に認められていたことがわかる。

第6節　おわりに

本章は、これまで経歴の一事項として紹介されるに過ぎなかった満鉄時代の摘発と東亜同文書院在学中の大内隆雄の様子を外務省記録と東亜同文書院に関わる資料によって明らかにした。

満鉄派遣学生として東亜同文書院に入学した彼は、学外で中国の左翼文学青年と交流しながら、学内では活発な学生生活を送っていた。彼は、学生サークルのほか、学校事業ともいえる根津一の伝記編纂作業に携わり、さらには同校発行の学術誌『支那研究』や東亜同文会機関誌『支那』に文章を載せるなど、さまざまなことに意欲的に取り組む将来を期待された秀才であった。

また、所属していた学芸部は、大内が卒業した後、在学期間が重なる後輩たちによって左翼運動の中心となった場所であった。彼自身が、その運動に関係した形跡はないものの、中国の革命に関心を抱き、満鉄社員時代には左翼嫌疑

で摘発されていることから、在学中にもその左翼的傾向を推測することができる。

　その一方で、彼は、東亜同文書院のシンボルとでもいうべき存在の根津一を敬愛していた。根津は日中両国は儒学的な共通理解によって結びつくことができるはずだと考えており、東亜同文書院の教育活動でも道徳教育を重視したように精神主義的な傾向があった。

　東亜同文書院在学中の大内思想には、中国の革命やそこにあらわれている左翼的思潮への関心を抱く側面と、伝統的、古典的ともいえる根津の精神主義に通じる側面の両面があったのである。革命が伝統的なものを変革するという点では、その二つは激しく対立するものである。しかし、根津は「〔欧米社会は〕甚しく貧富の懸隔を来したるため、社会は遂に階級闘争の勢を現出し、貧民階級漸く勢力を加ふるに至り [95]」、「マルクスの唯物史観の如きも一応道理ある議論にして、彼れは共産主義の実行を以て之れを人間歴史の第一頁なりと云ふ [96]」（欧米社会は貧富の差という物質による社会の階級対立が激しくなっており、共産主義は物質の再分配を強制的に行うことで平等化して問題解決を図ろうとしている）と、共産主義にも一定の理解を示しつつも、「然るに我れに在りては仁義を以て人間の賦性とし、（大乗仏教に在りては平等底の差別を以て人間の賦性とし、儒教の仁義賦性観と一致す）之れに基づき国家社会を経綸する [97]」（人間は生まれながらに平等であるが、行いによって貴賤の別が生じるのであり、正しい行いを導く儒学的な道徳観念を国家社会の根本に据えるべきである）という「東洋独特の真理道徳 [98]」をあげて両者を相対化させている。それは、「〔西洋哲学は〕今や研究年を経るに及び漸く其の極致に近づきつつあり、然して之が数千年前に説ける東洋哲学に一致するものあるを認めたる結果なりとす [99]」と、根津が述べているように、「東洋」を上位に据えたものであったのだが、欧米発の思想がいずれは「東洋」の思想に近づき一つになるという点において衝突し合うものではなかった。

　1929年3月、東亜同文書院を卒業した大内は、1933年3月まで大連で満鉄に勤めつつ『満洲評論』を中心に幅広い文筆活動を行った。それは満洲事変から「満洲国」へと至る時期にあたる。岡田英樹は、この期間の大内は「満洲国」に対して民族平等を実現させ、ブルジョワジーとも対抗しうるものになるとい

う国家像を抱いていたとし、それは所詮は「理想主義」、「幻想」であったとする。そして、その「理想主義」の背景には「満洲国」建国当初に関東軍内に漂っていたという「満洲国」の完全独立志向の影響があったと述べている[100]。しかし、大内が東亜同文書院出身であることに注目すれば、彼の「理想主義」に根津の影響を見ることができよう。根津の考えは、東亜同文書院での活動が中国で認められていたという事実に裏付けされたものであり、日中関係が安定していた時期においては、決して「幻想」とはいえない妥当性を持つものであった[101]。

　このように、「満洲国」の中国語文学についての評論や、翻訳に取り組んだ大内隆雄が、中国で活動していく上での思想的な出発点は、東亜同文書院での学生生活を通して培われたものであった。それは、大きな意味でいえば「アジア主義」ともいえるような考えから、左翼的な傾向までを自己矛盾することなく含むもので、日中関係が良好な時期にあっては、日本の学校でありながら上海におかれた東亜同文書院が中国側に公認されていたように機能しうるものであった。そして、それは日本の中国侵略が激しさをますなかで、結果的に現実との乖離を見せ始めたのである。

注

1)　大内隆雄『満洲文学二十年』国民画報社、1944年。

2)　岡田英樹「東北淪陥時期的"日中文化交流"」『立命館大学外国文学研究』第78号、1987年。

3)　『満洲評論』満洲評論社、1931-1945年。

4)　東亜同文書院編『学籍簿』第4号、東亜同文書院、1929-1938年。

5)　南満洲鉄道編『職員録――和五年八月一日』南満洲鉄道、1930年、4頁。

6)　南満洲鉄道編『職員録――昭和六年九月一日』南満洲鉄道、1931年、5頁。

7)　山本秀夫編著『「満洲評論」解題・総目次』不二出版、1982年、23-24頁。

8)　山口慎一『東亜新文化の構想』満洲公論社、1944年。

9)　大内隆雄『満人作家小説集 原野』三和書房、1939年。

10)　大内隆雄『満人作家小説集第2輯 蒲公英』三和書房、1940年。

11)　大内、前掲書、194頁。

12)　田中武夫『橘樸と佐藤大四郎』龍渓書舎、1975年、41頁。

13)　山本、前掲書、24頁。

14)　岡田英樹「中国文学の翻訳者大内隆雄」『文学にみる「満洲国」の位相』研文出版、

250 第2部 第3章

2000年、225頁。引用文中の「理想的言辞」とは、満洲国を帝国主義から独立した諸民族平等の国家としていこうとするもの。

15）「31. 山口慎一」JACAR（アジア歴史資料センター）Ref. B04013160100、要視察人関係雑纂／本邦人ノ部第二十巻（I-4-5-2-2_2_020）（外務省外交史料館）

16）1930年大内は日本内地へ旅行し郭沫若と会っている（山口慎一『中国札記』私家版、1958年、2頁）。1932年には橘樸との共著『最新満洲辞典』刊行のため東京に渡っている（山口「東京雑記（一）」『満洲評論』第2巻第24号通号第30号、1932年）。

17）関東憲兵隊司令部編『在満日系共産主義運動』極東研究出版会、1968年。

18）同上、244-245頁。

19）田中武夫手記「満評の変質過程と波瀾」小林英夫、福井紳一『満鉄調査部事件の真相──新発見史料が語る「知の集団」の見果てぬ夢』小学館、2004年、137頁。

20）石堂清倫、野間清、野々村一雄、小林庄一『十五年戦争と満鉄調査部』原書房、1986年、194-195頁。

21）関東憲兵隊司令部「大上末広に関する『意見書』」、1943年8月20日、関東憲兵隊司令部、前掲書、179頁。

22）関東憲兵隊司令部、前掲書、387頁。

23）同上、1頁。

24）同書、52-53頁。

25）単援朝『漂洋過海的日本文学』、北京：社会科学文献出版、2016年、348頁。

26）コムアカデミー・レーニングラード支部経済学研究所編、コフマン監輯、広島定吉、直井武夫、西雅雄訳『マルクス主義経済学』叢文閣、1932年。

27）社会政治経済研究所→プロレタリア科学研究所ソヴエート同盟研究会編『マルクス主義の旗の下に』（マルクス主義の旗の下に社→プロレタリア科学研究所ソヴエート同盟研究会→白揚社、1929-1934年）。

28）朱其華（1908年-1945年）本名朱雅林。字其華、佩我。号新繁。筆名李昂、亦明、柳寧。原籍浙江省海寧、四川省新繁県生まれ、一説に上海。印刷工、兵士、新聞記者等を経て、中国共産党成立当初から党員格で活動していたとされ、第一次国共合作時には黄埔軍官学校政治部に在職。1926年北伐に参加するが国共分裂後に上海に入り陶希聖との交流を通して社会研究に関する文章を著すようになる。日中戦争開戦後は西安で国民党軍の政治教官となるも筆名で左翼的文章を発表、また陶希聖と共に蒋介石『中国之命運』を撰述したという。しかし、中国共産党からはトロツキストとして批判され、国民党からは共産党との繋がりを疑われ、1945年秋に国民党側によって殺害された。
以下参照。朱其華（天野元之助訳）「中国に於けるブルジョアイデオロギーの史的発展」（六）「附記」『満洲支那月誌』第9巻第1号通号56号、1932年、50頁。朱其華（山口訳）「中国経済の現状と将来」（一）「訳者のはしがき」『満鉄調査月報』第12巻第8号（1932年）、34頁。陳玉堂編『中国近代人物名号大辞典』、杭州：浙江古籍出版社、1993年。陳玉堂編『中国近代人物名号大辞典　全編増訂本』、杭州：浙江古籍出版社、2005年。Howard L. Boorman, *Richard C. Howard, Biographical dictionary of Republican China*, V.1. New York: Coumbia University

Press, 1967-1979.

29) 家近亮子「朱其華」山田辰雄編『近代中国人名辞典』霞山会、1995年、1224頁。

30)「支那の社会科学作家」（二）『満鉄支那月誌』第9巻第8、9、10合併号、1932年10月25日、72頁。原本に著者名は記されていないが、山本前掲書（34頁）は「小島憲市」とする。

31) 山本、前掲書、34頁。

32) 朱其華「中国革命の過去現在及び将来」『新亜細亜』（1931年）は未見。前掲「支那の社会科学作家」（76頁）に紹介されている。

33) 訳者について、愛知大学図書館所蔵本には「小島友干訳」という筆跡がある。

34) 山本、前掲書、34頁。

35) 前掲「支那の社会科学作家」、76頁。

36)「編集雑記」『満洲評論』第5巻第20号、1933年。

37) 岡田、前掲書、225頁。

38) 松本豊三編輯『南満洲鉄道株式会社第三次十年史』下巻、南満洲鉄道株式会社、1938年、龍渓書舎、1976年、2169頁。

39) 佐々木享「表6　専門学校時代の東亜同文書院入学者の派遣元別構成の変遷（第20期–第39期）」「東亜同文書院入学者の群像——海を渡って学びに行った若者たち」「愛知大学東亜同文書院大学記念センター報」第11号、2003年、18頁。

40) 25期公費学生12名の派遣元の内訳は、満鉄4名、鳥取勧学会3名、秋田県育英会1名、釜山府1名、岐阜県育英会1名、香川県育英会1名、住友銀行1名である。「表9　専門学校時代の東亜同文書院への公費派遣入学者の派遣元別内訳（第20期–第39期）」佐々木前掲文、22頁。また、満鉄派遣学生は、大内隆雄事山口慎一、中崎一之、広瀬清、和田喜一郎であった（大学史編纂委員会編『東亜同文書院大学史——創立八十周年記念誌』滬友会、1982年、357頁参照）。

41) 松本豊三編輯『南満洲鉄道株式会社第三次十年史』上巻、南満洲鉄道株式会社、龍渓書舎、1976年、114頁。これは1938年の記録であるが、大内在学中の1928年の『東亜同文書院入学志願者心得』（「2.　一般（15）同文書院給与規定昭和三円六月」JACAR（アジア歴史資料センター）Ref.B05015335100、東亜同文書院関係雑件第三巻（H-4-3-0-2_003）（外務省外交史料館））にも、同じく学費一ヶ月分が55円（「学資ハ当分壱カ年六百六十円ト定メ年四回ニ分チ毎年四月、七月、十月、壱月ノ初メニ於テ百六十五円（三カ月分）ヲ前納スルモノトス」）とあり、彼は引用文が述べる待遇をうけたものと思われる。

42) 1920年東亜同文書院20期の満鉄派遣学生は、社員4名、それ以外が14名であった（滬友会編『東亜同文書院大学史』滬友会、1955年、222–223頁）。満鉄庶務部庶務課長野村正（東亜同文書院第1期生）の進言によって満鉄から東亜同文書院への派遣留学が実施されることになり、その採用基準は、「現社員のうち、採用後一カ年を経過したものから数名と、全国の当年度中学卒業生の中から成績順位一割以内のもの十数名を採用する」（大学史編纂委員会、前掲書、356頁）というものであった。これについては、社員以外からも選抜されていたようである（「『愛知県公報』第618号（1921年1月21日）に、満鉄から依頼された東亜同文書院派遣生募集の記事が見える」（佐々木、前掲文、23頁））。派遣開始当初は、

第2部　第3章

社員以外も派遣されていたが、後に勤続一年以上の社員のみに改められたのであろう。

43）長春商業学校派遣学生は、第26期生3名、第28-30期生各2名、第31期生1名、計10名である（「表9　専門学校時代の東亜同文書院への公費派遣入学者の派遣元別内訳（第20期-第39期）」佐々木、前掲文、22頁）。

44）東亜同文書院自身による選考は、私費学生を対象としたもののみである。府県派遣学生、公費派遣学生は、派遣元それぞれで選考を行った。

45）中崎一之「我が青春道をしのび余生道を思う」記念誌出版世話人編『江南春秋——東亜同文書院二十四・二十五期生記念誌』記念誌出版世話人、1980年、378頁。

46）藤田佳久が1995年に行った東亜同文書院卒業生へのアンケート調査によれば、第33期生以前の卒業生43名が入学理由としてあげた54回答（複数回答含む）のうち、「中国で仕事、生活したい」というものが19回答で第1位、ついで「県費制度、学費〔負担が〕が安い」というものが16回答で第2位である（藤田佳久「東亜同文書院卒業生の軌跡——東亜同文書院卒業生へのアンケート調査から」「愛知大学東亜同文書院大学記念センター報」第9号、2001年、7、16頁）。

47）佐々木享の東亜同文書院入学者の実態研究では、学費と学生の関係について次のように述べている。「戦前の私学の学費は、官学のそれより低いのが普通であった。このことを考えると、三ヶ月で一六五円（＝月額五五円）という東亜同文書院の学費はかなり高い方だったと思われる。〔中略〕私費生、準公費生については、この学費負担に耐えられる階層からしか出願し得なかったことは確実であるように思われる。」（佐々木、前掲文、7頁）。また、松谷昭廣「東亜同文書院への佐賀県学生派遣——1900年代、大倉邦彦入学時期を中心に」（『大倉山論集』第50輯、大倉精神文化研究所、2004年）によれば、府県によっては給費派遣といっても寄付の形式をとって、実際には学費の一部を学生に負担させていた。新潟県派遣学生であった安澤隆雄（第25期生）は、1925年より新潟県派遣の制度が変更され、実家が学費全額を県に納入し、それが県名義で学校に支払われたと述べている（安澤隆雄『東亜同文書院とわが生涯の100年』愛知大学東亜同文書院ブックレット1、あるむ、2006年、20頁）。

48）「新入学渡航ノ際、宿泊料、船車賃、見学費一切合計金六拾五円ト定メ渡航前之ヲ本部ニ納ムルモノトス」前掲『東亜同文書院入学志願者心得』。

49）1925年の東亜同文書院を運営する東亜同文会の『事業報告』には、「広島県留学生一名病気ノ為メ遅着シ私費生一名ハ上海ニテ入学ス」（財団法人東亜同文会編『事業報告』大正十四年四月大正十四年九月、JACAR（アジア歴史資料センター）Ref. B05015245300（第7画像）東亜同文会関係雑件第五巻（H-4-2-0-1_005）（外務省外交史料館））とあることから、それ以外の学生は全員東京に集合したものと考えられる。

50）高野庸之。東亜同文書院教授、1924-1926年の間在職している（安澤、前掲書、21頁）。

51）大谷孝太郎。東亜同文書院教授、1924-1937年の間在職している（安澤、前掲書、21頁）。

52）岡田英樹『文学にみる「満洲国」の位相』研文出版、2000年、220-221頁。

53）第30期生の回想には、「学生は虹口へ出ることを『上海へ行く』といったものだ。〔中略〕バス直通でも優に五十分、徐家匯から仏租界の電車に乗り、途中で公共汽車（バス）か無

「満洲国」の中国文学翻訳家大内隆雄と東亜同文書院　253

軌道電車を乗り継いで行くと一時間半もかかった」（大学史編纂委員会、前掲書、552頁）とある。東亜同文書院は全寮制（午後11時門限）であり、街中に出るのは週末の楽しみ程度といったものだったらしい（同上、552-553頁）。

54) 2006年7月22日、安澤隆雄（東亜同文書院第25期生）より筆者聞き書き。もちろん、ここでは大内隆雄ではなく山口慎一名である。また、安澤は大内隆雄については山口の筆名ということはもちろん、その「満洲国」での活動自体も知らないと語っている。

55) 安澤隆雄は「商業算術」について、「商業学校出はともかくとして、中学出にはあまり馴染まないものだから、みんな苦手にして嫌がった」と述べている（安澤、前掲書、31頁）。

56) 『東亜同文書院第二十二回支那調査報告書第十二巻』（マイクロフィルム版）『中国調査旅行報告書』雄松堂、1996年。

57) 第二十五期生記念写真帖編纂委員編『卒業記念写真帖』（桑田工場、1929年）には、学内報告会の様子を伝える写真があり、それには「広東雲南□□□社会□断片　華南調査班　山口慎一君」という題目が写っている。

58) 大学史編纂委員会、前掲書、238頁。

59) 1919年から毎年日本各地へ三週間かけて遊説が行われた（小崎昌業「愛知大学の原点は東亜同文書院大学——その見学精神の継承と発展」『東亜同文書院大学と愛知大学』愛知大学東亜同文書院大学記念センター、1993年、26頁）。また、東亜同文書院生が母校の中学校で講演を行い、これを聞いた後輩が同校進学を志望するようになることもあった（藤田、前掲文、2001年、9頁）。

60) 東亜同文書院学芸部機関誌『江南』。筆者未見。杉本勝比古は年2回発行と伝えているが、滬友同窓会機関誌『滬友』第21号（1923年3月）編輯後記欄には、学芸部が年3回発行すると告知されている。学芸部発行物としては新聞形式の『江南学誌』（1930）、冊子体の『第二江南学誌』（1931-1933）、『江南学誌』（1933-1940 ？）がある。

61) 山名正孝。香川県生まれ。岡山第一中学校を経て東同文書院第26期生。後、関西学院高商部教授、神戸商科大学教授、大阪経済法科大学教授として中国経済研究に従事。勲三等瑞宝章（大学史編纂委員会、前掲書、516頁）。

62) 大学史編纂委員会、前掲書、230頁。

63) 郁達夫「公開状答山口君」『洪水』半月刊、第3巻第30期、1927年、『郁達夫文集』第8巻海外版、香港：生活・読書・新知三聯書店香港分店、1984年、29-34頁。

64) 安斎庫治（1905-1933）、福島県生まれ。大連第一中学卒。東亜同文書院に入学第27期生、満鉄派遣学生。東亜同文書院内で左翼運動を展開した。戦後は日本共産党などで活動する。

65) 尾崎庄太郎（1906-1991）。徳島県生まれ。撫養中学校卒。東亜同文書院第26期生、満鉄派遣学生。天津支那問題研究所、満鉄北支経済調査所で中国研究に従事するが、反戦運動に関わり思想犯として服役。戦後は中国研究所理事を務めた。

66) 奥村栄「激流の中の学芸部」大学史編纂委員会、前掲書、231頁。

67) 尾崎秀実（1901-1944）、岐阜県に生まれ台湾で育つ。台北第一中学校、第一高等学校、東京帝国大学法学部卒業。朝日新聞社に入り上海支局特派員（1928-1932）。後に近衛文麿のブレーンとして活躍するが、ゾルゲ事件で逮捕され刑死した。

254 第2部 第3章

68) 王学文。中国共産党党員。京都帝国大学で河上肇に学んだ。後に延安に入り、マルクス・レーニン学院副院長を務めた。

69) 中西功（1910-1973）、三重県生まれ。1929年に東亜同文書院に入学するも1931年第一次学生検挙事件で退学処分。満鉄に入り「支那抗戦力調査委員会」などで中国共産党研究に従事した。戦後、日本共産党より参議院議員選挙に立候補当選している。

70) 満鉄調査部事件で逮捕された東亜同文書院出身者は、代元正成、石田七郎（第26期生、満鉄派遣）、和田喜一郎（第25期生、満鉄派遣）がいる（小林、福井、前掲書、28頁）。ゾルゲ事件に関して逮捕された東亜同文書院出身者には、西里龍夫（第25期生）、尾崎庄太郎（第26期生、満鉄派遣）、安斎庫治（第27期生、満鉄派遣）、白井行幸（第28期生）、河村好雄（第29期生）、中西功（第29期生、満鉄派遣）、水野成（第29期生）がいる（渡部富哉「ゾルゲ事件の真相究明から見えてくるもの」連載3-1-2、ちきゅう座、2008年4月30日、ちきゅう座〔http://chikyuza.net/〕〔2008年8月18日閲覧〕）。安斎、白井、水野は1931年第一次学生検挙事件で退学している。彼らの中で、西里、尾崎、白井、中西は在学時に学芸部で活動している（奥村、前掲文）。

71) 竹内好「東亜同文会と東亜同文書院」『日本とアジア』ちくま学芸文庫、筑摩書房、1993年、433頁。

72) 第25期新入生の内、安澤隆雄と上野皎が代表として教員に引率され、京都伏見の根津宅を訪問している（大学史編纂委員会、508頁。安澤、前掲書、20頁）。

73) 「三部の書」。漢字の字源、明治史、『論語』の註釈の3つである。『論語』註釈は抄本が著され根津の倫理の授業で用いたことがあるというが未見、また他の2つは執筆されたのかも不明である（東亜同文書院滬友同窓会編『山洲根津先生伝』根津先生伝記編纂部、1930年、144-145頁）。

74) 東亜同文書院滬友同窓会、前掲書、190-192頁。

75) 大内が代表をつとめた時期の山洲会では、日清貿易研究所での根津の教え子にあたる土井伊八の話を記録している（東亜同文書院滬友同窓会、前掲書、229頁）。大内卒業後、山洲会の活動は一時途切れたものの、1932年に復活し、根津に招聘され東亜同文書院教授となった山田謙吉、孫文の協力者山田良政の弟で東亜同文書院開学時の職員であった山田純三郎、上海総領事石射猪太郎（第5期生）など上海在住の関係者の講演を主催している（大学史編纂委員会、前掲書、243頁）。いつ頃まで活動していたのかは不明だが、1936年の学芸部機関誌『江南学誌』（第16号）に曽木卓「山洲会記事」なる記事がある。

76) 根津一伝記編纂作業は1925年にはじめられた（東亜同文書院滬友同窓会、前掲書、5頁）。中山優は『山洲根津先生伝』について、「この本の執筆者は多分故山田岳陽〔謙吉〕翁と思う」（中山優「根津先師を偲びて」滬友会、前掲書、87頁）と述べている。

77) 中山、前掲文、91頁。

78) 栗田尚弥「引き裂かれたアイデンティティ——東亜同文書院の精神史的考察」ピーター＝ドウス、小林英夫編『帝国という幻想』青木書店、1998年、99-107頁。

79) 『東亜同文会報告』第18回、1901年、5頁。「興学要旨」にはいくつかの版があるが、本文では確認できる最も古いものを引用した。

「満洲国」の中国文学翻訳家大内隆雄と東亜同文書院　　255

80）野間清「日清貿易研究所の性格とその業績——わが国の組織的な中国問題研究の第一歩」
　　『歴史評論』第167号、1964年。山田良介「東亜同文会の中国「保全」論に関する一考察
　　——『東亜時論』における議論を中心に」『九大法学』第85号、2002年。

81）根津一は、1911年辛亥革命について、「我が国が之に干渉するが如きは支那の為にも、
　　また我国の為にも毫も利益なきして、害のみあることである」（『太陽』1911年12月号、鈴
　　木正節『博文館「太陽」の研究』アジア経済研究所、1979年、31頁、山田前掲文より孫引
　　き）と述べている。

82）東亜同文書院滬友同窓会、前掲書、352頁。

83）根津一「立教網領」前掲『東亜同文会報告』第18回、9頁。

84）根津一の講義録には、「今又古本大学に依る。則ち巻首に王陽明の序文を掲ぐこれ後本
　　章に入るに当り、対照説明するの要あればなり。此の序文実に大学の要を論じ得て余蘊な
　　し。」（川畑豊治（第3期生）「山洲根津一先生の『古本大学』講義」前掲『東亜同文書院大
　　学史』1955年、101頁）とある。

85）川畑、前掲文、99頁。

86）同上。

87）東亜同文書院滬友同窓会、前掲書、141-142頁。

88）『支那』第18巻第3号、1927年、100頁。

89）山口慎一「支那戯曲の推移」『満鉄読書会雑誌』第12巻第9号。筆者未見。

90）『読書会雑誌』を発行する読書会については、南満州鉄道株式会社編『南満州鉄道株式
　　会社十年史』（1919年、原書房、1974年復刻）には、「初メ従事員相互ノ親和ヲ敦フシ、業
　　務ニ関スル学芸ノ研究ヲナシ、併セテ従事員訓練ノ補助ニ供スル目的ヲ以テ会員組織（会
　　費一箇月十銭）トシ、四十二年四月ヨリ毎月一回自習会雑誌ナルモノヲ発刊シ啓蒙修学ノ
　　便ニ資セシ、カ、大正三年一月之ヲ読書会雑誌ト改称シ会社傭人ヲ除ク（入会希望ノ傭人
　　ハ入会ヲ許ルス）其他ノ社員ハ全部入会セシメ（会費一箇月十銭）、以テ今日ニ至レリ而
　　シテ一方学会ヲ設ケ業務ノ余暇希望ノ社員ニ各種語学及法制経済等ノ教授ヲ為サシメ、又
　　ハ来遊ノ学者名士ニ講演ヲ請フ等研究ト修養上得ル所尠カラス」（同書、144頁）とある。
　　また、元社員の回想では、「会社の外郭団体のような独立の組織であったが、実質は会社
　　が社員訓練のために設けた機関であって、その機関誌が『読書会雑誌』である。したがって、
　　誌上に発表された公告は、『社報』が業務一点張りであったのに比べ、会社の文化活動に
　　関する意思伝達の手段であった」（渡辺諒「社歌制定のいきさつ」『満鉄史余話』満鉄会叢
　　書2、龍渓書舎、1986年、21頁）とある。

91）伊藤武雄『現代支那社会研究』同人社書店、1927年。

92）『支那』第18巻第6号、1927年6月、93-94頁。

93）『支那研究』、『支那』など東亜同文書院、東亜同文会関係雑誌については、石田卓生「東
　　亜同文書院・東亜同文会雑誌記事データベース収録文献解題」（愛知大学東亜同文書院大
　　学記念センター編『東亜同文書院・東亜同文会雑誌記事データベース』愛知大学東亜同文
　　書院大学記念センター、2008年3月、（http://toadb.aichi-u.ac.jp/DB Kaidai.pdf、2019年2月17
　　日参照）を参照のこと。

94）「支那経済の発展とその問題」（『支那』第21巻第1号、1930年）、「支那政治情勢の理論
　　的解明」（同第21巻第6号、1930年）、「支那新文化運動と西洋思想」（同第25巻第10号、
　　1935年）、以上すべて本名山口慎一の名による。

95）東亜同文書院滬友同窓会、前掲書、354頁。

96）同上、358頁。

97）同上。

98）川畑、前掲文、99頁。

99）同上、100頁。

100）岡田、前掲書、223-224頁。

101）ダグラス＝R＝レイノルズは、「東亜同文書院設立当初から日露戦争（1904-1905）まで
　　は、日中協力友好という点において『最も素晴らしい時期』であった。」（ダグラス＝R＝
　　レイノルズ、野原万佐子訳「東亜同文書院とキリスト教ミッション・スクール──半植民
　　地化中国における外国教育機関との比較」ピーター＝ドウス、前掲書、78頁）と述べている。

第4章

非正規学生から見る東亜同文書院教育の一側面
――水野梅暁と藤井静宣（草宣）について――

第1節　はじめに

　本章は、東亜同文書院の教育の実態と、それが就学者に与えた影響を、この学校の聴講生であった水野梅暁（1877-1949）と藤井静宣（草宣）（じょうせん・そうせん、1896-1971）を事例として明らかにしようとするものである。

　東亜同文書院は、中国市場での商業活動に従事する人材養成のための高等教育レベルのビジネススクールとして1901年上海に開校した[1]。日中間で活動するビジネスマンを養成するということは、日中関係が安定していることが前提であり、設立趣意書に相当する「興学要旨」に「固日清輯協之根[2]」（日本と清国の提携の基盤を固める）とあるように、日中提携を目指す学校であった。

　この学校については、「大調査旅行」がよく知られている。これは中国を中心とするアジア地域で実施されたフィールドワークのことである。学生だけの力で、各地の地理や政治経済、文化習慣など地誌的な調査を実施した。その結果は卒業論文に相当する『支那調査旅行報告書』にまとめられ[3]、さらに中国に関する百科事典『支那省別全誌』（東亜同文会、1917-1920）、『新修支那省別全誌』（東亜同文会、1941-1946）の編纂に利用され、現在では当時の中国の実情を知りうる貴重な資料として評価されている[4]。

　東亜同文書院は、1945年日本の敗戦によって閉校を余儀なくされるまでに5000人近くの卒業生を出し、学校側が目標としたビジネスマンだけではなく[5]、石射猪太郎（第5期生、駐ブラジル大使、東亜局長、上海総領事）、米内山庸夫（第8期生、杭州領事）、清水董三（第12期生、中華民国公使、外務審議官）、小崎昌業（第42期生、旧制愛知大学第1期生、ルーマニア大使）などの外交官、南カリフォルニア大学やコロンビア大学で経済学を学んだ坂本義孝（第1期生、東亜同文

院教授、上海聖約翰大学教授）や中国語学の熊野正平博士（第17期生、一橋大学教授）、東洋史の小竹文夫（第19期生、金沢大学教授、東京教育大学教授）、魚返善雄博士（第27期生）をはじめとする多数の学者、書家の宮田武義（第12期生）や「満洲国」で中国語文学作品の翻訳家として活躍した大内隆雄事山口慎一（第25期生）といった文化人など多彩な人材を輩出した。

学生は各道府県から2－3人ずつ派遣された者を主としていたが、1937年のある県では定員3名に対して受験者が50名となったり[6]、大学昇格後の1941年には20倍の競争[7]となったりしたように志望者がきわめて多かったことから、入学試験を課して私費生も受け入れていた。

これまで東亜同文書院を考える際、その事例として取り上げられてきた学生とは、こうした正規の学生である。しかし、実際には後述するように入学試験を経ずに入学した者もいた。このことから、正規の学生にのみ基づく考察だけでは、東亜同文書院の一側面しか捉えられない可能性があり、焦点があてられてこなかった非正規学生の生活や卒業後の活動も把握する必要がある。

本章は非正規学生の中で、特に水野梅暁と藤井静宣の学生生活や卒業後の活動を取り上げる。

東亜同文書院はビジネススクールである。非正規学生であっても入学理由がビジネスに関わるものであるならば、教育という点では正規学生と大きな違いはない。しかし、彼ら2人は仏教の僧侶であり、ビジネスマンとはおよそかけ離れた宗教者であった。そうした東亜同文書院が本来教育対象とはしていなかった彼らの東亜同文書院での学びが、どのようなものだったのかを把握することによって、東亜同文書院の新たな姿を明らかにすることができるのではないだろうか。

第2節　東亜同文書院の学生の種別

東亜同文書院の学生の種別については、佐々木亨「東亜同文書院への府県費による派遣生の選抜制度――愛知県の場合」（『愛知大学文学論叢』第126号、愛知大学文学会、2002年）、同「東亜同文書院入学者の群像――海を渡って学びに行った若者たち」（『同文書院記念報』第11号、愛知大学東亜同文書院大学記念セン

ター、2003年）、松谷昭広「東亜同文書院への外務省留学生の派遣——1910–1920年代の委託教育を中心に」（『教育学研究集録』第27号、筑波大学大学院博士課程教育学研究科、2003年）の研究があるが、それらが学生を規定する資料として依拠しているのは、1910年当時の規定以降の東亜同文書院編『東亜同文書院一覧（東亜同文書院、1911年）』である。

　本章では、1910年より前のものも参考にし、水野と藤井が在学した時期の東亜同文書院生の種別を見る。

　東亜同文書院は、アジア諸国と日本との交流促進を目的とした東亜同文会が運営した私立の高等教育機関である。しかし開校当初は正式な学位を取得できる学校ではなく、現代でいうところの無認可校であり、いわば私塾であった。

　1908年当時の「東亜同文書院章程」は、学生を次のように規定している。

　　第十八条　諸生入学除院長臨時特允外例以毎学年之始為定期
　　第十九条　諸生願入学須照下項甲号憑式填写願結並具学業履歴稟明於東亜同文会本部而招考登第者当准入学但取具衙門咨文及領有準中学畢業文憑者或準不用考試而入学
　　第二十条　招考分為気品体質及学業之三科学業準拠中学校畢業生[8]
　　大意：第18条　入学は院長が臨時に特に認める以外は学暦の初めと定める。
　　第19条　入学を希望する者は、後掲の甲号書式〔入学願書〕ならびに学業履歴書を作成し、東亜同文会本部での入学試験に合格して後、入学を認める。ただし、官公庁の公文書ならびに中学校卒業証明書がある者は入学試験を免じることがある。
　　第20条　選考は気品、体質、学業の3項目で行い、その学業は中学校卒業程度とする。

　ここでは特に学生の種別について記されていないが、開校時から各府県が学費を負担する学生がいた。

　〔1901年の〕全国学生募集遊説ノ結果ハ意外ノ好成績ヲ収メ得タルヲ以テ

自費生ノ撰択試験ハ本部ニ於テ直接之ヲ執行シ公費生ノ撰択ハ全ク府県知
　　事ニ一任セシガ公費生ニシテ合格セシモノ五拾一人自費生ニシテ合格セシ
　　モノ十八人ナリキ[9]

「公費生」とは派遣元の各府県が学費を負担する学生のことである。

　実績があるわけでもない私塾の東亜同文書院に公金が投じられることになっ
たのは、これを運営する東亜同文会の会長が近衛篤麿であったことが大きく影
響している。

　彼は摂関家筆頭の家柄で公爵に叙爵された近衛家の当主であり、当時帝国議
会貴族院議長の任にある有力な政治家でもあった。その彼が東亜同文書院の前
身である南京同文書院開校時に各府県会議議長に対して次のような要請をして
いるのである。

　　経費御多端の折柄御困難の事とは御察し申上候得共県（府）費を以て年々
　　二三名以上の留学生を御派遣相成卒業の後内国に在りては支那に対する公
　　私事業の調査者となし紹介者となし又一面には直接彼国に在りて便宜の事
　　業に従事せしめられ候はゞ県（府）下の為めに一大御利益を得る事と存申
　　候。学費は一人に付一箇年二百四拾圓の予算にして中學卒業者若しくは之
　　と同等以上の学力を有する学生を派遣相成度候[10]。〔下線は引用者〕

　これを受けて南京同文書院、その後身である東亜同文書院に府県が学費を負
担する学生が派遣されるようになった。こうしたことは、東亜同文書院に準公
立的なイメージやステータスをもたらすと同時に安定的な収入源を確保するこ
ととなった。1903年からは「学生ノ種類ハ先ツ公費生ヲ採リ定員[11]ニ照シテ
余地アル時ハ自費生ヲ採用スルノ方針[12]」として、公費生を主として運営する
ことが確かめられている。

　その後、東亜同文書院は毎年100名程の卒業生を輩出するなど教育実績を挙
げ続け、1905年からは卒業生に学士を自称させるようになり[13]、また外国に
居住する者にも徴兵が適用されるようになった1907年には5カ年の徴兵猶予[14]
が認められるなど、日本の高等教育機関としての体裁、内実を整えていったの

非正規学生から見る東亜同文書院教育の一側面　　261

である。

　1911年刊の『東亜同文書院一覧』を見ると、表紙には「文部省認定」と印字され、「専門学校令」と「実業学校令」の文章を収録しており、両勅令に準拠するいわゆる実業専門学校を目指していたことがわかる。「東亜同文書院章程」にも手が加えられており、学生についての規定は開校時よりも詳細なものとなった。

　　第十八条　本院学生ハ府県費生、公費生、私費生ノ三種トシ其採用ノ順序
　　ハ第一府県費生ヲ採リ次ニ定員ニ照シ余地アレハ公費生ヲ採リ尚余地アレ
　　ハ私費生ヲ加フ但府県費生ハ毎府県三名ヲ超ルコトヲ得ズ
　　第十九条　入学期ハ毎学年ノ始ヲ以テ例規トス但院長ノ見込ニ由リ臨時之
　　ヲ許スコトアル可シ
　　第二十条　入学志願者ハ中学校ヲ卒業シタル者又ハ専門学校入学者検定規
　　程ニ依リ試験検定ニ合格シタル者若シクハ同規程第八条第一号ニ依リ指定
　　ヲ受ケタル者ニシテ品行方正志操堅確身体健全ノ者タルコトヲ要ス
　　但甲種商業学校卒業生ハ特ニ商務科ニ限リ中学卒業生ニ準シ入学スルコト
　　ヲ得
　　第二十一条　府県費生ノ入学ニ付テハ当該府県費知事ヨリ本人ノ学業履歴
　　書ヲ添ヘ其旨東亜同文書会本部ニ申込ムベシ公費生亦之ニ準ス私費入学志
　　願者ハ甲号書式ニ依リ学業履歴書ヲ添ヘ東亜同文会本部ニ願出ヅベシ
　　第二十二条　凡テ入学志願者ハ東亜同文会本部ニ於テ所定ノ入学試験ヲ受
　　クベシ但府県費生ニ在リテハ当該府県ニ於テ前条規定ノ資格ヲ具備スル者
　　ニ就キ施行セル選抜試験ニ合格シタル者ハ本部ニ於ケル入学試験ヲ省略シ
　　テ入学セシムル事ヲ得公費生亦之ニ準ス
　　入学試験ハ人物、体格、学術ノ三科トシ其学術ハ中学校卒業以上ノ程度ト
　　トス
　　第二十三条　私費入学ノ許可ヲ得タルモノハ乙号書式ニ依リ保証二名ヨリ
　　在学保証書ヲ差出ス可シ[15]〔下線は引用者〕

　それまで「公費生」と呼んできた学生を「府県費生」とし、新たな規定の「公

費生」が挙げられている。これは各地の育英会、教育会からの派遣生のことで[16]、1910年代後半以降の外務省や満鉄からの派遣生もこれに分類される。

さらに1918年までに「東亜同文書院章程」の学生についての条項が次のように改められた。

第二十条　本院学生ハ府県費生公費生準公費生私費生ノ四種トシ其採用ノ順序ハ第一府県費生ヲ採リ次ニ定員ニ照シ余地アレハ公費生ヲ採リ尚余地アレハ準公費生、私費生ヲ加フ但府県費生ハ毎府県三名ヲ超ヘザルヲ例トス[17]〔下線は引用者〕

ここでは「準公費生」という学生が加わっている。これについて佐々木は「性格は曖昧で、私費生と別に区別されている理由が筆者には理解できなかった[18]」と述べているが、府県費生と公費生は派遣元が選考を行うのに対し、準公費生と私費生は東亜同文会による入学試験を受験することになっていることから[19]、選考方法の違いに基づく区別だと考える。

なお、大学昇格後の「東亜同文書院大学学則」では、学生の種別は「第六十六条　大学予科生徒ハ府県費生公費生及私費生トシ[20]」というように3種しかなく、準公費生は消えている。

以上の府県費生、公費生、準公費生、私費生は「東亜同文書院章程」や「東亜同文書院大学学則」で規定されている正規の学生である。東亜同文書院の『学籍簿[21]』には、それらとは別に聴講生、科外生、実習生という学生が記されている。これらは章程や学則には記述がない非正規の学生である。どのような性格であったのかを知ることができる資料を見いだしえていないが、その名称から学位が与えられないものであったと考える。

こうした東亜同文書院の学生の種別をまとめると「図2-4-1」のようになる。

外務省委託生は外務省派遣[22]、満鉄委託生は満鉄派遣[23]の学生である。

農商務省海外実業練習生とは、農商務省（1925年に農林省と商工省に分割）が派遣した留学生である。東亜同文書院の前身南京同文書院には安永東之助、柴田麟次郎[24]、東亜同文書院では坂田長平[25]（第1期生）がいたと伝えられるが[26]、派遣生の報告をまとめた『農商務省商工局臨時報告[27]』に彼らのリポートは見

非正規学生から見る東亜同文書院教育の一側面　　263

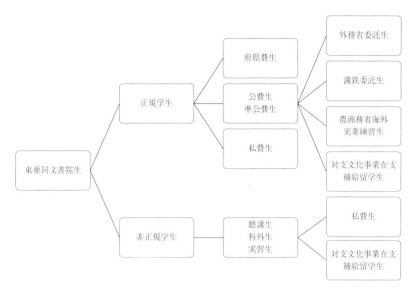

図 2-4-1　東亜同文書院学生の種別

いだしえない。

　対支文化事業在支補給留学生は、義和団事件賠償金と山東半島利権返還補償金を基金として、1923年から日中共同で始められた文化事業での派遣生である。

第3節　水野梅暁と東亜同文書院

　さて、藤井静宣と水野梅暁は、東亜同文書院でどのような立場で学んでいたのだろうか。

　最初に確認しておかなければならないのは、彼らの名前が東亜同文書院『学籍簿』には記載されていないということである。彼らは非正規の学生としても公式には記録されていないのである。

　まず、水野について見ていくが、彼の経歴は不明な点が多い。東亜同文書院に来たことについても院長根津一に随伴してきたと伝えられているだけである[28]。一説には、前身校である南京同文書院に在学していたともいう[29]。

　先行研究による水野の紹介[30]をまとめると、おおよそ次のようなものとなる。

図 2-4-2　水野梅暁（東亜同文書院第1期生『東亜同文書院第一期生渡支満二十年記念写真帖』私家版、1921年）

1877年あるいは1878年旧福山藩士金谷俊三の四男として現在の福山市に生まれ、曹洞宗の僧水野桂巌の養子となり[31]、13歳で出家。京都の臨済宗大徳寺高桐院で国学者高見祖厚に学び、また哲学館（現・東洋大学）でも学んだことがあるという。その後、上海に渡り東亜同文書院に入る。1905年曹洞宗開教師として湖南省長沙に僧学堂を開設。1909年までに浄土真宗本願寺派法主大谷光瑞の知遇をえて浄土真宗本願寺派に転じた[32]。1914年東方通信社調査部長として『支那時事』刊行に従事する。1924年支那時報社設立。この間、ジャーナリストや僧侶として日中間で活動しただけではなく、「満洲国」では満日文化協会理事を務めた。1949に病死している。

また、後掲する1931年の陸軍文書に「水野梅暁ハ元僧籍[33]」とあることから、1931年までに彼は還俗していたようである。

東亜同文書院時代のことについて、水野は東亜同文書院同窓会誌『会報』に次の文を寄せている。

明治三十五年〔1902〕の夏であります私が支那に参りまして一年を経た時丁度この書院の文庫の係員をしてをりました暇を得て甯波に遊び僧界の研究をなさんと天台山に登りました〔中略〕〔中国人僧と湖南で仏教事業を起こすことについて話し合ったが〕勿論語は通ぜず筆頭でやりました時に三十六年〔1903〕七月でありました帰りまして根津院長及井手氏〔井手三郎・東亜同文会幹部〕にこの事を談じましたが大に賛成を得後少々蹉跌も出来ましたが兎に角彼地に行く事に決し翌年〔1904〕三月長沙に至り笠雲

僧を訪ひました[34]〔下線は引用者〕

　水野は文庫の係員、すなわち図書室の事務員であり、学生ではなかったのである。

　注目したいのは、中国人とやりとりをするに際して「勿論語は通ぜず筆頭でやりました」と述べていることである。この言葉は4通りに理解することができる。

①中国語ができなかった。
②中国語がまったくできないわけではないが、内容が仏教の活動に関わる難解なものであったことから筆談となった。
③北京語だけを学んでいたため[35]、相手の中国語が南京語〔南京官話〕あるいはその他の方言だった場合は会話が成り立たずに筆談となった。
④自分が文庫係員でしかなかったことを知っている正規の学生の前で、中国語ができると言うのをはばかった。

　東亜同文書院在学中は上海で暮らし、休暇中には天台山に旅し、また次のようにも述べていることから中国語がまったくできなかったとは考えられない。

　　予が蹶然笈を負ふて渡清し、故恩師根津先生の門に入りて、先づ語学の習得と同時に欧米の清国に対する伝道政策の内容を研究したる結果が、即ち「道は近きにあり、遠く之を他に求むるを要せず」との確信を得たのである[36]。〔下線は引用者〕

　ここでは、東亜同文書院院長根津に入門、すなわち東亜同文書院に入った主な目的を、語学習得と欧米諸国の清国での布教活動研究だと述べている。このことから、中国語を東亜同文書院で学んでいたことは明らかであり、①以外はいずれも可能性があるということになる。また、2つ目の入学目的について、実際に『支那に於ける欧米の伝道政策』（仏教徒有志大会、1915年）[37]を出しており、このことは『会報』の一文の正確性を補強する。

ただ、「勿論語は通ぜず筆頭でやりました」という文が、東亜同文書院の同窓会誌に掲載されたということを考えると、④である蓋然性がきわめて高い。東亜同文書院が教えていた中国語は北京語〔北京官話〕であったし、水野は2年程しか学んでいないのだから、実際には②や③という状態であったのだろう。それでも、わざわざ言葉が通じなかったと記すのは、正規の学生として卒業した同期がひもとく同窓会誌上で、学生でなかった自分が中国語に長けているかのように読めてしまう文章になることを避けたのではないだろうか。

　実際、正規の学生と水野の間は一線が画されていたようである。内藤熊喜（第1期生）は次のように述べている。

　　水野梅暁は実習生のような形で在学、高昌廟[38]の学校門衛をつとめ、学生の出入りを点検するのが役目であった。卒業前年三十六に湖南の長沙にゆき、景色のよいところにあった寺に納まってしまった。やがて帰国し、実力かどうか知らないが、金襴の袈裟を許されて長崎に帰った[39]〔下線は引用者〕

　内藤は水野を門衛だと述べている。思うに学校の雑務係だったということなのだろう。

　この内藤の文には、水野は自分と同列の学生ではなかったことを強調しようという意識や、彼に対して良い感情を抱いていないことがあらわれている。正規の学生から見ると、水野は明らかに自分たちとは違う立場だったのである。

　以上のことから、水野は何ら選考をへることなく根津院長との縁故を頼って東亜同文書院に入り、学校の雑務をこなしつつ、中国語の授業を受けるという状態であったことがわかる。

　そもそも東亜同文書院はビジネススクールであり、語学以外で僧侶である水野が学ぶような教育内容はない。

　さて、東亜同文書院第1期生が中国に渡ってから20年後、『東亜同文書院第一期生渡支満二十年記念写真帖』（東亜同文書院第1期生、1921年）が刊行された。そこには正規の第1期生たちと共に水野の写真も収録されている（「図2-4-2」）。学生ではなかったが、長沙で仏教事業を起こしたり、外務省系の東方通信社の

調査部長となったりするなど、日中間での目覚ましい活動によって[40]、卒業生に準じる扱いがなされるようになったのである。

第4節　藤井静宣と東亜同文書院

藤井静宣について先行研究を参考にしつつ[41]、藤井の著書[42]の記述も踏まえて、その経歴を見ていく。

1896年3月4日、真宗大谷派真浄寺（愛知県碧海郡若園村[43]、現・同県豊田市中根町）の住職で、かつて大浜騒動[44]にも加わった岐阜県高山別院輪番藤井至静の長男として生まれた。後に父が浄円寺（当時、愛知県豊橋市花園町、後に同市大村町に移転）の住持となり豊橋に移る。短歌を能くし、大谷大学在学中には若山牧水の弟子[45]となり、歌集『燃ゆる愛欲』を草宣名義[46]で出している。1922年、大谷大学を卒業すると、宗派中立の宗教専門新聞社中外日報に入社、東京特派員となる。

図 2-4-3　藤井静宣（草宣）（藤井草宣『墨袈裟』豊橋文化協会、1964年）

1924年、中外日報を退社し、『教友新聞』を設立した（1925年まで）。1925年、東亜仏教大会に参加し、水野梅暁と知り合う。1926年、『現代仏教』事務部。1927年、中国を旅行する。1928年から東亜同文書院留学、1932年に帰国。その後は、真宗大谷派僧侶として1935年に中支開教監督、1937年に北京別院輪番、1939年に中支南京東本願寺主任兼中南支開教監督部、1941年に上海別院輪番を務めた。また、1933年に第2回汎太平洋仏教青年会大会準備会中華班長、1935年に日華仏教学会常務理事、1940年に東方仏教協会海外通信部欧米印度支那朝鮮方面担当、日華仏教連盟南京総会理事、1941年には中支宗教大同連盟理事として日中間の仏教交流に尽力した。1943年に帰国するが特別高等警

察に軍事機密に触れる発言をしたとして陸軍刑法違反容疑で逮捕され、禁固3年6カ月、執行猶予3年の判決を受けた[47]。戦後は豊橋市の浄円寺の住職を務めつつ、短歌の創作や指導に精力的に取り組むなど豊橋地域の文化振興に努め、1971年に亡くなった。

藤井の東亜同文書院留学については、前述したように『学籍簿』に名前はないものの、本人が1935年外務省に提出した履歴書によって概要を把握することができる。

履歴書

藤井　静宣

明治二十九年三月四日生

一、大正十一年　在京都大谷大学卒業、爾来東京に於て支那仏教の研究に従事す。

一、大正十四年十一月　東亜仏教大会に際し水野梅暁氏の秘書となりて準備に従事し大会に来朝せる支那仏教代表の周旋及び紀要編纂に当る

一、昭和二年五月　自費を以て満洲、支那の視察旅行を為し一ケ月余にて帰朝す。

一、昭和三年八月　水野梅暁氏と同行して上海に留学し東亜同文書院の聴講生となり同院内に居住す昭和六年春より上海王一亭居士の推挙によりて閘北の世界仏教居士林に入て読学等の実修を努むると共に日華仏教の連絡提携に専心す。此間、昭和五年十月より外務省文化事業部第三種補給生となり、月額金五拾円を給与さる。

一、昭和六年年末に到り排日運動熾烈となり居士林を逐はれ次で上海事変突発によりて帰朝、休学願を提出す

一、昭和七八年四月文学博士高楠順次郎氏編纂の「支那仏教人名辞典」中の近世現代の部を担当し、年末完了す。

一、昭和八年九月　第二回汎太平洋仏教青年会大会準備会中華班長となる

一、昭和九年五月　文化事業部長の依嘱により文学博士鈴木貞太郎氏一行の支那仏蹟巡拝団の案内を為し、又兼ねて第二回汎太平洋仏教者大会に関する支那側との連絡に当り、同大会には中華班長として尽力す。

一、昭和十年六月　日華仏教学大会の結成を果し常務理事に就任す。

　　　　　　附記

従来右記の如き研究調査報告を発す

1、最近支那の宗教迫害事情（菊版百頁余）刊行（昭和六年）

2、最近日支仏教の交渉（菊版五十頁）刊行（昭和八年）

3、現代支那の仏教（四六版二十頁）（「国民仏教聖典」中）刊行（昭和九年）

4、現下の支那仏教界の情勢（菊版十六頁）刊行（昭和十年）

5、仏教的日支提携（謄写版刷二十頁）刊行（同上）

6、僧侶より見たる清代仏教（「現代仏教」誌発表（今年十月号）

7、清廷と仏教・殊に臨済宗（版二十頁）「大谷学報」（今年十月号）

此外、「中外日報」「教学新聞」及び「禅の生活」等に小論篇を随時発表して日支提携及び現代支那事情の報道すに努む　　以上

右の通り相違無く候也

昭和十年十月四日　　藤井静宣㊞[48]

　履歴書を参考に藤井の上海留学をまとめたものが「表2-4-1 藤井静宣（草宣）上海留学年表」である。

　藤井は、1928年8月に水野梅暁の斡旋で東亜同文書院に聴講生として入った[49]。1930年10月からは外務省対支文化事業在支第3種補給生（月額50円付与）となった。この補給生とは1930年に外務省対支文化事業として始められたもので、次の3種がある[50]。

　第1種　日本の小学校を卒業し、中国の中等学校等に修学する日本人に月額35円以内を支給する。

　第2種　日本の中学校を卒業し、中国の高等教育程度の学校に修学する日本人に月額70円以内を支給する。

　第3種　日本の大学や専門学校を卒業し、中国の大学や大学院に修学する日本人に月額120円以内を支給する。

　東亜同文書院は日本の教育機関であるが、中国に校舎をおいていたことから、第3種補給の対象として認められたと考える。

　1931年春からは、上海の有力実業家で熱心な仏教活動家でもあった王一亭

270　　　　　　第2部　　第4章

表 2-4-1　藤井静宣（草宣）上海留学年表

	藤井静宣	東亜同文書院	世の中の動き	
1928年 昭和3 民国17	水野梅暁の口添えで東亜同文書院聴講生となる（徐家匯虹橋路）（32歳）	1学校バス虹口運行 3青木喬退職 7『華語月刊』創刊 11日中学生同居許可 12殷汝耕（43歳）講演	2日本第1回普通選挙、郭沫若日本亡命 5済南事件 6張作霖爆殺、国民党北京入城 8不戦条約、国際連盟が国民党政府承認 10蒋介石国民政府主席（－1931）、ソ連第1次五カ年計画（－1932） 12東北易幟、イタリアファシスト独裁	
1929年 昭和4 民国18		清水董三（36歳）退職し外務省入省 4陳彬龢（ちん・ひんわ；32歳）特別講義 6犬養毅（74歳）、頭山満（74歳）講演	1梁啓超死（1873－） 2ソ連トロツキー追放、スターリン独裁 8ツェッペリン飛行船世界一周 10世界恐慌始まる（－1932） 11中共陳独秀除名	
1930年 昭和5 民国19	10外務省対支文化事業在支第三種補給留学生（34歳）	4『華語萃編』初集第3版刊行 5『山洲根津先生伝』刊行 9中華学生部学生募集停止 11第1次学生ストライキ 12左翼学生検挙（反戦ビラ配布）	1－4ロンドン軍縮会議 3中国左翼作家連盟成立 5日華関税協定 中国、中原大戦 9ドイツ総選挙ナチ党躍進 11九鬼周造『「いき」の構造』刊行	昭和恐慌
1931年 昭和6 民国20	春王一亭の推薦で世界仏教居士林（上海仏教居士林）（35歳） 9『支那最近之宗教迫害事情』（浄円寺）刊行	1近衛文麿（40歳）院長退任、大内暢三（57歳）院長代理就任 3中華学生部部長坂本義孝（47歳）退職 4魯迅（50歳）特別講義 12大内暢三院長就任	4スペイン革命、上海自然科学研究所開所 5アメリカモラトリアム宣言、広東国民政府 7万宝山事件 9満洲事変、イギリス金本位制停止 11毛沢東瑞金中華ソビエト共和国臨時政府	
1932年 昭和7 民国21 大同元	1－2帰国「休学願」提出（36歳）	3長崎疎開 4上海復帰	1第1次上海事変、ソ連第2次五カ年計画 2リットン調査団 3「満洲国」建国宣言	

*藤井静宣の東亜同文書院留学は両矢印の期間

の推薦を受けて中国の仏教修行、研究施設である世界仏教居士林に入った。

　居士林とは、居士すなわち在家信者の施設である。出家した僧の施設が寺院であるのに対し、在家のそれが居士林である。

　現在知られている上海の仏教居士林は静安寺地区の常徳路にあるが、これと彼が学んだ施設は異なる場所にあり、藤井自身が「中華民国、上海、閘北新民路国慶路口世界仏教居士林[51]」と住所を記しているように、蘇州河の北域にあった。また、彼は「世界佛教居士林の二層楼で、起床時間の黎明四時過より六時の食事までに……[52]」と述べており、留学途中で滞在先を東亜同文書院から世界仏教居士林に移していたことがわかる。東亜同文書院は上海西郊の徐家匯虹橋路にあり、そこから世界仏教居士林があった閘北に通うのは距離的に難しい。

　世界仏教居士林と藤井との関係は、彼が日本にいた時期から始まっている。それがわかるのは、藤井静宣（草宣）資料[53]に含まれる『世界仏教居士林林刊』第6期（世界仏教居士林、1923年）の表紙に「贈呈　教友新聞社主任　藤井先生　本刊編輯主任　顕薩　函贈」と記されているからである（図2-4-4）。彼が教友新聞に関わっていたのは1924年から1925年にかけてのことで、1925年には東亜仏教大会に参加しており、その時点から世界仏教居士林とつながりがあったのである。

　以上から、藤井の上海留学は1928年8月から1932年初頭の期間であり、そのうち東亜同文書院では1928年8月から1931年春まで、それ以降は世界仏教居士林で学んでいた。第一次上海事変の影響をうけて1932年初めに帰国しているが、上掲履歴書にはその際に「休学願」を出したとある。それが東亜同文書院宛てなのか、それとも世界仏教居士林宛てなのかは明記されてい

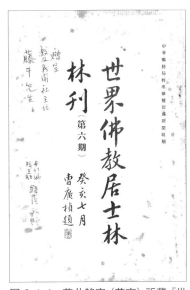

図2-4-4　藤井静宣（草宣）所蔵『世界仏教居士林林刊』第6期、1923年

ないが、外務省の第3種補給生は中国で大学程度の教育機関に在学する必要が
あり、宗教施設である居士林がそれに該当していたのかは不明である。あるい
は、学籍は東亜同文書院に置いたままだったとも考えられる。

　藤井の上海留学中、中国は国民党による一応の統一を成し遂げていた。日本
は幣原外交による協調外交、中国への内政不干渉路線を展開したが、世界恐慌
に起因する昭和恐慌によって社会不安が増す中で軍部が急速に台頭、満洲事変
によって日本の中国への侵略姿勢があらわになった時、彼の上海留学は突如終
わりを迎えることになった。この目まぐるしい日中関係を、彼は上海で目の当
たりにしていたのである。

　では、藤井は東亜同文書院でどのような学習をしていたのだろうか。

　藤井静宣（草宣）資料には謄写版の『詩学[54]』という線装本の漢詩のテキスト
があり、中表紙には「山田先生講（昭和3年度課外）詩学　近体詩格」とある。
この時期の東亜同文書院で古典を扱っていた教員は山田岳陽である。該書には
藤井のものと見られる書き込みがあり、山田から「課外」すなわち授業外で漢
詩を学んでいたことがわかる。

　もちろん、漢詩は主要な学習項目ではなかった。藤井は、東亜同文書院在学
時に詠んだ歌を挙げつつ、次のように述べている。

　　……「新万葉集[55]」には〔藤井の歌が〕二首採録されてある。
　　日もすがら黄土や降れる広き野も木立もけむりほととぎす啼く
　　おのづから軒の風鐸鳴り出でて天童山に更くる月の夜
　　一は上海東亜同文書院に華語の聴講生であつた当時の詠であり、他の一は
　　鈴木大拙翁のお伴をして浙江の天童山に投宿した夜半の作である[56]。〔下
　　線は引用者〕

このように藤井の東亜同文書院留学の目的は華語すなわち中国語であった。

　藤井は「黄土や降れる広き野」と詠っているが、彼が学んだ東亜同文書院の
徐家匯虹橋路校舎は上海にあるといっても郊外にあり、そこは大都市あるいは
魔都といった当時の一般的な上海のイメージとはよほど異なった場所である。
1921年にここを訪れた芥川龍之介は、麦畑に囲まれた東亜同文書院の様子を

記している[57]。そのような落ち着いた環境の中で、彼は中国語学習に励み、語学力をつけた後に中国の仏教組織である世界仏教居士林に入り、中国人と共に活動したのである。

　以上、藤井の東亜同文書院時代を見てきたが、東亜同文書院に入る以前から世界仏教居士林とつながりがあることを考えれば、彼の主たる目的は東亜同文書院ではなく、世界仏教居士林であったと考えるのが妥当である。

第5節　水野梅暁の対中国姿勢について

　水野梅暁は東亜同文書院第1期生扱いとされるようになったものの、正規の卒業生にとっては特殊な存在であった。

　先に見た内藤熊喜のいささか含みの感じられる水野評にも、それを読み取ることができる。

　そうした同窓生の水野に対する違和感は、第二次上海事変で東亜同文書院が焼失した際の北京移転構想にも見ることができる[58]。これは戦禍で校舎を焼失し、再建の目途が立たなかった東亜同文書院を、北京で清華大学の施設を接収し、そこへ移そうというものであった。

　この構想を外務省東亜局長として処理した東亜同文書院第5期卒業生石射猪太郎は、1937年12月6日の日記で次のように述べている。

　　　岡部子、水野和尚〔外務省〕来訪。同文書院を北京に移すべしとの趣旨を
　　　大学制案にて巧みに説きたてる。手は見えすえて居る。所説納得出来ずと
　　　主張す。岡部子は和尚に乗ぜられたのだ[59]。

　「岡部子」とは子爵岡部長景のことである。彼は当時東亜同文書院を運営する東亜同文会理事長であった。東亜同文会会長近衛文麿が、政治家として多忙であることから、会の実務を岡部が執っていたのである。もちろん、「水野和尚」とは梅暁のことである。

　石射は移転構想の首謀者を水野だとしている。その書きぶりは明らかに水野に対して批判的である。石射は移転に反対しているのだが、それは彼1人では

なく、多くの東亜同文書院卒業生の意見でもあった[60]。彼らの反対の理由が水野1人にあるとすることはできないが、それでも彼の存在が大きく影響していた可能性が高い。なぜならば、この構想が、時の内閣総理大臣や陸軍の同意を取り付けていたにも関わらず、外務省や東亜同文書院卒業生の運動によって頓挫しているからである。学校運営団体の理事長岡部や学校OBである水野といった学校関係者の構想であるにも関わらず、東亜同文書院の外部ではなく、内部の反対の方が強いというのは、構想それ自体ではなく、その提唱者に対する抵抗感を示しており、卒業生の中での水野の微妙な立場があらわれている。

そうした水野の人間性について、藤井静宣は次のように述べている。

　　長い間私は仏界には水野老師以外に、一人も支那通はいないと思っていた。しかし必ずしも彼一人というわけではなかった。

　　　諸官庁にも顔が通り、また所謂支那通や支那浪人の方面にも顔があり、何事も敢然として一手で引き受けて、計画も立て奔走したのは水野老師一人であった。

　　　或はその性格が他との調和によっては仕事が出来なかったためかも知れない。他にいくらかの人はあっても、差し控えていた形跡もあった。この一人芝居の点が水野老師の一代男たる所以でもあったと思う[61]。

たんなる称賛でもなく、批判でもないこの言葉こそ、水野を正確にあらわしているのではないだろうか。

他者との「調和」のなさは、前述の東亜同文書院移転構想の時にも見ることができる。それは1938年の陸軍文書によってわかる。

　　東亜同文会に貸与しある家屋引上の件
　　陸軍省受領　陸支密受け第一八五二号
　　昭和一三、二、二五
　　㊙電報　　　　　　　　二、二四後　九、〇五発　一一、二六着
　　方特務電報四八五号

次官
　　宛　　　　　　甲集団特務部長
次長

東亜同文会ノ為軍ノ保護管理中ノ家屋ヲ貸与シアルモ其後同文会ハ何等ノ
活動ヲ為サス留守番ノミヲ置キアルモ斯クテハ目下北京市ナカの住宅払底
ノ現況上看過シ難キニ付之ヲ軍ニ引上クルニ付同文会ノ（水野梅暁）ニ右
の旨通告セラレ度（終）[62]

この「甲集団」すなわち北支那方面軍の要請に対して陸軍省は次のように返
した。

　　次官ヨリ甲集団特務部長宛電報　　　　　（暗号）
　　方特務電第四八五号返
　　東亜同文会ニ貸与セラレアル家屋引上ノ件水野梅暁ニ伝達セリ
　　陸軍省送達　陸支密電一三五　昭和拾参年参付き四日[63]

上掲のやりとりは、陸軍が北京で東亜同文会に貸与していた家屋をめぐるも
のであるが、東亜同文会側の責任者が水野であったということに注目したい。
　問題となっている家屋貸与が何時からのことなのかは不明であるが、1937
年に東亜同文書院北京移転が取り沙汰され、さらに1938年に入っても東亜同
文会が北京での「東亜同文大学」新設を外務省に提案していることから[64]、
1937年末から1938年初めにかけて東亜同文会が陸軍に働きかけ、北京での学
校設立時の現地事務所用に確保していたのであろう。このことについて動いて
いたのが水野なのである。
　水野は東亜同文書院卒業生によって却下されたにも関わらず、その後も移転
に類する運動を継続していたのである。こうしたやり方は、よく言えば粘り強
いといえるだろうが、調和を乱すものとも言える。
　こうしたことによって、水野は結果的に藤井が言う「一人芝居」に陥ったの
だが、水野自身は彼なりに良好な日中関係の実現を目指していた。
　次の1931年の陸軍文書によれば、彼は陸軍から親中国的として警戒されてい
た。

憲高秘第460号水野支那時報社長の行動に関する件報告（通牒）

　　　　昭和六年九月十一日憲兵司令官　外山豊造

　　参謀次長二宮治重殿

　　首題ノ件左記報告（通牒）ス

要旨　水野支那時報社長ハ満蒙問題ニ対スル政府側硬化説ハ陸軍ノ宣伝ナリト吹聴シツ、アリ

一、支那時報社長水野梅曉ハ元僧籍ニアリテ大谷光瑞氏ヲ擁シテ対支問題ノ研究ヲナシテ更ニ支那通評論家ナリト自称シテツネに南京政府ヲ支持セルカ如キ言動ヲナシ来レルカ最近外務省ヨリ一ヶ月三百円ノ運動資金ヲ受授シ政界財界宗教界其ノ他各方面名士ヲ歴訪シテ対支問題ニ関スル意見ヲ開陳シ更ニ万宝山事件、中村大尉虐殺事件其ノ他満蒙問題等ニ関シ政府当局カ硬化シツ、アルカノ如ク報道サレアルハ軍部当局ノ宣伝ニシテ外務当局ハ決シテ硬化シアルカ如キ事実ナシ而シテ軍部ハ軍制改革問題及明年二月寿府〔ジュネーブ〕ニ於テ開催セラル、国際聯盟軍縮会議等ノ重大問題解決ニ当リ殊更事ヲ構ヘテ満蒙特殊権益浸犯ノ危機ヲ訴ヘ或ハ国防思想普及ニ名ヲ藉リテ国防意識ノ転換ヲ期セシメント画策シ軍制改革問題軍縮会議等ヲ有利ニ解決セント企画シアルモノニシテ軍部ノ如斯態度ハ唾棄ス可キモノニシテ此ノ際満蒙問題等ニ関スル軍部ノ宣伝ニ乗セラル、コトナク軍部ノ態度ヲ大ニ警戒監視スルノ要アラント論断吹聴シ居レル趣ナリ

二、水野梅曉ハ大谷光瑞トハ意見ヲ異ニシ幣原外交ヲ支持スルニ至リ且ツ今回外務省ト諒解ノ下ニ各方面ニ亘リ陸軍側ノ悪宣伝ヲナシツ、アルモノナリト称セラレアリ

　　　　　　　　発送先

　　　　　　　　陸軍大臣　　　　参謀次長

　　　　　　　　陸軍次官　　　　教育総監督部本部長

　　　　　　　　軍務局長

　　　　　　　　軍事課長

　　　　　　　　兵務課長

調査班長[65]　　　〔下線は引用者〕

　水野は、日本が十五年戦争へと突入していく満洲事変の直前において、国際協調、中国への内政不干渉を旨とする幣原外交の賛同者だったのである。そのために彼は大谷光瑞と袂を分かつことまでしていた。この頃までに水野は還俗していたようだが、この光瑞との路線の違いが影響した可能性がある。浄土真宗本願寺派内で絶対的な権力者であった光瑞と意見を異にしては、曹洞宗から浄土真宗本願寺派に宗旨替えしてきた彼のいる場所など宗派内にないからである。もしそうであるならば、水野は僧籍を捨ててまで日中関係のために活動したことになる。

　そうした中国を尊重する姿勢によって、水野は中国人の信頼をえていたようである。

　それは「満洲国」で1933年に発足した日満文化協会（「満洲国」側では満日文化協会と呼称する）に関わる出来事に垣間見ることができる。

　外務省文書「日満文化協会本邦側評議員推薦協議会議事概況[66]」には、1933年12月16日外務省で日満文化協会の評議員選定について会合が催され、次期評議員のメンバーに入っていた水野が外されたこと[67]、それに対して彼は否を唱えず、ただ「日系評議員ハ純學術的ノ立場ヨリ所謂一世ノ碩学ヲ推挙スルモノトシテ林総裁〔林博太郎満鉄総裁〕以下を削除シ之ニ代ユルニ市村〔瓚次郎〕、矢野〔仁一〕、織田〔万〕博士等ヲ以テスヘキ[68]」という意見を述べたことが記されている。彼は、日満文化協会が日本による文化統制に陥るような政治的なものではなく、純粋な文化事業であるべきだと考えたのである。そのために学術とは直接関係のない満鉄総裁を外そうとし、また学者ではない自らの退場を受け入れたのである。

　しかし、1934年2月に「満洲国」側から評議員に水野を加えるようにとの強い要望が出され、日本側は当初難色を示したものの最終的には同意した[69]。同年5月には理事に昇格している[70]。

　この協会の日本側幹部は常任理事内藤湖南をはじめ、理事には服部宇之吉、狩野直喜、白鳥庫吉、羽田亨、池内宏といった日本を代表する東洋学者が名を連ねていた。東亜同文書院の正規の学生でもなく、学術的業績があるわけでも

ない水野がその席に列するというのは異例のことである。それが「満洲国」側の要請によってなされたということは、水野がいかに中国人に信頼されていたのかということの証左である。

彼がこれほどの信頼を得るに至った理由は不明だが、そうした関係を中国人との間に築いていたことは確認しておかなければならない。

東亜同文書院の正規の学生ではなく、同窓の間では、反感すらもたれることもあった水野であるが、中国に対する姿勢は、東亜同文書院の日中提携実現を目指すものと同じであったのである。

第6節　歌集に見る藤井静宣と中国

上海留学後、藤井静宣は真宗大谷派の中国での活動を担当する職務に就いている。これについては辻村「戦時下一布教使の肖像[71]」が触れているものの概略的であり、詳細については現在整理が進められている藤井静宣（草宣）資料の分析によって解明されることが待たれる。

本節では、戦後、藤井が刊行した歌集に注目して、彼の中国での活動や中国に対する姿勢を見ていきたい。

戦後、藤井は1945年春から1947年冬までと1950年春から1953年冬にかけて詠んだ短歌を収録した歌集『群生[72]』と、1954年から1964年にかけての短歌を収録した歌集『墨袈裟[73]』を、草宣名義で出している。

大谷大学在学時代からの若山牧水との親交を示すように、牧水の弟子長谷川銀作が両書に序文を寄せており、さらに牧水が主宰した創作社の叢書として刊行された『墨袈裟』では、牧水夫人喜志子から「岩に填めし仏法僧の歌の碑に君手向けます誦経〔ずきょう〕のひびき[74]」という歌が贈られている〔図2-4-5〕。

また、両書とも「竹馬の友[75]」である画家高須光治が装丁をし、『群生』では表紙と口絵も描いている。

ちなみに高須は岸田劉生と親交があったが、劉生は中国で活動し、東亜同文書院を運営した東亜同文会にも関わった岸田吟香の子息である。たんなる偶然ではあるものの、藤井と中国をめぐる不思議な縁を感じさせる。

両歌集の書名は仏教用語である。「群生」（ぐんじょう）は親鸞が教えの大綱をまとめた「正信念仏偈」（しょうしんねんぶつげ）に見える言葉で、命あるあらゆるもの、という意味である。「墨袈裟」は浄土宗真宗の僧侶が黒衣を着用することからとったもので、藤井自身のことをあらわしている。

短歌は文学表現ではあるが、彼は宗教者としての強い意識をもって詠んでいるのである。

宗教という観念的な世界に身をおく藤井だが、その歌は隠喩や換喩を多用するような抽象性

図 2-4-5　鳳来寺山若山牧水歌碑。牧水夫人によれば、藤井は除幕式の際に歌碑の前で読経している。（中央の岩壁にはめ込まれている方形のものが歌碑。2017年2月27日筆者撮影）

はみじんもない、極めて具体的な描写をするものであった。その歌風について、牧水門下の兄弟弟子長谷川銀作が「月並みの花鳥風月派ではなく、自分の生活に密着した歌をやや強引に作る[76]」と述べているように、写実性がすこぶる強く、その生々しさはルポルタージュ的ですらある。

それは、例えば次の歌によくあらわれている。

　　　仏像を負ふ
　　　　　六月十九日夜半
　　西南に火焔あがると見入る間に焼夷弾つぎつぎ東へ落つる

　　今宵こそわが市は焼けむ妻子らを防空壕より呼びて出でしむ

　　呆として紅き火の手を仰ぎをる妻子を叱り家出でんとす

教科書のカバン忘れなと告おきて本尊出さむ時機を考ふ

綿を入れし七条袈裟の用意あり本尊容るる木箱も置けり

本尊を袈裟に包みて井戸に投げむ予ての決意いま鈍りつつ[77]

　これらは1945年6月19日豊橋空襲についての歌である。藤井は豊橋の浄円寺で被災した。

　第1首では、西南から火災が始まり、その後は東へと爆撃が続いたとしているが、「6月19日午後11時43分ごろ、最初の焼夷弾が投下され柳生川運河北方面が燃えはじめた。さらに1分後には、中心部の松山町付近に被弾した[78]」という実際の状況と合致する。当時、浄円寺は市街の中心地にあり、そこから見て柳生川は南西の方向、その東が松山町である。また第3首のぼうぜんとする妻子や第4首以降の避難を思案する様子なども、時々の瞬間をそのまま切り取ったかのような精緻な描写である。

　空襲の最中にあって、このような客観的なまなざしで事実を見つめることができるというのは驚異的である。それだけならば、冷静なジャーナリスト的な感覚と評すべきものとなるが、次の歌では一転して彼の情感豊かな姿があらわれる。

　　　暁を待つ
　堤防に落ち散る火弾草に燃えわが背負ふ仏ぞ生命なりける

　　　　長男十二才
　堤草に座せる宣丸直ぐ答ふ"仏様と一緒だから怖くない"

　土手に座り腕に時計を附けてやるはぐれし時の形見にもとて[79]

　これは空襲で焼け出され、燃えさかる豊橋の街を眺めながら露天で夜を過ごす場景を詠ったものである。「背負ふ仏」を命にたとえ、それはそのまま息子

宣丸につながり、その息子に時計を付けようと腕を握る様子には溢れる愛情があらわれている。

　藤井の歌集は、こうした目の当たりにした場景を、ある時は精密に、ある時は感情豊に詠った歌が収録されているが、そこに時折、中国の思い出が紛れ込んでいる。

　空襲についても、上掲の歌を詠いつつ、時に中国の風景が彼の脳裏をかすめている。

　　　　草堤
　　わが家郷夜空を焦し燃えに燃ゆ支那にわが見し戦火の如く[80]

　他にも敗戦直後の食糧事情がよくなく、芋ばかりを食べる日々には、北京で食した芋粥が浮かび上がっている。

　　　　芋粥
　　北京におごりとしたる芋粥に心足らへる朝朝にして[81]

　豊橋の店頭や寺のお供え物の桃も、藤井にはとっては「ハクトウ」ではなく、「パイタオ」すなわち東亜同文書院で学んだ中国語の音「pai2t'ao2[82]」として認識される。

　　　　白桃（パイタオ）
　　白き桃店に出はじめ酷熱の北支を思ひ寄ればにほへる[83]

　　　　初蝉
　　供へたる白桃（パイタオ）見つつ盧溝橋駅にて食ひり暑き日を憶ふ[84]

　中国での桃の印象はよほど強いらしく、次のような歌も詠んでいる。

　　　　春詠

二階より隣寺の桃の真盛りを見下してゐて北京を思ふ[85]

　このように、日常のふとした瞬間に中国での場面が浮かび上がるほど、藤井にとって中国は大きな存在だったのである。そして、それは決して過去のことではなかった。

　　　亡命の客
　　　　　　　清度法師台湾より
　　　老師たちみな香港に避けたりと亡命の僧ひそかに語る

　　　艦隊の守る海峡は中共も攻む能はじと亢（たかぶ）り言へり

　　　台北へ避けし大醒に文寄らず一年経つつ忘るる間なし

　　　　　　　開教使を想ふ
　　　包頭（パオトウ）に血を吐き逝きし滋野君蕪湖（ウーフ）に倒れし宮島君ら

　　　バラックに生きてもの書く幸（さち）ありて支那に死にたる友をぞ想ふ

　　　大陸にわれらが建てしそこばくの寺なぞ失せて泡の如しも[86]

　藤井の知る中国は中華民国であったが、国共内戦を経て国民党は台湾に移り、大陸には中国共産党などによって中華人民共和国が成立し、仏教関係者に大きな影響を及ぼしていた。
　第3首の大醒は中国人僧侶であるが、彼をはじめ藤井の旧知の仏教関係者は香港や台湾に移り、友が命を賭した中国での活動の成果はまったく失われていたのである。
　中国は大きく変化したものの、彼の中国に関する豊富な経験は必要とされており、1952年秋東京築地本願寺で開催された世界仏教徒会議に参加している。

非正規学生から見る東亜同文書院教育の一側面　　283

　　　世界仏教徒会議
　　　　　羽田空港
　活仏と仰がれゐたる人なれば握る掌もゆたに笑みて立ちたり
　　　　　京都
　蒙古喇嘛の最後の王をかなしみて画帖に文字を請ひて別れつ[87]

　この「活佛」「蒙古喇嘛」とは、内蒙古の化身ラマであるチャンキャ＝ホト
クト7世〔章嘉活仏〕のことだと推測できる。中国での活動歴の長い藤井が、
会議期間中の世話や京都行きの案内を担当したのであろう。
　また、時には藤井のもとに中国人が訪れることがあったようである。

　　　　青葉の匂い
　香港より来し支那僧の土産の茶茉莉花の香の熱きを啜る[88]

　藤井は、再び中国で活動することを諦めてはいなかった。それは1952年末
の大醒の死を悼む歌から読み取ることができる。

　　　　哭大醒法師
　　　　　　畏友台湾に逝けり
　江岸に別れて十年相恋ひき往きて会ふべき君ははやなし

　鳩の音の時計は夜半の二時を告ぐ中華の友の死を惜しみゐて

　八年をなほ上海の獄にゐて学僧震華しづけくあらむ

　また立ちて大陸へ行けと励まされ身ぬちほとほりやがて恥らふ[89]

　震華とは上海玉仏寺の僧のことだと思われる。詳細は不明だが、藤井とは何
らかのつながりがあったのであろう。
　友の死や不遇に思いを巡らして感情的になったのであろうか、藤井は大陸行

きさえ考えている。しかし、彼の地には活動をともにした友人はすでにおらず、彼らの寺もなくなっており、一時でも大陸行きに血を熱くした自分に気恥ずかしさを感じざるをえないほど、それは非現実的なものとなっていた。それでも彼は「私は今一度、新しい中国へ渡つて思ふ存分に改めて大陸詠を吟じて死にたいとねがつてゐる[90]」と大陸行きを熱望したのだった。

　しかし、結局のところ、藤井がかつてのように中国大陸で活動することはなかった。中国についての歌は次第に追憶的なものとなっていく。

　　生命
　　大拙と魯迅と並ぶ写真にていまだ老いざる吾もうつれり[91]

　　秋思
　　疎開荷の底より出でし支那麻の帷子（かたびら）はわが丈に余れり[92]

　中国で活動していた頃の写真や戦前着用していた帷子が大きく感じられるようになったことに藤井は老いを自覚しはじめたのである。そうした彼にとっての中国とは、同時代の中国そのものではなく、過ぎ去った時代の中国であった。

　　春詠
　　餓死ちかき流氓（リュウマン）の臥す夢なりき覚めつつ遠き中華を思ふ

　　夜の街に獣の如くうめきゐし流氓（リュウマン）悲し今ありやなし[93]

　この流氓すなわち流民の歌は1959年の作であることから、大躍進政策の被害をふまえたものと読むこともできそうだが、第2首から明らかに過去のことだと知れる。藤井がリアリティを感じる中国は、間接的にしか知ることができない同時代のそれではなく、過去に肌身を接し実体験した中国なのである。

　　春寒
　　三十年いつか過ぎたり揚州に大醒（ターシン）とあそび十日暮せし

非正規学生から見る東亜同文書院教育の一側面　　　285

　台湾に亡命ののち急死せし大醒の詩を掛けて悲しむ[94]

　この2首は1961年の歌であるが、先に見たようにすでに大醒は死んでおり、同時代の中国についてのものではない。
　翌年詠まれた、次の2首は、さらに時代をさかのぼっている

　　　雨華台
　五色石わが拾ひたる雨華台に刑死し去りし南京の友（楮民誼居士）

　握手せし掌の柔かくあたたかき汪兆銘を今に忘れず[95]

　「雨華台」とは南京城外の雨花台のこと。そこは藤井が「五色石」と呼んでいる瑪瑙の一種雨花石の産地であったが、一方で刑場が置かれてもいた。楮民誼は汪兆銘の関係者である。
　これらは1962年の作だが、汪兆銘は戦前に病死していたし、楮民誼も1946年に漢奸として処刑されており、彼らの死からすでに20年ほどたっていた。藤井は、はるか昔を思い出し、かみしめているのである。
　東亜同文書院で学んだ中国語も、雨華台の五色石と同じく過去のものでしかなくなっていった。

　　　我執
　師の短歌華語に訳され載せありし北京の雑誌とり出して読む[96]

　　　時過ぐ
　華語をもて再び語る日のありや友次いで逝きわれは老いぼる[97]

　第1首の「師」とは若山牧水のことであろう。
　「華語」すなわち中国語の雑誌をひもとく自分に「我執」を覚えるということには、過去の中国への思いの強さがあらわれている。

第2首では、中国語で語り合った仲間はもういないことの寂しさを詠っている。

ここで、「華語」という語を用いていることは、藤井の経歴を考えると、東亜同文書院を想起させる。東亜同文書院は独自の中国語会話教科書『華語萃編』を作っていた。これは東亜同文書院生ならば必ず学ぶものであり、藤井も使ったはずである。書名の「華」とは中華のことであるが、前掲の雨花台を雨華台ともいうように「花」にも通じる。『華語萃編』とは、花のように美しい中国の言葉をあつめて編んだもの、という意味である。

藤井が中国語や支那語と言わずに「華語」と詠んだのは、もちろん短歌の形式もあるのだろうが、やはり彼が中国語や中国に抱くイメージによるところが大きいからであろう。

『墨袈裟』の結びの歌も中国に関わるものである。

椿の花
太虚師の魂こめし文字を壁に掛く如露亦如電応作如是観[98]

太虚（1890-1947）は社会主義活動に関わったり、日本や欧米諸国へ中国仏教の普及を試みたりした著名な中国人僧侶である。彼に書してもらった「如露亦如電応作如是観」（露のごとくまた雷のごとく、応に是のごときの観を作すべし）は、『金剛般若波羅蜜教』の一節で、命は露のように儚く、また雷のように刹那なものだと理解しなさい、という意味である。この言葉こそ、自らの中国での活動を振り返った藤井の素直な思いだったのであろう。

このように戦後の藤井の短歌という文学表現には、彼の中国人との親密な交わりや、中国への深い愛情があらわれている。それは、実現はしなかったものの、再び中国で活動することを願うほど強いものであった。

短歌に浮かび上がるような中国人との濃厚なコミュニケーションは、中国人との間に信頼関係がなければ不可能なものである。藤井の中国への姿勢も、先の水野梅暁と同様に日中提携を真摯に思うものであり、それはまた東亜同文書院の求めたものと同じであったといえよう。

第7節　おわりに

　以上、これまで焦点があてられてこなかった東亜同文書院の非正規の学生について、水野梅暁と藤井静宣を事例とし、その実態を見てきた。

　東亜同文書院の『学籍簿』には聴講生という扱いの者がいたことが記録されているものの、章程や学則には正規の学生についての記述しかなく、非正規の学生について明文化された規定は存在していなかった。

　本章では、ほとんど実態が伝えられていない非正規学生の中で、聴講生であったと伝えられてきた水野梅暁と藤井静宣を取り上げ、東亜同文書院とそこで学んだ中国との関わりについて分析を試みた。

　水野と藤井を『学籍簿』にあたったところ、両者とも正規の学生としてはもちろん、非正規学生としても記載されていなかった。これによって、これまで入学者を網羅していると考えられてきた『学籍簿』に記載されていない就学者がいることが明らかとなった。

　水野については、第1期生として扱われることもあるが、実際には職員に近い存在であった。僧侶である水野がビジネススクールである東亜同文書院に入ったのは中国語を学ぶためであり、学生でもなかったため、卒業という形にすらこだわらず、正規の学生に先んじて中国での活動に身を投じていったのである。

　水野は協調性に欠けるところがあったと伝えられ、実際、東亜同文書院関係者の反感を買うこともあったが、東亜同文書院が目指した日中提携を彼なりに実現させようと尽力し続けた。大谷光瑞の知己をえて曹洞宗から浄土真宗本願寺派に宗旨替えまでしたにも関わらず、協調外交や中国内政不干渉については光瑞と意見を異にし、自ら信じた路線を貫いた。それは陸軍から中国寄りの運動をしていると警戒されるほどのものであった。そうした姿勢は中国人の信頼をえており、「満洲国」で日満文化協会が設立された際には、「満洲国」側から水野の幹部就任を強く推す運動さえ起こっている。

　藤井は、1928年8月水野の紹介で東亜同文書院に入った。1930年外務省対支文化事業での補給生制度が始まると、これを受給して学習を続けたが、1931年春からは東亜同文書院を出て、世界仏教居士林に移り、中国人と共に起居し

つつ仏教に関わる活動に従事した。上海に来る前から世界仏教居士林とつながりがあることから、その上海行きは、東亜同文書院留学というよりも、世界仏教居士林留学というべきものであった。

藤井の上海留学は第一次上海事変の突発によって終わりを余儀なくされるが、その後は浄土真宗大谷派の中国での活動を進める役職を歴任した。

戦後は豊橋浄円寺住持として暮らしつつ、若山牧水門下の１人として短歌を詠み２冊の歌集を出している。歌には中国に関するものが多くあり、その中には中華人民共和国に渡って仏教活動することに意欲を見せるものまである。また、歌には中国人との良好な個人的コミュニケーションもあらわれており、水野と同じく、藤井もまた日中提携を希求していたのだった。

本章で取り上げた水野と藤井は非正規学生であった。彼らが府県費生、公費生、私費生といった種別の正規学生と比較して決定的に異なっているのは、仏教の僧侶であったという点にある。東亜同文書院はビジネススクールであった。宗教者である彼らにとって極めて異質な教育の場であり、貿易実務者養成を目標とするその授業は、学習する必要がないものばかりだったはずである。しかし、中国での活動を目指す点においては正規学生と彼らは一致しており、ビジネスにしても宗教活動にしても、最も重要となるのは中国語であった。

特に藤井は大谷大学を卒業し、ジャーナリストや宗教者として活動した社会経験もあり、東亜同文書院に入った時期はすでに壮年であった。いわば社会人として完成した人物である。そうした彼が、本来はこれから社会に出て行こうとする青年を教育するための高等教育機関東亜同文書院で学ぶというのは、中国語習得という特定の目標があったからこそである。それは現在の大学における社会人教育的な性格である。

本章で明らかとなった東亜同文書院の語学学習に特化した非正規学生教育は、学生を規定する章程や学則で明文化されていなかったり、『学籍簿』に記載がなかったりする特殊な立場の学習者を対象としたものである。しかし、そうした扱いの学生の中に、水野のように学校を出てすぐに中国で僧堂を構え、日満文化協会では中国人の支持を受けたり、藤井のように修学後中国の宗教施設に入ったりするような、直接中国人と信頼関係を構築し活動した人物が出ていることは注目すべきことである。それは正規の学生と同じく、日中提携を目

指す方向性をもつものであった。

　しかし、『学籍簿』を調査した佐々木亨「東亜同文書院への府県費による派遣生の選抜制度——愛知県の場合」[99] でも、非正規学生はほとんど取り上げられておらず、その性格はもちろん、量的な面についても現在にいたるまで不明のままである。これまで東亜同文書院の学生や教育に関わる考察はすべて正規の学生についてのみなされてきたが、今後は『学籍簿』に対する網羅的な基礎調査を実施することによって、もう一つの学生である非正規学生の実態を明らかにし、東亜同文書院について全面的な分析がなされる必要がある。

　また、水野は曹洞宗（後に浄土真宗本願寺派）、藤井は真宗大谷派の僧侶であったが、彼らの東亜同文書院での就学と、そうした宗派の中国に対する組織的活動の関係を明らかにしなければならない。明治以来、小栗栖香頂などの日本人僧侶が中国に渡ってはいるが、もともと日本の仏教信仰は国家宗教から始まったものであり、対外布教の経験はなかった。中国での活動にしても、日本人居留民を対象とするものであった印象が強い。そうした日本の仏教が組織としてどのように中国での活動に取り組んでいたのかを、宗派毎に詳細に把握しつつ、それに東亜同文書院がどのように関わっていたのかを明らかにしていかなければならない。

　さらに、藤井が外務省対支文化事業の補給生制度を受給していることについて、宗教者に対する外務省の支援の意図がどのようなものであったのかということも解明しなければならない。対支文化事業については、阿部洋『対支文化事業の研究——戦前期日中教育文化交流の展開と挫折』[100] による総合的な研究成果があるが、それは学術や教育という文化事業がどのようになされたのかということに主眼が置かれたものである。藤井の上海留学は、東亜同文書院で中国語を学んだ後は宗教施設に入ったり、その後は真宗大谷派の中国活動に従事したりするなど、明らかに宗教活動を前提としたものであり、これまで対支文化事業として積極的に取り上げられてこなかった性質のものである。この対支文化事業における宗教活動も今後の研究課題の一つである。

注

1) 開校当初の東亜同文書院には政治科と商務科があり、後に農工科も設置された。商務科はビジネス・コースであり、開校から閉鎖まで一貫して設置されていただけでなく、学生のほとんどは商務科に学んでいた。政治科は当時の清国で需要があった日本人教習養成コース、農工科は近代的な農業専門家や醸造技術などを教授するコースであるが、常に学生は少なく、設置期間も短かった。

2) 松岡恭一、山口昇編纂『日清貿易研究所東亜同文書院沿革史』東亜同文書院学友会、1908年、下編33頁。

3) 『支那調査報告書』は、写しが複数作成されており、東亜同文書院本校、東亜同文会所蔵分とは別に、時期によって外務省、参謀本部、農商務省、台湾総督府にも送られている。東亜同文会所蔵分が愛知大学に伝わり（1916–1919、1921–1935）、マイクロフィルム『東亜同文書院中国調査旅行報告書』（雄松堂書店、1996–1997年）となっている。1927–1943年分の『支那調査報告書』を収録した『東亜同文書院中国調査報告手稿叢刊』（北京：中国国家図書館出版社2016）は、もともと東亜同文書院本校（上海海格路校舎）に置かれていたもので、敗戦時に中国側に接収されたものだと思われる。

4) 藤田佳久『東亜同文書院中国大調査旅行の研究』愛知大学叢書、大明堂、2000年。

5) 藤田佳久「東亜同文書院・同大学卒業生の軌跡と戦後日本の経済発展」『同文書院記念報』第25号別冊2号、45–63頁。

6) 藤田佳久「東亜同文書院卒業生の軌跡——東亜同文書院卒業生へのアンケート調査から」『同文書院記念報』第9号、2001年、12頁。

7) 『受験戦』第6巻第1号、英語通信社、1941年、109頁。

8) 松岡、前掲書、下編48頁。

9) 同上、下編28頁。

10) 近衛篤麿長岡護美発各府県知事議会議長宛書簡、1899年12月27日、松岡、前掲書、下編20頁。

11) 東亜同文書院の定員に明確な規定はないが、「毎年七十名乃至九十名ノ卒業生ヲ出シ八十名乃至百名ノ新入學生ヲ見」（東亜同文書院、前掲書、1911年、3頁）とあり、またその後も1学年は100名程度（大学昇格後は200名前後に増）であった。

12) 東亜同文書院編『東亜同文書院一覧』東亜同文書院、1911年、3-4頁。

13) 東亜同文会「東亜同文書院卒業生ノ学士号称号」『東亜同文会報告』第71回、1905年、44頁。

14) 大学史編纂委員会『東亜同文書院大学史——創立八十周年記念誌』、滬友会、1982年、755頁。

15) 東亜同文書院、前掲書、1911年、31–32頁。

16) 佐々木享「東亜同文書院入学者の群像——海を渡って学びに行った者たち」『同文書院記念報』第11号、愛知大学東亜同文書院大学記念センター、2003年、13頁。

17) 東亜同文書院『東亜同文書院一覧』、1918年？、31頁。

非正規学生から見る東亜同文書院教育の一側面　　　291

18）佐々木、前掲文、2003 年、13–14 頁。

19）同上、7 頁。

20）東亜同文書院編『学生便覧』、1942 年、41 頁。

21）東亜同文書院の『学籍簿』は、敗戦時に学長本間喜一の尽力によって上海から日本に運ばれ、現在は愛知大学に所蔵されている。

22）外務省は 1907 年、1919 － 1923 年に東亜同文書院に学生を派遣している。松谷昭広「東亜同文書院への外務省留学生の派遣——1910-1920 年代の委託教育を中心に」（『教育学研究集録』第 27 号、2003 年）に詳しい。

23）満鉄は 1920 年より東亜同文書院へ学生を派遣している（佐々木、前掲文、2003 年。本書第 2 部第 3 章「「満洲国」の中国文学翻訳家大内隆雄と東亜同文書院」を参照のこと）。

24）大学史編纂委員会、前掲書、80 頁。

25）坂田については東亜同文書院生としては農商務省海外実業練習生（大学史編纂委員会、前掲書、402 頁）と伝えられているが、それ以前に彼は前身の南京同文書院には熊本県費生として入学している（大学史編纂委員会、前掲書 80 頁）。

26）大学史編纂委員会、前掲書、402 頁。野口宗親「明治期熊本における中国語教育（3）」『熊本大学教育学部紀要』第 53 号、2004 年、47 頁。

27）松村敏監修、田島奈都子編輯『農商務省商工局臨時報告』全 13 巻、2002 年、ゆまに書房。

28）大学史編纂委員会、前掲書、370 頁。

29）滬友会編『東亜同文書院大学史』、滬友会、1955 年、127 頁。大学史編纂委員会、前掲書、402 頁。

30）松田江畔『水野梅暁追懐録』私家版、1974 年。柴田幹夫『大谷光瑞の研究——アジア広域における諸活動』、勉誠出版、2013 年。広中一成、長谷川怜、松下佐知子『鳥居観音所蔵水野梅暁写真集——仏教を通じた日中提携の模索』愛知大学東亜同文書院大学記念センターシリーズ、社会評論社、2016 年。

31）松田前掲書、広中前掲書（12, 16 頁）は養子先を法雲寺（広島県神石郡神石高原町父木野）とするが、柴田前掲書（58 頁）は長善寺（広島県神石郡神石高原町高蓋）としている。

32）柴田、前掲書、60 頁。

33）JACAR（アジア歴史資料センター）Ref. C15120135000（第 1 画像）時局関係資料綴昭和 6. 9. 4–6. 9. 8（中央–軍事行政その他–84）（防衛省防衛研究所）

34）東亜同文書院学友会編『会報』第 7 号、1908 年、27–28 頁。

35）東亜同文書院は上海にあったが、開校以来教授された中国語は北京語であった。

36）藤井草宣『支那最近之宗教迫害事情』浄円寺、1931 年、表紙見返し。

37）「1.　支那内地ニ於ケル布教権獲得ニ関スル件大正三年二月」JACAR（アジア歴史資料センター）Ref. B12081602600（第 26–84 画像）支那内地布教権一件第二巻（B-3-10-1-15_002）（外務省外交史料館）。

38）東亜同文書院高昌廟桂野里校舎を指す。

39）滬友会、前掲書、170 頁。

40）「1921 年 6 月 13 日付情報部第 1 部発各局課宛」（「6　大正 8 年 11 月 20 日から昭和 1 年 12 月

27日」JACAR（アジア歴史資料センター）Ref. B03040706300（第25画像）東方通信社関係雑纂（1-3-1-32_001）（外務省外交史料館））には、「東方通信社調査部長水野梅暁」とある。外務省文書「東方通信社拡張ニ関スル件」によれば、もとは宗方小太郎によって上海で運営されていたが、「表面民間経営タルコトヲ標榜スルモノ事實上外務省ノ事業タルコト」（同上第8画像）とし、東京に本社を置き、中国調査と同時に中国での日本の宣伝活動をするものに改組した。

41）辻村志のぶ「戦時下一布教使の肖像」『東京大学宗教学年報』第19号、2002年、93–109頁。坂井田夕起子「近代東アジアの仏教交流と戦争」研究報告（人文科学部門）、公益財団法人三島海雲記念財団、2016年。広中、前掲書。

42）藤井草宣『燃ゆる愛欲』白業社、1920年。同『群生』豊橋文化協会、1953年。同『黒袈裟』創作社叢書第48篇、豊橋文化協会、1964年。

43）辻村前掲文は高岡村とするが、この村は1906年に発足しており、1896年時点では若園村である。

44）1871年三河国碧海郡で起きた廃仏毀釈に反対する運動。暴動化し、主導したとされる石川台嶺が斬罪された。鷲塚騒動、菊間事件とも。このことを藤井は「亡き父が三十余名と血判し立ちし護法の記念日今日は（明治四年・大浜騒動）」（藤井、前掲書、1964年、252頁）と詠んでいる。

45）若山牧水の弟子長谷川銀作は「藤井君と私とは、牧水の同門で、一つ年下の藤井君の方が先輩にあたる」（藤井、前掲書、1964年、序）と述べている。

46）奥付の著者は静宣名義。

47）田原由紀雄「戦火のもとで——ある陸軍刑法違反事件」『三河の真宗』、真宗大谷派三河別院、1988年、130頁。

48）「34. 全日本仏教青年会連盟理事、日華佛教学会理事、藤井静宣昭和一〇年一〇月一二日」JACAR（アジア歴史資料センター）Ref. B05015681000（第4–5画像）本邦人満文視察旅行関係雑件／補助実施関係第二巻（H-6-1-0-3_2_002）（外務省外交史料館）。

49）辻村前掲文と広中前掲書（55頁）は、東本願寺派遣としている。

50）阿部洋『「対支文化事業」の研究——戦前期日中教育文化交流の展開と挫折』汲古書院51、汲古書院、2004年、78頁。

51）藤井、前掲書、1931年、106頁。

52）同上、106頁。

53）藤井静宣（草宣）資料は、愛知県豊橋市にある真宗大谷派宗教法人浄円寺が所蔵している。2017年2月現在、愛知大学東亜同文書院大学記念センターと東アジア仏教運動史研究会が協力して資料の整理を進めている。また、坂井田前掲文はこの資料を紹介している。

54）山田謙吉？『詩学』私家版、1928年。

55）改造社編『新万葉集』全11巻、改造社、1937–1938年。

56）藤井、前掲書、1953年、後記。

57）芥川龍之介『上海游記・江南游記』講談社文芸文庫、講談社、2001年。

58）本書第1部第3章「東亜同文書院の北京移転構想について」を参照のこと。

非正規学生から見る東亜同文書院教育の一側面　　293

59）石射猪太郎著、伊藤隆、劉傑編『石射猪太郎日記』中央公論社、1993年、227頁。

60）1937年11月26日津田静枝東亜同文会理事司会で東亜同文書院卒業生有志の会合が開かれ、東亜同文書院北京移転について決を採り、多数決で否決されている（「同文書院北京移転問題」「2.　一般（16）同文書院ヲ北京へ移転問題　昭和十二年十二月」JACAR（アジア歴史資料センター）Ref. B05015340900（第14画像）東亜同文書院関係雑件第四巻（H-4-3-0-2_004）（外務省外交史料館））。

61）松田、前掲書、50頁。

62）「東亜同文会に貸与しある家屋引上の件」JACAR（アジア歴史資料センター）Ref. C04120251400（第3–4画像）昭和13年「陸支密大日記第10号」（陸軍省–陸支密大日記-S13-6-115）（防衛省防衛研究所）。

63）同上（第1–2画像）。

64）「北支ノ新情勢ニ応ジ東亜同文会ガ支那ニ於テ経営セントスル諸学校案」JACAR（アジア歴史資料センター）Ref. B05015249200、東亜同文会関係雑件第七巻（H-4-2-0-1_007）（外務省外交史料館）。

65）JACAR：C15120135000（第1-4画像）。

66）日満文化協会「日満文化協会章程」『昭和十六年康徳八年一月　満日文化協会紀要』JACAR（アジア歴史資料センター）Ref. B05016057100（第73–75画像）日満文化協会関係雑件／設立関係附本邦ヨリ服部博士外8名渡満（H-6-2-0-29_1）（外務省外交史料館）

67）JACAR：B05016057100（第3画像）。

68）同上（第5画像）。

69）「満州国側ヨリ水野梅暁ヲ日本側評議員並理事ニ推薦方ニ関スル件」JACAR（アジア歴史資料センター）Ref. B05015988400（第2画像）日満文化協会関係雑件／評議員会理事会関係（H-6-2-0-29_3）（外務省外交史料館）。

70）「10.　日本側理事ニ池田・羽田・水野追加ニ関スル件　昭和九年五月」JACAR（アジア歴史資料センター）Ref. B05015988900、日満文化協会関係雑件／評議員会理事会関係（H-6-2-0-29_3）（外務省外交史料館）。

71）辻村、前掲文。

72）藤井、前掲書、1953年。

73）藤井、前掲書、1964年。

74）同上、1964年、内表紙。1923年牧水は鳳来寺を訪れ「仏法僧仏法僧と鳴く鳥の声をまねつ、飲める酒かも」と詠んだ。1959年その歌碑が設けられた。喜志子夫人の歌は、歌碑の除幕式で藤井が誦経した様を詠んだものである。「岩に填めし」とあるのは、歌碑が参道脇の巨石にはめ込まれているからである。

75）藤井、前掲書、1953年、後記。

76）同上、1–2頁。

77）同上、4–5頁。

78）総務省「豊橋市における戦災の状況（愛知県）」、作成時期不明、http://www.soumu.go.jp/main_sosiki/daijinkanbou/sensai/situation/state/tokai_07.html（2017年2月22日閲覧）。

79）藤井、前掲書、1953年、11頁。

80）同上、10頁。

81）同上、22頁。

82）「pai2tʻao2」はウェード式表記、拼音では「báitáo」と表記する。

83）藤井、前掲書、1964年、92頁。

84）同上、197頁。

85）同上、138頁。

86）藤井、前掲書、1953年、63-65頁。

87）同上、102-103頁。

88）藤井、前掲書、1964年、196頁。

89）藤井、前掲書、1953年、103-104頁。

90）同上、後記。

91）藤井、前掲書、1964年、89頁。

92）同上、123頁。

93）同上、138頁。

94）同上、190頁。

95）同上、218頁。

96）同上、220頁。

97）同上、260頁。

98）同上、273頁。

99）佐々木亨「東亜同文書院への府県費生の選抜制度——愛知県の場合」『愛知大学文学論叢』第126号、愛知大学、文学会、2002年。

100）阿部、前掲書。

補章

山田良政伝の系譜

第1節　はじめに

　孫文の革命活動の協力者に山田良政がいる。彼は1900年孫文が起こした革命活動のひとつ恵州事件に参画し消息を絶った。

　彼は、日本からみれば不遇な時期の孫文を命がけで支援した日中友好を象徴する人物であり、中国側からみれば孫文に心服し革命活動に参加した外国人である。こういったことは日本では「先覚者」、「熱血」、「仁義」などといった言葉とともに美談として扱われ、中国では美談と共に日本人ですら革命に結集させたという意味で孫文の偉大さを高めたり、あるいは中国における革命活動の意義深さを知らしめたりする事例とされてきた。

　孫文には山田のほかにも日本人の協力者がいたが、その中でも孫文自撰自書による追悼碑[1]にあらわれているように山田良政への評価は極めて高い。彼が、そのほかの日本人協力者と決定的に異なるのは、なによりも革命に参加し命を落としたという点にある。革命のいわば殉教者であるということが、その高い評価の理由だと考えられる。

　この殉教者山田良政を成立させる上で最も重要である彼の死の状況を伝える文章はさまざまあるが、どれも革命軍に加わり清軍に捕らえられたという大筋に違いはないものの、後述するように細部については相違点があり一様ではない[2]。

　山田良政は革命への殉教という悲劇性故に高い評価を受けてきたのであるから、その悲劇を形作る恵州事件での最期について、実際にどのようなものであったのかという事実の確認をしなければならない。さまざまな語り方、伝わり方があるならば、それらの相違点を比較する必要があるだろう。なぜならば、彼が革命に参加した後の日中関係は変転しながらも日本の中国侵略という最悪化を見ており、その中で日本人でありながら中国の革命に殉じたという事にはいろいろな意味付けがなされたと想像することができ、それが語り方、伝わり

第2部　補章

方の相違点に反映されると考えるからである。

　以上のことをねらいとして、本章では、さまざまな山田良政伝に見えるその最期に関する記述を比較する。

　なお、山田良政を伝えるものの中には、中国語や口述もあるが、中国侵略を進める側であった日本で中国の革命への協力者がどのように受容されていたのかに注目することから、本章では日本で出版されたもので、専ら山田について述べるものだけを用いる。

　本章では次にあげる（イ）－（ノ）の28の資料（著者、資料名、出典、発表時期）をあげ、その山田良政の最期を伝える箇所を引用して示し、照らし合わせながら考察を進める。

（イ）宮崎滔天『三十三年之夢』（『二六新報』、1902年）

（ロ）宮崎滔天「清国革命軍談」（『東京日日新聞』、1911年）

（ハ）孫文「山田良政君碑」（東京全生庵、1913年2月27日）

（ニ）「山田良政」（『改元記念東奥人名録』青森交詢社出版部、1913年）

（ホ）宮崎滔天「宮崎滔天氏之談」（長崎県立図書館渡辺庫輔文庫蔵、1916年5月18日以降）

（ヘ）宮崎滔天「亡幽録／山田良政」（『上海日々新聞』、1919-1920年）

（ト）孫文「山田良政頌徳碑」（青森県弘前市貞昌寺、1919年9月29日）

（チ）孫文「山田良政君建碑紀念詞」[3]

（リ）村松梢風[4]「中国革命夜話」（『中央公論』第45年第12号第515号、1930年）

（ヌ）東亜同文会内対支功労者伝記編纂会編『対支回顧録』下巻（東亜同文会内対支功労者伝記編纂会、1936年）

（ル）葛生能久『東亜先覚志士伝記』下巻（黒龍会出版部、1936年）

（ヲ）米内山庸夫[5]「広東風土記」（一）（『支那』第30巻第1号、東亜同文会、1939年）

（ワ）平山周「山田良政君伝」（萱野長知『中華民国革命秘笈』、皇国青年教育協会、1941年）

（カ）佐藤慎一郎「孫文と山田良政」（『大亜細亜』第9巻第10号、大亜細亜社、1941年）

山田良政伝の系譜

297

（ヨ）水野梅暁「興亜先覚の群像——中国革命追念碑の建立」（『興亜』12月号、
　　　大日本興亜同盟、1941年）

（タ）大鹿卓「肖像画」『梅華一両枝——中国遊記』（洗心書院、1948年）

（レ）石川順「恵州起義に尊い血を流す——山田良政・山田純三郎」（『砂漠に
　　　咲く花』私家版、1960年）

（ソ）都築七郎「恵州の塩——孫文革命に一身を捧げた山田良政の熱血生涯」
　　　（『日本及日本人』、日本及日本人社、1973年）

（ツ）佐藤慎一郎「中国革命と山田良政——人生意気に感ず、功名誰か復た論
　　　ぜん」（『師と友』第33巻第6号、全国師友会、1981年）

（ネ）相沢文蔵「津軽の近代化とキリスト教——信仰と革命に殉じる——日中
　　　提携の山田兄弟」（『陸奥新報』1986年6月7日）

（ナ）上村希美雄『宮崎兄弟伝——アジア編』（上）（葦書房、1987年）

（ラ）原子昭三『津軽奇人伝続』（青森県教育振興会、1987年）

（ム）保坂正康『仁あり義あり、心は天下にあり』（朝日ソノラマ、1992年）

（ウ）結束博治『醇なる日本人——孫文革命と山田良政・純三郎』（プレジデン
　　　ト社、1992年）

（ヰ）山田純三郎『革命夜話』（結束、前掲書収録）

（ノ）栗田尚弥『上海東亜同文書院——日中を架けんとした男たち』（新人物往
　　　来社、1993年）

（オ）馬場毅「孫文と山田兄弟」（『愛知大学国際問題研究所紀要』第126号、2005
　　　年10月）

（ク）田中健之「日本の近代アジア史——中華革命に殉じた日本人山田良政」
　　　（『中央公論』第122年第6号第1478号、2006年）

第2節　戦前の良政伝

第1項　消息不明時期

　戦前に著された山田良政伝については、山田良政の死亡が確認されたとする
後述する洪兆麟証言によって前後に時期的に区分することができる。また、こ
の時期的な区分とは別に、革命活動参加当時の山田良政を知る著者によるもの

と、そうでないものに分けることができる。活動を共にした宮崎滔天、孫文は前者である。

（イ）宮崎滔天『三十三年之夢』

　　恵州の事了りて後数月、革命敗軍の将鄭弼臣〔鄭士良〕君逃れ来る、胡服を脱して洋服を着け、弁髪を絶ちて散髪となる処、恰も別人を見るが如し、実に人をして感慨に堪へざらしむ、彼れまた一悲報を伝へて曰く、革命軍の恵州城に迫るや、日本の同志山田君来り投じて之を助けり、而して三州田に返さんとするに及んで、其踪跡を失す[6]

（ロ）宮崎滔天「清国革命軍談」

　　其次に記念すべき人は、日本同志の一人山田良精である。この人は終に単身革命軍に投じたが、死生行方ともに今日まで不明である。多分戦死したのであらう[7]。

（ハ）孫文「山田良政君碑」

　　山田良政君弘前人也。庚子又八月[8]、革命軍起恵州。君挺身赴義、遂戦死。嗚呼、其人道之犠牲、興亜之先覚也。身雖殞滅、而志不朽矣。
　　　　　　　　　　　　　　　　民国二年二月廿七日　孫文謹撰並書
　　書き下し：山田良政君ハ弘前ノ人ナリ。庚子又八月、革命軍恵州ニ起ツ。君挺身義ニ赴キ、遂ニ戦死ス。嗚呼、其ノ人道ノ犠牲、興亜ノ先覚ナリ。身ハ殞滅スルトイエドモ、志ハ不朽ナラン。

（ニ）『改元記念東奥人名録』

　　自ら敵の陣に赴きて戦ひ死す[9]

（ホ）宮崎滔天「宮崎滔天氏之談」

　　行衛不明[10]。

　上記5編の中で、（ロ）宮崎「清国革命軍談」のものは「多分戦死したので
あらう」と述べているものの、彼が把握していた事実は「行方不明」だけでし
かない。（ハ）孫文全生庵碑文は「戦死」と記しているのだが、この時期に良
政死亡を確認できた形跡はなく、宮崎の推測と同類である。恵州事件から10
年余り消息不明という客観的事実から山田良政を死亡したものと見なすことは
妥当であろう。また、この時の孫文は、袁世凱専政に反対する第二革命前夜と
いう状況下ではあったものの、革命を成し遂げた中華民国前大総統として訪日
しており、亡命時期を過ごした日本に凱旋していた。だからこそ、山田良政の
推測される「死」は、非合法による武装蜂起での犠牲から革命へ殉じた「戦死」
として語られる必要があった。
　（ニ）『改元記念東奥人名録』も戦死としているが、これに先行する（イ）宮
崎『三十三年之夢』から（ハ）孫文全生庵碑文のうち、（イ）宮崎『三十三年
之夢』は大正期にはすでに絶版となっていた[11]。（ロ）宮崎「清国革命軍談」
は新聞記事であるから、現在ほど資料整理が進んでいなかったとおもわれる当
時、発行後時間が経過したものを用いることは容易ではなかったはずである。
したがって、（ニ）『改元記念東奥人名録』の伝える戦死とは、新資料に基づく
ものではなく（ハ）を参考にしたものだと思われる。また、（ニ）『改元記念東
奥人名録』は青森で出されたもので、当然、郷土の人物を顕彰するという性格
があったと考えられる。そうだとするならば、辛亥革命以前に中国の革命活動
に参加していた山田良政について好ましい評価を与えようとするのは、（ハ）
の意図と同じであろう。
　（ホ）宮崎「宮崎滔天氏之談」は、長崎県立図書館渡辺庫輔文庫が所蔵する
座談録であり、『宮崎滔天全集』第4巻が出版されるまで知られてこなかった
ものである。ここでも宮崎は、山田良政の消息について不明と語っている。
　このように、後述する洪兆麟証言以前における山田良政の最期で確認できる
ことは、恵州事件に参加した後の消息が不明ということだけである。

第2項　洪兆麟証言以後

1918年、かつて清軍の軍人として恵州事件を鎮圧した際、良政らしき人物を見たかもしれないという人物があらわれた。それが洪兆麟[12]である。彼はもともと清の軍人であったが、辛亥革命から革命側に転じ、陳炯明系の軍人として活動した人物である。

（ヘ）宮崎滔天「亡幽録／山田良政」

　越えて昨年の春〔1918年〕、彼の令弟純三郎君は、事を以て広東に遊び、計らずも南軍の将某君（失名）に面会した。然るに将軍は見る見る顔色を変じ、彼の手を握つて涙に咽びながら、「君は山田良助の兄弟ではないか、姓も同じで顔も似てゐる」と云ふ。〔中略〕「私〔南軍の将某〕は其時官軍であつた。併し私は令兄を殺さぬ。殺さぬけれども、私が殺したと言つて宜しい。私は決して其責任を避けません。実は両軍は互に諒解する所があつたので、義軍を追撃しなかつた。然るに義軍が予定の総退却を始むるや、六人の兵士が踏み止まつて無闇に我等に向つて発射する。退却せよとの合図をしても頑強に反抗する。仍て已むを得ず捕へて之を殺さしめたのであるが、其内に金縁の眼鏡を懸けた立派な人で、大金を懐中してゐる人があつた。必定日本人に相違ない。若しこれが日本に判つたら大変だと云ふので、死体は是を一緒に埋づめ、所持せる立派なピストルと眼鏡は、之を川に投じ、厳令を発して、極端に秘密にした。と云うのは、日本との国際交渉を恐れたからである。今にして思へば、その人が君の令兄であつたのだ」[13]

　1919年10月、宮崎は山田良政の故郷青森での追悼式典に、良政の実弟純三郎から直接招待を受けており、上記の内容は、その式典の折に純三郎本人から聞き知ったものだと考えられる。

　「南軍の将某君（失名）」という、かつて清国軍に属していたが現在は孫文側に属しているという軍人が語ったという話である。清軍人として鎮圧した恵州

事件で山田純三郎とよく似た人物を捕殺したというのである。これは山田良政が、恵州事件において「戦死」したとする最初の資料である。

　ここで清国軍と革命側双方に「諒解する所があつた」というのは真実性を感じさせる行である。当時、清国は広東に新建陸軍のような中央政府肝いりの近代編制の軍隊は配しておらず、革命側にしても蜂起時の600名が数日の間に農民の参加もあって2万ともいわれる数にふくれあがったといわれるような雑多な集まりでしかなかった[14]。つまり双方ともに所属する集団の主義主張のために戦い抜く組織ではなかったのである。恵州事件で革命側は蜂起後に期待していた日本からの援助が受けられないことが判明して頓挫したとされる。そうであるならば、その時点で革命側はもちろん、鎮圧する側もことさら犠牲を出すような戦闘を継続する必要は消滅する。その際、暗黙の内に妥協がなされることは極めて現実的である。

　また、「金縁眼鏡」、「大金」、「立派なピストル」という所持品があげられるなど、先行する良政伝よりも具体的な様子が記され、また日本人だということで殺害事実が意図的に隠されたのだと説明されている。

　しかし、この宮崎の文章が発表されたのは『上海日日新聞』という上海で発行されていた日本語新聞であり、1971年に『宮崎滔天全集』第2巻が出版されるまで、この内容がどれほど知られていたのかという点には留意しなければならない。

（ト）孫文「山田良政頌徳碑」

　　山田良政先生弘前人也。庚子閏八月，革命軍起恵州。君挺身赴義，遂戦死。
　　嗚呼，其人道之犠牲，興亜之先覚也。身雖殞滅、而志不朽矣。

　　　　　　　　　　　　　　　　　　　　　　　　　　民国八年九月廿九日
　　書き下し：山田良政先生ハ弘前ノ人ナリ。庚子閏八月、革命軍恵州ニ起ッ。
　　君挺身義ニ赴キ、遂ニ戦死ス。嗚呼，其ノ人道ノ犠牲、興亜ノ先覚ナリ。
　　身ハ殞滅スルトイエドモ、志ハ朽ナラン。

（チ）孫文「山田良政君建碑紀念詞」

而君以失路為清兵所捕、遂遇害。
　訳：山田良政は道に迷い清兵に捕らわれ、ついに殺害された。

　上記の2つは、1918年に良政が死亡したとされた後の孫文のもので、（ト）孫文貞昌寺碑文は（ハ）孫文全生庵碑文とほぼ同じものである。
　（チ）孫文紀念詞では、良政が道に迷い清兵に捕殺されたと「戦死」以上の事情を記しているが、その根拠は示されていない。そして、これは（ヘ）宮崎「亡幽録／山田良政」が、抵抗しつづけた末に捕縛されたと述べていることと異なっている。

（リ）村松梢風「中国革命夜話」

　山田良政は、一方の兵を指揮して戦ひ且つ逃れて来た。そして恵州府城の東三十六支里なる三多祝といふ処まで来ると敵の軍に遮られた。革命軍は奮戦したけれども衆寡敵し難く、多くは散り散りに潰走した。最後に山田の身辺に残つてゐた者は三合会の荒武者五名に過ぎなかつた。彼等は小さな丘を死守して奮戦した。山田は支那服を身軽に着て、其の上から縄の帯を締め、日本刀を揮つて戦つたが、力尽きて捕へられ、同志の五人も捕へられて、その場で処刑された。〔中略〕彼は基督教を信じ、上海へ来た当時、在留邦人青年を集めて、基督教青年会を組織したこともあつて、青年の間に信望が厚かつた。〔中略〕民国六年の十月、純三郎は所用あつて広東へ行つた。彼は広東で、国民軍第二路司令洪兆鱗と或る処で会つた。
　洪兆鱗は、生粋の軍人であるけれども、頭を剃り、僧衣を着て、いつでも念珠をつまぐつてゐた。〔中略〕山田良政が戦死した場所は、久しい間不明であつた。革命軍の退却に際して、山田は道に迷つて一同と離れ離れになり、途中で官兵に捕へられて殺されたのであらうといふ推測だけで歳月が経つてゐた。〔中略〕彼〔洪兆鱗〕は、小丘に拠つて最期迄抵抗した六名の革命党員を捕へて其の場で銃殺したが、其の中の一人は日本人だつた。そして彼等の死骸は其の丘に埋めた。然るに、其の日本人は捕へられ

たとき香港紙幣二千弗を懐中してゐた。洪兆麟の方では、それは日本の宣
教師だらうと推測した。宣教師とすれば、外交上の重大交渉を惹き起すに
相違ないといふ恐れがあるので、其の事を全く秘密に付して、今日迄過ぎ
てしまつたのであつた。〔中略〕山田良政の最期は初めて明かになつた。
純三郎は大いに喜んでどうか兄の遺骨を受け取り度いと、云うと孫逸仙は
朱執信を三多祝に派遣し、別に洪兆麟の副官蔡標を同行させ、其の地で良
政の霊を鎮める祭りを営ませた上、遺骨を持ち帰るやうに命じたが、何分
六名が一緒に埋葬されたことゝて白骨は見別けが付く道理もなく、そこで
骨の代わりに小丘の土塊を持ち帰つた。純三郎は広東で其の土を受け取つ
て日本へ持ち帰り、大正七年に郷里弘前の菩提寺に埋葬して墓碑を立てた。
〔中略〕恵州の鎮守使李福林は、良政のために三多祝の小丘に記念碑を建て、
其の年の秋除幕式をを挙げた[15]。

　ここで村松は、（チ）孫文紀念詞が伝える「道に迷い捕殺された」というの
は推測にすぎないとし、最後まで抵抗をつづけた末に捕殺された6人のうちの
1人が良政であったというなど大筋は、（ヘ）宮崎「亡幽録／山田良政」に似
ている。特に戦前の良政伝で清軍に捕えられた人数を6名と数字をあげて記し
ているのは、この（リ）村松と（ヘ）宮崎「亡幽録／山田良政」だけである。
　しかし、（ヘ）宮崎「亡幽録／山田良政」との相違点もいくつかある。
　まず、洪兆麟証言を宮崎の1918年ではなく1917年10月としている点、宮崎
が失念したとしていた「南軍の某将」について、それは洪兆麟（原文「洪兆鱗」
は誤植であろう）であると明記している点、宮崎が所持品にあげる「大金」に
ついては「香港紙幣二千弗」と金額まで記す点、宮崎があげていた「金縁の眼鏡」、
「立派なピストル」が登場しない点である。
　さらに、遭難時の良政について「支那服を身軽に着て、其の上から縄の帯を
締め、日本刀を揮つて戦つた」と極めて具体的に格好や様子を述べているが、
これは先行する良政伝にはない描写である。ほかにも「洪兆麟の副官蔡標[16]」、
「恵州の鎮守使李福林[17]」、引用箇所以外では「両広総督陶模[18]」と詳細に記し
ていることからすると、前掲の（イ）宮崎『三十三年之夢』から（チ）孫文紀
念詞以外の資料も用いたとおもわれる。

先行するものと最も異なるのがキリスト教との関係について触れている点である。良政がキリスト教を信仰しており、上海ではキリスト教青年会を組織していたと伝え、さらに、良政殺害が隠された理由として（ヘ）宮崎「亡幽録／山田良政」での「日本人」であるという理由に加えて「宣教師」と見なされたためであるとしている。

（ヌ）東亜同文会内対支功労者伝記編纂会編『対支回顧録』下巻

> 同志数人と共に一去不還の途に上つた。十月二十日の晨、無事恵州に入り、三多祝の革命軍に投じ、孫文の密命を鄭指揮に致し、同時に鄭を扶けて未解散の革命軍を率ゐて三州田の大本営に退き、後図を計らしめんと欲し、同月二十二日、三多祝に於て清軍と交戦し、竟に敵弾の殪す所と為つた。享年三十三。
> 　味方敗軍の為め、潰乱の状に陥り、其遺骸をも得ること能はず。激戦悲壮の状見るが如しだ。〔中略〕大正二年孫文重ねて我国に来たりし時、君の遺烈を追懐し、東京谷中全生庵に『山田良政之碑』を建立した。同七年夏、幕客朱執信を恵州に特選し、君が陣没の地に就き遺骨を求めさせたが、白雲荒村寒畑黄土、またたづぬべからず。不得已四辺の土を記念として持ち帰つた[19]。

良政が戦死したことをうかがわせるような記述はあるものの、その描写は（チ）孫文紀念詞や（リ）村松「中国革命夜話」のように具体的ではない。
　（リ）村松「中国革命夜話」と同じく朱執信が三多祝へ派遣されたとしているものの、そのきっかけとなった洪兆麟証言については触れていない。

（ル）葛生能久『東亜先覚志士伝記』下巻

> 東京昆布会社に入社して明治二十三年上海支店詰となりて渡支、支那人沈文藻に就きて支那語を研究し、業余上海日本青年会等の為めに尽力し衆の深く敬重する所となつた。〔中略〕良政は奮戦力闘大に革命軍の士気を鼓

舞する所あつたが、戦ひ利あらずして革命軍敗れ、良政も亦た戦歿するに至つた。〔中略〕大正二年来朝の際には東京谷中全生庵に記念碑を建立し、又た戴伝賢をして左の如き誄詞を作らしめて英霊を慰めた。

　　中華民国紀元前十二年九月恵州革命軍起、日本義士山田良政与洪兆麟戦死焉。六年乃弟純三郎因護法軍洪統領兆麟得骸骨帰、八年九月窆。〔中略〕次で大正七年孫文は朱執信等を三多祝に派遣し、良政の遺骸を捜索せしめしも発見せず同所の黄土一塊を採り来つて記念となし[20]

（リ）村松「中国革命夜話」は、良政が上海でキリスト教青年会を組織していたと述べていたが、この葛生も「上海日本青年会」とキリスト教とは明示していないものの、それらしき団体での活動を記している。

　良政の最期については、（ヌ）『対支回顧録』と同じく具体的な描写はされていないが、文中に引用された戴伝賢の誄詞のなかで（リ）村松「中国革命夜話」が明記した良政亡の根拠となる人物「洪兆麟」の名が見える。そこでは、「六年乃弟純三郎因護法軍洪統領兆麟得骸骨帰、八年九月窆」（1917年弟純三郎は洪兆麟によって良政の遺骨を持ち帰ることができ、1919年9月埋葬した）とあり、（リ）村松「中国革命夜話」と同じく、純三郎と洪兆麟が会った時期を1917年としている。

（ヲ）米内山庸夫「広東風土記」（一）

　明治三十三年九月、日本人山田良政が恵州で殺された。戦死したとも云はれるし、捕へられて銃殺されたとも伝へられる。私は戦死したと思ふ。〔中略〕這般の事情〔日本の軍事援助が得られなくなったこと〕を伝へる使命を帯びて大陸に渡つたのが山田良政である。そうして恵州三多祝で革命軍は敗れてちりぢりとなり、その時、山田良は行方不明となった。〔中略〕陳炯明の乾児[21]で、革命当時、民党の闘士として相当鳴らした洪兆麟と云ふ男がある。民国七八年の頃、恵州軍務督弁をやつてゐて、私も数回広東でこの男に会ふたことがある。湖南生まれだと云つてゐたが、あまり物言はない何処か線の太い親分肌の男であつた。この男が恵州革命当時清軍

側にゐて、三多祝で革命党を六人捕へて銃殺したと云ふ。その一人が山田良政らしいと云ふのである。さうかも知れないが、何れにせよ、その当時、已に二十年余りも前の朧ろげな記憶から云ふのであり、たゞその男が云ふだけで、はつきり確かめることは出来ない。〔中略〕恵州革命に関する記録として「清粤督徳寿奏報恵州革命起事摺」と云ふものがある。ときの両広総督徳寿が北京朝廷に上奏した報告書である。その中にかう云ふ文句がある。

「……乗勝克三多祝黄沙洋両処、査験斬匪屍、内有一具係服外洋衣袴、詢之生擒各匪、均指為偽軍師鄭士良、未知是否確実、此閏八月廿七日勦弁帰善会匪獲勝之実在情形也」

即ち、三多祝、黄沙洋二ヶ所に於て斬殺したものゝ中に、一人洋服を着たものがある。これを生擒りにしたものに聞くと、それは鄭士良だと云ふ。しかし、ほんとうか何うか分からないと云ふのである。

その頃、支那人は、文武官民共、辮髪を下げ支那服を着るを常とし、ざん切り頭で洋服を着るものは極めて稀であつた。だから、その革命党の死屍の中の外洋衣袴の、即ち洋服を着たものが特に目立つたのである。〔中略〕私は、その洋服の死骸は山田良政だと思ふ。奏摺にも何人かと云うことは曖昧にしてゐるが、或は、日本人と知りつゝ、殊更にそうしたのではないかとも思はれる[22]。

　米内山は、洪兆麟の証言に明確な裏付けがないことを指摘しつつ、清国の公文書奏摺[23]「清粤督徳寿奏報恵州革命起事摺」で述べられている洋装の遺体が山田良政であると推測する。しかし、それも結局のところは洪の証言と同じく不確実なものである。米内山が引く「清粤督徳寿奏報恵州革命起事摺」は、洋装の遺体は鄭士良だという捕虜の証言を紹介しつつも、結局は分からないと述べているだけであり、それが良政だったのかは確かめようがない。

　また、遭難の直前10月16日、福州領事豊島捨松の報告には「山田良政ナル者ハ支那服ヲ着シ[24]」とあることから、事件の直前の良政は長衫（中国服）を着用していたのであり、遭難時に洋装していたかどうかもわからない。

　さらに、事件当時の清国では洋装が珍しく、目立ったと米内山は述べているが、

必ずしもそのように言い切ることはできない。なぜならば、事件より10年程前に上海で日本人にビジネス教育を行っていた日清貿易研究所の学生は、清国人の風俗について次のように記録しているからである。

広東福建浙江ノ三省ヨリ出デシモノニシテ其気象頗ル勇敢ニシテ大ニ他省ノ人民ニ異ル所アリ殊ニ広東人ノ服装ハ男女トモ一種異様ノモノヲ用ヒ稀ニハ髪ヲ薙シ靴ヲ穿チテ洋服ヲ着シ一見日本人ニ異ナラザルモノアリノ故ニ日本人ニシテ深ク内地ニ入ルトキハ往々広東人ト誤認セラルヽコトナキニアラズ[25]

1890年代初めの清国では、日本人であっても洋装というだけで広東人と見間違えられることがままあったのである。それから10年近く経過した広東省で洋装していたからといって、それを日本人と見なす根拠とはならない。

このように（ヲ）米内山「広東風土記」も、米内山自身が疑念をもった洪兆麟証言と同様に事実確認ができるものではない。

ただ、根拠としている「清粤督徳寿奏報恵州革命起事摺」には、革命側に勝利した時期を「閏八月廿七日」すなわち1900年10月20日と記されていることから、洋服の人物が良政だとすれば、結束博治などが伝える10月22日よりも前に死んでいることになる。

この（ヲ）米内山「広東風土記」の特徴は、先行するものと異なり、洪兆麟証言の問題点を指摘しているところにある。しかし、この文章が発表された『支那』は、東亜同文会の機関誌という特殊な性格をもつもので、発行部数も少ない雑誌であったことから、有力総合雑誌である『中央公論』に掲載された（リ）村松「中国革命夜話」とくらべれば極めて限定された読者しかもっていなかった[26]。

（ワ）平山周「山田良政君伝」

十月二十二日、海陸二途に分れ、まさに大鵬に返らんとす。敵軍その情を知り、これを三多祝に要撃す。全軍ために土崩瓦解し、しかして君ついに

308　　　　　　　　　　　第2部　　補章

乱軍の中に戦死す[27]。

（カ）佐藤慎一郎「孫文と山田良政」

　　　意を決して三多祝に踏み止まり、遂にその地に於て壮絶な最後を遂げたの
　　　である[28]。叔父の死後二十年（民国七年）にして始めてその死の全貌が明
　　　かにされたのである[29]。

（ヨ）水野梅暁「興亜先覚の群像──中国革命追念碑の建立」は平山前掲文を
引用しつつ、次のように述べる。

　　　而してこの恵州の役に進んで参加して鄭士良と事を共にしたるは、即ち山
　　　田純三郎の実兄山田良政その人であつたが、不幸にして清軍の為に破られ
　　　て戦死したのが、支那の革命に殉じたる邦人最初の犠牲者であつた[30]。

　これらは、（リ）村松「中国革命夜話」で紹介されて以来、（ヌ）〜（ヲ）で
も記されている三多祝での死亡を簡潔に伝えている。

　以上、戦前の山田良政伝を総覧してきたが、それらは、彼の最期に居合わせ
たという洪兆麟の証言を境にふたつに時期区分される。洪兆麟証言以前は、宮
崎滔天の（イ）「三十三年之夢」、（ロ）「清国革命軍談」、（ホ）「宮崎滔天氏之談」
のように確認できる事実としては行方不明だと記されつつ、一方で（ハ）孫文
全生庵碑文のように革命で「戦死」したと裏付けのない伝えられ方がされてい
る。それには、中国の革命が反政府活動という非合法的なものから辛亥革命を
経て正統性を獲得したことが影響しているのだろう。長期間の消息不明から推
測される彼の死を革命への殉死として評価すること自体が、中国での革命を賛
美することにつながるのである。
　洪兆麟証言以後のものの内、（リ）村松「中国革命夜話」と（ル）葛生『東
亜先覚志士伝記』は、山田良政とキリスト教との関係にふれている点が特徴的
である。（リ）村松「中国革命夜話」は、さらに、長衫を縄帯で締めて日本刀

を振るうという独特の姿を描いているが、日本刀と宣教師と見なされたという姿が同一人物として一致するのか疑問であるし、そもそも出典が不明であり、事実と捉えるには問題がある。また、洪兆麟について「生粋の軍人であるけれども、頭を剃り、僧衣を着て、いつでも念珠をつまぐつてゐた[31]」としているが、彼に実際に会ったことがある米内山は（ヲ）「広東風土記」では、そのようなことは記しておらず疑問が残る。（リ）村松「中国革命夜話」は、それまでの良政伝とくらべて詳細で新しい姿を提示しているのだが、以上のように多くの問題点を抱えている。

第3節　戦後の良政伝

（タ）大鹿卓「肖像画」『梅華一両枝――中国遊記』

　大鹿は「私達が幾度かその〔山田純三郎の〕仮寓の門を叩いて先生の清閑を驚かしたのは十九年の冬から晩春にかけてのことであつた[32]」と述べており、山田良政の弟山田純三郎への取材に基づく文章であるとしている。

　　〔洪兆麟が語るに〕「…いよいよ革命軍が敗退といふとき、主だつた幹部のものは再挙を期して玉砕を避けることにした。貴方の令兄らしい人もそのうちにゐたが、その人はどういう決意があつたのか、頑として逃亡を肯んじなかつた。そのため不幸にして敵手に斃られたのだが、無論私も逃亡の組で、現場に居合はせたわけでないから正確な模様は知らない。なんでも場所は恵州城外三多祝の村外れで、死骸は穴を掘つて埋められたといふことだが、泥棒みたいな土匪の連中といつしよくただから、今ではどうなつてゐるか、甚だこゝろもとない。あのとき令兄は確かメリヤスのシヤツを着て、眼鏡をかけてをられた。山田さん、ちよと眼鏡をかけて下さい」そこで純三郎先生が、いはれるまゝに眼鏡を借りてかけると「うん、そつくりだ。確かにあの人が山田先生だつた[33]」

　洪兆麟証言以後のさまざまな良政伝が清軍に属していたとしてきた洪について、「あの当時鄭子良の配下だつた洪兆麟といふ人物[34]」と述べている。もち

ろん、鄭は革命側の幹部である。洪は恵州事件当時は清側の軍人であり、これは明らかな誤りである。

さらに、大鹿は「両国いづれのものも『三十三年之夢』に拠つてゐると思はれるものばかり[35]」と述べているが、（イ）宮崎『三十三年之夢』は洪兆麟証言以前の文章であり、洪兆麟の名が登場した（リ）村松「中国革命夜話」以降の良政伝を実際には参照していない可能性が高い。それでも洪兆麟についてふれているのは、その内容が山田純三郎への取材に基づいたものであるからだろう。

また、遭難時の山田良政の格好、所持品について「メリヤスのシヤツ」と「眼鏡」があげられているが、「眼鏡」は（ヘ）宮崎「亡幽録／山田良政」で「金縁の眼鏡」としてあげられただけで、その後のものでは記されていない持ち物である。しかし、（ヘ）宮崎「亡幽録／山田良政」は、（タ）大鹿「肖像画」から30年近くも前に上海で発行されていた新聞に掲載されただけにすぎず、大鹿が参考にすることができたのかは疑問である。

では、大鹿はどこから「眼鏡」をとってきたのだろうか。さきに、彼が専ら山田純三郎への取材に拠っている可能性を指摘したが、「眼鏡」についても次に述べるように同様のことが推測される。

山田純三郎を上海の自宅にたずねた際の大鹿の文章をみてみよう。

　　　壁間の肖像画に改めて見入つた。実はこの部屋に入つた瞬間から、かの令兄の肖像であらうかと気付いてゐたからである。遠くから引きのばした写真のように見えたが、近寄つてみるとそれは鉛筆画で、清朝時代の支那帽に支那服といふ装ひであるが、白皙の輪郭といひ、瞳の据りといひ、私達日本人には一瞥して疑ひもなく日本人とわかる風貌である[36]。

肖像画ではないが、「眼鏡」をかけ中国人の装いをした良政の写真は現在にも伝わっている。大鹿の見た肖像画も同じようなものだったのかもしれない。そうだとすれば、彼は良政の「眼鏡」を見知っていたことになる。そして、それは鉛筆画であるから眼鏡の「色」はわからない。大鹿は（ヘ）宮崎「亡幽録／山田良政」によって「眼鏡」を知ったのでなく、純三郎の自宅にかかる肖像

画によって知ったのである。さらに、「メリヤスのシヤツ」という新しい所持
品や前掲した洪兆麟を鄭士良の部下とするような誤りも、純三郎の記憶違いや
大鹿の聞き間違いなどによって生じたのであろう。

「メリヤスのシヤツ」について純三郎が話違えたとすれば、彼自身が東亜同
文会関係者でもあったことから、恵州事件時の洋装の人物の存在を伝えた（ヲ）
米内山「広東風土記」が掲載された『支那』を目にしており、その「洋服」が
誤って「メリヤスのシヤツ」にかわったのかもしれない。

この（タ）大鹿「肖像画」にあげられた山田良政の所持品「メリヤスのシヤ
ツ」と「眼鏡」は、その後の良政伝に度々登場するようになる。

（レ）石川順「恵州起義に尊い血を流す——山田良政・山田純三郎」

　　山田良政は、この一戦で戦死したということになつているが、事実は逮捕
　　せられ、恵州の三多祝で斬に処せられたことが明らかになつている。この
　　日が九月二十九日、革命同志のために彼は尊い血を流したのである。〔中略〕
　　大正七年（一九一八年）春、良政の弟山田純三郎が孫文と、もに広東に滞
　　在中、洪兆麟という湖南出身の一師長と会談した。洪はもと清朝時代軍隊
　　にあつて、恵州事件のころ、恵州にいたことがあるので、鄭子良らの処刑
　　についてきいたところ、『自分の部下がその処刑を実行した』という。そ
　　れなら、その中に日本人のいたのを記憶しているのかといつたら、『日本
　　人といつて名乗つたものは一人もいなかつたが、眼鏡をかけ、メリヤスの
　　シャツをきたものがいた。恐らくはそれが日本人であつたかも知れない』
　　という。すると「孫文は自分の眼鏡をはずして山田にかけさせ、『どうだ。
　　その人はこの男と似ているか』と訊ねたが、それまでの記憶はないらしく、
　　どうもそれまではわからないと答えた[37]。

　これも（タ）大鹿「肖像画」とほとんど同じ内容であるが、（ト）孫文貞昌
寺碑文の日付「民国八年九月二十九日」と混同したのか、良政が殺害された
のが9月29日だとしている。恵州事件は1900年10月初旬にはじまったとされて
おり、この日付ではあわない。仮に旧暦と取り違えているとしても、光緒26

年9月29日ではすでに事件が終息した1900年11月20日となってしまう。さらに、鄭士良が処刑されたような記述があるが、鄭は恵州事件では逃亡に成功しており、これも事実とは異なる。

また、（ヘ）宮崎「亡幽録／山田良政」、（リ）村松「中国革命夜話」、（タ）大鹿「肖像画」では、洪兆麟が山田良政と弟純三郎の容貌は似ているといったとしているが、ここでは「わからない」と語っており、良政死亡の根拠となるはずの証言が弱々しいものとなっている。

（ソ）都築七郎「恵州の塩——孫文革命に一身を捧げた山田良政の熱血生涯」

　〔洪兆麟が言うに〕「いやあ……〔恵州事件時の捕虜のなかに日本人は〕居なかったと思いますが。ただ、そうです。気にか丶るのが一人。その、訊問しても、ごく簡単な訊問だったのですが、終始黙りこくっていて返答をしない人物が一名だけ居ました。べつに日本人だと名乗ったわけではありませんので確証はないのですが、このおとこは、珍しいことにメリヤスのシャツを着て、眼鏡をかけていたのを、いま思い出しました。あるいは、その捕虜が日本人だったかも知れません[38]。

　この文章は、小説形式の評伝である。（タ）大鹿「肖像画」でとりあげられた「メリヤスのシヤツ」や「眼鏡」が、ここでも記されているが、洪兆麟の自信のなさそうな様子は（レ）石川「恵州起義に尊い血を流す」に似ている。

（ツ）佐藤慎一郎「中国革命と山田良政——人生意気に感ず、功名誰か復た論ぜん」

　かつて北京での同居者が、良政について「支那語に精通し、辮髪を垂れて、支那服を着け、宛然たる支那人であった」と記録している。良政が斬に処された時も、支那服を着用、金ぶちの目鏡をかけ、わら帯をしめていたという。しかし、どうしても、日本人らしかった。当時中国では、外国人にたいしては、絶対に手を触れてはならぬという厳命が下っていた。釈放す

べく、何回も、「前は、日本人であろう」と念を押したが、淡々として「中国人だ」と答え、従容として斬に処されたという[39]。

これが先行する良政伝と大きく異なっている点は、良政は日本人であるか否かを問われたのに対して「中国人である」と答えていることである。これは、純三郎の口述からでたものと思われる。なぜならば、同様のことを純三郎が語っていたと保坂正康が記しているからである。

純三郎の三男順造が、私に述懐している。
「伯父が政府軍の尋問に何ひとつ答えなかったこと、それが父の誇りでしたね。良政とて、革命の内容についてはくわしくは知っていたと思うけど、それを語らなかった。それこそ日本人志士といっていいのではないかと思う」[40]

また、（ツ）では戦後の（タ）大鹿「肖像画」以降に出てくる「メリヤスのシヤツ」が記されておらず、その良政像は眼鏡の有無をのぞけば戦前の（リ）村松「中国革命夜話」が描いた中国服に縄帯を締めた姿と同じである。
また、（タ）大鹿「肖像画」以降、「眼鏡」としか登場しなかったものが「金ぶち眼鏡」となっている。この所持品自体は、すでに（ヘ）宮崎「亡幽録／山田良政」が紹介していたが、さきに述べたように、それは上海の日本語新聞の記事という限られた読者の目にしか触れることができなかったもので、1971年に『宮崎滔天全集』第2巻に収録された後にひろく知られるようになったものである。したがって、佐藤の「金ぶち眼鏡」も、この全集に拠ったのであろう。

（ネ）相沢文蔵「津軽の近代化とキリスト教——信仰と革命に殉じる——日中提携の山田兄弟」

良政は三十三年九月、孫文の第二回挙兵のさい手違いがあり、部下とともに清軍にとらえられ処刑される。支那服をまとっていたもの丶金ぶち眼鏡

にたん正な風ぼうは日本人宣教師を思わせるものがあったが、日本人たることは明かさなかった[41]。

「宣教師」と見なされたというのは、先行するものの中では（リ）村松「中国革命夜話」だけが紹介していた事柄である。「金ぶち眼鏡」をかけ、中国人の服装をし、捕虜となった後に日本人であることを言わなかったというのは（ツ）佐藤慎一郎「中国革命と山田良政」と同じであり、この両者を参考にしたと思われる。

（ナ）上村希美雄『宮崎兄弟伝──アジア編』（上）

　　彼〔良政〕の戦死が確認されたのは大正七年、実にそれから十八年後のことである。革命軍の撤退を見た官軍は、恵州東方四十支里の三多祝でこれを襲った。その時殿軍となり最後まで応戦して倒れた六名のなかに、中国服を着、荒縄を腰に巻いた一人の日本人がいたという。指揮官洪兆麟は遺品の金縁眼鏡や千ドルという大金から、山田を日本人の宣教師か何かであろうと思い、国際問題になることを恐れて、屍体を埋葬したあと厳重な箝口令を布いていた[42]。

　（リ）村松「中国革命夜話」の「恵州府城の東三十六支里なる三多祝」が「恵州東方四十支里の三多祝」、「香港紙幣二千弗」が「千ドルという大金」と多少の違いはあるものの、「宣教師」と見なされた点をはじめとしてほぼ同じであり、（リ）にもとづいたのであろう。村松があげていない「金縁眼鏡」については、前掲の『宮崎滔天全集』刊行によって知られるようになった（ヘ）宮崎「亡幽録／山田良政」に基づいていると思われる。

（ラ）原子昭三『津軽奇人伝続』

　　洪兆麟は〔山田良政たち〕六名の死体を一緒にして小丘の一隅に埋葬した。〔山田〕氏は戦死したとき軍用金として香港紙幣一千ドルを懐中していた。

洪の方では、当時良政は日本の宣教師であろうと推測し、宣教師とすれば、外交上の重大なる問題になるに違いないとの判断から、その時に至るまで、良政の命を絶ったことは秘密にしていた[43]。

　これは（リ）村松「中国革命夜話」に基づくものと思われる。村松の「彼〔洪兆麟〕は、小丘に拠つて最期迄抵抗した六名の革命党員を捕へて其の場で銃殺したが」以下の行と言い回しまでがよく似ている。異なっているのは、所持金の額が「一千」か「二千」なのかという点だけである。
　なお、この文章は著者が青森県教育振興会機関誌『青教あしかび』に連載していたものであり、初出は単行本刊行の1987年以前である。

（ム）保坂正康『仁あり義あり、心は天下にあり』

　〔洪兆麟が言うに〕「あのときは、清朝政府軍の守備隊長をしていましたよ。私の部下が革命軍の幹部の処刑を行いました」〔中略〕「あのときの幹部のなかに日本人だと名のるものはいなかったと思う。しかし、日本人のような人物はいた。というのは、その男はどのような質問をしても、決して口を開かなかったのです。それに金縁の眼鏡をかけ、メリヤスのシャツを着ていました。中国人とは異なる雰囲気をもっていましたし……。日本人がいたとすれば、たぶんその男でしょう」
　孫文は、自分の眼鏡を外し、純三郎にかけさせた。
　「その男は、この人物に似ていないか」
　洪はしばらく純三郎の顔を見つめていた。しかし、思いだせない。首を振って、「わからない。そこまではわからない」と答えた[44]。

　「メリヤス」のシャツのことや、洪兆麟が良政と純三郎が似ているのかどうかわからないとこたえる点は（レ）石川「恵州起義に尊い血を流す」と同じである。「金縁の眼鏡」は、（ヘ）宮崎「亡幽録／山田良政」とそれに基づいたと考えられる（ナ）上村『宮崎兄弟伝』を参考にしている。

（ウ）結束博治『醇なる日本人——孫文革命と山田良政・純三郎』は、（ヘ）宮崎「亡幽録／山田良政」をそのまま引用しつつ、後掲する（ヰ）山田純三郎『革命夜話』を紹介している。

（ヰ）山田純三郎『革命夜話』は、（ウ）結束博治『醇なる日本人』に収録されている山田純三郎の手記である。

　　大正七年（1918年）、孫文が広東に臨時政府を組織した時、一同で会食したことがあった。孫文が同席していた洪師団長に「この人は山田純三郎といい、吾々の同志山田良政君の弟だ」と僕〔山田純三郎〕を紹介した。洪はびっくりしたように僕の顔を見つめていたが、ちょっと眼鏡をかけてくれというので隣の人の眼鏡をかけると、『よく似ている。実は私はその頃、清軍の軍曹で三多祝で革命軍と戦った。貴君の兄を殺したのは私である。どうか存分にして下さい』といった[45]。

　洪兆麟が山田良政と弟純三郎が似ていると語っている点は、（ヘ）宮崎「亡幽録／山田良政」と（タ）大鹿「肖像画」と同じである。しかし、（タ）大鹿「肖像画」が洪兆麟を恵州事件の蜂起側としていたのに対し、ここでは清軍の軍曹だとしている。大鹿は純三郎に取材していたと述べていたが、洪の所属については大鹿の聞き間違いの可能性が高い。

（ノ）栗田尚弥『上海東亜同文書院——日中を架けんとした男たち』は（ヘ）宮崎滔天「亡幽録／山田良政」を引用して、次のように述べている。

　　「日本人に相違ない」山田に対し、洪兆麟は「お前は、日本人であろう」と念を押した。日本とのトラブルを恐れたのである。山田は「中国人だ」とのみ応えた。「中国人」であれば運命はただ一つであった。こうして山田は、孫文革命最初の外国人犠牲者となったのである[46]。

（オ）馬場毅「孫文と山田兄弟」

恵州の東方の三多祝で清軍に攻撃され、その中で山田良政ら6名は捕虜となり、清軍に殺された。33歳の若さであった。山田良政は日本人で中国革命に殉じた最初の1人となった。その遺体は秘かに葬られ、山田良政の所在は不明となった。後に、1918年、かって山田良政を部下に殺させ、当時孫文の広東軍政府に所属していた洪兆麟が、偶然、弟の純三郎に良政の最期を伝えて、彼の所在が明らかになった[47]。

これには参考資料として、(ヘ) 宮崎「亡幽録／山田良政」、(リ) 村松 [中国革命夜話]、(ワ) 平山「山田良政君伝」、(ソ) 都築「恵州の塩」、孫文「建国方略 孫文学説」(1918年) 中国国民党中央委員会党史委員会編訂『国父全集』第1冊 (中国国民党中央委員会党史委員会、1981年再版) があげられている。

(ク) 田中健之「日本の近代アジア史──中華革命に殉じた日本人山田良政」

殿として日本刀を揮って戦う山田良政は、金縁眼鏡をかけ、辮髪を垂らして中華服を纏ったその上から、縄の帯を締めていた。

　力尽きて清国官兵に捕えられた山田は中国語を能くしたものの、どうみても日本人らしかった。当時、清国では、外国人に対して手を触れてはならないと厳命されていた。国際問題になることを恐れた清国官兵は、山田にどうしても日本人であるということを自白させるべく責め立てた。しかし、どんなに厳しく責められても、日本人であると、彼は頑として最後まで口にしなかった。ただ淡々として『中国人だ』と答えるのみ。結局、山田良政は、中国人同志とともに荒縄を巻かれたまま中国人として処刑された。〔中略〕山田良政が、中華革命に殉じてから一三年後の大正二(一九一三)年、孫文と山田純三郎は広東に滞在していた。このとき、孫文は、偶然に洪兆麟と名乗る軍人と言葉を交わす機会をもった。恵州起義の際に清国政府軍の守備隊長をしていた彼の部下が、革命軍幹部の処刑を行ったということを知った孫文は、その中に日本人の有無を尋ねたところ、「その幹部の中には、日本人だと名乗る者はいなかったと思うが、日本人のよ

うな人物はいた。その男は何を質問しても一切口を開かず、金縁眼鏡にメリヤスのシャツを着た人物がいた。彼は中国人とは違う雰囲気を持っていた。日本人だとすれば、多分その人だろう」[48]。

「金縁眼鏡」、「中華服」（中国服のことであろう）、「縄帯」という格好は、（ツ）佐藤「中国革命と山田良政」と同じ内容だが、「日本刀」という（リ）村松「中国革命夜話」だけがあげている所持品が記されていることから、これも参考にしたと思われる。

引用後半部は、（ム）保坂正康『仁あり義あり、心は天下にあり』に似ている。しかし、洪兆麟証言を1913年としているのは誤りである。洪兆麟証言によって良政死亡が確認されたとして1918年7月上海で追悼会がひらかれ、同9月青森県弘前市貞昌寺での葬儀、翌1919年10月貞昌寺での山田良政建碑式が行われているからである。もし、証言が1913年とすれば、葬儀までの期間があまりにも長すぎる。1913年には東京全生庵での良政建碑式が行われていることから、おそらく、これと1918-1919年の弘前貞昌寺での事柄を取り違えたのであろう。

第4節　山田良政の遭難について

前述のように、さまざまな良政伝における彼の最期についての記述を時系列に並べていくと、伝えられている内容の中で事実として確認できる事柄がほとんどないことが明らかとなる。

恵州事件での良政遭難について、資料から確認することができるのは、わずかに下記の事柄だけである。

良政が、台湾から大陸へ渡ったことについては、外務省文書『各国内政関係雑纂／支那ノ部／革命党関係（亡命者含ム）』第二巻（1900年10月9日〜同10月20日）に納められている内務省便箋に記された電報原稿によって確認することができる。

　　　　（内務省便箋記入電報原稿）

孫ノ一派中山田レウセイ〔良政〕、ソウセウチ、コウヘキカイ、チンセキ
ナン、コウエンナン、及ヒ九月二十八日□広東ヨリ渡台シタル茨城県人玉
水ツネジ〔玉水常治〕ナル者本日午前淡水発ノ舞鶴丸ニテ香港ニ向ケ出発
ス[49]

　この文書では日付は不明だが、後述するように10月9日に良政は台湾の淡水
で「舞鶴丸」に乗船した。この船は1899年台湾総督府命令によって設けられ
た大阪商船が運営する淡水香港航路に就航しており、週一回運行していた。
　台湾を発った後の行動は、次にあげる2部の外務省文書で述べられている。

　（在廈門土井陸軍大尉発寺内正毅参謀本部次長宛10月10日付け電信）
　　南京同文所員〔南京同文書院〕山田ヨシマサ〔良政〕、平山シウ〔周〕外
　五六名清国人孫逸仙ト油洞〔汕頭〕ノ北潮州ニ暴挙ヲ企テ居レリ山田ハ数
　日台湾ヨリ当地ヲ経テ油洞〔汕頭〕ニ向ヒ平山孫逸仙ハ台北ニ在リ香港ヨ
　リ来レル尾崎外三名ハ当地ニ残レ居ル
　　訳者曰ク潮州は廈門ノ西南約四十里ニ在リ[50]

　（廈門上野領事発青木周蔵外務大臣宛10月12日付け電信）
　　十月二日附貴電信ニ関シ山田良政出水茂雄及び森岡竹之助ハ三名ノ清国人
　ト共ニ本月十日台湾ヨリ着港香港ヘ向ケ出発セリ其ノ行先地ハ広東ナルヘ
　シト云フ[51]

　廈門領事上野の電信によれば、山田良政は10月10日に廈門に着き、同日香
港へ向けて出発したとある。彼が利用した淡水香港航路のガイドブックであ
る『台湾航路案内大阪商船昭和五年版』によれば、一日目台湾を午前9時出航、
二日目午前8時廈門着、同日午後4時廈門出航、三日目油頭着、同日午後4時
油頭出航、四日目午前8時香港着という旅程であった[52]。このガイドブックは
昭和のものであり、山田良政の頃とは異なるかもしれないが、試みにこのスケ
ジュールを参考にすると、後述するように良政は10月9日に台湾を出発してい
ることから、この船は10日廈門、11日油頭、12日香港に到着することになる。

在廈門土井陸軍大尉電信が良政の目的地を汕頭とし、廈門領事上野が香港とそれぞれ異なる地名を報告しているのは、廈門、汕頭に寄港しながら香港に向かう淡水香港航路を利用していたためだと考えられる。

また、良政の香港行きについては、彼が福州の友人に送った手紙の内容を確認した福州領事豊嶋捨松の本省への報告にも記されている。

　（福州領事豊嶋捨松発外務大臣青木周蔵宛10月16日付け文書）
　孫逸仙ノ隠謀ニ関シ山田良政（田山良介トモ云フ青森県弘前人）ナル者ヨリ
　在当港ノ知人ヘ私信ニ拠レバ孫逸仙ハ台湾ニ於テ台湾総督ノ南清ニ対スル
　経略ヲ未タ思ヒ止マラザル旨ヲ伝聞シ大ニ喜ビ広東省潮州及ヒ恵州ノ間ニ
　於テ事ヲ挙クルニ決定シタルヲ以テ山田良政ハ其準備ノ為メ香港ヘ出発
　スル旨申来リ且ツ孫逸仙等事ヲ挙クルヤ台湾ヨリ日本兵ヲ廈門ノ南方雲霄
　県銅山港ヘ上陸セシムル計画ノ由聞及候山田良政ナル者ハ支那服ヲ着シ向
　ニ在南京ノ同文会設立ニ係ル日本語学校ノ幹事タリシ者有之候右不取敢御
　報申進候敬具[53]

　　良政が、東亜同文会が運営する南京同文書院の職員であること、恵州潮州間で蜂起する準備のために香港へ入ること、中国人の格好をしていることが述べられている。また、そうした行動自体だけでなく、恵州事件時の孫文側の計画の全容が、良政の私信によって外務省に知られていたことが確認できる。

　しかし、この後の彼の行動を伝える記録はない。次にその名があらわれるのは、その消息が途絶えたことを伝える文書であった。それは、寺内正毅陸軍参謀本部次長が外務省総務長官内田康哉に11月2日付けで送った「在廈門土井大尉報告」である。

　（廈門土井大尉報告）
　孫逸仙一派ノ日本人　本月〔10月〕九日香港方面ヘ向ヒタル山田良政ノ
　消息ニ付テハ未タ得ル処ナシ当地残留ノ尾崎外三名ハ其後在台北平山周等
　ト両三回所信ノ往復ヲ為シ常ニ香港方面ニ於ケル山田ノ消息ヲ待チ居レリ
　本月十五日午前十時台湾淡水ヨリ入廈ノ淡水丸ニ拠リ東本願寺漳州布教所

主任僧高松誓（去ル八月廿四日東本願寺厦門布教所火災ト関係アルモノ）台北
ヨリ帰厦シ直ニ尾崎外三名ノモノト会合セリ□末頻繁ニ互ニ交通ヲナシア
リシカ尾崎島田ノ両名ハ本月十七日午後三時舞鶴丸ニテ台北ニ向ヒ玉水ハ
昨廿二日香港行ドグラス汽船会社ホルモサ号ニ搭シ香港ニ向ヘリ[54]

　文書中の「昨廿二日」という記述から、これが10月23日に作成されたもので
あることが分かる。これが良政の消息不明を伝えた最初の文書である。
　清側の恵州事件当時の記録としては、（ヲ）米内山「広東風土記」が「清粤
督徳寿奏報恵州革命起事摺」を関係資料として引用していたが、実際には同名
の文書は存在しない。だが、孫文や蒋介石の側近であった馮自由が戦前の新聞
などに発表していた文章を集めた『革命逸史』に同名のものが収録されてお
り[55]、米内山はこれを参考にしたと思われる。それは馮が、事件当時の両広総
督兼広東巡撫徳寿の奏摺「奏為廣東惠州會匪被外匪句結餘匪起事派營剿辦獲勝
並仍飭捜捕餘匪情形事[56]」を抜き書きしたものであるが、やはり馮、米内山の
紹介する文面と同じく、「査驗斬匪屍内有一具係服外洋衣袴詢之生擒各匪均指
為偽軍師鄭士良未知是否確實」とあるのみで、それが誰であるかを確定する手
掛かりはない。
　このように、記録の上で確かめることができる山田良政の最後とは、孫文た
ちの恵州潮州付近での蜂起計画の準備のために香港へと向かっている10月10
日の厦門での姿である。これ以外のものは、すべて不確かな伝聞でしかない。
良政死亡の根拠とされる洪兆麟証言にしても[57]、結局のところは（ヲ）米内山
「広東風土記」が述べているように事実として確認できる類のものではないの
である。

第5節　おわりに

　山田良政は、孫文の革命活動に殉じたとして評価されており、本章で見てき
たように、事実とは確認できないさまざまな事柄を付加しつつ殉教者像が形作
られていった。こうした虚実入り交じった状態についてはすでに認識されてお
り、島田虔次、近藤秀樹校注『三十三年の夢』では、山田良政について「戦死

（正確には行方不明）[58]」と注が付けられている。しかし、それでも良政伝の多くは不確かな事柄と共に語られてきた。

そのように、本来はないものを付加することには、何かしらの意味があったのだろうか。

はじめて山田良政について記した（イ）宮崎『三十三年之夢』は、事件間もない1902年に出ているが、以来、辛亥革命が起こるまで良政について触れるものはなかった。

当時は日中関係が友好的で安定していた時期であり[59]、清統治下にあって孫文たちの革命活動は非合法なものであった。

そうした状況が一転するのが、辛亥革命の勃発である。この時期、1913年（ハ）孫文全生庵碑文は「戦死」と記している。10年以上前に消息不明になったということ以外は何も分からないにも関わらず「戦死」としたことには、辛亥革命を経て孫文たちの活動が中国の歴史においてある種の正統性を獲得したという背景がある。それによって、清国体制下での非合法活動における犠牲が殉死として扱われるようになったのである。もちろん、そこには革命を称揚する意味が具わるだろう。

その後、軍閥の抗争によって革命は停滞するが、そこで出てきたのが山田良政の死の根拠とされる洪兆麟の断片的な証言であった。その直後、1919年の（ヘ）宮崎「亡幽録」、（ト）孫文貞昌寺碑文、（チ）孫文「山田良政君建碑紀念詞」が出るが、宮崎のものは『上海日々新聞』の記事であり日本国内では読むことはできなかったし、孫文のものも関係者間だけのものであった。

これらからわかるのは、（イ）宮崎『三十三年之夢』以来、山田良政という人物は日本で話題になることはほとんどなかったということである。1911年に（ロ）宮崎「清国革命軍談」があるが、それは新聞記事という一過性のものでしかない。関係者以外にとっては、すでに忘れ去られた人物であった。その後、1926年に宮崎滔天『三十三年之夢』が復刻されているが、珍しいからこそ「復刻」されるのであり、このことは、当時、それが広く知られていなかったということを裏付けている。

1930年、実質的には30年近くの空白期間を経て登場した新たな山田良政伝が、（リ）村松「中国革命夜話」である。

山田良政伝の系譜　　323

　これについては、その出版時期が、1928年の済南事件から、国民党による
全国統一、そして1931年の満洲事変へと向かう、すなわち日中関係が破綻し
ていく最中であったことに注目しなければならない。孫文の後継者である蔣介
石による革命が中国全土を覆いつつある中で、その政権の源流に日本人の協力
と「死」があったということは、日中関係を考える材料として興味深いもので
あったに違いない。

　それは中国の革命を日本側から読み解くことを可能とするものであり、中国
への積極的な政治的関与に正当性を与え得るものである。それによって日本の
中国進出、その最たる侵略すら革命への協力であると言えるようになるかもし
れない。そうした意味を見だしたからこそ、長らく忘れられていた山田良政の
死が突然登場したと考えられよう。

　1939年の（ヲ）米内山「広東風土記」も、また同様の文脈から理解される。
この年、南京には日本の傀儡政権である中華民国維新政府が成立しており、汪
兆銘政権樹立前夜であった。それらが、孫文の継承者を自任し、革命の正統性
を主張しているかぎり、その原点に日本人をすえることには大きな意味がある。

　どのように山田良政が語られてきたのかという問題のほかに、本章での考察
を通してうかびあがった新たな課題がある。（リ）村松「中国革命夜話」で紹
介されているキリスト教と山田良政との関係である。

　キリスト教との関わりを軸にして山田良政周辺の革命関係者を見ると、孫文
自身がキリスト教信者であったし、鄭士良も同じであった[60]。また、宮崎滔天
にはキリスト教に傾倒していた時期があり、「若し史堅如を天使と評し得べく
んば、彼は正しく予言者の性格を備へた人と云ふべきである[61]」と親しい友人
を悼むために「天使」、「予言者」とキリスト教的な言辞を用いている。さらに
恵州事件で爆弾テロを試み刑死した史堅如にも、宮崎滔天が「彼の兄さんは耶
蘇教徒である。故に彼の思想の根本は耶蘇教に胚胎してるやうに思はれた[62]」
と述べている。

　山田良政とキリスト教の関係については、幼少期を過ごした当時の弘前は
「弘前バンド」といってよいほどキリスト教の活動があり[63]。また、彼自身も
キリスト教系の東奥義塾で教育を受け、東京在住時代には牛込教会に通い英語
で聖書を学び、上海時代にはキリスト教青年会を組織したともいう[64]。彼の事

績を伝えるものは革命の殉教者の姿のみが強調されているだけに、キリスト教が彼の活動にどのような影響を及ぼしているのかについて考察していく必要がある。

注

1) 臨済宗の全生庵（東京都台東区谷中五丁目）の「山田良政君碑」（1913年）、浄土宗の貞昌寺（青森県弘前市新寺町108）の「山田良政頌徳碑」（1919年）がある。

2) 山田良政（1868–1900）、青森県弘前生まれ。幼名は良吉、字は子漁。叔父菊池九郎の東奥義塾、青森師範学校、東京の水産伝習所で学ぶ。日本昆布会社での上海勤務を経て通訳官として日清戦争に従軍。その後、日本に亡命していた孫文の協力者となる。南京同文書院の教員となるものの間もなく出奔、恵州事件に参加し遭難した。

3) 孫文「山田良政君建碑紀念詞」。佐藤慎一郎「孫文と山田良政」（長塩守旦『日中提携してアジアを興す——第1集孫文革命の成敗と日本』志学社、2000年、372頁、初出は『大亜細亜』第9巻第10号、大亜細亜社、1941年）は1920年のものとするが、結束博治「山田良政・純三郎兄弟年譜」（『醇なる日本人——孫文革命と山田良政・純三郎』プレジデント社、1992年）は1919年としている。引用に際しては佐藤前掲文に収録されているものを用いた。

4) 村松梢風（1889–1961）、本名義一。静岡県生まれ。小説家、評論家、エッセイスト。なお、長塩前掲書では「松村梢風」とあるが、『中央公論総目次——創刊号より第一〇〇〇号まで』（中央公論社、1971年11月20日、197頁）には「村松梢風『中国革命夜話』」とあることから、正しくは「村松」である。

5) 米内山庸夫。青森県生まれ。東亜同文書院第8期生。卒業後、外務省に入り外交官として活動した。

6) 宮崎滔天著、宮崎龍介、小野川秀美編『宮崎滔天全集』第1巻、平凡社、1971年、215–216頁。

7) 同上、281頁。

8) 庚子乂八月、1900年10月のこと。

9) 長塩前掲書、350頁。

10) 宮崎滔天著、宮崎龍介、小野川秀美編『宮崎滔天全集』第4巻、平凡社、1973年、298頁。

11) 宮崎滔天『三十三年の夢』。1902年に『二六新報』に連載された後、国光書房から同年刊行されたものの絶版となり、それを1926年に吉野作造が明治文化研究会（版元は福永書店）から出した（高島俊男「浪人革命応援団——『三十三年の夢』宮崎滔天」『本と中国と日本人と』ちくま文庫、筑摩書房、2004年、121頁）。

12) 洪兆麟（1872–1925）、字は湘臣。湖南寧郷の人。陳炯明系の軍人。清では営長であったという。1911年辛亥革命では革命側にたち恵州を攻略、恵州軍務督弁となる。1913年第二革命で敗れると日本亡命。広東潜伏中の1915年1月に香港当局に追放処分をうけるものの、同年12月第三革命で復権。広東軍政府では、1918年1月陳炯明麾下の援閩粤軍第5支隊司

令として福建に入り福建省石碼鎮守使。1920年陳炯明の広東進攻に従軍、粤軍第1軍第2師師長。1921年、第7区善後処長。1922年には孫文と離反した陳炯明に従い、10月援閩総司令。1923年5月粤軍潮梅総指揮兼第2軍軍長、同年末粤軍各路副総指揮。また、北京政府から1923年洪威将軍を受け、あわせて広東陸軍第3師師長、汕頭防務督弁に任じられている。1924年5月潮海鎮守使。1925年2月段祺瑞臨時執政政権下での善後会議の会員。同年12月7日、香港から上海に向う船上で銃撃され同9日死亡した。以下参照、支那研究会編『最新支那官紳録』（支那研究会、1918年）、外務省情報部編纂『現代支那人名鑑』（東亜同文会調査部、1925年）、外務省情報部編纂『改訂現代支那人名鑑』（東亜同文会調査部、1928年）（以上3点は日本図書センター『中国人名資料事典』（1999年）による復刻）、張憲文、方慶秋、黄美真主編『中華民国史大辞典』（南京：江蘇古籍出版社、2001年）。

13) 宮崎滔天著、宮崎龍介、小野川秀美編『宮崎滔天全集』第2巻、平凡社、1971年、558–559頁。

14) 上村希美雄『宮崎兄弟伝——アジア篇』（上）、葦書房、1987年、402–403頁。

15) 長塩、前掲書、353–355頁。

16) 蔡標。洪兆麟の部下に蔡標なる人物がいたのかはわからない。兵庫県立歴史博物館所蔵「王敬祥関係文書」にふくまれている「陳豫借王敬祥款収據」（1908年5月29日）には保証人として「蔡標」という名をみることができるが村松が伝えた人物と同一なのかは不明。なお、「王敬祥関係文書」は、神戸大学付属図書館によって電子化され公開されている。（http://www.lib.kobe-u.ac.jp/products/okeisho/index.html）（2008年3月4日現在）。

17) 李福林（1872–1952）、広州の人。広州在地の武装勢力「福軍」の指導者。孫文を支持し、広州市長、国民革命軍第5軍長をつとめた。彼が恵州の鎮守使であったのかは確認できていない。

18) 『新校本清史稿』「表四十　各省総督　河漕督附」によれば、1900年9月26日付（光緒26年閏8月3日）で両広総督職は徳寿から陶模に代っている。しかし、本章で後述するように「頭品頂戴兼署両広総督広東巡撫徳寿」による同年11月5日付奏摺があり、実際の鎮圧にあたったのは両広総督代理であった広東巡撫の徳寿であると考えられる。

19) 東亜同文会内対支功労者伝記編纂会編『対支回顧録』下巻、東亜同文会内内支功労者伝記編纂会、1936年、882頁。

20) 葛生能久『東亜先覚志士伝記』下巻、黒龍会出版部、1936年10月、455–456頁。

21) 乾児。父子の誓いをした子の方。いわゆる子分。

22) 長塩、前掲書、365–368頁。

23) 奏摺とは高級官僚が内閣を通さず直接皇帝に上奏する文書である。

24) 豊島捨松発青木周蔵宛「機密受第3306号　外機第41号」1900年10月16日、JACAR（アジア歴史資料センター）Ref. B03050065100（第18画像）、各国内政関係雑纂／支那ノ部／革命党関係（亡命者ヲ含ム）第二巻（1–6）（外務省外交史料館）。

25) 高橋正二『在清見聞録』第1巻、手稿本、執筆時期不明。

26) 東亜同文会『自昭和二年十月至昭和三年三月　事業報告』（東亜同文会1928年）によれば、『支那』の発行部数は1,500部、その内訳は「直接購買者469　商店委託429　起稿家及関

326　　　　　　　第2部　　補章

係先配布424　広告募集用100　納本其他10　残部68」である。

27）長塩、前掲書、370頁。

28）同上、371頁。

29）同上、372頁。

30）同上、384頁。

31）同上、354頁。

32）同上、387頁。

33）同上、391頁。

34）同上、390頁。

35）同上、389頁。

36）同上、388頁。

37）同上、395頁。

38）同上、399頁。

39）同上、412頁。

40）保坂正康『仁あり義あり、心は天下にあり』朝日ソノラマ、1992年、117頁。

41）長塩、前掲書、416頁。

42）上村、前掲書、416頁。

43）原子昭三『津軽奇人伝続』青森県教育振興会、1987年、39頁。

44）保坂、前掲書、116頁。

45）結束、前掲書、82頁。

46）栗田尚弥『上海東亜同文書院――日中を架けんとした男たち』新人物往来社、1993年、116頁。

47）馬場毅「孫文と山田兄弟」『愛知大学国際問題研究所紀要』第126号、2005年、101頁。

48）田中健之「日本の近代アジア史　中華革命に殉じた日本人山田良政」『中央公論』第122年第6号第1478号、2006年、251頁。

49）「2.　明治33年10月1日から明治33年10月20日」JACAR（アジア歴史資料センター）Ref. B03050065000（第9画像）各国内政関係雑纂／支那ノ部／革命党関係（亡命者含ム）第二巻（1–6）（外務省外交資料館）。

50）在廈門土井陸軍大尉発寺内正毅参謀本部次長宛10月10日付け電信、JACAR：B03050065000（第17画像）。

51）廈門上野領事発青木周蔵外務大臣宛10月12日付け電信、JACAR：B0305006500（第18–19画像）。

52）大阪商船淡水香港航路は、1899年に設定され、1915年からは起点を淡水から基隆に移し運営された。『台湾航路案内大阪商船昭和五年版』によれば、1930年当時は週一便、日曜日出航である。本章でふれたように、外務省文書の記録から推測される山田良政の台湾出発日は10月9日となるが、これは火曜日であり、昭和期の日曜出発とは異なる。明治期は出航曜日が異なっていたのか、或いはなんらかの要因でたまたま変更されていたのかもしれない。

山田良政伝の系譜　　327

53）福州領事豊嶋捨松発外務大臣青木周蔵宛文書（1900年10月16日）「3 明治33年10月17日から明治33年11月17日」JACAR（アジア歴史資料センター）Ref. B03050065100（18画像名）各国内政関係雑纂／支那ノ部／革命党関係（亡命者含ム）第二巻（1–6）（外務省外交資料館）。

54）「在廈門土井大尉報告」（寺内正毅陸軍参謀本部次長発内田康哉外務省総務長官宛11月2日提出文書同封）、JACAR：B03050065100（第24画像）。なお、この報告書の作成者について、上村希美雄は「森村大尉」（上村、前掲書、415頁）としている。原文には作成者氏名部分を修正した跡があり、「土井」とも「森村」とも読めるが、本章では前掲在廈門土井陸軍大尉発寺内正毅参謀本部次長宛（10月10日付）によって「土井」とした。

55）「清粤督徳寿奏報恵州革命起事摺」馮自由『革命逸史』第5集、北京：中華書局、1981年、21–23頁。

56）頭品頂戴兼署兩廣總督廣東巡撫徳寿「奏為廣東惠州會匪被外匪句結餘匪起事派營剿辦獲勝並仍飭搜捕餘匪情形事（附一——責成各營分投搜捕惠州餘匪片）（附二——奏准交卸柳慶鎮鎗兵片）（附三——陳廣東歸善縣霞涌一帶分界奧設汎情形片）」1900年11月5日（光緒26年9月14日）、台湾国立故宮博物院所蔵「宮中档奏摺–光緒朝」文献編号408003340。

57）洪兆麟証言。証言したとされる時期に諸説ある。（ヘ）宮崎「亡幽録／山田良政」では1918年春、（リ）村松「中国革命夜話」では1917年10月、（ク）田中「日本の近代アジア史」では1913年とそれぞれ記されている。1913年説は、本章で述べたように事実関係を混同しているものとおもわれる。1918年説については、洪兆麟証言をうけて、上海の追悼会や遭難したとされた地の土を持ち持ち帰り良政の葬儀が行われたのがこの年であり、三説のなかではもっとも有力である。しかし、1918年初頭より洪兆麟が属する陳炯明の軍隊は福建省に進攻しており、作戦行動中にそのようなやりとりがおこなわれていたとする点には疑問が残る。

58）島田虔次、近藤秀樹校注『三十三年の夢』岩波文庫、岩波書店、1993年、449頁。

59）ダグラス＝R＝レイノルズは、「東亜同文書院設立当初から日露戦争（1904–1905）までは、日中協力友好という点において『最も素晴らしい時期』であった。」（ダグラス＝R＝レイノルズ、野原万佐子訳「東亜同文書院とキリスト教ミッション・スクール——半植民地化中国における外国教育機関との比較」、ピーター＝ドウス、前掲書、78頁）と述べている。

60）島田、前掲書、432–432頁。

61）宮崎滔天「亡幽録/山田良政君」、宮崎滔天、前掲書、第2巻、559頁。

62）宮崎滔天「支那革命物語」、宮崎滔天、前掲書、第1巻、418頁。

63）弘前バンド。本多庸一、菊池九郎たちを中心に、キリスト教的教育をおこなう東奥義塾を拠点としてキリスト教的活動が盛んであったという。たとえば、良政の父浩蔵の妹でキリスト教信者菊池九郎の妻である久満子は後年青山学院で活躍する本多庸一から受洗し、良政の祖母にあたる菊池幾久子はジョン＝イングから洗礼をうけているという（相沢文蔵『津軽を拓いた人々——津軽の近代化とキリスト教』弘前学院、2003年、158頁）。

64）山田良政純三郎兄弟とキリスト教については、前掲『津軽を拓いた人々』に詳しい。同書のなかでは、中国にいた良政が両親宛の手紙のなかで純三郎を教会に通わせるようにと

328 第2部　補章

述べたものがあることや、純三郎自身が1893年に洗礼をうけているとしている（相沢、前掲書、219–220頁）。また、上海でキリスト教青年会を結成した当時、「エバンス書店」の主人と良政は知り合いであるとも伝わる（原子、前掲書、40–41頁）。この書店がどういったものか不明であるが、池田鮮『曇り日の虹——上海日本人YMCA40年史』（上海日本人YMCA40年史刊行会、1995年）によれば、1889–1899年にかけて上海の日本人に伝道した宣教師としてエドワード＝エバンスが紹介されている。この宣教師エバンスと「エバンス書店」が関係あるならば、良政とキリスト教を結ぶ線のひとつとなろう。また、良政の妻敏子もキリスト教信者である（相沢、前掲書、221–223頁）。

第3部

東亜同文書院の中国語教育

第1章

日清貿易研究所と東亜同文書院で使用された御幡雅文『華語跬歩』について

第1節　はじめに

　御幡雅文[1] が著した『華語跬歩』は、上海にあった日清貿易研究所や東亜同文書院で用いられた中国語の会話教科書である。

　この教科書は両校合わせて30年余りの長きにわたって使用されたが、その間に改訂が施されており、『華語跬歩』という書名であっても版によって内容が異なっている。

　本章は、そういったさまざまな版のうち、東亜同文書院で使用される以前の版や所蔵先をまとめつつ、その内容や版本の変遷を考察するものである。

第2節　瓊浦揮蕭未定稿『華語跬歩』全と御幡雅文混纂『華語跬歩音集』

　瓊浦揮蕭未定稿『華語跬歩』全は、東京大学法学部附属近代日本法政史料センター明治新聞雑誌文庫井手三郎文庫（以下、井手三郎文庫）に所蔵されている。

　井手三郎[2] は1887年から1890年にかけて中国を遊学した経験があり、日清戦争後は中国で新聞業を営み、また東亜同文書院を運営した東亜同文会の結成に参画するなど中国に長く関わった人物である。

　さて、瓊浦揮蕭未定稿『華語跬歩』全であるが、「瓊浦」は長崎の別称、「揮蕭」とは御幡雅文の号である。「未定稿」（未定稿）としているが、書物自体は印刷された一冊の和装本である。

　見返りに「明治丙戌夏月」とあることから1886年、御幡が熊本鎮台にいた時期に刊行されたと見られる[3]。『華語跬歩』と名付けられた本のなかで最も古いものである。

　漢字の四隅に圏点を付けて声調をあらわし、無気音は白色、有気音は黒色で

示している。

　本書の構成は次の通りである。

　　　目録
　　　改正北音平仄編（24丁）
　　　百家姓（2丁）
　　　部首（1丁）
　　　天文類（「天文類」―「問答言語類」60丁）
　　　地輿類附房屋類
　　　時令類
　　　身体類
　　　飲食類
　　　器用類附衣冠類
　　　稱呼類附人物類
　　　問答言語類
　　　常言類（9丁）
　　　東中問答（27丁）
　　　全省地名

　「改正北音平仄編」は漢字の中国語音をカナで表して五十音順に配列したもの、「百家姓」は姓に用いる字の一覧、「部首」は偏旁の呼称（へんぼう）を示したもの、「天文類」から「問答言語類」までは単語や語句集、「常言類」は諺のような通俗的な表現の例文集、「東中問答」（全36章）は日常の常用例文、会話例文集である。

　目次にあたる「目録」には「附華語跬歩音集」と印字されており、附録教材があったことがわかるが、井手三郎文庫所蔵本には付されていない。

　この附録教材は御幡雅文混纂『華語跬歩音集』のことだと思われる。出版時期、出版元不明の19丁の和装本で、漢字を画数順に並べて字音をカナで表し、本編と同じく漢字四隅の白黒の圏点で声調、無気音と有気音を示している。

　この書が収録する「改正北音平仄編」や『華語跬歩音集』がカナで中国語音

をあらわしていることは興味深い。

　後述する柏原文太郎編輯『華語跬歩』全（東亜同文会蔵版、1901年）の発音部分「北音平仄譜」では五十音順に漢字が排列されていたものの字音自体については何も表記されていなかったが、次の版である御幡雅文『華語跬歩』全（東亜同文会蔵版、文求堂書店、1903年）の発音部分「官話音譜」からは各音節をカナによってあらわすようになっている。この変化は、御幡が東亜同文書院などでの中国語教育の経験を踏まえて独学でも使うことができる教材とするために工夫したものだと考えられてきたが、実際にはそれらよりも古い版の『華語跬歩』を執筆する時から、すでにカナ表記をしていたのである。

　もちろん、カナで中国語の発音を正確にあらわすことはできない。しかし、カナは日本人にとってもっとも馴染みがある表音形式である。独学をするときに、カナ表記がないよりは発音したい音に近づくことができるだろう。御幡は教材を作成し始めた当初から、独学にも用いることができる教科書作りを目指していたのである。

第3節　御幡雅文『華語跬歩』下編（日清貿易商会蔵版）

　御幡雅文『華語跬歩』下編（日清貿易商会蔵版）は井手三郎文庫に所蔵されている排印の線装された一冊本である。

　見返しには「明治庚寅歳八月」すなわち1890年とあるが、桂林「序」には「光緒辛卯二月」すなわち1891年とある。鱒澤彰夫「御幡雅文伝考」でも述べているように[4]、刊行されたのは1891年中であろう。

　構成は次の通りである。

　　長白桂林「序」
　　目録
　　商賈問答（27丁）
　　接見問答（18丁）
　　常言類（7丁）

巻末には「非賣品」、「桂林　校閲」、「御幡雅文　編輯」、「小林又七　印刷」
とある。「常言類」は、瓊浦揮蕭未定稿『華語踏歩』全が収録する「常言類」
と同じものである。

この書が刊行された時期、御幡雅文は上海の日清貿易研究所の中国語教員で
あった。「校閲」の「桂林」も同所の教員である[5]。彼は序文で次のように述べ
ている。

　　去年秋以本國振興商業。設貿易研究所於中華。俊秀子弟。航海來習華言。
　　數以百計。延君秉其鐸。余邂逅申江。握手道契濶。出所輯教授之書名華語
　　踏歩者見示。選擇精當。門徑釐然。洵堪爲初學之階梯。
　　訳：昨秋、日本の商業を振興するため中国に貿易研究所が設けられ、優秀
　　な若者が中国語を学びに海を越えてやって来た。その人数を数えると数百
　　あまり、御幡君を招聘してその指導にあたらせた。私は上海で御幡君と思
　　いがけず再会し、手を握り合って旧交を懐かしんだ。御幡君は教える内容
　　をまとめた『華語踏歩』を見せてくれた。その語句の選択は適切で、わか
　　りやすく、初学者のレベルにまことにふさわしい。

これによれば、この書は日清貿易研究所での中国語教育のために編まれたも
のである。それにも関わらず、なぜか日清貿易研究所ではなく「日清貿易商会
蔵版」となっている。これは日清貿易研究所の設立者荒尾精の当初の構想では、
活動の主眼は教育ではなく商業にあったためである。その主体となる組織とし
て「日清貿易商会」が考えられていたのであり、それを附属の人材養成部門と
して設立されたのが日清貿易研究所であった[6]。資金不足もあり、結果的には
「日清貿易商会」構想は実現しなかったが、日清貿易研究所開設のための教材『華
語踏歩』を準備していた段階ではまだ設立が模索されていたのであろう。

このような商業重視の姿勢は、教材の内容にも反映されており、『華語踏歩』
のさまざまな版のなかで唯一「商賈問答」と商売を冠した内容を収録している
ことからもうかがうことができる。

第1項　御幡雅文『華語踏歩』上編（日清貿易商会蔵版）について

　御幡雅文『華語踏歩』下編（日清貿易商会蔵版）の書名に下編とあることから、「上編」があることがわかるが、筆者は未見である。

　「上編」について鱒澤彰夫は次のように述べている。

　　〔御幡雅文は〕明治23年〔1890〕8月には、荒尾精の日清貿易研究所（上海）
　　の開所に備え、日清貿易商会蔵版『華語踔歩　上編』（小林又七印）を刊行
　　し、同年9月より日清貿易研究所で教鞭をとる。翌年には「商賈問答」な
　　どを増加した『華語踔歩　下編』を刊行[7]

　この引用文中の「日清貿易商会蔵版『華語踔歩　上編』（小林又七印）」の部分には次の注が付けられている。

　　筆者〔鱒澤〕は『上編』の原本は未見。魚返善雄「御幡雅文の華語踏歩」
　　（『支那語雑誌』昭和19年〔1944〕2月号螢雪書院刊 p.p.27–28所載）による。小
　　林又七は軍用書印刷を引き受けた印刷業者。「続散語」を増加、「東中問答」
　　を「家常問答」と改題するが、内容は同じ[8]。

　また、同引用文中の「『華語踔歩　下編』」には次の注が付いている。

　　『下編』には「接見問答」も増加している。なお、「商賈問答」はこの版に
　　のみ収載[9]。

　これらをまとめると、古い版（瓊浦揮麈未芝稿『華語踏歩』全）の「東中問答」を「家常問答」と改題し、「続散語」を加えたものが「上編」となり、この「上編」に「接見問答」と「商賈問答」を加えたものが「下編」ということになる。

　しかし、井手三郎文庫所蔵の御幡雅文『華語踏歩』下編（日清貿易商会蔵版）を見ると、この説明には問題がある。

　「上編」について、古い版に「続散語」を足すといっても、先行する版である瓊浦揮麈未芝稿『華語踏歩全』全には「散語」という部分がないのである。

もともとないものについて、「続」となるだろうか。もっとも、「続散語」を前版の内容に加えたという鱒沢の説明は魚返の記述に依拠したものであり彼自身も原本は見ておらず、また筆者は魚返の一文を見ていないため確認することができない。

「下編」については、井手三郎文庫が所蔵する本には、「商賈問答」、「接見問答」、「常言類」の3編しか収録されておらず、「上編」に内容を増補したものではない。

「上編」がどのようなものであったのかについては、柏原文太郎編輯『華語跬歩』全（東亜同文会蔵版）の内容と同じであると考える。なぜならば、柏原文太郎編輯『華語跬歩』全（東亜同文会蔵版）は、一巻本であるにも関わらず目次には「上編」と記されているからである。また、柏原文太郎編輯『華語跬歩』全（東亜同文会蔵版）は『華語跬歩』であるにも関わらず、編輯者として東亜同文会の幹部である柏原文太郎[10]の名があげられているのみで、著者である御幡雅文の名は記されていない。これは東亜同文会が東亜同文書院を設立する際、使用する中国語教材として柏原が既存の『華語跬歩』の「上編」を「編輯」して刊行したことを示しているのではないだろうか。御幡は後に東亜同文書院で教鞭をとるが、開校準備時期や開校当初、この学校とは関係していなかった。著者名がなく編輯者名しかあげられていないのは、そのためであろう。

以上から柏原が中国語会話教科書を出版する際に種本としたのが御幡雅文『華語跬歩』上編（日清貿易商会蔵版）であり、一巻本として刊行したにも関わらず、目次に「上編」の語が紛れた

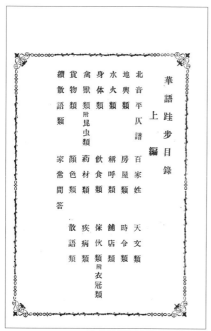

図 3-1-1　柏原文太郎編『華語跬歩　全』東亜同文会、1901年：目次に意味をなさない「上編」の語がある

のだと推測する。

　参考として柏原文太郎編輯『華語跬歩』全（東亜同文会蔵版）の構成をあげる。

　　北音平仄譜
　　百家姓（2丁）
　　天文類（「天文類」―「続散語類」45丁）
　　地輿類
　　房屋類
　　時令類
　　水火類
　　呼称類
　　舗店類
　　身体類
　　飲食類
　　傢伙類付衣冠類
　　禽獣類付昆虫類
　　薬材類
　　疾病類
　　貨物類
　　顔色類
　　散語類
　　続散語類
　　家常問答　全36章（28丁）

　井手三郎文庫所蔵の御幡雅文『華語跬歩』「下編」（日清貿易商会蔵版）が難
解な内容の会話例文集であるのに対して、柏原文太郎編輯『華語跬歩』全（東
亜同文会蔵版）は6割ほどが発音や単語、語句だけという入門程度を想定して
いると思われる内容であり、これが「上編」であったとすると、続編として会
話例文集である御幡雅文『華語跬歩』「下編」（日清貿易商会蔵版）へという段
階的な学習を想定することができる。

第2項　荒尾精による京都の私塾での使用

御幡雅文『華語踏歩』上下編（日清貿易商会蔵版）は日清貿易研究所の教科書として編まれたものだが、研究所の外でも使用されたようである。

井手三郎文庫所蔵の御幡雅文『華語踏歩』下編（日清貿易商会蔵版）は、裏表紙に「宮坂九郎[11]」と記されていることから、もともと宮坂が用いたものであると見られる。

この書は「非賈品」であり、日清貿易研究所の関係者しか入手できないものだと思われるが、宮坂は日清貿易研究所の学生ではなかった。彼は日清貿易研究所が運営されていた時期は日本にいた。

では、なぜ宮坂が、御幡雅文『華語踏歩』下編（日清貿易商会蔵版）に触れることができたのだろうか。彼が中国語を学び始めたことについて『続対支回顧録』は次のように述べている。

〔明治〕二十七年〔1894〕日清戦争が起り、君は只管戦地行を熱望したものゝ、其方法なく悶々として居る折柄、京都に居る荒尾精門下の井上雅二より、当地に来いとの手紙に接したのである。元井上は海軍機関学校を半途退学し京都に閑居せる荒尾の門下生となつたのであるが、同門には木下国明、大原信[12]、曽根原千代三[13]、遠藤留吉[14]、牧山某等が居り、毎日荒尾門下の支那通から支那語の教授を受けてゐた。よつて君は勇躍京都に走り、荒尾の門下生となつて支那語の練習を始めたが、日清間の媾和条約成立すると、白岩龍平も戦地を引揚げて帰り、支那語の教授に加勢したので長足の進歩を見る事となつた[15]。

荒尾は日清貿易研究所の元所長、白岩はそこの元学生である。直前まで日清貿易研究所にいた彼らが中国語を教えるに際して、そこで使われていた御幡雅文『華語踏歩』下編（日清貿易商会蔵版）を流用することは想像するに難くない。

この京都での荒尾門下生については、『続対支回顧録』の井上雅二の項に記述がある。

〔明治〕二十八年〔1895〕二月〔井上雅二は〕東都遊学の途に上り途中京

都に立ち寄り〔中略〕若王寺山中に隠棲して東亜の大局を静観せる荒尾精の門を叩いた。〔中略〕この一夕の会談は、絶大の感銘を君に与へて、〔井上雅二〕君の一生を支配する影響をも齎らした。〔中略〕〔荒尾が言うに〕君は之から東京に出て、政治経済の学問をすると云ふ事であるが、夫れは後でもよいではないか〔中略〕斯くて〔井上雅二〕君は、遽かに上京の予定を変更し荒尾の許に留り、各方面から同志を糾合し、附近に一戸を構へて之を東方斎別院と称し、荒尾に師事して、支那語及び経書を学びお互いに切磋琢磨しつゝ自炊生活を営んだのである。斯くの如くして〔井上雅二〕君は荒尾の許に在る八ヶ月、同年十月その斡旋により陸軍通訳として台湾に渡り総督府附を命ぜられ[16]

これによれば、荒尾の私塾は「東方斎別院」と言い、京都の若王子にあった。現在、京都府京都市左京区若王子町の熊野若王子神社前に荒尾を記念する石碑があるが、彼の自宅や私塾もその周辺にあったのであろう。

国立国会図書館憲政資料室所蔵「井上雅二関係文書（MF：東京大学近代日本法政史料センター蔵）」中の井上雅二の手記『明治廿八年洛東鹿ケ谷旧記事全[17]』には、2月4日に「初めて荒尾精先生に見ゆ」とある。

その後、「鹿ケ谷化物屋敷」という小見出しをつけて4月5日に「家ヲ鹿ケ谷ニ得テ」とあるから、東京行きを止め、腰を据えて荒尾に師事するための京都での滞在場所として「化物屋敷」のような家を借りたのであろう。

さらに5月のこととして「大原信宮坂九郎来リ」とある。

同じ月には「化物屋敷ヲ出デ若王山中延年台ニ移ル」とも記している。「若王山中延年台」とは、荒尾が住んでいた若王子近くの「延年台」ということなのだろう。彼らのことは宗方小太郎[18]の1895年9月14日の日記にも登場している。

九月十四日　晴。田鍋の処に中食し，共に出て荒尾精を訪ひ小談。出て若王子の延年台に遊び，転じて南禅寺，知恩院を一覧し帰る。晩田鍋，白岩，金嶋三子と小飲。荒尾氏の書生三人来り予の対清意見を敲く[19]。〔ト線は引用者〕

別の日付の日記にも記されている。

　　九月十一日　下午荒尾養成中の書生三人来訪[20]。

　これらはちょうど井上や宮坂が若王子にいた時期のことであり、「書生」とは井上や宮坂といった荒尾門下生のことに違いない。
　このように1895年中頃から営まれていた荒尾の私塾だが、同年末には活動を停止したようである。
　井上雅二『台湾漫遊日記[21]』には、1895年11月4日に「台湾行ニ決ス総督府附ヲ命ゼラル」とあり、同年11月18日には広島から乗船して台湾へ向かったことが記されている。また、同年12月には宮坂が、翌年には曽根原も陸軍通訳として台湾に渡っている。さらに荒尾自身も1896年1月7日に上海に渡ると[22]、同年10月台湾で急死するまで多忙であり、1895年末までに京都の私塾の実体はなくなっていた。
　この短期間だけ存在していた荒尾の私塾の教育とはどのようなものであったのだろうか。
　やはり中国語には力がいれられていたようである。
　井上雅二は前掲『明治廿八年洛東鹿ケ谷旧記事全』で、1895年6月の出来事の中に「学業課程」という小見出しをつけて「清語、国際法、歴史、経学」と記している。「清語」とは清国の言語、つまり中国語のことである。
　先に引用した『続対支回顧録』井上雅二の解説には「支那語及び経学」を学び、途中からは白岩龍平から中国語を学んだとあった。
　前掲の宗方小太郎の日記から、白岩は1895年の3月は広島におり、その後いつ入京したのかはわからないものの同年9月から10月末までの間は京都に滞在していたことが確認できる[23]。この期間は彼が中国語を教えたのであろう。
　では、白岩がいない期間はどうしていたのだろうか。中国語の教授について荒尾は井上に次のように語ったという。

　　幸に高橋健三、頭山満、佐々友房等と相談して、目下興亜学院と云ふもの

日清貿易研究所と東亜同文書院で使用された御幡雅文『華語跬歩』について　　341

を自分の膝元に設けたいと思つて居る処だ、支那語は自分が教へ、経済学
は伴直之助に頼むつもりであるから、君も同志となつて貰ひたい[24]。

　興亜学院が実現した形跡はないが、私塾はこの構想の直後のことであり、白
岩が入京する以前は荒尾が中国語を教えたのである。
　井上雅二の1895年の日記[25]にも中国語学習についての記述がある。次に該
当箇所だけを抜き書きする。

　　五月三十一日　夕方支那語
　　六月六日　午前就寝　午後読書　夕方ヨリ支那語研究
　　六月七日　夕方支那語ヲヤル徹夜
　　六月八日　午前就寝　午后読書　夕方支那語ヲヤル
　　六月十一日　夕方支那語ヤル　十二時就寝
　　六月十四日　午前支那語
　　六月十五日　午前支那語
　　六月十八日　支那語日中終日練□
　　六月十九日　午前支那語
　　六月二十八日　午前支那語
　　七月十一日　午前支那語
　　七月十二日　午前支那語
　　八月十五日　支那語　新欧史ヲ読ム
　　八月十七日　国際法　支那語
　　八月十九日　支那語
　　八月二十一日　課程　支那語　新欧史　午前
　　八月二十二日　課程　支那語　新欧史
　　八月二十三日　課業　新欧史百葉　支那語□□
　　八月二十六日　課程　午前　支那語
　　八月二十八日　新欧史六十葉　支那語　支那時事四十葉
　　八月三十日　午前支那語　新欧史四十葉
　　九月六日　支那語

九月八日　支那語復習

九月九日　支那語復習

九月十六日　支那語

九月十八日　支那語

九月二十日　支那語

九月二十四日　支那語復習

　井上の1895年の日記は、2月中旬から5月末までと10月7日以降の記述がなく、9月25日から10月5日までは「○」と記されているだけであり、全部で半年間ほどしかつけられておらず、判読できない箇所も多い。それでも上記のように中国語学習についての多くの記述を確認することができ、また前掲『明治廿八年洛東鹿ケ谷旧記事全』は10月の出来事の中に「清語研究昼夜ヲ分タズ」と記しており、中国語を精力的に学んでいたことがわかる。

　日清貿易研究所で学んだ者の中には日清戦争や、その後に領土となった台湾で陸軍の通訳となっている者がいるが、荒尾の私塾で学んだ井上も前掲のように荒尾の紹介で台湾の陸軍通訳となっている。ほかに宮坂、曽根原も台湾で陸軍通訳となっているが、これにも荒尾の推薦があったのであろう。

　荒尾が陸軍出身であったこと、日清貿易研究所、京都の私塾に学んだ者も陸軍通訳として活動したということだけを見るならば、この荒尾による二つの学校は清国への関心を強める軍部の外郭的な組織と位置づけることもできなくもない。しかし、そういった捉え方は正確ではない。

　日清貿易研究所卒業生が通訳として清国との戦争に関与することについて、荒尾と共に日清貿易研究所を運営し、後に東亜同文書院院長となった根津一は次のように述べている。

当時条約改正問題盛ナリシ頃ナレバ〔中略〕而シテ文明流ノ戦ヲナスニハ通訳ヲ精選シ良ク敵状ヲ探リ、又言語ヨリ生ズル一般ノ誤解ヲ避ケ殊ニ無辜ノ良民ト衝突ヲ避ケザルベカラズ〔中略〕川上〔操六〕参謀長夙ニ之ヲ憂ヒ通訳生ヲ研究所卒業生ニ求メ来レリ〔中略〕即チ参謀本部ト交渉シ研究所出身者ニハ特別ノ徽章ヲ附シ一見研究所出身ナルコトヲ明カニシ以テ

日清貿易研究所と東亜同文書院で使用された御幡雅文『華語跬歩』について　343

任務ニ従事スルコトトナレリ[26]

　条約改正も意識し、国際的に認められる国家として振る舞うためには清国人と正確なコミュニケーションをとることができる知識、能力が必要であり、それができるのが日清貿易研究所出身者だというのである。つまり軍へ協力することが一義的であるような教育活動ではなかったということである。荒尾の私塾で国際法が教授されていたのも、こういった国際社会への意識が根底にあったからである。

　また、従軍に際して日清貿易研究所出身者とわかるように目印を作って身につけていた点なども、日清貿易研究所関係者が自身と軍を峻別する意識のあらわれであった（図2-1-2）。

　さらに日清貿易研究所や荒尾の私塾で学び、陸軍通訳となった者が軍やそれに近い機関に留まることなく商いの世界に身を投じていることからも、軍関連の活動を第一に置いていなかったことが見て取れる。

　日清貿易研究所でいえば、華南では白岩龍平、華北や東北では向野堅一が実業家として活躍している。教員であった御幡雅文もまた陸軍省派遣で清国留学をして陸軍通訳官となるなど軍に縁がある人物であるが、最後は三井物産会社上海支店勤務を選んでいる。

　京都の荒尾の私塾に学び台湾で陸軍通訳となった宮坂、曽根原も間もなく軍を辞して中国語を学び直した後に実業界に入っている。同じく軍で通訳となった井上は会社を興して商売をするという方法はとらなかったものの、南方の開拓や日本人の海外移民事業に従事した。大原は軍の通訳にはならなかったが東亜同文書院の教員となったものの、「平生の蘊蓄を傾け荒尾根津の志を実現せんとした[27]」として三菱商事会社の上海支店に転じている。彼が思う荒尾の志とは通商に携わることだったのである。これは他の門下生にもいえることであろう。

　前述したように、御幡雅文『華語跬歩』下編（日清貿易商会蔵版）は、この本が使われた日清貿易研究所の商業重視の姿勢をあらわすように、他の版の『華語跬歩』にはない商売のやりとりに特化した「商賈問答」が収められていた。学んだ学生たちが実際にその分野での活動を強く意識していたことは、教材で

ある御幡雅文『華語跬歩』上下編（日清貿易商会蔵版）だけでなく日清貿易研究所や荒尾の京都での私塾の性格を示すものである。

第4節　井手三郎手写『華語跬歩　東中問答』

井手三郎手写『華語跬歩　東中問答』は、井手三郎文庫が所蔵する一冊の和装本である。「香雪書屋東」と印された用紙に毛筆で書かれている。巻末には「明治三十二年六月廿五日　上海美租界武昌路仁徳里ニ於テ寫完　井手」とある。井手三郎自身によって1899年に上海で写されたものである。

その構成は次の通りである。

東中問答（34丁）
常言類（11丁）

朱書き圏点を漢字四隅に付けて声調をあらわしているが、無気音と有気音の区別は示していない。句読点はなく、文の区切りには一字分をあけている。

「東中問答」という名称は、この書以外では瓊浦揮麈未定稿『華語跬歩』全にしか収録されていないものである。この書は瓊浦揮麈未定稿『華語跬歩』全を手写したものであると見られる。

御幡雅文『華語跬歩』上下編（日清貿易商会蔵版）、井手三郎手写『華語跬歩　東中問答』より後に出版された柏原文太郎編輯『華語跬歩』全（東亜同文会蔵版）にも「家常問答」が収録されており、これも以前の版と同じく全36章からなっている。井手三郎手写『華語跬歩　東中問答』末尾の「那実在不敢當了」が柏原編輯本では「那實在不敢了」になっているといった字句の異同もあるが、両者の内容はほぼ同じである。

さて、井手は1887年には上海に渡り、漢口、北京、天津各地を1890年にかけて遊学しており、一定の中国語の能力があったと思われる。その彼がなぜ1899年の段階でわざわざ御幡の教科書を書き写したのだろうか。

彼の経歴から見てきちんと中国語を学んでいなかったためということもあるかもしれない。しかし、それよりも彼が写したのが「東中問答」と「常言類」

であるという点に注目したい。

　井手は瓊浦揮蕭未定稿『華語跬歩』全の全文を書き写したわけではない。発音や単語集、語句集の部分は写していない。彼が写したのは、日常会話の例文集である「東中問答」と、諺を集めた「常言類」だけでなのである。中国で3年間生活をし、少なくとも旅行ができる程度の中国語の力をもっていた井手にとって、発音や単語は写すまでもなかったのであろう。しかし、中国語教育に豊富な経験をもつ御幡が精錬した例文は、中国語を専門的に教授する教育機関で中国語を学んだことがなかった彼にとっては学ぶべき内容であったのであろう。彼が、瓊浦揮蕭未定稿『華語跬歩』全の収録順では「常言類」「東中問答」であるにも関わらず、まず日常会話例文集である「東中問答」を、次いで諺集の「常言類」と原本とは逆の順番で書き写していることに注目すれば、当時、上海にいた彼にとって日常表現を収録した「東中問答」が最も参考になると考えたのかもしれない。

　ただ、日常表現に続けて、諺を集めた「常言類」を書き写したことにどのような必要性があったのか、わかりにくいかもしれない。

　この「常言類」とはどのようなものなのか。『華語跬歩』のどの版も「常言類」は次の文から始まっている。

　那個人黑麻子要娶美貌妻這叫癩蝦蟆想食天鵝肉
　訳：黒あばたの輩が美しい妻を娶りたいということを、イボガエルが白鳥の肉を食べたがると言う

前半部分で説明をし、後半部分でその慣用的な言い回しをあげる。

　後に東亜同文書院の現役学生である小路真平、茂木一郎が『北京官話常言用例』（文求堂書店、1905 年）という「常言」だけを収録した教材を出しているが、著者は「常言」とは「説話を華麗にし明亮にし且其意義を強からしむる[28]」ものだと説明している。中国語で意思の疎通をはかる際に「常言」は欠かせないものだと理解されていたのである。諺や故事成語の多用は現代の中国語でも同様であるが、『北京官話常言用例』の著者は、それを特に重要視していたのである。御幡が「常言」を『華語跬歩』に収録したのも、そのように考えていた

からであろう。

そして、そうしたイメージを井手も抱いていたからこそ、これを手写して学んだのである。

第5節　おわりに

『華語跬歩』には、さまざまな版があり、東亜同文書院で教科書として使われる以前にすでに存在していた。

そのうち次の3点が東京大学法学部附属近代日本法政史料センター明治新聞雑誌文庫井手三郎文庫に所蔵されている。

　　瓊浦揮粛未芝稿『華語跬歩』全（1886年）
　　御幡雅文『華語跬歩』下編（日清貿易商会蔵版、1891年）
　　井手三郎手写『華語跬歩　東中問答』（時期不明）

瓊浦揮粛未芝稿『華語跬歩』全の目次には「附華語跬歩音集」と印字されているものの、井手三郎文庫所蔵本には付録されていない。しかし、御幡雅文混纂『華語跬歩音集』が別冊として存在しており、おそらくこれが「附華語跬歩音集」のことだと思われる。これはカタカナで中国音をあらわしており、御幡雅文は教材をつくりはじめた当初から、独学にも使うことができるものを目指していたことをうかがい知ることができる。

御幡雅文『華語跬歩』下編（日清貿易商会蔵版）については、実見した結果、これが日清貿易研究所のために編まれたことや、明らかに入門以上の比較的難しい内容だけを収録しており、先行研究で説明されていたような御幡雅文『華語跬歩』上編（日清貿易商会蔵版）の増訂版ではないことがわかった。

御幡雅文『華語跬歩』上編（日清貿易商会蔵版）については、一巻本である柏原文太郎編輯『華語跬歩』全（東亜同文会蔵版）の目次に意味をなさない「上編」という語が印字されていること、加えて、その内容が発音や単語集をはじめとして、御幡雅文『華語跬歩』下編（日清貿易商会蔵版）より易しく、「下編」に対して「上編」と呼ぶのにふさわしいものであることから、柏原文太郎編輯『華

表 3-1-1　御幡雅文『華語跬歩』版本一覧

出版時期	著者、編者	題名	出版	版	版次	備考	参考本所蔵先
1886 夏	瓊浦揮粛	華語跬歩　全		未定稿		和装本	井手三郎文庫
？	御幡雅文混纂	華語跬歩音集				和装本	筆者
1890 年 8 月	御幡雅文	華語跬歩　上編		日清貿易商会蔵版			未見
1891 年	御幡雅文	華語跬歩　下編		日清貿易商会蔵版		和装本非売品	井手三郎文庫
1899 年	井手三郎手写	華語跬歩東中問答				和装本	井手三郎文庫
1901 年 7 月 10 日	柏原文太郎編輯	華語跬歩　全		東亜同文会蔵版		和装本非売品	国会図書館愛知大学
1903 年 10 月 1 日	御幡雅文	華語跬歩　全	文求堂書店	東亜同文会蔵版	初版〔第1版第1刷〕	和装本市販	国会図書館愛知大学
1905 年 8 月 5 日	御幡雅文	華語跬歩　全			再版		未見
1906 年 6 月 1 日	御幡雅文	華語跬歩　全	文求堂書店	東亜同文会蔵版	第3版〔第1版第3刷〕	和装本市販	北九州市中央図書館
1907 年 2 月 15 日	御幡雅文	華語跬歩　全			第4版		未見
1907 年 5 月 20 日	御幡雅文	華語跬歩　全			第5版		未見
1908 年 1 月 1 日	御幡雅文	華語跬歩全			第6版		未見
1908 年 9 月 5 日	御幡雅文	増補華語跬歩	文求堂書局	東亜同文会蔵版	第7版〔第2版第1刷〕	洋装本市販	国会図書館
1910 年 1 月 10 日	御幡雅文	増補華語跬歩	文求堂書局	東亜同文会蔵版	第8版〔第2版第2刷〕	洋装本市販	井手三郎文庫
1911 年 4 月 25 日	御幡雅文	増補華語跬歩	文求堂書局	東亜同文会蔵版	第9版〔第2版第3刷〕	洋装本市販	井手三郎文庫
1913 年 5 月 20 日	御幡雅文	増補華語跬歩			第10版		未見
1915 年 4 月 25 日	御幡雅文	増補華語跬歩	文求堂書店	東亜同文会蔵版	第11版〔第2版第5刷〕	洋装本	愛知大学
1917 年 5 月 1 日	御幡雅文	増補華語跬歩	文求堂書店	東亜同文会蔵版	第12版〔第2版第6刷〕	洋装本	筆者
1920 年 6 月 1 日	御幡雅文	増補華語跬歩	文求堂書店	東亜同文会蔵版	第13版〔第2版第7刷〕	洋装本	筆者

語跬歩』全（東亜同文会蔵版）と御幡雅文『華語跬歩』上編（日清貿易商会蔵版）の内容は同じであると推測される。

　御幡雅文『華語跬歩』下編（日清貿易商会蔵版）は非売品であり、関係者以外の手に入るものではないにも関わらず、井手三郎文庫所蔵本には日清貿易研究所と直接の関係がない宮坂九郎の記名が残されていた。

　彼は日清貿易研究所所長荒尾精が研究所を閉じた後に京都で開いた私塾で学んでいた人物である。そこでは日清貿易研究所卒業生白岩龍平によって中国語

が教えられていた。私塾が開かれていた時期が日清貿易研究所閉鎖の直後であることから、日清貿易研究所の教材を使用していたと考えられ、井手三郎文庫所蔵本は宮坂がここで用いていたものだと見られる。

　日清貿易研究所のために編まれた御幡雅文『華語跬歩』上下編（日清貿易商会蔵版）は荒尾の京都の私塾でも使われていたのである。

　また、さまざまな『華語跬歩』の版の中で唯一「商賣問答」というビジネスに特化した内容を日清貿易商会蔵版が収録していたこと、これに学んだ日清貿易研究所、京都の私塾の人々が、一度は軍務や教育などの職についたが結局は商業関連の分野を目指したことから、荒尾の教育のねらいが日本の通商を担う国際的な人材養成であったことをうかがい知ることができる。

　井手三郎手写『華語跬歩　東中問答』は、刊行された『華語跬歩』の中では瓊浦揮塵未定稿『華語跬歩』全にしか含まれない「東中問答」が収録されていることから、これを書き写したものであることがわかる。

　井手は、1887年に上海に渡った後、中国を踏査した経験があった。そのように一定の語学力はもっていたと思われる彼が、わざわざ書き写したということ自体が『華語跬歩』の実地での有用性を示している。

注

1) 御幡雅文（1859–1912）。肥前国長崎（現・長崎県長崎市）出身。中国語通訳、教育家。東京外国語学校漢語学科を経て陸軍省派遣北京留学生。熊本鎮台、済々黌、長崎商業学校、日清貿易研究所、東亜同文書院で中国語を教えつつ、『華語跬歩』、『文案啓蒙』、『滬語便商』など中国語教科書を著した。三井物産会社上海支店在職中に病没（東亜同文会内対支功労者伝記編纂会編『対支回顧録』下巻、東亜同文会内対支功労者伝記編纂会、1936年、231–232頁）。

2) 井手三郎（1862–1931）。肥後国飽託郡（ほうたくぐん）中島村（現・熊本県熊本市）出身。新聞家、政治家。済々黌に学び、1887年から3年間中国を遊学。日清戦争時は陸軍の通訳官を務めた。1896年福州で『閩報』（びんほう）発行、1898年東亜同文会設立に参加、1900年上海で『同文滬報』、1907年には同じく上海で日本語新聞『上海日報』を発行した。1912年から衆議院議員を2期務めた（東亜同文会内対支功労者伝記編纂会、前掲書、1936年、529–540頁）。

3) 鱒澤彰夫「御幡雅文伝考拾遺」『中国文学研究』27期、早稲田大学中国文学会、2001年、21頁。

4) 鱒澤彰夫「御幡雅文伝考」『中国文学研究』第26期、2000年、42–43頁。

5) 日清貿易研究所の教員について、「教師には御幡雅文、草場謹次郎、支那人桂某〔林〕、英人アストル等を聘し」(黒龍会編『東亜先覚志士記伝』上巻、明治百年史叢書、原書房、1966年、403頁) と伝えられている。

6) 大学史編纂委員会編『東亜同文書院大学史』滬友会、1982年5月、23–24頁。

7) 鱒澤、前掲文、2000年、32頁。

8) 同上、42頁。

9) 同上、43頁。

10) 柏原文太郎 (1869–1936) 下総国下埴生郡成田村 (現・千葉県成田市) 出身。政治家、教育家。東京専門学校に学ぶ。早稲田大学評議員。東亜同文会結成に参加し幹部として実務や東京同文書院運営を担当。また目白中学校 (現中央大学附属高等学校) の経営、同文会による天津の中日学院、漢口の江漢中学堂設立に尽力した。1912年衆議院議員選挙当選。

11) 宮坂九郎 (1875– ?)。長野県埴科郡 (現・長野県千曲市) 生まれ。1890年成城学校に入学するが軍人を志望する。陸軍幼年学校、士官学校の受験に失敗。荒尾精のもとで中国語などを学び、1895年陸軍通訳として台湾に渡る。翌年辞職し詠帰舎 (後の善隣書院) で中国語を再度学び、1897年中国に渡って白岩龍平のもとで働き、後に四川省に入り実業家として活躍した。満洲事変後は日本に引き揚げた (東亜同文会内対支功労者伝記編纂会編『続対支回顧録』下巻、大日本教化図書、1941年、400–407頁)。

12) 大原信 (1878–1911)。長野県松本市に生まれる。京都に荒尾精をたずね学び、後に宮島大八のもとで中国語を学んだ。東亜同文書院卒業。1904年北京警務学堂教習、後に奉天軍政署嘱託、1908年東亜同文書院教員、後に三菱商事会社上海支店に入る (東亜同文会内対支功労者伝記編纂会、前掲書、1936年、1018–1020頁)。

13) 曽根原千代三 (1876–1909)。長野県安曇野郡大町村生まれ。荒尾精のもとで中国語を学び1896年陸軍通訳として台湾に渡る。1899年東亜同文会派遣留学生として渡清。東亜同文書院では事務員と中国語教員を兼ねた。1903年四川省に入り宮坂九郎とともに実業家として活躍した (東亜同文会内対支功労者伝記編纂会、前掲書、下巻、1012–1013頁)。

14) 遠藤留吉。生没年不詳。宮坂九郎の援助を得て大阪で日中貿易の事業を営んだ (東亜同文会内対支功労者伝記編纂会、前掲書、1936年、405頁)。

15) 東亜同文会内対支功労者伝記編纂会、前掲書、1936年、401頁。

16) 同上、616–617頁。

17) 国立国会図書館憲政資料室所蔵「井上雅二関係文書 (MF:東京大学近代日本法制史料センター蔵)」、マイクロフィルム第1リール。

18) 宗方小太郎 (1864–1923)。肥後宇土出身。済々黌に学び、1884年上海の東洋学館に入り、その後中国各地を遊学し、荒尾精のもとで調査活動にも従事した。1890年日清貿易研究所設立に参加。1898年東亜同文会設立に参加。1914年上海で東方通信社を設立 (東亜同文会内対支功労者伝記編纂会、前掲書、1936年、360–403頁)。

19) 大里浩秋編「宗方小太郎日記、明治26–29年」『人文学研究報』第41号、神奈川大学、2008年、80頁。

20）大里、前掲文、80頁。

21）前掲「井上雅二関係文書」、マイクロフィルム第1リール。

22）宗方小太郎は1896年1月7日付け日記に「荒尾精来滬」（「滬」は上海の別称）と記している（大里、前掲文、89頁）。

23）宗方小太郎の1895年中の日記に、「三月十三日……広島白岩、三沢列及び寺嶋、太田、宇田等に発信す。」（大里、前掲文、76頁。）、「九月一日……京都滞在。午前田鍋安之助、白岩龍平来訪」（同79頁）、「十月四日…京都白岩、田鍋に発信」（同82頁）、「十月二十日　晴。日曜日。……白岩龍平京朝よりの信到る」（同82頁）、「十月三十一日……。白岩龍平神戸より信到る。新開港場祝宴の為め清国に赴くと云ふ」（同83頁）、「十一月初一日……家大人の信及び白岩龍平、小濱為五郎の信到る。白岩龍平に長崎に発信す」（同82頁）、「十二月十五日……漢口白岩龍平……寄するの信を認む〔下線は引用者〕」（同86頁）とあることから、白岩は1895年9月から10月末までは京都に滞在していたことがわかる。

24）東亜同文会内対支功労者伝記編纂会、前掲書、1936年、617頁。

25）前掲「井上雅二関係文書」、マイクロフィルム第1リール。

26）松岡恭一、山口昇一編纂『日清貿易研究所東亜同文書院沿革史』東亜同文書院学友会、1908年6月、上編27-28頁。

27）東亜同文会内対支功労者伝記編纂会、前掲書、1936年、1019頁。

28）小路真平、茂木一郎『北京官話常言用例』文求堂書店、1905年、3頁。

第2章

東亜同文書院初期の中国語教育について
── 御幡雅文『華語跬歩』、高橋正二『北京官話声音譜』
から『華語萃編』へ──

第1節　はじめに

　本章は、東亜同文書院が中国語会話教科書『華語萃編』初集を作成して使用する前の時期について、その中国語教育の実態、特徴を考察するものである。

　1901年に開校した東亜同文書院は、中国に関係する商業活動に携わる専門家を養成することを目的としていたことから、特に中国語学習が重要視されていた。学内では『華語萃編』が学年ごとに初集、二集、三集、四集と編まれ、さらに中国語教育・研究雑誌『華語月刊』が刊行されていた。これらについては、今泉潤太郎や松田かの子の研究に詳しい[1]。

　そういった教育や研究の成果は、東亜同文書院が1945年の日本の敗戦と共に閉校となり、その活動の実態が周知されてこなかったこともあって、相応の評価を受けてきたとは言い難い。しかし、近代日本における中国語教育や研究の初期から、それを専門として一学校内で独自の課程を確立し、さらに学術的研究が目指されていたことは特筆に値しよう。

　もちろん、そのような中国語教育が開校当初からあったわけではない。『華語萃編』は開校から10年あまり経た大正年間に入ってから出たものであるし、『華語月刊』に至っては昭和になってからのものである。これらの著者、編者の中心が東亜同文書院出身の同校教員であったことに注目すれば、この時間差は同校中国語教育と研究の発展、深化の期間と見ることもできる。しかし、開校当初には『華語跬歩』で著名な中国語教師御幡雅文が非常勤ながら教壇に立ち、当時としては質の高い中国語教育が行われていたことを考えると、独自の教科書『華語萃編』が著されるまでには意外に長い時間が費やされた印象を受ける。この学校は中国専門家養成を目的としていたのであるから、その最重要

教科ともいえる中国語が非常勤教員に専ら頼るものであったり、その確立まで
に長い時間を要したりしたということは大きな問題である。

　また、1937年の第二次上海事変時、東亜同文書院の北京への移転が検討さ
れたことがあるが、その際、外務省当局は「北京ハ支那語習得ト支那文化研究
ニハ便利ナル[2]」と述べている。同校が教授する中国語は北京語であり、在地
方言が話されている上海よりも北京の方が教育上の利点があると考えられてい
たのである。民国の「国語」や今日の「普通話」といった標準語が制式化され
る以前において、方言のもつ力は現在の比ではなかっただろう。例えば、『華
語踤歩』の御幡にしても、上海で活動する人々のために北京語の教科書とは別
に上海語の教科書『滬語便商』（1892年9月序刊）を出している。つまり、東亜
同文書院があった上海は、この学校が教授していた北京語の学習にとって必ず
しも最適地であったとはいえないのである。

　本章では、そうした東亜同文書院が抱えていた中国語教育に関する問題を解
明することによって、その具体的な状況を把握していきたい。

第2節　東亜同文書院の中国語教育

第1項　中国語教育の実態

　東亜同文書院第26期生として学び、後に中国語研究者となった魚返善雄
（1910–1966）は、当時の中国語教育について次のように記している。

　1926年（大正15年）の春、日本の首都東京はまだ大震災後3年たらずの
バラックがすがたを横たえていた。公爵近衛文麿もまだ35歳の貴公子で
あったが、かれは紅茶とケーキをはじめて見てオドオドしている選抜学生
たちに"日支親善"を説いて送り出した。〔中略〕はじめて耳にしたとき、
そのあまりに音楽的な調子に面くらわされた中国の話しことばにも、17、
8の若いたましいと柔軟な運動神経はすなおについてゆくことができた。
だが、なんとまあ設備のわるい語学分野であろう。有るものはただ素材と
しての会話を漢字で記録した教科書ばかりである。それらを、清朝生き残
りの"秀才"とか"監生"という老先生が、アヘンの切れかかった声で読みあ

東亜同文書院初期の中国語教育について

げてゆくのであった[3]。

　これは東亜同文書院について述べたものである。「設備のわるい」ものとしてあげられている教科書は『華語萃編』のこと、「老先生」とは同校の中国人教員のことである。ここでの魚返の評価は低いのであるが、この中から多くの人材が学び育ったのであり、病気のために中退はしたものの「ついてゆくことができた」という魚返自身もその成果を証す存在である。

　東亜同文書院の中国語授業の様子を見ると、中国服姿の中国人教員と洋装の日本人教員がペアとなって40–50人余りの学生に教えている（図3–2–1）。母語者から直接学ぶことができるとはいっても、それは少人数編制による対話形式といったものではなく多人数による講義形式であり、ことさらユニークなものではなかった。

図 3-2-1　東亜同文書院の中国語授業風景（1920年代）

長衫を着た中国人教師が教壇に立っている。その傍らのスーツ姿は日本人教員（写真帖編纂委員『東亜同文書院卒業写真帖』第25期生、東亜同文書院、1929年）。

　そうした授業で学び、卒業後に母校の中国語教員となった人物に鈴木択郎（1898–1981、第15期生）がいる。彼は中退した魚返とは異なり、学生としても教員としても同校の中国語教育を経験しているのだが、その授業について次のように語っている。

〔聞き手〕　梁山泊みたいですけど、授業のほうは、百三人が二組ぐらいに分けられて……。

鈴木　語学だけじゃなかったですかねえ、二組にわけたのは。

〔聞き手〕　授業の中味はどういうふうに？

鈴木　中国語は、中国人の先生と、日本人の先生が、必ず二人一緒に来たですね。中国人の先生は読むだけでね、一年生の場合は。二年生になると中国人の先生がだいたい講義するんです。意味を説明してくれて、それを

日本人の先生がもう一ぺん訳す。それから今度は、その後四年制度ができてからは、四年生に対しては、日本人は説明しないんですね。[4]

　ここでも、やはり魚返が述べた内容や写真に残る授業風景をみとめることができる。魚返は具体的な教材をあげていなかったが、鈴木は1年生では『華語萃編』初集、2年生では『官話指南』、3年生では『談論新篇』が用いられていたと語っている[5]。ちなみに、鈴木たち1915年入学の第15期生から『華語萃編』初集が用いられたという[6]。そういった教材によってどのような中国語教育がなされていたのかについて、戦後の鈴木は、「現在とはやっぱり、教え方も粗雑だった[7]」と、魚返同様の感想を述べている。
　また、東亜同文書院では、課外で先輩が後輩に発音を教え練習することが行われていた。卒業生の回想などで「念書」や「書院カラス」などと称されているものである。これについて、鈴木は次のように語っている。

　〔学生寮の〕同室じゃなくてね、同室でもおったが、だいたい同県の方が多いね。で、先輩が寝坊してなかなか起きてくれないもんだから、下級生が行ってね、起こして呼んでくるわけ。教えられて迷惑なような学生もずいぶんいたんじゃないかな。それでもね、慣れるだけでもよかろうっていうわけでね、なるべく奨励してきた。だから、義務っていうようなもんでね、習わなけりゃちょっと困るじゃないかっていうようなことで。それもね、そんなものは四月に入ってきて夏休みまでは一生懸命やるが、夏休み後は、あまり夏休み前ほどじゃなくなるね。〔中略〕だが、あのやり方は、非常にいいってことはあるでしょうね。その当時からぼくは、現在もそう思っているんでねえ。ここ〔愛知大学〕でもずいぶん下手な連中が下級生を教えるなんてどうも、それを教わるほうも迷惑だろうとは思うんだが、しかし慣れるということがいいんだからね。発音が良い悪いってのはだんだん上へいくとね、自分がわかってくれば、発音も良くなるから。とにかく慣れるってことは必要なんだから、下手でも教えろ、と。それから下手な上級生にでも、習ったほうがいいとぼくは言ってたんですがね。確かにあの方法はいいと思うんです。読むことですよね。自分で自分だけで読む

東亜同文書院初期の中国語教育について 355

ことですね。他の人に教わらなくたって、自分が読むだけでも非常に語学
の力をつけるのにはいいと思いますね。何でも読んでりゃ覚えますしね。
それから、発音を矯正するようになりますしね。そうしてやっていると、
自分の発音と先生の発音の違いが、だんだんわかってきますよ。そうする
と、自分の発音が矯正できるわけですよ[8]。

　これによれば、この学習法（「念書」）は学生個々が中国語で発声、発話する
ことをねらいとしたもので、義務付けされていることからもわかるように正規
課程に準ずるものであった。これによって多人数の講義形式では得られない発
声や発話の練習量を増やし、正規の授業を補完したのである。
　さらに、東亜同文書院の最高学年に課せられていた「大調査旅行」とよばれ
るフィールドワークも、同校の中国語教育に大きな影響をあたえていた。「大
調査旅行」は事前の計画にもとづき実施されるものであり、想定される中国語
の問答も準備されていたであろう。魚返は『華語萃編』を指して「素材として
の会話を漢字で記録した教科書」と述べていたが、「漢字」を「素材としての
会話」に戻し、それをもとに「大調査旅行」中のさまざまな場面で用いること
が、学生たちにとっての重要な課題でありまた目的であった[9]。
　このように東亜同文書院の中国語教育は、漠然とカリキュラムが組まれてい
たのではなく、「大調査旅行」と組み合わされることによって明確な動機付け
がなされていたのである。

第2項　北京語教育

　鈴木択郎は、東亜同文書院で行われていた北京語教育と学校が置かれた上海
の言語状況について次のように語っている。

　〔聞き手〕　教室の中で、同文書院の中ではもちろん北京語なんでしょうけ
　ど、一歩出ますと上海語ですよね。そうしますと外へ行って中国語使うと
　いうようなことは、あまり機会としてはなかったんですね。
　鈴木　あまりなかったね。しかしわれわれは標準語、北京語でやればね、
　たいていわかってくれるんだからね。向こうからの言うのがわからないわ

け。こっちで聞くのがわからない[10]。

　やはり、北京語学習からすれば、上海に学校があったことに大きな利点はなかったのである。もちろん、語りかければ現地人に理解してもらえるということは、語学学習に益するところもあるはずだが、鈴木自身はそういった機会もあまりなかったと語っている。

　全寮制である東亜同文書院は日本人を300–400人程集住させており、学校自体が日本人村とでもいうべき状況であった。現代の海外留学にも見られることであるが、置かれた環境を自身の学習に利用できるかどうかは、個々人の意思や性格の向き不向きに大きく左右される。まして、東亜同文書院で学ぶ北京語は上海の現地人が普段の生活で用いている言葉とは異なっており、中国にあるという立地を中国語学習に有効に活用することは容易ではなかったのである。

　このように北京語学習にとって最適とはいえない上海において、どうして東亜同文書院は活動したのだろうか。

　東亜同文書院の直接の前身は南京同文書院である[11]。その学生であった内藤熊喜は、当時の様子について、「山田良政が中国語の手ほどきをする。〔中略〕それに秀才の王という南京の人が毎日二時間語学を教えた[12]」と述べている。これによれば、山田良政は助教的な立場でしかなく、中国語教育は王が担っていたようである。内藤は教授されていた言葉について具体的には述べていないが、王が南京人であったことからすれば、南京地域の言葉であった可能性が大きい。

　この南京同文書院と東亜同文書院の中国語教育の違いに関して、両校の院長を務めた根津一は次のように述べている。

　　東亜同文書院第二期卒業生ハ総計七十三名ニテ卒業成績ハ第一期卒業生ニ
　　比シテ一段良好ナリ殊ニ其支那語ノ進歩ハ驚クベキ程ナリコトハ第一期生
　　ノ支那語ノ教授ハ南京ニテ一応官話ヲ練習シタル上之レヲ土台トシテ北京
　　官話ヲ練習セルガ為メニ其進歩甚ダ遅々タリシガ第二期ヨリハ清語教師ハ
　　総テ満洲人ヲ北京ヨリ備聘シテ之ガ教授ヲ為サシメタレバ斯クノ如ク大進
　　歩ヲナシタルナリ[13]

南京で「官話」を学んだために「北京官話」習得に困難を来したという記述に基づけば、南京同文書院が教えていたのは北京語ではなかったということになる。

だが、当時の日本の中国語教育の主流は北京語を内容とするものであった。江戸時代から明治初期にかけて、日本は南京官話を清国の規範的な言葉であると見なしていたが、1876年、東京外国語学校で北京語教育が始められると、そうした言語観は急速に廃れていったのである。これは日本だけのことではなかった。トーマス＝ウェード（1818–1895）による北京語の教科書『語言自邇集』（1866年）の登場によって、北京語は外国人が学ぶ「中国語」としての地位をすでに確立していたのである[14]。したがって、南京同文書院が行った南京官話教育は、中国教育の潮流から外れたものであった。南京同文書院は、1900年5月12日に正式に開校しているが、この時点の東亜同文会は、中国における基本的な言語状況すら把握できていなかったといえる。

その後、根津一が南京同文書院の責任者となり、これを上海に移して東亜同文書院として開校させたが、彼には日清貿易研究所の運営に携わった経験があった。日清貿易研究所が行っていた中国語教育とは北京語を主体とするものである。日清貿易研究所の設立者である荒尾精は、陸軍将校として清国国内で情報活動に従事したことがあり、さまざまな言葉が混在する清国の言語状況を踏まえつつ、北京語が獲得していた汎用性を十分に認識して教えたのである。根津が、東亜同文会の学校の責任者として、それまでに教えられていた「南京官話」を北京語に変更したことには、そうした日清貿易研究所での経験が参考にされたであろうことは想像するに難くない。

このように東亜同文書院の中国語教育は、前身校である南京同文書院の南京官話教育とはまったく異なり、院長である根津一がかつて参画していた日清貿易研究所での北京語教育を倣ったものであったのである。

第3節　『華語萃編』以前の東亜同文書院の中国語教材について

第1項　御幡雅文『華語跬歩』

　東亜同文書院が日清貿易研究所の北京語教育の影響を受けていることは、根津一以外の教員にもあらわれている。日清貿易研究所の中国語教員であった御幡雅文も、1901年から1902年9月まで東亜同文書院で中国語を教えている。当時、彼は三井物産上海支店に勤めており、同校での授業は『華語跬歩』を用いて毎日曜日に一週分をまとめて行うという非常勤であった[15]。『華語跬歩』は、本書第3部第1章「日清貿易研究所と東亜同文書院で使用された御幡雅文『華語跬歩』」で見たように、まず瓊浦揮麈未定稿『華語跬歩』全（1886年）が出て、次に日清貿易研究所の教材として『華語跬歩』上編（日清貿易商会蔵版、1890年）、『華語跬歩』下編（日清貿易商会蔵版、1891年序）が作成され、その後、東亜同文会によって「東亜同文会蔵版」の『華語跬歩』が出版され、これが東亜同文書院で用いられた。

　東亜同文書院使用の『華語跬歩』は、1901年の柏原文太郎編輯によるものと、1903年から刊行された御幡雅文名義による文求堂版、1908年から刊行された御幡雅文名義による増補版という3種の版がある。

(1) 1901年柏原文太郎版

　1901年版の表紙は「華語跬歩　全」と記されており、縦22.5センチ、横15センチ、折り込み表一部を付した76丁の線装本である。中表紙には「明治辛丑歳五月」、「東亜同文会蔵版」とあり、奥付には次のように記されている。

　　　明治三十四年五月一日印刷
　　　明治三十四年七月十日発行　（非売品）
　　　発行所　東京市赤坂区溜池町二番地　東亜同文会
　　　編輯兼発行者　東京市芝区露月町十五番地　柏原文太郎
　　　印刷者　東京市麴町区紀尾井町三番地　高橋信定
　　　印刷所　東京市麴町区紀尾井町三番地　麴町活版所

このように、この版では御幡の著作物であることは明示されていない。「編輯兼発行者」として名が挙げられている柏原文太郎は、東亜同文会の幹部であり、後に東京同文書院の実質的な運営者となり、さらに目白中学校（現・中央大学付属高等学校）を設立した教育家である。

国立国会図書館が所蔵する同版の奥付には、「明治三十四年七月十日発行」を「七月三十日」、「発行者」を「編纂者」、「編輯兼発行者」を「右代表者」、「東京市芝区露月町十五番地」を「牛込区水道町四十一番地」と修正し、それぞれに柏原文太郎の訂正印が押されている。序文は付けられておらず、中表紙、目次にあたる「華語跬歩目録　上編」が並ぶ。その次に瓊浦揮蕭未芟稿『華語跬歩』全では「北音平仄編」として50頁を割いていた発音部分が、この版では「北音平仄譜」という縦22.5センチ、横37.5センチの一枚の折り込み表にまとめられている。

これ以降の部分は、瓊浦揮蕭未芟稿『華語跬歩』全では「附録」であったという中国人の姓で用いられる漢字を配列した「百家姓」が1–2丁、単語集「天文類」から常用例文集「続散語類」まで全17類が1–45丁、日常会話例文集「家常問答」全36章が1–28丁と三つの部分ごとに丁数が振られている。文字の四隅に圏点を打つことで四声をあらわし、無気音は白抜き点、有気音は黒点とする。「家常問答」では、強勢アクセントである重念（重読）について、当該する文字の向かって右側に「一」を付して示している。

(2) 1903年文求堂版

1903年文求堂版は表紙に「華語跬歩　全」とあり、全132丁の線装本である。中表紙には「御幡雅文編」、「東亜同文会蔵版」とあり、奥付は次の通りである。

　　明治三十六年九月廿五日印刷　明治三十六年十月一日発行
　　著作者　御幡雅文
　　発行者　田中慶太郎　東京市本郷区本郷三丁目十番地
　　印刷者　野村宗十郎　東京市京橋区築地三丁目十五番地
　　印刷所　株式会社東京築地活版製造所　東京市京橋区築地二丁目十七番地
　　発行所　東京市本郷区本郷三丁目十番地　文求堂書店　特電話下谷　八百

二十番

　この版では、1901年柏原文太郎版にはなかった著者である御幡の名が明記され、さらに発行者が文求堂の田中慶太郎となっている。また、1901年柏原文太郎版が「非売品」とされていたのに対し、この版は販売されおり、巻末には「売捌所」として書店名が記されている。

東京市日本橋区通三丁目	丸善株式会社
東京市神田区表神保町	東京堂書店
東京市神田区表神保町	中西屋書店
京都市下京区寺町通四条北	文求堂書店
京都市上京区寺町通二条南	松田書店
大阪市南区心斎橋筋一丁目	松村書店
神戸市元町五丁目	吉岡書店
清国上海英租界棋盤街	江左書林

　さて、1901年柏原文太郎版には序文などはなかったが、この版には東亜同文会副会長長岡護美、上海総領事小田切万寿之助、陶森甲、長白桂林（関桂林[16]）の序文がある。続いて、目次「華語跬歩目録」、発音教材「官話音譜」と「官話平仄編」が並ぶ。

　「官話音譜」は3丁分、「官話平仄編」は4丁分あり、それ以降の本文部分は、丁数の数字の通し方から「百家姓」1–2丁、単語集「天文類」から「顔色類」1–11丁、常用例文集「散語類」1–6丁、「続散語類」1–32丁、日常会話例文集「家常問答」1–35丁、面会時を想定した会話例文集「接見問答」1–21丁、諺集「常言類」1–9丁と7つに区切られている。この中で「接見問答」と「常言類」は1901年柏原文太郎版にはないものである。

　また、1901年柏原文太郎版では全36章であった「家常問答」が、第36章を書き換えた上で大幅に増訂され全50章となっている。四声、無気音と有気音の表記、「家常問答」の重念を「一」であらわすことは1901年柏原文太郎版と同様であるが、この版で新たに追加された「接見問答」、「常言類」の本文は句

東亜同文書院初期の中国語教育について　　361

ごとに一字分の空白を入れた白文となっている。

(3) 1908年増補版

　1908年に刊行された増補版の発行元は文求堂である。

　次に引くその奥付によれば1903年に出た文求堂版の6版が1908年1月に刊行
されて間もない9月に増補版が刊行されていることがわかる。なお、奥付の「版」
は「刷」の意味で使われている。

　　明治三十六年九月廿五日印刷　明治三十六年十月一日発行

　　明治三十八年八月五日再版発行　明治三十九年六月一日三版発行

　　明治四十年二月十五日四版発行　明治四十年五月二十日五版発行

　　明治四十一年一月一日六版発行

　　明治四十一年九月一日増補七版印刷

　　明治四十一年九月五日増補七版発行

　　実価金壱円八拾銭

　　著作者　御幡雅文

　　発行者　田中慶太郎　東京市本郷区湯島四丁目八番地

　　印刷者　野村崇十郎　東京市京橋区築地三丁目十一番地

　　印刷所　株式会社東京築地活版製造所　東京市京橋区築地二丁目十七番地

　　発行所　東京市本郷区湯島四丁目八番地　文求堂書局　電話下谷八百二十
　　番　振替貯金二百十八番

　この増補版も1903年に刊行された文求堂版と同じく市販されており、巻末
に販売店が記されている。

　　東京市日本橋区三丁目　　　　丸善株式会社

　　東京市神田区表神保町　　　　東京堂書店

　　東京市神田区裏神保町　　　　武蔵屋書店

　　東京市神田区一ツ橋通街　　　文求堂支店

　　京都市上京区寺町通二条南　　松田書店

大阪市南区心斎橋筋一丁目	松村書店
清国上海大東門内	校経山房
大連市大山通一丁目	大阪屋書店
大連市伊勢町	文英堂書店
満洲安東県市場通六丁目	文栄堂書店

　毎年のように版を重ねていることや、1903年文求堂版が販売されていた上海だけでなく日露戦争後に日本が統治下に収めた大連などにも販路があったことから、この教科書が中国語を必要とする広範な日本人に用いられたことがうかがえる。こういった使用者の拡大は、この時期における日本人の中国への関心の高まりが大きく影響しているのだろう。しかし、5年間で6回も刷ったということは、これが大きな販路を確保していたと考える。東亜同文書院は毎年100名前後の新入生がおり、彼ら全員に中国語教材を揃える必要があった。つまり、発行元にとって東亜同文書院は安定した大口の顧客であったといえる。

　前述したように御幡が東亜同文書院で『華語跬歩』使ったことは伝えられているものの、1902年の彼の退職から1915年9月入学の学生が『華語萃編』を使用し始めるまで、『華語跬歩』が使われ続けていたのかどうかは明らかではない。しかし、やはり『華語跬歩』が使われていたと推測できる。なぜならば、『華語跬歩』と東亜同文書院を運営する東亜同文会には強いつながりが認められるからである。

　愛知大学図書館所蔵旧東亜同文会京都支部資料に含まれる1903年文求堂版の表紙の裏には東亜同文会京都支部清語講習所の印が押され[17]、1904年に出版された『華語跬歩』の語句、例文を邦訳した『華語跬歩総訳』の編者伴直之助が自序のなかでも清語講習所との関係について触れている[18]。さらに、1901年以降の版が「東亜同文会蔵版」として刊行されていることから、『華語跬歩』は東亜同文会の公式中国語会話教科書であったと考えられる。

(4)　日清貿易商会蔵版と東亜同文会蔵版

　以上のような『華語跬歩』諸版の構成を比較したものが「表3–2–1『華語跬歩』の版本比較」である。

表 3-2-1 　『華語跬歩』の版本比較

	①未定稿版	②日清貿易商会版上編	③日清貿易商会版下編	④1901年柏原文太郎版	⑤1903年文求堂版	⑥1908年増訂版
発行時期	1886年	1890年8月	1891年序	1901年7月	1903–1908年	1908–1917年
版次	未定稿	日清貿易商会蔵版上編	日清貿易商会蔵版下編	東亜同文会蔵版	東亜同文会蔵版 初版–第6版	東亜同文会蔵 増訂第7–13版
発行				東亜同文会	文求堂 田中慶太郎	文求堂 田中慶太郎
著者編者	瓊浦揮棨	御幡雅文	御幡雅文	東亜同文会 代表柏原文太郎	御幡雅文	御幡雅文
序文						端方 光緒丁未(1907)
					長岡護美	長岡護美
					小田切万寿之助 明治癸卯八月(1903)	小田切万寿之助 明治癸卯八月(1903)
					陶森甲	
			長白桂林 光緒辛卯二月(1891)		長白桂林 光緒辛卯二月(1891)	
						自序 明治41年5月(1908)
発音	改正北音平仄編			北音平仄譜	官話音譜 官話平仄編	官話音譜便覧 訂正官話平仄編
章題	百家姓 部首 天文類 地輿類附房屋類 時令類 身体類 飲食類 器用類附衣冠類 称呼類附人物類 問答言語類 常言類 東中問答（36章） 全省地名		商買問答 接見問答 常言類	百家姓 天文類 地輿類 房屋類 時令類 水火類 呼称類 舗店類 身体類 飲食類 儌伏類付衣冠類 禽獣類付昆虫類 薬材類 疾病類 貨物類 顔色類 散語類 続散語類 家常問答（36章）	百家姓 天文類 地輿類 房屋類 時令類 水火類 呼称類 舗店類 身体類 飲食類 儌伏類付衣冠類 禽獣類付昆虫類 薬材類 疾病類 貨物類 顔色類 散語類 続散語類 家常問答（50章） 接見問答 常言	百家姓名続 部首 数目類 天文類 地御輿類 時令類 水火類 飲食類 衣冠類 儌伏類 昆虫類 草木類 禽獣類 身体類 倫常類 呼称類 疾病類 薬材類 房室類 舗店類 顔色類 家常問答（50章） 続散語類 接見問答 常言類 通姓捷訣 部首俗称 部首俗称

364 第3部　第2章

　本書第3部第1章「日清貿易研究所と東亜同文書院で使用された御幡雅文『華語跬歩』について」で見たように、①瓊浦揮麈未乞稿『華語跬歩』全は未定稿である。「日清貿易商会蔵版」である②③は日清貿易研究所で使われていたものである。東亜同文書院で使われたのは④以降の「東亜同文会蔵版」である。④は著者である御幡名義ではなく、東亜同文書院を運営する東亜同文会の幹部であった柏原文太郎名義で非売品として出版されたが、⑤以降は御幡名義となり市販された。

第2項　高橋正二『北京官話声音譜』と『華語萃編』初集

　東亜同文書院で使用された『華語跬歩』である1901年の柏原太郎版、1903年刊行された版文求堂版、1908年以降の増補版を比較すると、発音に関する部分の変更が特に大きい。

　1901年の柏原文太郎版は、「北音平仄譜」で409音節を示す。各音節を上平、下平、上声、去声に分けて該当する漢字をあて、頭音を基準に五十音順に配列するが、発音についての説明も各音節自体の発音をあらわすカタカナ、ローマ字もない。

　1903年版文求堂版は、「官話音譜」と「官話平仄編」によって407音節を示す。「官話音譜」は、各音節に該当する漢字を頭音によって五十音順に配列し、発音をカタカナとウェード式ローマ字[19]によってあらわしている。「官話平仄編」は、各音節を上平、下平、上声、去声に分けて該当する漢字をあて、「官話音譜」と同様五十音順に配列しているが、こちらには発音表記をつけていない。

　1908年以降の増補版では、「官話音譜便覧」と「訂正官話平仄編」によって410音節を示す。「官話音譜便覧」は、「母音」（韻母）を「喉音」、「脣音」、並びに「開口」、「開口窄音」、「開口濶音」、「合口」、「合口窄音」、「合口濶音」によって35音に分類し、「子音」（声母）を「牙音」、「有気牙音」、「歯音」、「舌音」、「有気舌音」、「脣音」、「有気脣音」、「捲舌音」、「有気捲舌音」、「半濁音」によって52音に分け、さらに四つの「例外音」をあげ、「母音」を横に、「子音」を縦に配列し、それぞれに漢字をあててカタカナによって発音をあらわしている。「訂正官話平仄編」は、1903年文求堂版の「官話平仄編」と同じく各音節を四声ごとに漢字をあてて五十音順に配列している。この平仄編には発音表記

はない。

　このように、『華語跬歩』の発音部分は改訂、増補の度に中国語の音節数を増減したり、発音表記を変えたりと大きな変更が行われており、ここに著者の試行錯誤の跡を垣間見ることができる。

　発音以降の本文部分も前掲「表3–2–1　『華語跬歩』の版本比較」に示したように変化はしているものの、それは多様な表現を収録するための加筆が主であり、発音部分のような大きな変化はない。このことから、御幡が『華語跬歩』を作成する際、特に力を入れたのが発音部分であったといえるだろう。

　さて、『華語跬歩』に替わって東亜同文書院の中国語会話教科書となった『華語萃編』初集（初版、東亜同文書院、1910年）の発音部分を見ると、「華語音譜」、「華語声音編」によって構成されている。「華語音譜」は、『華語跬歩』の1903年文求堂版の「官話音譜」、1908年増補版の「官話音譜便覧」に相当するもので、韻母を横に声母を縦に配列した音節表である。「華語声音編」は、『華語跬歩』の「平仄編」、あるいは「平仄譜」に相当するものだが、声調について、上平、下平、上声、去声と呼称していた『華語跬歩』に対し、第一声、第二声、第三声、第四声としている。また、『華語跬歩』は増補版において、最終的な発音表記をカタカナだけにしていたが、『華語萃編』初集（初版）はウェード式ローマ字だけを使っている。音節数にも違いが見られ、『華語跬歩』では1901年の柏原文太郎版が409音、1903年の文求堂版は407音、1908年以降の増補版は410音なのに対して、『華語萃編』初集（初版）は406音である。

　この『華語跬歩』から『華語萃編』初集へという東亜同文書院中国語教材の変化を見るに際して、これまで紹介されてこなかった教材に注目する。

　それは1905年に出た高橋正二編『北京官話声音譜』（東亜同文書院、1905年序）である。高橋は日清貿易研究所の卒業生であり、御幡雅文の教え子である。御幡が東亜同文書院を退職した後、1903年から1907年にかけて東亜同文書院の教員を務めた[20]。

　『北京官話声音譜』という題名からもわかるように、これは発音教材であり、『華語跬歩』や『華語萃編』初集のような会話例文を収録した中国語教科書ではない。奥付など書誌を示す記述はないが、「凡例」によってその性格を知ることができる。

凡例

一　本譜ハ東亜同文書院教科用トシテ編纂セルモノトス

一　本譜ハ必要ナル主音ヲ其首部ニ列シテ発音研究上ノ便ニ供ス

一　四声及発音ハ腔調ト相俟ツテ支那語研究者ノ三要件タルガ故ニ初学者須ク留意スベシ

一　従来行ハレタル語学書中羅馬綴リヲ以テ発音ヲ表示スルモノ多クハトーマス、ウエード氏ノ法ニ倣フト雖モ半開口音トモ称スベキê音ニ属スベキモノニシテ或ハo字ヲ用ヒ合口音ニテ初ムベキuo音ニシテ又同シクo字ヲ用ユル所アリ初学者ヲシテ其区別ヲ知ラシメ難キノ恐レアルヲ以テ本譜ハ之レヲ一定シテ其混同ヲ除去シタリ其他ノ綴字法ニ至リテハ概ネ慣例ニ随ヒ強ヒテ之レヲ改メズ

一　四声ハ上平、下平、上声、去声ニ分類スルモノ多シト雖モ北京語ノ四声ハ詩韻ノ平仄ニ適合セザルモノ少カラズシテ其名称妥当ナラズ故ニ本譜ハ之レヲ第一声、第二声、第三声、第四声ト改称スル□トセリ

一　発音法ハ初学者の苦シム所ニシテ茲ニ説明スルモ容易ニ首肯シ難カルベキヲ以テ之レヲ口授ニ譲ル

明治乙巳仲秋　　　　　　　　　編者識[21]

　第1項から、これが東亜同文書院での中国語教育のために作られたものであることが分かる。第6項で「発音法」は「之レヲ口授ニ譲ル」と述べており、「初学者」つまり東亜同文書院入学者が初めて中国語を学ぶ際に用いられた教材であることがわかる。

　東亜同文書院開校当時の中国語会話教科書である柏原文太郎編輯『華語跬歩』全（東亜同文会蔵版）の発音部分は、「北音平仄譜」という表1枚だけであり、409の音節を提示し各音節について声調ごとにあてはまる漢字を五十音順に配列しているが、発音をあらわす記号やカタカナ、ローマ字はもちろん、発音に関する解説はない。「初学者」は「口授」された音をそのまま覚えていくほかはなかったのである。

　『北京官話声音譜』も発音の方法について説明はなく「口授」以外に術がな

表 3-2-2 『北京官話声音譜』におけるウェード式ローマ字綴りの変更箇所一覧

	ウェード式	『北京官話声音譜』		ウェード式	『北京官話声音譜』
1	chou	chêu	21	no	nuo
2	ch'ou	ch'êu	22	pou	pêu
3	cho	chuo	23	p'ou	p'êu
4	ch'o	ch'uo	24	po	puo
5	ou	êu	25	p'o	p'uo
6	fou	fêu	26	sou	sêu
7	fo	fuo	27	shou	shêu
8	ho	hê	28	ssŭ	su
9	hou	hêu	29	so	suo
10	jou	jê	30	tou	têu
11	jo	juo	31	t'ou	t'êu
12	ko	kê	32	tsou	tsêu
13	k'o	k'ê	33	ts'ou	ts'êu
14	kou	kêu	34	tso	tsuo
15	k'ou	k'êu	35	ts'o	ts'uo
16	lou	lêu	36	to	tuo
17	lo	luo	37	t'o	t'uo
18	mou	mêu	38	tzŭ	tsŭ
19	mo	muo	39	t'zŭ	t'sŭ
20	nou	nêu	40	wo	wuo

いという立場の教材であるが、それでもウェード式ローマ字を多少変更しつつ、ラテン文字で音があらわされている。

　御幡雅文には発音表記について持論があった。彼は次のように述べている。

　　英仏ノ語学ヲ学フ如ク完全無欠ナル語学書在レハ、固ヨリソレニ由リ独学シテ自カラ其学法ニ注意ヲ催スコトアルモ独リ支那語学ニ至リテハ、更ニ日本人ニ適当ナル学書ナキト、独学ノ参考書ナキカ為メナリ[22]

　このように彼には、語学について学習者が独習できる教材が必要であるという考えがあった。実際、1886年に出した瓊浦揮毫未定稿版には、カタカナで中国音をあらわした御幡雅文混纂『華語跬歩音集』を付している。1903年版文求堂版ではカタカナとウェード式ローマ字で発音をあらわし、1908年以降の増補版ではカタカナだけで音をあらわしている。彼が発音表記について試行錯誤したのは、日本人用の「適当ナル学書」、すなわち独習するこができる教材を実現させるためであったのだろう。もちろん、カナで中国語発音を正確に

表記することは不可能ではあるが、不正確ではあっても何の表記もないものよりは、カナ表記があった方が発声する手がかりになるという判断なのである。

ウェード式ローマ字をアレンジしてラテン文字だけで音をあらわした『北京官話声音譜』は、カタカナ表記がある1903年文求堂版『華語踏歩』が出た2年後に作成されている。このことは、高橋が1903年文求堂版『華語踏歩』の発音部分を訂正すべきであると考えたことを意味する。彼は東亜同文書院での教学経験から、発音についてはカタカナを使うよりも、発音を構造的に把握しやすいウェード式ローマ字を自分が教えやすいように手を加えた表記だけにして、「口授」した方が効果的であると判断したのであり、これは彼なりの教授法の改良であるといえる。

この『北京官話声音譜』は、後の『華語萃編』初集（初版）の発音部分と相似していることから、影響を与えた可能性がある。

先に引用した『北京官話声音譜』凡例の第3項では、ウェード式ローマ字の「o」であらわされる音の一部を「ê」、「uo」に変更したことが述べている。具体的には「表3–2–2　『北京官話声音譜』におけるウェード式ローマ字綴りの変更箇所一覧」にまとめた40音節であるが、この変更はそのまま『華語萃編』初集にも引き継がれている。

『北京官話声音譜』には「本表ノ外、約（yüo）、略（lüo）、虐（nüo）、学（hsüo）、爵（chüo）等ノ音アルモ談話上ニ用ユル場合稀ナルヲ以テ之ヲ除ク[23]」という注記があるが、同様の注記が『華語萃編』初集（初版）や改訂第8版以後にも見られる。

〔初版〕
本譜には普通使用せらるゝ北京官話の発音総べて四百零六種を収む。此外に涯yai、楷ch'iai、約yüo（yo）、学hsüo（hsio）、爵chüo（chio）、却ch'üo（ch'uo）、虐nüo（nuo）、略lüo（luo）等の音あれども用うること稀なるを以つて之を除けり[24]。

〔改訂第8版〕
本表には普通使用せらるる北京官話の発音総て四百零五種を収む。此外に

üo（Io）約、hsüo（hsio）学、chüo（chio）爵、ch'üo（ch'uo）却、nüo（nuo）虐、lüo（luo）略等の音あれど用ふること稀なるを以て之を除けり[25]。

『北京官話声音譜』が402音節を示すのに対し『華語萃編』初集（初版）は406音節というように、両者には異なる点もある。『北京官話声音譜』にあった「t'ou」と「yai」が『華語萃編』初集（初版）では除かれ、替わって「ei」、「k'ei」、「peu」、「sei」、「t'êu」、「shei」が入っているが、その差異は大きくない。

以上のようなことから、『北京官話声音譜』と『華語萃編』初集（初版）の発音部分は極めて似ており、これらが東亜同文書院内で編まれて使用された教材であることを踏まえると、『華語萃編』初集（初版）を作成するのに際して、『北京官話声音譜』が参考にされたと考える。

第3項　小路真平、茂木一郎『北京官話常言用例』

『北京官話音声譜』と同時期に文求堂から刊行された中国語教材に東亜同文書院出身者である小路真平[26]、茂木一郎[27]による『北京官話常言用例』（文求堂書店、1905年）がある。

これは東亜同文書院向けの教材であると明記されている『北京官話声音譜』とは異なり、日本国内だけでなく、北京、上海でも販売されていた[28]。発音や語法についての説明はなく、450の「常言」（諺）の用例文に対訳を付けたもので、筆者が「説話を美麗にし明亮にし且其意義を強からしむる[29]」と説明しているように中上級者向けの教材である。この書は1905年9月28日に出版されているが、序文に「明治三十八年三月　上海東亜同文書院に於て　小路真平　茂木一郎[30]」と記されていることから、作成作業は1905年3月より前に行われていたことがわかる。この時、著者はまだ東亜同文書院の現役の学生であった[31]。在学生が中国語教材を出版していることには、東亜同文書院の中国語教育のレベルの高さを見て取ることができる。

東亜同文書院が教科書として『北京官話常言用例』を使用したという記録はないが、先に見てきたように東亜同文書院が使った『華語跬歩』には、1901年の柏原文太郎版以外には「常言」部分があった。1903年には「常言」を収録した文求堂版が出版されていることから、これ以降の授業では、当然、「常言」

を使った学習が行われていたはずであり、『北京官話常言用例』を使わなかっ
たとしても、似た内容が東亜同文書院で教授されていたことは確実である。

第4節　おわりに

　東亜同文書院では、学内で中国語会話教科書『華語萃編』が作成されたり、
中国語教育研究雑誌『華語月刊』が刊行されたりするなどの中国語教育活動が
展開されていた。それはカリキュラムに組み込まれていた学生だけで中国各地
の社会、経済、文化についてフィールドワークを行う「大調査旅行」を行うた
めの中国語能力を習得するという明確な学習の動機付けに支えられたものであ
った。

　東亜同文書院が行った中国語教育は北京語を内容としていた。しかし、この
学校が置かれた上海では北京語は使われていなかったし、授業も多人数による
講義式であり、必ずしも学習環境が整っていたわけではなかった。そうした状
況を補完したのが、「念書」と呼ばれる課外での学生同士による発音練習であ
った。

　そもそも東亜同文書院の前身校・南京同文書院では北京語とは異なる「南京
官話」が教えられていた。しかし、上海で北京語教育を行っていた日清貿易研
究所の運営に参加した経験を持つ根津一が南京同文書院の院長となり、学校を
上海に移して東亜同文書院として開校させると、中国語教育の内容は日清貿易
研究所と同じ北京語に切り替えられた。

　開校当初の東亜同文書院では、御幡雅文が自著の中国語テキスト『華語跬歩』
を用いて教えた。1901年以降、この教科書は「東亜同文会蔵版」として刊行
されており、東亜同文会の公式中国語会話教科書であった。これは東亜同文書
院教員独自の『華語萃編』が登場するまで使用されたと考えられる。

　しかし、発音については高橋正二『北京官話声音譜』という別の教材が用い
られていた。『華語跬歩』は、独習を見据えて発音のカタカナ表記に重きを置
いていたが、高橋は東亜同文書院での自身の教学経験も踏まえたのであろう、
カタカナ表記よりも発音を構造的に把握しやすいウェード式ローマ字を多少ア
レンジして発音を表記する『北京官話声音譜』を作成したのである。また、こ

の『北京官話声音譜』は『華語萃編』初集（初版）の発音部分と似ており、東亜同文書院の教員が『華語萃編』初集（初版）を作成するのに参考にしていたと推測される。

このように、東亜同文書院の中国語教育は、日清貿易研究所における御幡雅文による北京語教育を踏襲しつつも、単なる模倣、複製ではなかった。開校後わずか数年で発音教材『北京官話声音譜』が学内で編まれたり、現役学生によって『北京官話常言用例』が出版されたりしていることにあらわれているように独自の発展を遂げていたのである。

こうした学内の中国語教育の取り組みは、その後も継続された。高橋正二の教え子であった真島次郎（第2期生）は卒業後に母校の教員となって『華語萃編』初集を作成し、その教え子である清水董三（第12期生）、鈴木択郎（第15期生）、熊野正平（第17期生）、野崎駿平（第18期生）も教員となって『華語萃編』初集を改訂しただけでなく、さらに学年ごとの学習段階に合わせて第二集、第三集、第四集を作成させ、『華語萃編』シリーズによる東亜同文書院の中国語教育体制を完成させたのである。この『華語萃編』について、東亜同文書院の中国語辞典編纂事業を引き継いだ愛知大学で『中日大辞典』増訂第2版（大修館書店、1987年）、同第3版（大修館書店、2010年）の編纂を主導した愛知大学名誉教授今泉潤太郎は、次のように述べている。

　「華語萃編」が極めて高度な水準の教科書であるばかりか、これを教授するものに対しても「此に載する能はざりし者少なからず、教授者其意を含みて補講せられんことを」期待されているのである。駿馬は騎手をえらぶという。同文書院以外で「華語萃編」を自在に使用する教授者も少なかったこともまた、その故に加えるべきかも知れぬ[32]。

実際、『華語萃編』の使用者は多くはなかった。「満洲国」文教部が新京（現・長春）に設置した「満洲語学講習所」で使われたことが確認できるが[33]、それ以外で筆者が確認しているのは、倉石武四郎が京都帝国大学で小規模に使っていた程度である[34]。それは、このテキストが東亜同文書院専用教材であり、そもそも御幡が理想としたような独習にも用いることができる「適当ナル学書」

と性格が異なっていたことが考えられる。

このように初期の東亜同文書院の中国語教育は、日清貿易研究所での御幡雅文の北京語教育に出発しつつも、開校後間もなくして学内で専用教材が編まれるなど、ごく初期から独自に形成されたものだったのである。

注

1) 今泉潤太郎「東亜同文書院における中国語教学」『愛知大学国際問題研究所紀要』第103号、1995年。松田かの子「官話教科書『華語萃編』の成立に関する一考察」『芸文研究』第80号、慶応義塾大学、2001年。同「『華語月刊』と東亜同文書院の中国語教育」『芸文研究』第88号、慶應義塾大学、2005年。

2) 「在支邦人教育機関設立ニ関スル件」「2. 一般（16）同文書院ヲ北京へ移転問題　昭和十二年十二月」JACAR（アジア歴史資料センター）Ref. B05015340900（第8–9画像）東亜同文書院関係雑件第四巻（H–4–3–0–2_004）（外務省外交史料館）。

3) 魚返善雄「三十三年華語夢」『書報』5月号、極東書店、1958年。

4) 鈴木択郎述「鈴木択郎氏に聞く」愛知大学五十年史編纂委員会編『大陸に生きて』風媒社、1998年3月、23頁。

5) 鈴木、前掲文、24頁。東亜同文書院は春入学3年制ではじまり、1903年より秋入学、1921年からは春入学の4年制となっている。鈴木が在学した時期（1915–1918）は3年制の時期である。

6) 鈴木、前掲文、24頁。『華語萃編』初集（初版）奥付には、1916年6月発行とあることから、鈴木が使ったものは試行本だと考える。

7) 鈴木、前掲文、51頁。

8) 同上、25–56頁。

9) 『華語萃編』は、学年ごとに編纂されているが、これとは別に「大調査旅行」に特化した会話を収録する『北京官話旅行用語』（東亜同文書院、1925年、1941年）も編まれた。

10) 鈴木、前掲文、24頁。

11) 東亜同文書院の成立については、本書第1部第1章「東亜同文書院の開校について——高昌廟桂墅里校舎について——」を参照のこと。

12) 内藤熊喜「書院創立のころ——第一期生の想出」滬友会編『東亜同文書院大学史』滬友会、1955年、167頁。

13) 「春季大会記事」（1905年6月）『東亜同文会報告』第68回、1905年、45–48頁。

14) 高田時雄「トマス・ウェイドと北京語の勝利」狭間直樹編『西洋近代文明と中華世界』京都大学人文科学研究所70周年記念シンポジウム論集、京都大学学術出版会、2001年。

15) 内藤、前掲文、169頁。また東亜同文書院第2期生も「御幡雅文は、毎日曜自著の「華語跬歩」を熱心に教えた」（江口〔良吉〕、茂木〔一郎〕、大野〔弘〕「二期生回想記」滬友会『東亜同文書院大学史』滬友会、1955年、171頁）と回想している。

東亜同文書院初期の中国語教育について　　　373

16) 関桂林（1882–1884）。張美蘭「明治時代の中国語教育とその特徴」『中国21』第27号、愛知大学現代中国学会、2007年3月、141頁参照。

17) 清語講習所については、次に引用する1902年5月25日に行われた東亜同文会京都支部総会での幹事八田一精報告に見える。「近来清国朝野の意向か帝国に頼りて自国の開明を企図せんとしつゝあれは将来日清の関係は倍々密ならんとは弁を俟たず就ては当支部は我実業家は勿論其他の人々に於ても清国の言語文章を研究するは最も急務たることを認め昨三十四年十二月評議員会を開催し其研究の方法に付審議を求めたる処当支部事業として清語講習所を設立することに議決し既に本年五月一日を以て之が開所式を挙行せり〔中略〕入学生は現在四十六名なり」（『東亜同文会報告』第32回、1902年、東亜文化研究所編『東亜同文会史—明治・大正編』霞山会、1988年、347–348頁）。なお、八田一精については、小川功「有価証券割賦販売業者のビジネス・モデルとリスク管理の欠落」（『彦根論叢』第362号、2006年、30頁）によれば、弁護士で1907は京都の日本産業銀行清算人であり、後に日本国際信託監査役、大日本国際支配人監査役、日本商事相互監査役、日華燃料監査役を務めた。

18) 伴直之助は「自序」で次のように述べている。「本書の翻訳に際し、屢々学兄石原昌雄君の示教を乞へり、其の成る実に君の力なり、東亜同文会京都支部設立、京都清語講習所講師北京人任文毅君も、亦た少なからざる厚意を寄せられたり、茲に謝意を告白す」（伴直之助編『華語跬歩総訳』裕隣館、1904年）。

19) ウェード式ローマ字とは、中国語の音をラテン文字で表記する方法のことである。イギリスの外交官トーマス＝ウェードが考案したもので、19世紀末から使われている。ハーバード＝ジャイルズが手を加え、ウェード・ジャイルズ式とも呼ばれる。中華人民共和国が1958年に発表した中国語のローマ字綴りである「拼音」（ピンイン）が普及するまでは、最もよく用いられた中国語の表音方式である。

20) 本書第2部第1章「日清貿易研究所の教育について」を参照のこと。

21) 高橋正二『北京官話声音譜』東亜同文書院、1905年序、1頁。

22)「〔1900年〕3月、小室三吉上海支店長からの御幡の意見をとりいれた意見書」鱒澤彰夫「御幡雅文伝考」『中国文学研究』第26期、2000年、39頁（山下直登「三井物産会社支那修業生制度の歴史的意義」『西南地域史研究』第4輯〔1980年、330–331頁、三井文庫所蔵（物産144）『明治三十三年上半季会議録』所収〕の孫引き）。

23) 高橋、前掲書、15頁。

24)「華語音譜」東亜同文書院（代表真島次郎）『華語萃編』初集、東亜同文書院、1919年4月1日第3版、1916年。六角恒廣『中国語教本類集成』第2集第2巻、不二出版、1992年。

25)「華語発音表」東亜同文書院（代表鈴木択郎）『華語萃編』初集、東亜同文書院支那研究部、1930年第12版、1920年訂正第8版。

26) 小路真平（1883–1966）徳島県生まれ。天津中和洋行、大倉商事勤務（大学史編纂委員会編『東亜同文書院大学史——創立八十周年記念誌』滬友会、1982年、406頁）『北京官話常言用例』文求堂書店、1905年、3頁）。

27) 茂木一郎（1884–1921）群馬県生まれ。卒業後、東亜同文書院助教授。三菱商事横浜支

店長を経て日本ソルデチット会社常務、中支那振興調査部長、中華塩業公司顧問を歴任（同上、303–304、405頁）。

28）小路、茂木、前掲書巻末には、次の「売捌所」が記されている。

東京市日本橋区通三丁目	丸善株式会社
東京市神田区表神保町	中西屋書店
東京市神田区表神保町	東京堂書店
東京市神田区一橋通町	文求堂支店
京都市上京区寺町通二条南	松田書店
大阪市南区心斎橋筋一丁目	松村書店
大阪市東区博労町四丁目	丸善株式会社
東京市本郷区湯島切通坂町	南江堂書店
清国北京前門外琉璃廠	維新書局
清国上海英租界棋盤街	江左書林

29）小路真平、茂木一郎『北京官話常言用例』文求堂書店、1905年、3頁。

30）同上、4頁。

31）「明治三十八年四月九日第二期学生卒業式ヲ書院東寮ノ前庭ニ挙行ス」（「東亜同文書院第二回卒業式」『東亜同文会報告』第66回、1905年、東亜文化研究所、前掲書、394頁）。

32）今泉、前掲文、24–25頁。

33）安島元一『満洲国就職案内』（研文書院、1935年）は、「満洲語学講習所」を次のように紹介している。

「日満親善の言葉からのスローガンの下に満州国政府文教部（文部省）は日本人には満洲語を満洲人には日本語の講習をなしてゐるが、目下其第六回開講中である。新京に於ける満洲語の研究所としては最善の機関である。

一、場所　新京公学校

二、募集人員　第一部　三組　百二十名　　第二部　二組　八十名　　第三部　一組　四十名　　第四部　一組　四十名

三、教科程度

第一部	第二部	第三部	第四部
会話	同上	同上	同上
			同上
華語萃編初集	同上及第二集	同上及第三集	尺牘

此外課外講義あり。

四、授業　火、水、金　午後六時三十分より午後八時まで

五、修業年限　六ヶ月

六、休業　官署休日

七、入学資格　満洲国官公署職員にして所属長官の推薦のあるもの。

八、修了証書　本所所定の学科課程を修了したる時は修了証書を授与す。

九、入学手続

一、入学希望者は本所所定の入学申請書用紙に明記の上奨学会費国幣壱円を相添へ文教部社会教育課へ提出すること。

二、入学は受付順に受講証を与ふ。

三、期間内と雖も募集人員を超過する場合は之を締切ることあるべし。

四、其他詳細は文教部社会教育科へ照会のこと。」（同書、277–278頁）

　なぜ、この語学講習所で『華語莘編』が用いられたのかは不明である。もちろん内容が評価されたということがあるだろうが、教職員に東亜同文書院卒業生がいたと推測することも可能である。やや後のことであるが、1937年1月現在の東亜同文書院卒業生2,331名の内、「満洲国」官吏に就いている者は230名に達していた。「満洲」は同校卒業者の主要な就職先のひとつであったのである（「東亜同文書院卒業生の現況」『受験旬報』1937年11月下旬号、藤田佳久「東亜同文書院卒業生の軌跡―東亜同文書院卒業生へのアンケート調査から」『愛知大学東亜同文書院大学記念センター報』第9号、愛知大学東亜同文書院大学記念センター、2001年、51頁）。

34）倉石武四郎『支那語教育の理論と実際』岩波書店、1941年、195–199頁。

第3章

『華語萃編』初集に見る東亜同文書院中国語教育の変遷
──統計的手法を援用した分析──

第1節　はじめに

　本章は、東亜同文書院が作成し、使用していた中国語会話教科書『華語萃編』初集（以下初集）を通して、この学校の中国語教育の実態を明らかにするものである。

　東亜同文書院は、日本のアジアでの活動促進を図る東亜同文会が、1901年上海に開設した高等教育機関である。

　その教育について、管轄官庁の外務省は次のように述べている。

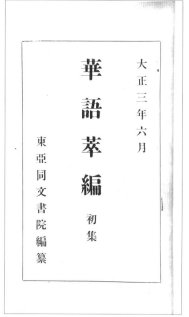

図 3-3-1 『華語萃編』初集（1917年再版）

　　東亜同文書院ノ使命ハ支那ニ於テ及支那ニ関シ活動スル人才ヲ養成スルニ在リ現在支那ニ於テ殊ニ対支第一線ニ於テ活動スル機関ノ中堅層中同文書院出身者ノ如何ニ多キヲ占メ居ルカヲ思ハバ右使命ハ着々達成セラレツツアルモノト認メラルヘシ〔中略〕同文書院ハ対支活躍ノ中堅層タルヘキ人才ヲ養成スルコト並ニ常ニ未開拓ノ第一線ニ挺身進出スヘキ人物ヲ養成スルコトヲ主眼トスヘキモノ[1]

　このように東亜同文書院では中国の現場で活動する人材養成が目指されてお

り、実際にそうした場面で卒業生は活躍していた。それを可能としたのは、彼らの中国語でのコミュニケーション能力である。言うまでもなく、それは東亜同文書院の中国語教育の成果であった。

そこで使われていたのが『華語萃編』である。まず1年生用の初集が作られ、後に2年生用の二集、3年生用の三集、4年生用の四集が用意された。

これについて、今泉潤太郎「東亜同文書院における中国語教学──『華語萃編』を中心に」(『国際問題研究所紀要』第103号、1995年)、松田かの子「官話教科書『華語萃編』の成立に関する一考察」(『芸文研究』第80号、2001年)、紅粉芳恵「『華語萃編』に関する研究ノート──東亜同文書院中国語教材の宝典的定本」(『アジア文化交流研究』第5号、2010年)、中西千香「一冊の『華語萃編』」(『TONGXUE』第41号、2011年)は、東亜同文書院での学生生活や中国の街中での会話をそのまま収録したような極めて実用的な内容の会話教科書であったことを明らかにしている。

しかし、それらの先行研究では版本研究が行われておらず、改訂の回数や変化を把握しないまま、任意の集や版だけに基づいて考察しているという問題がある。

改訂とは何かしら変更を施すことである。教科書が変われば、当然授業に影響が及ぶだろう。また、授業の変化に合わせて教科書を改めることもあるだろう。つまり、『華語萃編』の改訂は、東亜同文書院の中国語教育の変化をあらわすものなのである。

こうした考えから、『華語萃編』の改訂に注目するが、本章は専ら初集について考察を進める。なぜならば、これが東亜同文書院の中国語教育の根幹であるからである。初集は、シリーズの中で最初に作られ、二集以降の基盤となり、さらに中国を専門とする東亜同文書院の最重要科目である中国語を新入生に教授するという大きな役割を担うものであった。

第2節　初集以前の1年生用教科書

初集以前に東亜同文書院で使われていた1年生用教科書は御幡雅文『華語跬歩』である[2]。これは次のような構成である。

①単語部分：中国人の姓を収録した「百家姓」や、単語を分野ごとにまとめた「天文類」「地輿類」「房屋類」など。
②語句・短文部分：常用語句や短文の「散語類」と諺の「常言類」。
③会話部分：会話例文の「家常問答」や「接見問答」。

①はテキスト冒頭に置かれており、発音教材を兼ねていたと考えられるが、声調と無気音・有気音の別を圏点で示すものの発音表記はなく、意味も記されていない。

②は解説や訳がつかない例文が並ぶ。引用に際して箇条書きに改めた。

図 3-3-2　御幡雅文『華語跬歩』（東亜同文会、1903年）

「散語類」
69（沏茶來 拿酒來）
70喝茶
71喝酒不喝
72我不會喝[3]
訳：69（お茶を下さい　お酒を下さい）
70お茶を飲む
71お酒を飲みますか
72私は下戸です

常言類
那個人黑麻子要娶美貌妻這叫癩蝦蟇想吃天鵝肉[4]
訳：あの人はあばた面のくせに美人を嫁に貰いたがっている。こういうのをガマが白鳥の肉を食べたがる、という

③は日常会話の「家常問答」と、相手の立場や職業に応じた受け答えの仕方を教える「接見問答」からなる。解説や訳はつけられていない。次に「接見問答」の一節を引く。引用に際して箇条書きに改めた。

　　第十一章（見文官）
　　閣下恭喜
　　兄弟是當差使
　　貴衙門
　　兄弟是在工部兼着總理衙門
　　貴前程
　　在工部是營繕司員外郎事務衙門是總辦 5)
　　訳：第11章（文官と会う）
　　閣下はどちらにお勤めでいらっしゃいますか
　　私は公職に就いております
　　どちらのお役所でしょうか
　　私は工部にいますが、総理各国事務衙門も兼務しております
　　どのようなご官職でしょうか
　　工部では営繕司の員外郎で、総理各国事務衙門は総弁です

　このように『華語跬歩』は単語集と例文集を合わせたものであり、文法面からも中国語理解を促そうとする現代的な教科書ではない。戦前の代表的な中国語教科書である宮島大八『官話急就篇』（善隣書院、1904年）6) と同じく、本文を覚えることによって中国語を習得させてようというスタイルだったのである。

　初期の東亜同文書院では、この『華語跬歩』と、教員である高橋正二が作成した発音教材『北京官話声音譜』（東亜同文書院、1905年）を使って中国語教育が行われていた。

　その後、東亜同文書院では朱蔭成 7) 序『北京官話教科書』（東亜同文書院、1910年）が作られている。この『北京官話教科書』は、これまで紹介されてこなかったものである。筆者は未見だが、東亜同文書院図書館目録には「北京官話教

科書　巻一　東亜同文書院編　明治四三年[8]」と記録されている。「巻一」とあることからシリーズ教科書の1年生用でだったと思われる。また、東亜同文書院同窓会誌には、この教科書の広告が掲載されており（図3-3-3）、「書院三教授及三清国講師連ノ原ト東亜同文書院用教科書ニ充フル爲メ[9]」と紹介され、さらに「声音ノ符号ヲ附シ」や「各々詞其ノ重念ノ守位ニ依リテ区別編集シ」という発話を前提とする記述があることから、この書は日中両国教員共作による東亜同文書院専用会話教科書であったことがわかる。

これまで、東亜同文書院では、『華語跬歩』に継いで初集が使われたと見られてきたが、実際には教学経験が蓄積されるにつれて、初集より前に『北京官話声音譜』や『北京官話教科書』といった教材がすでに作られていたのである。そうした中国語教育活動の延長線上に登場したのが初集であった。

図3-3-3　『北京官話教科書』広告

第3節　初集の版本について

本章が参照した初集は、安河内弘名義本1冊[10]、真島次郎名義本3冊[11]、鈴木択郎名義本9冊[12]、以上13冊分である。凡例と奥付によれば「19版」まで刊行されているが、この「版」は刷次の意味で用いられており、構成や内容に基づけば6種の版本に分類することができる（図3-3-4）。これらを本章では、刊行順に第1版、第2版、第3版、第4版、第5版、第6版と呼ぶ。なお原本未見のものは、前掲13冊の凡例と奥付によって版を推定した。

第1項　第1版

第1版は奥付表記「初版」、「再版[13]」（図3-3-5）、「3版[14]」、「4版[15]」である。

図 3-3-5 『華語萃編』初集（1917 再版）

凡例には1914年6月に「頒布」とあり[16]、また1915年に東亜同文書院で使用されていたことを示す記録があるが[17]、奥付は1916年7月10日初版発行となっている[18]。おそらく1914年に試行本を出し、1916年から正式に出版したのであろう。

1917年刊行「再版」の著作者代表安河内は、中国語教育とは関係のない東亜同文書院武術部講師兼会計係である[19]。実際は中国語教員朱蔭成、述功、真島、松永千秋によって著された[20]。真島（第2期生）と松永（第4期生）は生え抜きの教員である。1919年刊行「3版」以降は真島が著作者代表となっていることから、彼が作成の中心であったと考えられる。

凡例に「東亜同文書院第一学年用北京官話教科書として編纂せる[21]」とあるように、本書は東亜同文書院の1年生用教科書として作られた。

本文は62課、2万5362字からなる。なお、字数は「第一課」「第二課」など内容とは関係のない課の順番をあらわす部分を省く。第2版以降もこれに同じ。

本文冒頭には、数字や加減乗法の表現を収録する「聞一知十」と、慣用的な短文や問答の例文が並ぶ「散語問答」が8課分置かれており、ここで日常的な受け答えや基礎的な慣用句を習得して9課以降の会話部分へと進む構成である。

会話部分は次のような文章である。引用に際して箇条書きに改めた。

甲 您在那兒恭喜
乙 在上海三井洋行裡當買辦，您哪
甲 我是東亞同文書院的學生，您府上在那兒住
乙 舍下在虹口小菜場的東邊兒，貴學堂是在什麼地方兒來着

^甲在西門外頭高昌廟桂墅里²²⁾

訳：^甲どちらにお勤めですか。

^乙上海の三井洋行で買弁をしています。あなたは。

^甲私は東亜同文書院の学生です。どちらにお住まいですか。

^乙拙宅は虹口の小菜場の東にあります。あなたの学校はどちらにあったで
しょうか。

^甲西門外の高昌廟の桂墅里にあります。

「虹口」や「高昌廟桂墅里」といった上海の地名が使われていることからも
わかるように、東亜同文書院生が遭遇しそうな状況での会話であり、極めて実
用的な内容となっている。しかし、解説や訳はなく、『華語跬歩』と同様の会
話例文集である。

　以上のような本文の他にウェード式表記を付けた音節表「華語音譜」と字音
表「華語声音編」、単語集「名詞集」が付属する。

第2項　第2版

　第2版は1925年から刊行されたもので、奥付表記「訂正5版[23]」、「訂正6版」、
「訂正7版[24]」である。

　前版と同様、凡例に「東亜同文書院第一学年用北京官話教科書[25]」と説明さ
れている。

　第1版と同じく著作者代表の真島を中心に改訂が行われたと考えるが、「訂
正7版」から著作者代表が鈴木択郎（第15期生）となっている。これは真島が
1925年12月28日に病死したためである[26]。

　本文は63課、2万7596字である。第1版と23課分が同文である。それ以外は
「時勢の進展、言語の進化本院学年暦の改正等に鑑み多少の訂正を加へたり[27]」
と変更が施された。度重なる校舎の移転や[28]、1920年の中国人を対象とする中
華学生部の開設、1921年の専門学校昇格といった学内事情を内容に反映させ
ている。また、専門学校昇格時に秋入学3年制から春入学4年制に変わったこ
とから、「道賀新正」、「年假宜短」、「上元佳節」、「緩歩春郊」といった季節に
関する内容の課の順番を新たな学校暦に合わせて移動させている（図3–3–4）。

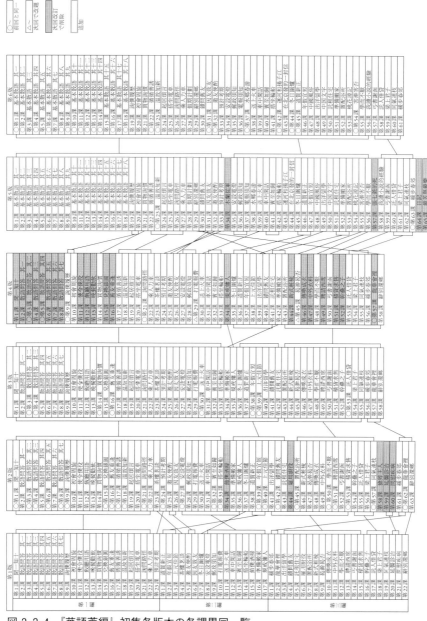

図 3-3-4 『華語萃編』初集各版本の各課異同一覧

『華語萃編』初集に見る東亜同文書院中国語教育の変遷　　385

　発音部分は、音節表が「北京官話発音表」に替えられ、字音表を「北京官話声音編」と改題した。「北京官話発音表」には、第1版の音節表にはなかった注音字母と国際音声記号がつけられた。

第3項　第3版

　第3版は1930年から刊行された。奥付表記「訂正8版」、「9版[29]」、「10版」、「11版」、「12版[30]」にあたる。

　第1版、第2版と同様に、凡例で「東亜同文書院第一学年北京官話教科書[31]」と説明されている。

　この版から鈴木が中心となって改訂が行われた。東亜同文書院卒業生である彼は第1版を使って中国語を学んでいる[32]。初集に学んだ学生が教員となり、初集を使って中国語を教え、さらに初集を改訂するようになったことに、東亜同文書院の中国語教育の継続性と発展を垣間見ることができる。

　本文は、第2版から5課分を2年生用『華語萃編』二集に移し、58課、2万3887字となった。第2版と同じ文章は8課分のみ。それ以外の課では、題名、話筋は同じであっても、社会や言葉の変化を取り入れて、語句や表現を細かく変更している。例えば「北京」を「北平」、「學堂」を「學校」、「德津風」を「電話」、「胰子」を「香皂」、応答の「はい」をあらわす「喳」を「是」に置き換えている。

　注目するのは、方言の扱いである。「這溜兒」を「這邊兒」、「多兒錢」を「多少錢」、「多咱」や「多喒」を「幾時」や「什麼時候」、「溜達」を「散步」、「今兒」を「今天」、「那溜兒」を「那一帶」など、北京巷間の表現を他の地域でも通じやすいと思われるものに改めており、より汎用性のある中国語の教育を目指していたことが分かる。

　発音部分は、音節表を「華語発音表」に、字音表を「華語声音編」に替えている。これらを目次では「北京官話声音表」、「北京官話声音編」と印字しているが誤植である。

　大きな変更は、全文に強勢アクセントの重念（重読）を示すようになったことである。朱、程樸詢、熊野正平（第16期生）、鈴木たち教員が協議して重念箇所を決め、文字の右に「一」をつけて「一々口授するの煩と時間とを省き得

るに便せり[33]」とした。

重念は現代の中国語教育では強調されないが、東亜同文書院では重視していた。初集より前に使われた『華語跬歩』の「家常問答」部分では重念を示し、『北京官話教科書』も広告によれば重念を意識しており、さらに教員清水董三（第12期生）は1929年頃に専著『重念』を出版している[34]。また、愛知大学東亜同文書院大学記念センター所蔵外島大（第20期生）旧蔵の初集第1版[35]には、重念する箇所に書き込みがあり、それが第3版で印字されている重念箇所と一致することから、第1版使用時から重念が「口授」されていたことがわかる。

第4項　第4版

第4版は1936年に刊行された。奥付表記「訂正13版[36]」、「14版[37]」、「15版」、「16版[38]」、「17版[39]」にあたる。

凡例には、前版までの「北京官話教科書」ではなく、「東亜同文書院第一学年華語教科書[40]」と説明されている。

本文は58課、2万3978字からなる。第3版と同じ文章は3課分だけだが、変更は字句を同義のものに置き換えるという小幅なものである。例えば、「東洋」を「日本」、「番菜」を「西菜」に置き換えている。内容では、上海では旧来の茶館より西洋式の喫茶店が人気を博しているといった時事的な話題を追加する部分があるが（「第23課茶樓茗談」）、構成や話筋自体に変化はない。

発音については、前版と同じ音節表「華語発音表」と字音表「華語声音編」をつけている。なお前版の目次の誤植は訂正された。

また、この版から単語集「名詞集」が別冊化された。

第5項　第5版

第5版は、1942年に刊行された奥付表記「全訂版[41]」である[42]。

凡例によれば、「東亜同文書院大学予科第一学年華語教科書[43]」として、鈴木と中国人教員靳鴻之によって改訂が行われた[44]。印刷発行は大阪の大同書院である。この版以外は全て上海の蘆澤印刷で印刷されている。

発音については、字音表「華語声音編」に新たに注音字母が加えられた[45]。

本文は、第4版から23課分を削除し、新たに30課分を加えて65課、2万

9559字である。

　追加された中には冒頭に置かれた「基本散語」18課分がある。ここには、肯定、否定、疑問、動作の実現、形容詞述語文、比較表現、動詞述語文、副詞、前置詞、疑問詞、動詞の重ね型、助動詞、二重目的語の文、処置文、将然態、経験態、「是～的」構文、使役文、受け身文、結果補語、方向補語、可能補語、様態補語の表現を用いた短文や問答が並ぶ。文法そのものについての解説こそないが、「基本散語」によって一通りの文法事項を習得できる仕組みとなっている。これまでの版の冒頭にも短文部分が8課分あったが、本版では大幅に増やされ、さらに文法項目を網羅しており、初学者の理解をより促すものとなっている。学習者は、この部分で中国語の基本構造を学んだ後に実践的な会話部分へと進むのである。

　それ以外の本文では、前版と課の題名が同じものでも、表現や読点の位置といった細かな修正が施されており、前版と文章が同じものは2課分のみである。その改訂は、例えば、「今兒天兒眞好啊[46)]」（今日は天気が本当に良いな）を「今兒天氣兒眞好啊」とするような表現の変更や、「曖哟，您瞧電車要開了偺們快跑兩步兒罷」（アッ、電車が出てしまうぞ、ひとっ走りしよう）を「曖哟，您瞧電車要開了，偺們快跑兩步兒罷」と読点を足すようなものである。また、「我是東亞同文書院的學生[47)]」を「我是東亞同文書院大學的學生[48)]」としたり、中国人が東亜同文書院について「現在是大學了罷」（今は大学になったのですよね）と話しかけてきているのに対する日本人の応答を「不是，還是高等專門學校[49)]」（いいえ、まだ高等専門学校です）から「是的，現在改了大學了[50)]」（そうです、今は大学に変わりました）としたりすることによって、1939年の大学昇格を内容に反映させている。

　本文で前版と大きく異なるのが、口語体の文章すなわち白話文の読み物が収録されたことである。それは「第34課木蘭從軍」、「第44課在北京發的一封信（白話信）」、「第48課中國風俗」、「第50課中國文字」、「第54課桃花源記」、「第57課張七爺的死」、「第58課我讀小説的經驗」、「第64課日記」、「第65課最苦與最樂」である。この中、第58課は胡適『四十自述』の一部[51)]、第64課は魯迅『華蓋集続集』の一部（図3-3-6）[52)]、第65課は梁啓超「最苦與最樂」[53)]という当時の中国を代表する文化人の文章を引いたものである。

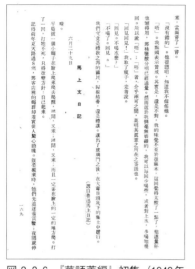

図 3-3-6 『華語萃編』初集（1942年全訂版）に収録された魯迅「馬上日記」「馬上支日記」

これまで初集は実用的な会話教科書として捉えられてきたが、第5版は会話例文を収録するだけではなく、文法理解に配慮しており、さらに白話文を収録する読本としての性格もそなえる総合的内容の教科書になっていたのである。

第6項　第6版

第6版は1943年に刊行された奥付表記「19版[54]」である。

発音部分は、目次に音節表「華語声音表」とあるが、表本体には「華語発音表」と印字されている。字音表は前版と同じ「華語声音編」である。

本文は、第5版から4課分を削除して、61課、2万3771字となった。削除されたのは第5版の第34課、第57課、第64-65課である。これらは第5版で加えられた白話文読み物部分である。

第5版と比べると39課分について変更が施されているが、「抽煙」を「吃煙」、「裡」を「裏」とするような字句の置き換えであり、話筋を変えたり、新たな文章を加えたりするものではない。

第6版は前版のわずか1年後に刊行されているが、これは1943年の附属専門部設置と関わりがあると考える。附属専門部とは大学が運営する専門学校のことである。東亜同文書院大学が予科2年、学部3年計5年の課程であるのに対し、附属専門部は3年制であった。

第6版凡例には「東亜同文書院大学予科第一学年華語教科書[55]」と記されているものの、実用性に乏しく、会話文よりも難度が高い白話文の読み物を収録しないことによって質、量ともにボリュームを下げ、大学よりも学習期間が短く、より実用性が求められる附属専門部での使用にも対応しようとしたのであろう。

第4節　統計的手法を用いた版本の分析

初集の6種の版本の違いをどのように理解すればよいのだろうか。5回行われた改訂は、語句だけの置換もあれば、文意はそのままで表現を変更するもの、句読点の添付や削除、新たな文章や白話文の読み物を加えるなど多種多様であり、それらを網羅的に捉えるのは難しい。

そうした複雑な版本間の相似あるいは相違を客観的に把握するため、本章は統計的手法を用いて分析する。

各版の本文をN-gram方式によって数値化し、これを相関分析とクラスタ分析することによって、改訂での変化の程度を見る。これは読解という主観的な立場からだけではなく、数値化することによって客観的に版本間を比較するためである。

分析に用いるテキストデータは、初集の1917年、1919年、1920年、1905年、1928年、1935年、1936年、1938年、1939年、1940年、1942年、1943年刊行本に基づいて作成した。なお、内容と関係のない「第一課」、「第二課」など課数をあらわす部分は除いた。

N-gram方式による数値化には「MTMineR[56]」を用い、相関分析とクラスタ分析については石川慎一郎、前田忠彦、山崎誠『言語研究のための統計入門』（くろしお出版、2010年）と下西紀子「統計的手法による『山海経』編著者の識別」（『Core Ethics』第11号、2015年）を参考とし、統計解析ソフトウエア「IBM SPSS Statistics Version 22」で統計処理した。

第1項　N-gram方式による数値化

N-gram方式とは、文章の中で任意の文字数の文字列がどれ程出現するのかを見るものである[57]。

例えば「我是東亞同文書院的學生」という文を2gram（2字ずつ）で分割すると、「我是」、「是東」、「東亞」、「亞同」、「同文」、「文書」、「書院」、「院的」、「的學」、「學生」が1回ずつ出現する（図3-3-7）。この時、文は文字列の出現頻度によって数値化されることになる。3gramならば、「我是東」、「是東亞」、「東亞同」、「亞同文」、「同文書」、「文書院」、「書院的」、「院的學」、「的學生」が1回

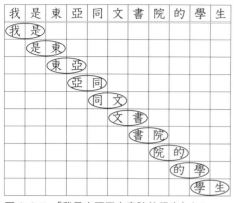

図 3-3-7 「我是東亞同文書院的學生」を2gramで分割

ずつ出現する。こうした分割を複数の文献に対して行い、文献間で文字列の出現頻度を比較すれば、数値に基づいた客観的な比較が可能となる。

N-gram方式を用いた中国語文献の数値化の手法はすでに確立されている。漢字文献情報処理研究会がこの手法を積極的に紹介しており[58]、前掲下西のほかにも、山田崇仁「N-gram方式を利用した漢字文献の分析」(『立命館白川静記念東洋文字文化研究所紀要』第1号、2007年3月)、斉藤正高「偽古文尚書の「賢」と「官」——χ2値による語彙偏差の数量化を通して」(『漢字文献情報処理研究』第6号、2005年)、同「現代中国語のテキスト処理について——魯迅「故郷」を例に、ngram・形態素解析・正規表現を使って」(『COM』第16巻第1号、2005年)などの研究がある。

本章は、初集の各版本文を1gram (1文字ずつ) から5gram (5文字ずつ) で分割し、その共起頻度 (出現頻度) 1以上の文字列を集計した。その上位すなわち使用頻度が高い文字列を10位まで示したものが「表3-3-1」である。なお漢字だけではなく、文章記号、注音字母、アルファベットも集計に含めている。

陳鶴琴『語体文応用字彙』(商務印書館、1939年) は、初集と同時期の中国語の漢字使用頻度を調査しており、その上位10文字は順に「的」、「不」、「一」、「了」、「是」、「我」、「上」、「他」、「有」、「人」である[59]。これと「表3-3-1」の1gram部分 (表3-3-1、着色部分) は相似しており、初集が当時の中国語の状況を正確に再現していることがわかる。しかし、初集で使用頻度が高い「兒」、「麼」、「您」、「這」では一致しない。「這」については、『語体文応用字彙』でも12位[60]と高頻度だが、その他の文字では、「兒」は50位[61]、「麼」は37位[62]、「您」に至っては500位[63]であり、初集と大きく異なる。

これは『語体文応用字彙』が、白話文すなわち文章語を集計したものであるのに対し、初集が会話文を中心にしているからであろう。話し相手に敬意をあ

表 3-3-1　『華語萃編』初集各版本1gram-5gram共起頻度上位10位

第1版

	1gram	頻度	2garam	頻度	3gram	頻度	4gram	頻度	5gram	頻度
1	兒	821	甚麼	114	時候兒	35	的時候兒	19	那兒的話呢	8
2	是	810	兒的	87	地方兒	33	的地方兒	15	甚麼時候兒	7
3	了	791	這麼	75	可不是	19	那兒的話	13	上那兒去了	5
4	的	747	那兒	74	有甚麼	19	上那兒去	11	乙可不是麼	5
5	不	516	點兒	72	的時候	19	乙可不是	9	甚麼地方兒	5
6	麼	504	我們	70	是這麼	17	可不是麼	9	乙乙可不是	4
7	您	472	怎麼	68	不知道	16	兒的話呢	7	可不是麼呢	4
8	我	447	那麼	67	怎麼樣	16	麼時候兒	7	是承教承教	4
9	這	350	來了	64	工夫兒	15	散語問答	7	有甚麼事情	4
10	有	337	不是	63	有點兒	13	有甚麼事	7	那兒的話哪	4

第2版

	1gram	頻度	2garam	頻度	3gram	頻度	4gram	頻度	5gram	頻度
1	了	896	甚麼	117	地方兒	38	的時候兒	20	甚麼時候兒	7
2	是	851	兒的	91	時候兒	37	的地方兒	15	那兒的話呢	7
3	兒	851	那兒	80	可不是	24	那兒的話	13	上那兒去了	5
4	的	838	我們	78	的時候	20	上那兒去	11	乙可不是麼	5
5	不	568	這麼	78	有甚麼	19	可不是麼	11	可不是麼我	5
6	麼	547	那麼	77	的地方	18	乙可不是	9	甚麼地方兒	5
7	您	479	點兒	77	上那兒	18	麼時候兒	8	那兒的話哪	4
8	我	474	怎麼	74	是這麼	17	兒的話呢	7	了可不是	4
9	這	369	那麼	72	不知道	16	散語問答	7	是承教承教	4
10	有	363	來了	67	怎麼樣	16	有甚麼事	7	有甚麼事情	4

第3版

	1gram	頻度	2garam	頻度	3gram	頻度	4gram	頻度	5gram	頻度
1	是	807	甚麼	108	時候兒	29	的時候兒	15	那兒的話呢	7
2	了	722	我們	71	地方兒	28	的地方兒	14	甚麼時候兒	6
3	的	720	兒的	69	可不是	20	那兒的話	13	上那兒去了	5
4	兒	673	那兒	69	有甚麼	18	上那兒	11	乙可不是	5
5	不	490	那麼	66	寄信人	15	乙可不是	9	那兒的話哪	4
6	麼	481	怎麼	65	的地方	15	可不是麼	8	了乙可不是	4
7	您	434	點兒	65	的時候	15	散語問答	7	是承教承教	4
8	我	421	來了	62	那兒去	15	兒的話呢	7	有甚麼事情	4
9	有	336	兒	61	上那兒	14	有甚麼事	7	來的時候兒	3
10	這	322	這麼	61	兒的話	14	甚麼時候	7		

第4版

	1gram	頻度	2garam	頻度	3gram	頻度	4gram	頻度	5gram	頻度
1	是	806	甚麼	109	地方兒	32	的地方兒	19	甚麼時候兒	6
2	的	726	兒的	73	時候兒	31	的時候兒	15	那兒的話呢	5
3	兒	717	我們	71	可不是	20	上那兒去	12	上那兒去了	5
4	了	695	那兒	70	的地方	20	那兒的話	12	乙可不是	5
5	不	488	點兒	69	有甚麼	18	乙可不是	9	那兒的話哪	5
6	麼	481	那麼	68	的時候	17	可不是麼	8	了乙可不是	4
7	您	437	怎麼	65	那兒去	17	有甚麼事	8	可不是麼我	4
8	我	423	這麼	64	寄信人	16	散語問答	7	寄信人那兒	4
9	有	346	來了	62	是這麼	15	是承教承	7	是承教承教	4
10	這	313	不是	61	上那兒	14	麼時候兒	7	有甚麼事情	4

第5版

	1gram	頻度	2garam	頻度	3gram	頻度	4gram	頻度	5gram	頻度
1	的	914	沒有	91	時候兒	35	的時候兒	19	那兒的話哪	8
2	是	805	甚麼	85	地方兒	24	基本散語	18	《ㄠㄐ丨哪	6
3	了	778	我們	75	的時候	23	的地方兒	14	ㄐ丨《ㄠㄠ	6
4	兒	586	那兒	67	可不是	20	那兒的話	13	ㄠㄐ丨《ㄠ	6
5	不	559	不是	64	在那兒	19	ㄐ丨《ㄠ	12	ㄐ丨《ㄠ	6
6	我	503	兒的	64	基本散	18	乙可不是	9	丨《ㄠㄐ丨	6
7	麼	442	怎麼	64	本散語	18	兒的話哪	8	甚麼時候兒	6
8	一	438	來了	62	不知道	17	ㄊㄨㄌㄊㄨ	7	甚麼時候兒	6
9	有	383	就是	62	上那兒	17	上那兒去	7	乙可不是麼	5
10	這	370	木蘭	57	花木蘭	16	可不是麼	7	就是花木蘭	5

第6版

	1gram	頻度	2gram	頻度	3gram	頻度	4gram	頻度	5gram	頻度
1	的	749	甚麼	83	時候兒	35	的時候兒	19	那兒的話哪	8
2	是	704	我們	71	地方兒	24	基本散語	18	甚麼時候兒	6
3	了	673	沒有	67	的時候	22	的地方兒	14	乙可不是麼	5
4	兒	574	那兒	67	可不是	20	那兒的話	13	可不是麼我	4
5	不	469	兒的	64	基本散	19	乙可不是	9	基本散語這	4
6	我	432	怎麼	56	本散語	18	兒的話哪	8	是承教承教	4
7	麼	412	不是	55	的地方	18	上那兒去	7	這個法子好	4
8	您	367	來了	55	的時候	16	可不是麼	7	那兒的話呢	4
9	一	341	點兒	54	兒的話	14	有甚麼事	7	丨字兒就是	3
10	有	321	就是	50	在這兒	14	甚麼時候	7	上那兒去了	3

表 3-3-2 『華語萃編』初集各版本1gram-5gram記述統計量

第1版	1gram	2gram	3gram	4gram	5gram	第4版	1gram	2gram	3gram	4gram	5gram
共起頻度	1,666.000	13,058.000	21,956.000	24,581.000	25,162.000	共起頻度	1,605.000	12,558.000	20,820.000	23,233.000	23,775.000
範囲	820.000	113.000	34.000	18.000	7.000	範囲	805.000	108.000	31.000	18.000	5.000
最小値	1.000	1.000	1.000	1.000	1.000	最小値	1.000	1.000	1.000	1.000	1.000
最大値	821.000	114.000	35.000	19.000	8.000	最大値	806.000	109.000	32.000	19.000	6.000
合計	25,362.000	25,361.000	25,360.000	25,359.000	25,358.000	合計	23,978.000	23,977.000	23,976.000	23,975.000	23,974.000
平均値	15.223	1.942	1.155	1.032	1.008	平均値	14.940	1.910	1.150	1.030	1.010
標準偏差	54.660	3.597	0.781	0.293	0.118	標準偏差	52.084	3.468	0.771	0.295	0.118
分散	2,987.670	12.938	0.610	0.086	0.014	分散	2,712.703	12.029	0.594	0.087	0.014
歪度	9.546	11.411	14.924	25.274	26.382	歪度	9.305	11.240	14.433	25.185	20.982
尖度	114.405	204.524	406.356	1,072.656	1,054.833	尖度	108.965	196.887	362.013	1,073.400	601.209

第2版	1gram	2gram	3gram	4gram	5gram	第5版	1gram	2gram	3gram	4gram	5gram
共起頻度	1,736.000	14,081.000	23,829.000	26,712.000	27,377.000	共起頻度	1,972.000	16,131.000	25,868.000	28,563.000	29,193.000
範囲	895.000	116.000	37.000	19.000	6.000	範囲	913.000	90.000	34.000	18.000	7.000
最小値	1.000	1.000	1.000	1.000	1.000	最小値	1.000	1.000	1.000	1.000	1.000
最大値	896.000	117.000	38.000	20.000	7.000	最大値	914.000	91.000	35.000	19.000	8.000
合計	27,596.000	27,595.000	27,594.000	27,593.000	27,592.000	合計	29,559.000	29,558.000	29,557.000	29,556.000	29,555.000
平均値	15.896	1.960	1.158	1.033	1.008	平均値	14.990	1.830	1.140	1.030	1.010
標準偏差	57.876	3.707	0.080	0.300	0.116	標準偏差	51.476	3.167	0.726	0.309	0.152
分散	3,349.612	13.744	0.644	0.090	0.013	分散	2,649.735	10.031	0.528	0.096	0.023
歪度	9.769	11.699	16.126	26.150	24.534	歪度	9.885	11.434	14.767	24.877	19.745
尖度	120.114	212.654	485.586	1,175.368	876.696	尖度	127.358	197.731	388.219	1,043.194	550.018

第3版	1gram	2gram	3gram	4gram	5gram	第6版	1gram	2gram	3gram	4gram	5gram
共起頻度	1,609.000	12,546.000	20,781.000	23,177.000	23,707.000	共起頻度	1,715.000	13,028.000	20,884.000	23,064.000	23,560.000
範囲	806.000	107.000	28.000	14.000	6.000	範囲	748.000	82.000	34.000	18.000	7.000
最小値	1.000	1.000	1.000	1.000	1.000	最小値	1.000	1.000	1.000	1.000	1.000
最大値	807.000	108.000	29.000	15.000	7.000	最大値	749.000	83.000	35.000	19.000	8.000
合計	23,887.000	23,886.000	23,885.000	23,884.000	23,883.000	合計	23,771.000	23,770.000	23,769.000	23,768.000	23,767.000
平均値	14.846	1.904	1.150	1.030	1.010	平均値	13.860	1.820	1.140	1.030	1.010
標準偏差	51.744	3.428	0.745	0.278	0.113	標準偏差	47.159	3.080	0.732	0.299	0.118
分散	2,677.455	11.750	0.554	0.077	0.013	分散	2,223.966	9.487	0.535	0.089	0.014
歪度	9.320	11.102	13.180	22.510	24.246	歪度	9.383	10.695	15.766	29.304	22.985
尖度	109.341	193.083	297.807	818.251	839.461	尖度	112.075	171.650	431.956	1,369.689	860.660

らわす「您」や、疑問の助詞「麼」は会話で多用されるものであるし、「兒」は北京語でよく使用される接尾辞であり、その多用には初集の北京語会話教科書としての性格があらわれている。

「表3-3-2」は、N-gram方式で数値化した各版データの記述統計量を示したものである。

1gramの共起頻度（表3‐3‐2、二重下線部分）は、使用文字の種類をあらわしている。

第5版がやや多く1972種、それ以外は1600－1700種程である。時代は異なるものの、現代中国語の常用漢字が2500－3500字程度であることを参考にすれば[64]、これよりやや少ない第1－4版と第6版の1600－1700種というのは、中国語を初めて学ぶ1年生用教科書としては適当であろう。第5版が多いのは、会話よりも難解となる書き言葉の白話文を収録した影響だと考えられる。

次に標準偏差を見る。標準偏差は、データの分散の程度を示すもので、値が小さければ平均値付近にデータが集中しており、大きければ散らばっているこ

とをあらわす。本章が扱う文字列についていえば、値が大きいほど、さまざまな文字や語句が出現することを示す。

1gramでの標準偏差が際立って大きいが、使われている字種を反映しているからである。各版の使用文字種の傾向については前述した通りである。

2gramの標準偏差は各版とも約「3」の値となり（表3-3-2、着色部分）、3gramから5gramは「1」未満である。

データの値にばらつきがない場合、例えば全ての語句が1回ずつしか出現しないときの標準偏差は「0」となることから、値の極めて小さい3gramから5gramはいずれも特徴がないものであり、版本間の比較には向かない。以上のことから、版本比較に有効なのは2gramのデータとなる。

第2項　相関分析

相関分析は、二者の関連性の度合いを見るものである。

改訂前後の版本についていえば、関連性が強ければ変更が小幅だったということであり、弱ければ大きく改変されたということである。

版本比較に有効と認められた2gramのデータについて、相関の度合いを示す相関係数を求めたものが「表3-3-3」である。

相関係数は「－1」から「1」の範囲の値をとり、「0.7」以上が強い相関関係を示す[65]。なお、各版本の総語数に違いがあることから、共起頻度を1万語あたりの調整頻度に直して相関係数を求めた。

改訂順に版本間の相関係数（表3-3-3、着色部分）を見ると、第1版と第2版間は「0.987」、第2版と第3版間は「0.981」、第3版と第4版間は「0.986」、第4版と第5版間は「0.858」、第5版と第6版間は「0.948」である。全て強い相関

表 3-3-3　『華語萃編』初集各版本単相関分析行列（1万語あたり調整頻度）

	第1版	第2版	第3版	第4版	第5版	第6版
第1版	1.000	0.987**	0.975**	0.966**	0.835**	0.888**
第2版	0.987**	1.000	0.981**	0.970**	0.840**	0.894**
第3版	0.975**	0.981**	1.000	0.986**	0.849**	0.904**
第4版	0.966**	0.970**	0.986**	1.000	0.858**	0.912**
第5版	0.835**	0.840**	0.849**	0.858**	1.000	0.948**
第6版	0.888**	0.894**	0.904**	0.912**	0.948**	1.000

**. 相関係数は1%水準で有意（両側）です。

を示す「0.7」以上であるが、第4版と第5版間の値が明らかに小さい。これは第4回改訂が、他の改訂よりも大きな変更を施すものであったということである。

第3項　クラスタ分析

　クラスタ分析は、データを類似性に基づいてクラスタ（群）に分類するものである。

　1万語あたりの調整頻度に換算した2gramのデータについて、データの測定方法は平方ユークリッド距離、クラスタ化の方法はWard法を用いて計算した（表3-3-4、図3-3-8）。

　「図3-3-8」は、類似する版本をまとめていく過程を示す「表3-3-4」を図式化したものである。第1段階で第1版と第2版が非常に似ていることから第1クラスタとして括られ、第2段階で次いで似ている第3版と第4版が第2クラスタとなり、第3段階では両クラスタが融合して第3クラスタを形成している。これらとは別に第4段階では第5版と第6版の2つだけで第4クラスタが作られている。

　この分析結果から、第4版から第5版への第4回改訂は特に大きな変更が施されており、また第2版から第3版への第2回改訂も比較的手が加えられていることが明らかとなった。

第5節　改訂から見る東亜同文書院の中国語教育の変化

　統計分析によれば、大きな変更が施された改訂は第2回と第4回である。特に第4回改訂は大幅なものであったことが認められた。では、これらは何を意

表 3-3-4　『華語萃編』初集版本のクラスタ凝集経過工程表（1万語あたり調整頻度）

| 段階 | 結合されたクラスタ | | 係数 | クラスタ初出の段階 | | 次の段階 |
	クラスタ1	クラスタ2		クラスタ1	クラスタ2	
1	1	2	378.574	0	0	3
2	3	4	784.747	0	0	3
3	1	3	1954.740	1	2	5
4	5	6	3253.405	0	0	5
5	1	5	10978.876	3	4	0

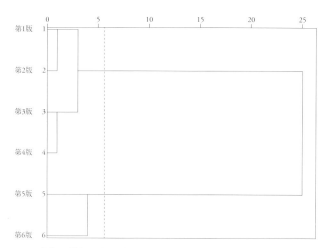

図 3-3-8 『華語萃編』初集各版本 2gram についてのクラスタ分析樹形図

味しているのだろうか。

　第2回改訂は、著者の変化が影響していると考える。

　第1版と第2版の執筆陣は朱、述、真島、松永であるが、第3版は朱以外が程、鈴木、熊野に替わっている[66]。朱と述は科挙受験生、真島と松永は明治期の東亜同文書院卒業生である。それに対して、程は早稲田大学留学、鈴木と熊野は第1版で中国語を学んだ大正期の東亜同文書院卒業生である。このように第2回改訂前後では、著者の世代や受けてきた教育が異なっており、その違いが教科書の文面にあらわれたと考えられる。

　また、統計分析は第1版と第2版がよく似ていることを示していた。これは第1版から15年余りの間の初集の変化が小さかったということである。この期間の中国の社会や言葉の変化を教科書に取り入れるために全面的な見直しを進めたのが第2回改訂だったのである。

　第4回改訂はどうであろうか。この改訂で作成された第5版は「東亜同文書院大学予科第一学年華語教科書[67]」である。この大学であるか否かというのは大きな問題であった。

　専門学校としての東亜同文書院の教育目的を管轄官庁外務省は次のように述べている。

第3部　第3章

　　同文書院ノ目的ハ学問語学ノ研究ヨリモ支那ヲ舞台トシテ活動スル精神気
　　魄ヲ養フニ存リ我カ対支躍進ノ第一線ニ立チ欣テ其ノ人柱トナリ其ノ下積
　　ニ甘ンスル健児ヲ養成スルトコロニ其ノ崇高ナル目的ヲ置クヘキモノトス
　　コノ精神気魄ナクシテハ東亜同文書院ノ存在ハ無意味ナリ
　　右ノ根本的精神ノ下ニ東亜同文書院ノ使命ヲ知リ其ノ立場ヲ考フヘキモノ
　　ニテ普通ノ専門学校トシテ之ヲ見ルヘキニ非ス[68]

　ここで求めているのは、日本人と中国人が接触する現場の人材である。しか
し、大学としての東亜同文書院は、専門学校時期とは異なる人材養成を目指し
た。「東亜同文書院大学設立要綱」は、その教育目的を次のように述べている。

　　大学令ニ依リ国家思想ノ涵養及人格ノ陶冶ニ留意シ商業ニ関スル学術ノ理
　　論及応用ヲ教授シ並ニ其ノ蘊奥ヲ攻究シ以テ興亜ノ指導的人物ヲ練成スル
　　ヲ目的トス[69]

　東亜同文書院大学が養成しようとしたのは、専門学校時期に求められた「下
積ニ甘ンスル健児」ではなく指導者なのである。この違いは大学昇格後にいっ
たん廃止した専門学校教育を付属専門部として再開させたことにもあらわれて
いる。大学とそれ以前の教育が異なっていたからこそ、学部とは別に専門部が
開設されたのである。
　実際、大学に昇格すると「中央にあって政策決定者となるために高文〔高等
文官試験〕を目指すのが僕の目標である[70]」という学生が入学し、「学内には
革新の気運が澎湃として起こり、『アカデミズム』か『実学』か、という学風
をめぐる論争[71]」が起こった。
　それはカリキュラムからも読み取ることができる。
　東亜同文書院の必修科目における語学授業数を示したのが「表3-3-5　東亜同
文書院の専門学校時期と大学時期の必修語学授業数の比較」である。「支那語」
が会話を中心とする授業、「時文」や「尺牘」はビジネス文書や手紙など実用
的な文章語の授業である。専門学校時期、語学は必修科目の42％を占めていた。

表 3-3-5　東亜同文書院の専門学校時期と大学時期の必修語学授業数の比較

専門学校	1年生	2年生	3年生	4年生		合計
支那語	9	9	6	6		30
支那時文及尺牘		2	2	2		6
英語	5.5	5	6	5		21.5
必修科目総授業数	34	34	34	34		136
大学	予科1年	予科2年	学部1年	学部2年	学部3年	合計
支那語	9	10	5	2		26
支那時文及尺牘			2	2	1	5
英語	6	6				12
商業英語			2			2
外国書講読			2			2
必修科目総授業数	35	36	33	33	19	156

*. 数字は一週あたりの授業数

専門学校時期は大学史編纂委員会編『東亜同文書院大学史——創立八十周年記念誌一』(滬友会、1982年、132-133頁)、大学時期は「東亜同文書院大学設立学則」(JACAR(アジア歴史資料センター)Ref. A14100751500(第27、第41画像)公文類聚・第六十三編・昭和十四年・第八十二巻・学事一・学制・大学(国立公文書館))に基づき作成。

これは戦前の有力な中国語教育機関東京外国語学校(現・東京外国語大学)と同等である。東京外国語学校の中国語専門コースにおける必修科目授業数は各学年とも週30コマ、その中で中国語は1年生16コマ、2年生15コマ、3年生13コマ、4年生11コマ、英語は各学年4コマであった[72]。専門学校時期の東亜同文書院の語学数は外国語を専門とする学校と同等だったのである。それが大学に昇格すると語学は必修科目中30%となり、中国語授業の絶対数も減少している。

　この変化は中国語教育の位置づけが変わったことを示している。一見、ただ減少しただけのような中国語授業だが、その履修時期を見ると、入学後3年間の「支那語」授業は大学時期も専門学校時期と同じである。これは「大調査旅行」との関わりによるものだと考えられる。

　「大調査旅行」は学生が中国各地でフィールドワークを行うことから当然、中国語の会話力が必要であった。専門学校時期は4年生時、大学は昇格後学部2年時に行われることになっていたが、この実施時期は共に入学後4年目であり、入学してから3年間の中国語教育の目標が「大調査旅行」実施にあったと見なすことができる。「大調査旅行」実施後を見ると、専門学校では4年生でも下級生並みの中国語授業数が用意され、さらなる語学力の向上が目指されていた。それに対して、大学では中国語授業は激減し、入れ替わるように卒業論

文作成のための学術的研究を行う「研究指導[73]」が必修科目とは別に週2コマ以上課せられた[74]。専門学校時期は4年間を通じて授業の大半を占めていた中国語が、大学昇格後は教育研究を支えるものとなり、もはや一義的なものではなくなっていたのである。

　ここで注意しなければならないのは、当時の大学における中国語教育の状況である。

　戦前、外国語が専門でない大学の外国語教育は英語やドイツ語、フランス語の読み書きを中心とするものであった。この欧米言語に偏った外国語教育は、近代化の過程で欧米の知識や技術を導入するために始められたものである。日本語のできないお雇い外国人から教えを受けるには、彼らの言葉を学ばざるをえなかった。その後、日本人が日本語で教えることが可能となり、当初の聞く話すという実用面での必要性は薄れたものの、欧米言語は大学に進学するための重要科目であり続け、さらに知識や技術習得に止まらない高度に専門的あるいは形而上的な学術へと発展した大学の教育研究活動を支えるものとして読み書きを中心に重要視され続けたのである。

　このように欧米言語教育と密接に結びついていた大学の外国語教育の中に、近代化と直接関わりのなかった中国語は含まれていなかった。戦前の中国語教育は「文化的背景を無視した実用会話を中心とする[75]」というものであり、実務的な能力養成を目指すものであった。大学にも中国語はあったが、それは「文言文」であり、しかも純然たる外国語ではなく訓読によって日本語化されたものであった。

　このような状況の中で東亜同文書院は大学に昇格したのである。それは日本の大学としては、初めて同時代の中国語を正面に据えた外国語教育を行うということであった。

　こうした背景の下で行われた第4回改訂は、大学における中国語教育を実現しようというものであり、その変更部分には東亜同文書院が考える大学での中国語教育のあり方が反映されている。それは見てきたように、文法面に配慮しつつ、白話文を収録して読本的にするという読むトレーニングを増やしたものであった。

　これは初集の改訂以外にも見ることができる。戦後中国語研究者となった宮

田一郎（第41期生、大学第2期生）は、東亜同文書院大学の必修中国語授業では老舎や魯迅の作品、白話小説『紅楼夢』や『児女英雄伝』の講読があったと述べているが[76]、専門学校時期にそうした文学作品の講読が課せられていた記録はなく[77]、大学昇格後に文章を読むことが増やされていたことがわかる。

　前例のない大学での中国語教育を行うに際し、東亜同文書院は、国内の大学における読み書きを中心とする欧米言語教育に倣うかのように、実用性とは直接結びつかない文学作品などの文章講読を増やし、これによって実務用途に止まらない大学の学究的な性格をもつ中国語教育を構築していこうとしていたのである。

第6節　おわりに

　初期の東亜同文書院では北京語会話教科書『華語跬歩』が使われており、さらに専用教材『北京官話声音譜』や『北京官話教科書』が作成されていた。そうした中国語教育の取り組みの中から作り出されたのが北京語会話教科書『華語萃編』である。1年生用の初集から4年生用の四集まで用意され、東亜同文書院で使用された。この『華語萃編』シリーズの中で最初に作成されたのが初集であり、これは中国を専門とする東亜同文書院において、新入生の中国語教育を担う重要なものであった。

　本章で見てきたように、初集は、1916年初版刊行後、東亜同文書院内外の変化に応じて5回改訂された。戦前、多くの中国語教科書が出版されたが、これほど継続的に改良されつつ使用されたものは管見の限りない。

　東亜同文書院が専門学校であった第4版までの改訂は、実践的な中国語教育を進めるために中国の社会や言葉の変化を取り入れようとするものであった。

　大学昇格後の第5版は、大学としての教育を意識して行われた。日本の大学における外国語教育が、欧米言語に限られていた当時、初めて全学規模の正規科目として同時代の中国語の教育を進めようとしたのである。東亜同文書院は、会話教科書であった初集を、文法理解に配慮し、白話文の読み物を収録した読本的性格も合わせもつ総合教科書に改訂することによって、大学としての中国語教育の実現を試みたのである。

400　　　　　　　第3部　　第3章

　こうしたことが東亜同文書院の中で自律的に進められたことは注目すべきことである。初集の作成や改訂は、日中両国の教員が協力して行っていたが、その中の日本人教員は東亜同文書院卒業生であった。東亜同文書院の中国語教育は、教材を自作するだけではなく、教員も自校で養成し、さらに教員となった者が教材を改良するというサイクルの中で、専門学校としての実業教育から、教育研究を進める大学としての中国語教育の実現を目指すものへと変化しつつあったのである。

　しかし、東亜同文書院の大学としての中国語教育の取り組みは、1943年学徒出陣など戦争の影響を受けて大学としての授業自体が満足にできなくなるなど実施や発展が妨げられ、ついには日本の敗戦によって廃校となるに至り途絶することを余儀なくされたのだった。

注

1) 「東亜同文書院北支移転問題ニ就テ」、1937年12月、JACAR（アジア歴史資料センター）Ref. B05015340900（第11–12画像）、『東亜同文書院関係雑件』第四巻（H. 4）（外務省外交史料館）。

2) 本書第3部第2章「東亜同文書院初期の中国語教育について──御幡雅文『華語跬歩』、高橋正二『北京官話声音譜』から『華語萃編』へ──」参照のこと。

3) 柏原文太郎『華語跬歩』東亜同文会、1901年、散語類第11丁表。

4) 御幡雅义『華語跬歩』文求堂、1903年、常言類第1丁表。

5) 同上、接見問答第7丁表。

6) 会話例文集で、訳や解説は付かない。改訂版『急就篇』（善隣書院、1933年）も同じ。

7) 朱藤成。山東省平陰県（現・済南市平陰県）の人。1895年国子監に入った監生で1909年から東亜同文書院教員を務めた（大里浩秋「宗方小太郎日記、明治41-42年」『人文学研究所報』第50巻、2013年、147頁）。

8) 東亜同文書院図書館『東亜同文書院図書館和漢図書類目』第1巻、東亜同文書院、1923年、83頁。

9) 滬友同窓会編『同窓』第5号、1910年、30頁。

10) 東亜同文書院（代表安河内弘）『華語萃編』初集、東亜同文書院、1917年再版。

11) 東亜同文書院（代表真島次郎）『華語萃編』初集、東亜同文書院、1919年3版。同上、1920年4版。同上、1925年訂正5版。

12) 東亜同文書院（代表鈴木択郎）『華語萃編』初集、東亜同文書院、1928年訂正7版。同上、1931年9版。同上、東亜同文書院支那研究部、1935年12版。同上、1936年訂正13版。1938年14版。同上、1939年16版。同上、1940年17版。同上、大同書院、1942年全訂版。同上、

東亜同文書院大学華語研究会、1943年19版。

13）東亜同文書院（代表安河内）、前掲書。

14）東亜同文書院（代表真島）、前掲書、1919年。

15）東亜同文書院（代表真島）、前掲書、1920年。

16）東亜同文書院（代表安河内）、前掲書、凡例1頁。真島、前掲書、1919年、1920年、凡例1頁。

17）東亜同文書院発上海総領事有吉明宛文書、1915年、JACAR（アジア歴史資料センター）Ref. B12081969800（第68画像）東亜同文会関係雑纂第三巻（B-3-10-2-13_003）（外務省外交史料館）。

18）東亜同文書院（代表安河内）、前掲書。真島、前掲書、1919年、1920年。

19）松岡恭一、山口昇『沿革史』東亜同文書院学友会、1908年、下編105頁。

20）東亜同文書院（代表安河内）、前掲書、凡例2頁。

21）東亜同文書院（代表安河内）、前掲書、凡例1頁。真島、1919年、1920年、凡例1頁。

22）東亜同文書院（代表安河内）、前掲書、11–12頁。

23）東亜同文書院（代表真島）、前掲書、1925年。

24）東亜同文書院（代表鈴木）、前掲書、1928年。

25）東亜同文書院（代表真島）、前掲書、1925年、凡例1頁。鈴木、前掲書、1928年、凡例1頁。

26）川副町誌編纂委員会『川副町誌』川副町誌編纂事務局、[1979年] 1987年、1002頁。

27）東亜同文書院（代表鈴木）、前掲書、1928年、凡例2頁。

28）東亜同文書院は、1913年第二革命の戦禍で高昌廟桂墅里校舎（現・上海交通大学医学院付属第九人民医院）を失ったため、長崎県の大村仮校舎、上海赫司而路仮校舎を経て、1917年上海徐家匯虹橋路（現・上海市徐匯区広元西路、楽山路周辺）に新校舎を建てた。

29）東亜同文書院（代表鈴木）、前掲書、1931年。

30）東亜同文書院（代表鈴木）、前掲書、1935年。

31）鈴木、前掲書、1931年、1935年、凡例1頁。

32）愛知大学五十年史編纂委員会『大陸に生きて』風媒社、1998年、24頁。

33）東亜同文書院（代表鈴木）、前掲書、1935年、凡例4頁。

34）東亜同文書院華語研究会『華語月刊』第5–6号、1929年、巻末広告。

35）東亜同文書院（代表真島）、前掲書、1919年。

36）東亜同文書院（代表鈴木）、前掲書、1936年。

37）東亜同文書院（代表鈴木）、前掲書、1938年。

38）東亜同文書院（代表鈴木）、前掲書、1939年。

39）東亜同文書院（代表鈴木）、前掲書、1940年。

40）東亜同文書院（代表鈴木）、前掲書、1936年、1938年、1939年、1940年、凡例1頁。

41）東亜同文書院（代表鈴木）、前掲書、1942年。

42）第5版について、1942年刊行本奥付は「全訂版」とするが、1943年刊行本奥付は「18版」と表記する。

43）東亜同文書院（代表鈴木）、前掲書、1942年、凡例1頁。

44）同上、凡例3頁。

45）目次には音節表「華語声音表」とあるが、筆者参照本はこの部分が破損しており、確認できない。

46）東亜同文書院（代表鈴木）、前掲書、1936年、1938年、1939年、1940年、23頁。

47）東亜同文書院（代表鈴木）、前掲書、1936年、1938年、1939年、1940年、10頁。

48）東亜同文書院（代表鈴木）、前掲書、1942年、46頁。

49）東亜同文書院（代表鈴木）、前掲書、1936年、1938年、1939年、1940年、68頁。

50）東亜同文書院（代表鈴木）、前掲書、1942年、120頁。

51）胡適『四十自述』（亜東図書館、1939年、47–57頁）の「九年的家郷教育」第4部分冒頭から「……在十年後於我很有処」まで。

52）魯迅「馬上日記」『華蓋集続集』（『魯迅全集』第3巻、人民文学出版社、1981年）の「六月二十八日」部分冒頭から「…在大毒日頭底下的尘土中趲行」まで（314–316頁）、「馬上支日記」の「六月二十九日」部分冒頭から「……倒不如練習者一种本領来的切実」まで（321–322頁）、同「七月六日」部分（334–336頁）。

53）梁啓超「最苦與最樂」（梁啓超著、夏曉虹輯『飲冰室合集——集外文』中冊、北京大学出版社、2005年、768–769頁）の初出は『大公報』（1918年12月29日）である。初集に引用された文章は、原文と異なる箇所がある。原文「再哭是没没有的了」が「那才是最苦的」、原文「永遠不能解除了」が「永遠不能解脱了」となっている。

54）東亜同文書院（代表鈴木）、前掲書、1943年。

55）東亜同文書院（代表鈴木）、前掲書、1943年、凡例1頁。

56）金明哲「MTMineR Ver5.2」https://code.google.com/archive/p/mtminer/downloads、http://www.cis.doshisha.ac.jp/mjin/MTMineR/index.html（2017年4月25日閲覧）。

57）山田崇仁「初めてのN-gram——CygwinもしくはPerlを用いて」『漢字文献情報処理』第2号、2001年。

58）漢字文献情報処理研究会は、前掲『漢字文献情報処理』第2号で「N-gramが開く世界」という特集を組み、山田前掲文が中国語文献について、石井公成「N-gram利用の可能性——仏教文献における異本比較と訳者・作者判定」と師茂樹「XMLとNGSMによるテキスト内部の比較分析実見」は仏教文献について、各々N-gram方式を用いた分析法を紹介している。また『漢字文献情報処理』第6号（2005年）でも、秋山陽一郎「手軽にできる情報分析」と師茂樹「仏教学における自然言語処理」が、N-gram方式を紹介している。

59）陳、前掲書、116頁。

60）同上、116頁。

61）同上、114頁。

62）同上、114頁。

63）同上、93頁。

64）国家語言文字工作委員会漢字処編『現代漢語常用字表』（語文出版社、1988年）は常用字を2500字、王寧、教育部語言文字信息管理司組『通用規範漢字表』（商務印書館、2013年）は学校教育用を3500字とする。

65）石川慎一郎、前田忠彦、山崎誠『言語研究のための統計入門』くろしお出版、2010年、86頁。

66）第3版奥付の著作者代表は鈴木択郎であるが、同凡例に朱蔭成、程樸洵、熊野正平、鈴木が重念を付けたとあることから（鈴木、前掲書、1935年、凡例4頁）、彼らが共同で改訂をしたと考える。

67）鈴木、前掲書、1942年、凡例1頁。

68）前掲「東亜同文書院北支移転問題ニ就テ」JACAR：B05015340900（第11–12画像）。

69）「東亜同文書院大学ヲ大学令ニ依リ設立ス」JACAR（アジア歴史資料センター）Ref. A14100751500（第5画像）公文類聚・第六十三編・昭和十四年・第八十二巻・学事一・学制・大学（国立公文書館）。

70）大学史編纂委員会『東亜同文書院大学史——創立八十周年記念誌』滬友会、1982年、606頁。

71）大学史編纂委員会、前掲書、614頁。

72）数字は旧制専門学校時期までの同文書院と同じくビジネス教育専門の支那語部貿易科のもの。東京外国語学校『東京外国語学校一覧』東京外国語学校、1939年、28–32頁。

73）前掲「東亜同文書院大学ヲ大学令ニ依リ設立ス」JACAR：A14100751500（第32画像）。

74）「東亜同文書院大学学則第五節試験及称号」によれば、規定の必修科目と選修科目の試験に合格し、あわせて研究指導を受けて論文試験に合格した者を学士試験合格者として商学士を授与するとしている（前掲「東亜同文書院大学ヲ大学令ニ依リ設立ス」JACAR：A14100751500（第32–34画像））。

75）安藤彦太郎『中国語と近代日本』岩波書店、1988年、2頁。

76）宮田一郎述「東亜同文書院の中国語教育と私」『愛知大学東亜同文書院大学記念センター報』第20号、2012年3月、80頁。

77）1915年の東亜同文書院使用教科書のリストで、英語以外のものは、金国璞・平岩道知『談論新編』、呉啓太・鄭永邦『官話指南』、『華語萃編』、『古本大学』、『孟子』、『古文観止』である（前掲、東亜同文書院発上海総領事有吉明宛文書、JACAR：B12081969800（第68画像））。『華語萃編』、『談論新編』、『官話指南』は中国語テキストである。『古本大学』は院長根津一が倫理の授業で使用した。『古文観止』は古文のアンソロジーであり、漢文の授業で使われたと考えられる。このように大学昇格前の教材に文学的なものは含まれていない。

第4章

東亜同文書院の中国語文章語教育について

第1節　はじめに

　本章は、東亜同文書院で行われていた中国語の文章語教育を考察する。ここでいう文章語とは文学作品など芸術表現での「雅」なものではなく、「俗」とされる日常生活で使われる書き言葉のことである。

　東亜同文書院は中国を専門とする学校であった。卒業生は日中間のさまざまな場面で活動したが、それを可能としたのはこの学校の教育で培われた中国語によるコミュニケーション能力である。

　東亜同文書院は中国語教科書を刊行したり、戦後、愛知大学が完成された『中日大辞典』（中日大辞典刊行会、1968年）へとつながる辞書編纂作業を進めたりするなど中国語の教育、研究を行っており、その象徴的な存在が教員たちによって作成された会話教科書『華語萃編』であった。これまで東亜同文書院の中国語教育についての研究の多くはこの『華語萃編』を考察していた[1]。

　しかし、『華語萃編』だけでは東亜同文書院の中国語教育の全容を捉えきることはできない。なぜならば、それが会話教科書つまりは口語教育のためのものだからである。東亜同文書院では口語教育の一方でビジネス文書を扱うための実用的な文章語の教育も行われていた。中国に関わる活動をする際、中国人との会話によるコミュニケーションはもちろん重要であるが、文書を処理することができなければ物事を円滑に進ることはできない。卒業生の多くが日中間のさまざまな現場で活動した東亜同文書院の中国語教育を考えるには、その文章語教育についても考えなければならないのである。

　こうした問題意識から、本章は東亜同文書院で使用された文章語の教科書を検討することによって、この学校の文章語教育の実態を明らかにしたい。

第2節　東亜同文書院の二つの中国語授業

　東亜同文書院には政治科や農工科が短期間設置されたことがあったが、中心となっていたのは中国にかかわるビジネス教育を行う商務科であった。そこでは中国での商取引に従事するための実用的な中国語能力の習得が目指されており、話し言葉だけではなく、実用的な文書を処理する能力も必要とされた。1905年に廃止されるまで大量の文書を扱う行政官を選考するために口語と隔絶した難解な文章語での文章作成が要求される科挙が行われていたことを考えれば、この国での文章語の重要性を推し量ることができよう。

　戦前の中国語語学研究についての資料集である波多野太郎編『中国語学資料叢刊』（不二出版、1984–1987年）が文章語教科書を会話教科書や辞書とは別のカテゴリーに分けて「尺牘編」に44種、「尺牘・方言研究編」に15種を収録しているように、東亜同文書院が存在していた時期、中国語教育において文章語は口語とはっきりわけられたもう一つの学習すべき言葉であった。

　そうした文章語を東亜同文書院はどのように扱っていたのだろうか。東亜同文書院の1週あたりの中国語の授業回数をまとめたものが「表3-4-1」である。表中の1908年時に4年生がないのは、当時秋入学3年制だったためである。専門学校令の適用をうけた1921年から春入学4年制となった。1908年当時の科目「清語」は口語、「漢字新聞」は中国語新聞の講読、「漢文尺牘」は尺牘すなわち書簡文についての授業である。文章語を扱うのは「漢字新聞」と「漢文尺牘」である。1921年当時は「支那語」が口語、「支那時文及尺牘」が文章語の授業である。時文とは現代文といった程度の意味で文章語全般のことを指し、その中に尺牘は含まれている。

　1908年と1921年を比べると、1921年の方が文章語の授業が増えているが、これには学生の漢文の素養が関係していた可能性がある。江戸時代には新井白石が漢文を駆使して朝鮮通信使と交流し、明治時代初期には夏目漱石が漢文の紀行文『木屑録』を著したように、もともと日本の知識階級の漢文の読解力、表現力は高かった。それは漢学での学び、すなわち四書五経をはじめとする同時代より古い中国語の文章語を訓読することによって培われたものである。

　しかし、そうした状態は時代を経るに従って変化していった印象がある。幕

末から明治初期の漱石や森鷗外といった知識階級の人々が受けた初等教育は漢文を読むものであったが、明治政府による近代的な教育制度が確立されるにつれて漢文はさまざまな科目の一つにすぎなくなっていった。漢籍主体の学びが欧米に範をとるものへと転換されたり、言文一致が提唱されたりする中で漢文に触れる機会は漸減していったのである。田中牧郎「近代書き言葉における文語助動詞から口語助動詞への推移——『太陽コーパス』の形態素解析データによる」(『近代語コーパス設計のための文献言語研究成果報告書』、国立国語研究所、2012年)によれば19世紀末から20世紀初頭にかけて雑誌『太陽』の記事の文章は文語体から口語体へと大きく変化している(図3-4-1)。この文語とは江戸時代以来の漢文訓読スタイルの文章語のことであるから、明治から大正にかけて日本人は漢文から次第に離れていったといえる。このことを踏まえて、東亜同文書院の文章語授業の増加を考えると、漢文の素養がある世代の学生は語彙的な問題を克服しさえすれば中国語の文章語の読み書きが可能となるが、漢文に親しんでいない世代の学生は学習事項が多くなり結果として授業回数が増えたと考えられる。

文章語授業の増加のもう一つの要因として考えられるのは、中国語自体の変化である。東亜同文書院が開校した1901

表 3-4-1　商務科中国語授業数(数字は一週あたりの授業回数)

		1年生	2年生	3年生	4年生
1908年	清語	11	10	10	—
	漢字新聞	1	1	1	—
	漢文尺牘	0	0	1	—
1921年	支那語	9	9	6	6
	支那時文及尺牘	0	2	2	2

1908年分は松岡恭一、山口昇編纂『日清貿易研究所東亜同文書院沿革史』(上海:東亜同文書院学友会、1908年、下編68頁)、1924年分は大学史編纂委員会編『東亜同文書院大学史』(滬友会、1982年、132-133頁)より筆者作成。

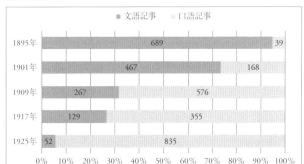

田中牧郎「近代書き言葉における文語助動詞から口語助動詞への推移:『太陽コーパス』の形態素解析データによる」の図1「『太陽コーパス』の文語記事・口語記事」から筆者作成。

図 3-4-1　『太陽コーパス』の文語記事・口語記事

年当時の清国には規定された標準語やそれに基づく国語教育は存在していなかった。中華民国初期の文章語教科書である青木喬『現代支那尺牘教科書』（東亜同文書院、1924年）について波多野太郎が「本書は民国に入ってから、尺牘が通俗的になる変化を捉へて編んである[2]」と述べていることからわかるように、文章語そのものが大きく変わっていたのであり、それに対応するために学習事項が多くなり、授業回数が増えたとも考えられる。

　では、東亜同文書院ではどのような文章語の授業が行われていたのだろうか。関係者の回想に授業の具体的な様子を伝えるものはない。しかし、東亜同文書院が関係する文章語の教科書が現在に伝わっている（表3-4-2）。表中の「叢刊」は波多野太郎編『中国語学資料叢刊』（不二出版、1984 - 1987年）収録、「彙刊」は波多野編『中国語文資料彙刊』（不二出版、1991 - 1995年）、「集成」は波多野編『中国文学語学資料集成』（不二出版、1988 - 1990年）、「同文書院センター」は愛知大学東亜同文書院大学記念センターを指す。

　⑤青木喬『改輯支那時文類編』、⑧清水董三『商業尺牘文例』、⑨『普通尺牘文例第一輯』、⑩『増補普通尺牘文例集第一輯』、⑪『普通尺牘文例集第二輯』は未見である。

　④『支那時文釈義』の著者山田謙吉（岳陽）は東亜同文書院教授、発行者の禹域学会[3]は東亜同文書院教員による研究組織である。山田が中国語担当ではないことや、古文と現代文の違いや方言など、中国語全般についての概略の説明に紙幅の半ばを割いたり、例文について詳細な語義をつけたりしていることから、本書は学外向けに刊行されたものであって東亜同文書院の授業で使われたとは考えられないため本章では扱わない。

　これらのうち『中国語語学資料叢刊』、『中国文学語学資料集成』、『中国語文資料彙刊』に復刻収録されたものは利用しやすいが、⑦『支那時文類編』（第一輯）、⑫『商業尺牘教科書』、⑬『商業応用文件集』は、愛知大学東亜同文書院大学記念センター（以後同文書院センター）だけが所蔵するもので、これまで知られてこなかった資料である。さらに同文書院センター所蔵教科書には授業の様子を直接伝える学生の書き込みが残っており、本章は教科書本文以外のそうした情報も参考にしつつ考察を進める。

東亜同文書院の中国語文章語教育について 409

表 3-4-2　東亜同文書院に関わる中国語文章語教科書の一覧

	著者	書名	出版	出版時期	構成	所蔵
①	仁科昌二 朱蔭成 青木喬	実用支那商業文範	上海日本堂書店	1914年 1920年		叢刊第3編尺牘編42
②	青木喬	支那時文類編	東亜同文書院	1918年	22章・389頁	彙刊第3編22 愛知大学 同文書院記念センター
③	青木喬	現代支那尺牘教科書			5章・561頁	京都大学 愛知大学 同文書院センター
④	山田謙吉	支那時文釈義	禹域学会	1923年 1924年	565頁	愛知大学等
⑤	青木喬	改輯支那時文類編	東亜同文書院	1924年	418頁	桜美林大学 長崎大学
⑥	青木喬	現代支那尺牘教科書	東亜同文書院	1924年	5章・645頁・7頁	叢刊第3編尺牘編43 同文書院記念センター
⑦	青木喬	支那時文類編第一輯	東亜同文書院	1928年	10章・152頁	同文書院記念センター
⑧	清水董三	商業尺牘文例				
⑨	清水董三	普通尺牘文例集第一輯？				
⑩	清水董三 福田勝蔵	増補普通尺牘文例集 第一輯？				
⑪	福田勝蔵 斉鉄恨	普通尺牘文例集第二輯？				
⑫	福田勝蔵	商業尺牘教科書	東亜同文書院 支那研究部	1933年 1936年 1939年	81例・67頁	同文書院記念センター
⑬	福田勝蔵	商業応用文件集	東亜同文書院 支那研究部	1934年 1935年 1936年 1938年	上中下編・112頁	同文書院記念センター
⑭	福田勝蔵	普通尺牘文例集	東亜同文書院 支那研究部	1937年	上中下編・189頁	集成第3編11 同文書院記念センター

第3節　青木喬の教科書について

　東亜同文書院系の文章語教科書のうち6種について、関与したり、作成したりしているのが青木喬である。1865年12月27日久留米藩士の次男として生まれ、1880年県立久留米中学校（現・福岡県立明善高等学校）に入学した後、陸軍士官学校を受験するが不合格、1890年久留米市補助金を受給して日清貿易研究所に入り1893年卒業した。日清戦争では第二軍の通訳官として従軍し、戦後は1895年10月台湾総督府民政局財政部租税課員、1896年10月同府製薬所通訳事務嘱託兼民政局事務嘱託、1901年6月同府専売局翻訳官を歴任した。日露戦争では満洲軍政委員の通訳官となり、1904年7月安東県軍政署交渉科長、

図 3-4-2 青木喬(写真帖編纂委員編『卒業紀念写真帖―第十三期―』、桑田商会、1916年)

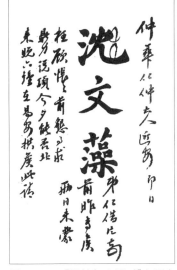

図 3-4-3 「説帖」実例(『実用支那商業文範』より)

木材処理主任、政務調査委員、民事訴訟処理委員を兼務し、1905年7月遼陽兵站司令部附となっている。1905年宏文学院支那学生監督、1908年1月東亜同文書院教授となり1928年3月まで務めた。1933年6月満洲国政府に招聘されて1941年当時満洲国国務院総務庁嘱託兼同院法制局嘱託となっている[4]。このように彼は台湾や中国東北地方で豊富な実務経験をもった人物で、東亜同文書院の45年の歴史の中で実に20年間にわたって文章語教育を担当した。

第1項 『実用支那商業文範』

『実用支那商業文範』の編著者は仁科昌二である。経歴は詳らかではないが、「凡例」に「本書收むる所の原文は編者の勤務する会社に往来せしもの[5]」とあることから、当時、中国に在住していた人物なのであろう。東亜同文書院の教員である青木喬は同僚朱藎成とともに「訂補」者として刊行に関わっている。内容はビジネス文書に注釈と日本語訳を付けたもので、書簡や契約書のほかに「説帖」を収録している。これはカードや名刺に用件を簡単に記す形式のことである(図3-4-3)。なお「図3-4-3」に見える「沈文藻」は東亜同文書院の教

員で、もともとは青木の母校・日清貿易研究所の教員であった人物である[6]。

『実用支那商業文範』は東亜同文書院の教員が関わってはいるものの、授業で用いられた可能性は低い。序文は東亜同文書院院長根津一が寄せたものであるが、そこには「日本堂杉江君実用支那商業文範一書ヲ刊行セントシ其稿ヲ携ヘ来リ[7]」と学外での出版であったことが示唆され、奥付にも著者仁科や発行者杉江房造、発行所日本堂とあるのみで東亜同文書院や教員の名は記されていない。東亜同文書院は出版の主体ではなく協力者の立場だったようである。また本書は例文に日本語訳がつけられていることから独習することを前提としていたようであり、授業用途に適した教科書であるとは言い難く、東亜同文書院の授業用ではなかったと考えられる。

第2項 『支那時文類編』、『現代支那尺牘教科書』（初版）

青木喬による東亜同文書院用の教科書として確認できる最初のものが『支那時文類編』（図3-4-4）である。同文書院センター所蔵本には第20期生岡村正文の署名がある。

『支那時文類編』は「例言」に「不分雅俗與難易兼收並錄分門別類以彙集之要唯使學者便於通曉現行之各種文體也[8]」（文章を雅俗や難易度にかかわりなく収録し、種類別にわけることによって学習者が現行のさまざまな文体を理解しやすいようにした）とあるように、実際に使われた文章をそのまま収録した例文集である。「第8章命令欄」（「大總統令」等）、「第9章布告欄」（「大總統布告」等）、「第10章通告欄」（「討逆軍總司令段通告」等）、「第21章判決例」、「第22章附錄」（上諭や奏摺等）「第1章電報欄公電」（「馮代理大總統電」等）といった公文書や電報、「廣告欄」、「第18章条単欄」（領収書や説明書）、「第19章契拠欄」（契約書等）、「第20章約票券書欄」（規約文や小切

図 3-4-4 『支那時文類編』（岡村旧蔵本）

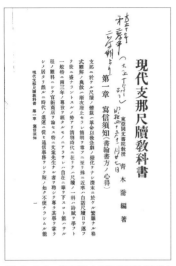

図 3-4-5 『現代支那尺牘教科書』初版（岡村旧蔵本）

図 3-4-6 岡村正文（東亜同文書院第20期卒業紀念写真帖委員編『東亜同文書院第二十期卒業紀念写真帖』、桑田工場、1923年）

手、手形等）、「第1章電報欄私電」といった私文書のほか、新聞や雑誌からとった「第2章時事欄」、「第3章社会欄」、「第4章実業欄」、「第5章教育欄」、「第6章交通欄」など多種多様な文章が収められている。

しかし「蓋将尺牘一門另成専書以便於學生修学也故於本編特附欠如[9]」（尺牘については別に専門書を用意し学生の学習に提供するので本書には収録していない）とあるように尺牘すなわち書簡文は収録してない。ここにあげられている尺牘専門書とは『現代支那尺牘教科書』（初版）のことである（図3-4-5）。なぜならば同文書院センターが所蔵する尺牘教科書『現代支那尺牘教科書』（初版）も『支那時文類編』と同じ岡村の旧蔵本であり、後述する書き込みから両書が同時期に東亜同文書院で使われたいたことがわかるからである。

同文書院センター所蔵岡村旧蔵『支那時文類編』の本文冒頭に「大正九年九月から」、「第19章契拠欄20.出売市房杜絶契其1」（296頁）末尾に「大正十二年六月四日青木教授」と記され、これ以降の部分には何も書き込まれていないことから、この教科書は1920年9月から1923年6月4日まで青木指導のもとで使われていたことがわかる。岡村旧蔵『現代支那尺牘教科書』（初版）本文冒頭には「大正十年第二学年二学期より」、「第4章普通書翰文第5節詢訪類」（163頁）に「以上三年一学期次ハ第五章ヨリ」、「第5章商業通信文」（333頁）冒頭に「第三学年第二学期」と書き込まれて

いることから1921年2月からこの書を使う授業が始まり、3年生でも使っていたことが分かる[10]。これによれば「表3-4-1」が示す1908年当時と異なり、第20期生は1年生から『支那時文類編』を用いた文章語の授業があったことになる。第20期生は秋入学3年制の最後の学生だが、3年の在学期間の中で前半は『支那時文類編』によって広範な文章語を学び、後半は書簡文を学ぶ『現代支那尺牘教科書』を併用して文章語を学習していたのである。

『現代支那尺牘教科書』(初版)には例言や奥付が付けられていない。内容は「第1章写信須知(書翰書方ノ心得)」、「第2章書翰ノ種類」、「第3章起結通套並ニ時令摘句」、「第4章普通書簡文」、「第5章商業通信文」からなり、第1－3章までが書簡の書き方についての説明、第4－5章は例文集となっている。説明部分は宛名や差出人の署名の書式について

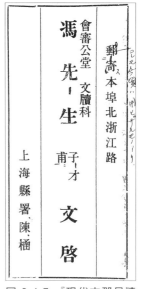

図3-4-7 『現代支那尺牘教科書』初版(岡村旧蔵本、10-11頁)

「第1章寫信須知(書翰書方ノ心得)」として「第一節封面式(即チ封筒ノ書方)」、「第二節封筒裏面ノ書方」、「第三節上款(即チ書翰内部ノ宛名ノ書方)」、「第四節下款(即チ発信者ノ署名)」の4節構成全38頁である。例えば、封書の宛名の書き方について「郵便ニテ発送スル信書ハ先方ノ住所姓名ヲ明細ニ記載スヘシ[11]」と注意を促した上で、封書裏面の日付の入れ方や封の仕方まで図で示している。そうした細かな説明で注目されるのは書信の宛名の書き方の行である。封面の例(図3-4-7)を示し、それについて次のように述べている。なお傍線や四角形の括りは岡村の書き込みを示す。

　　前例ノ子オハ先方ノ字ニシテ支那人ノ読書シタル者ハ皆諱ト字トヲ有ス自身ニハ必ス諱ヲ用ユレトモ他人ヨリハ君主ト親ヲ除ク外諱ヲ称スルコトヲ得ス之ヲ称スルハ不恭ナリ宜シク深ク注意ス可シ甫ハ字ナリ台甫トナスモ可ナリ然レトモ現今ハ台甫ノ二字ヲ用ヰルモノ殆ント稀ニシテ一般ニ甫ノ一字ヲ用ヰルヲ普通トス[12]

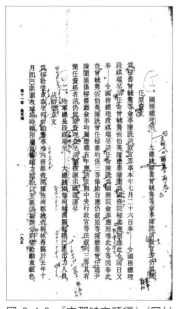

図 3-4-8 『支那時文類編』(岡村旧蔵本)

諱の扱いは漢籍を読むに際しては常識的なことのはずだが、大正時代の学生にとってはすでに一般的ではなかったのであろう。実際、岡村は諱と字について念入りに傍線を引いている。

では、こうしたテキストを用いた授業はどのような様子だったのだろうか。

前述したように同文書院センター所蔵の両書は第20期生岡村正文旧蔵本である。それらには受講時のものと思しき書き込みがあり、そこから授業の実態をうかがい知ることができる。書き込みには語義を記すものはあるが発音についてのものはない。ここで注目するのは訓点が付けられていることである。これは教科書本文を漢文として読んでいたことを意味する。例えば、『支那時文類編』に収録されている「國務總理呈──大總統……」(図3-4-8)を見ると、中国語音をウェード式ローマ字で表記すれば「Kuo2 wu4 tsung3 li3 ch'êng2……」となるのだが、そうした中国音で読んでいたのではなく、日本語音で「国務総理ガ大総統ニ呈ス……」と読み下していたのである。このことは書き込みだけではなく、『現代支那尺牘教科書』(初版)の「第3章起結通套並ニ時令摘句」の例文に訓点が印刷されていることからも確認することができる(図3-4-9)。東亜同文書院の口語教育では1915年の時点で日本人と中国人の教員がペアとなって授業を行っていた[13]。文章語の授業は日本の漢文と同じ方法が採られていた。そのような授業に中国人教員の必要はなく、日本人教員だけで行われていたと考えられる。この2つの教科書を用いた授業は中国語を純然たる外国語としては扱っていなかったのである。

これらについてもう一つ注目するのは、中国語の急速な変化への意識である。『支那時文類編』は清末民初の中国語を取り巻く状況を次のように述べている。

矧現下支那之狀態非獨政體制度在於過度
時代而各般事物亦莫不胥在於過度時期其
如時文之體例變遷將日異而月不同焉本編
所輯僅摘其現行各體之一斑耳[14]
訳：現代中国は政治をはじめとしてすべ
てが過渡期にあり、文章語のスタイルも
日々変化している。本書に収録したのは
現在行われているさまざまなスタイルの
一部にすぎない

自清光緒庚子以還變法自強之說風行於世
而一般傾向胥尊外卑內舍舊趨新斯文日衰
於是外國語之譯音暨東語文之移入者逐日
見其多焉[15]
訳：清の光緒新政の改革以来、外国を尊
び中国を卑下し、伝統的なものを捨て目
新しいものをよしとする傾向があり、優
雅な文章は衰えて外国語の音訳や日本語
の移入が日ごとに増えた

そうした外来語について、次の実例をあげ
ている。

〔音訳の例〕
　德律風（Telephone）
　引擎（Engine）
　馬達（Motor）
　摩托卡（Motor-Car）
　派司（Pass）
　嘜頭（Mark）

図 3-4-9　『現代尺牘教科書』初版

図 3-4-10　『現代支那尺牘教科書』1924年版（瀧口旧蔵本）

K唛（K-Mark）

先令（Shilling）

辨士（Pence）

盎斯（Ounce）

羅比（Rupee）

羅布（Ruble）

佛郎（Franc）

生丁（Centime）

雪茄（Cigar）

撲克（Poker）

恩透（Under）

薩門（Salmon）

薩丁或洒丁（Sardine）

水門丁或士敏土（Cement）

剛白渡或康辦渡（Comprador）

〔日本語の例〕

電話

黒幕

手續

取締

取銷

引渡

運動

讓渡

經濟

浪人

理髮

旅館

東亜同文書院の中国語文章語教育について　　417

　『現代支那尺牘教科書』（初版）でも同じように中国語の変化が強調されている。書簡の書き方の基本を説明するはずの「第1章写信須知（書翰書方ノ心得）」は、文章語の置かれた状況を述べることから始められている。

　　支那ニ於ケル尺牘ノ体裁ハ革命以後急劇ニ変化ヲナシ清末ニ於ケル繁雑ナ
　　ル格式難解ノ典故ハ漸次廃止セラレ簡明ヲ尊フニ至リ殊ニ近來ハ白話尺牘
　　日ヲ逐フテ世ニ盛ナラントスルノ勢アリ清朝時代ニ在リテハ尺牘ノ一科ハ
　　詩賦ヲ学フト一般特ニ両三年ノ専攻ヲ経タルモノニアラサレハ自在ニ筆ヲ
　　下スコト能ハサル程ノ難科ニシテ官衙商店ヲ論セス特ニ文案先生ナル者ヲ
　　聘シテ専ラ其事ヲ掌ラシメ居タリ然ルニ時代ノ進運ニ従ヒ通信事務ヲシテ
　　斯ノ如ク不便ナラシムル能ハサルト一般教育ノ方針科学ノ普及ニ重キヲ置
　　クニ至リタルヲ以テ復タ昔日ノ如ク尺牘ヲ専攻スルカ如キ者漸ク減少シ美
　　文ヲ研究スルヨリ寧ロ実用文ヲ練熟セントスルノ風尚ニ傾キ将来ニ於テハ
　　特種ノ学者間ニ行ハルル者ハ別トシテ一般ニハ文言一致的白話尺牘流行ス
　　ルノ時代ニ到達スルモ亦未タ知ルヘカラス此過渡時代ニ在リテ尺牘教科書
　　ヲ編著スルハ実ニ難事中ノ難事トナス今俗ニ失セス又雅ニ過キス僅カ稍中
　　庸ヲ得タリト思維スル材料ヲ選ンテ範ヲ示サントス[16]

　ここで青木は、中国語の変化を強調すると同時に、教科書がそのことに対応できない可能性があることを弁明するかのように述べている。このことは彼自身が中国語の変化に戸惑っていることの証左であろう。清末以来の中国語の変化は、日清貿易研究所で学び、中国人との接触経験が豊富な彼ですら吸収しきれないと感じるものだったのである。

第3項　『改輯支那時文類編』、『現代支那尺牘教科書』（1924年版）

　青木喬『改輯支那時文類編』と青木喬『現代支那尺牘教科書』（1924年版）は、『支那時文類編』と『現代支那尺牘教科書』（初版）の改訂版と考えられる。同文書院記念センターが所蔵する『現代支那尺牘教科書』（1924年版）には「東亜同文書院第三年生瀧口義精」という第26期生の署名がある。『現代支那尺牘教科書』（1924年版）について、その「凡例」は次のように述べている。

一　商業尺牘ハ一班商業ノ発達ニ従フテ大ニ其面目ヲ改メタリト雖各種尺
牘中収ムル所ノ文尚旧套ヲ脱スル能ハス商業尺牘詮釈中述フル所ニ適合ス
ルモノ殆ント稀ナリ故ニ石川文吉氏商業英作文ヲ参酌シテ其不足ヲ補フ
　一　学界及ヒ家庭ノ二類ハ前書之ヲ欠如ス今本書院ハ中華学生部ヲ附設ス
ルヲ以テ将来日華学生ニ交遊多キヲ加フルヲ思ヒ学界類ヲ加ヘ又家庭類ハ
殆ント日本人ニ必要ナキカ如クナレトモ其尊卑ノ間用ヰル所ノ文字自ラ区
別アリ使用ノ婢僕輩ニ対シテ信書ヲ発スルノ場合之ヲ準用スルノ利アルヲ
以テ之ヲ加ヘタリ[17]

　引用文中の「石川文吉氏商業英作文」とは石川文吾『商業英作文講義』第
1–2巻（大倉書店、1908年）のことであろう。『現代支那尺牘教科書』（初版）には
「第5章商業通信文」にビジネス文書の例文が収録されていたが、これを石川
の英語の教科書を参考に拡充したというのである。また、中華学生部とは東亜
同文書院内に設置された中国人を対象とした学部のことである。『現代支那尺
牘教科書』（初版）は私的な書簡の例文を「第4章普通書翰文」として「第1節
慶賀並餽贈類」から「第15節声明類」に収録していたが、これを『現代支那
尺牘教科書』（1924年版）では「第4章普通尺牘」と改め、さらに中国人学生と
日本人学生の交流を考えて「第16節学界類」、「第17節家庭類」を加えたので
ある。なお前版『現代支那尺牘教科書』（初版）の第1節「慶賀並餽贈類」を第
7節へと順番を変えている。また、「支那人トノ交際上其称謂ハ殊ニ複雑ニシ
テ適タマ其適用ヲ誤レハ礼節ニ欠クル所アル[18]」として『現代支那尺牘教科書』
（1924年版）末尾には呼称をまとめた「付録称謂表」が新たに付けられた。
　このように『現代支那尺牘教科書』（1924年版）は、商務科すなわちビジネ
ス教育中心の東亜同文書院にとって必要性が高いビジネス文書部分を充実させ
ると同時に、学内に新設された中華学生部の中国人学生と日本人学生との交流
を考えたものとなっている。
　本文自体にも手が加えられており、宛名や差出人の署名の書式を説明する「第
1章写信須知」は「第1節尺牘須知」、「第2節封面式（即チ封筒ノ書方）」、「第3
節上款（即チ書翰内部ノ宛名ノ書方）」、「第4節下款（具名即チ発信者ノ署名）」の

東亜同文書院の中国語文章語教育について

4節構成全51頁となっている。『現代支那尺牘教科書』（初版）の同内容の部分「第1章写信須知（書翰書方ノ心得）」全38頁を上回るボリュームである。その第一節部分「尺牘須知」は全29項の箇条書きとなっている。その第1項と末尾の第29項を見てみよう。

　　一　称謂ハ尊卑ノ別アリ尋常ナル祖父輩ノ交ニ於テハ普通太老伯ト称シ父輩或ハ伯叔輩ノ交ニ於テハ老伯ト称シ其交誼較ヤ親密ニシテ年歯較ヤ長スルモノニハ太世伯或ハ世伯ト称シ年歯較ヤ少キ者ニハ太世叔或ハ世叔ト称シ若シ姻誼アルモノニハ太姻伯姻伯或ハ太姻叔姻叔ト称シ若シ世誼ヲ以テ姻誼ヲ兼ヌルモノニハ太姻世伯姻世伯或ハ太姻世叔姻世叔ト称ス[19]

　　二十九　支那ノ信書ニ於テ封筒面ニ記載スルノ意味ハ受信人ニ向ヒ対称スルニアスシテ送信人ニ命スルモノナレハ仁兄大兄或ハ台鑑等を用ユ可カラス之ニ反シ内信ハ対称ナレハ台鑑大鑑雅鑑等トナスヘシ又台啓開啓文啓等ハ日本ノ親展ノ意ナレハ葉書ニハ之ヲ用ヰ大鑑台鑑等トナスヘシ然レトモ仁兄我兄等ハ用ユヘカラス[20]

『現代支那尺牘教科書』（初版）の「第1章写信須知（書翰書方ノ心得）」はテクニカルな説明に入る前に中国語の変化について述べていたが、引用した部分のように『現代支那尺牘教科書』（1924年版）は文章の書き方についてのみ記している。それは文字の書き方にまで及んでおり、「字跡ハ潦草ナル可カラス」（乱雑な文字を書いてはいけない）と題して次のように述べている。

　　商業尺牘ハ自ラ迅速繕就ヲ以テ貴シトナス端楷ヲ作ラスシテ可ナリ但シ亦大草ヲ用ユヘカラス最モ適宜ナル者ハ行書トナス〔中略〕潦草ナル可カラス墨汚ノ如キ誤字ノ如キ添註塗改ノ如キ皆人ノ憎厭ヲ取リ或ハ障礙ヲ発生スルニ足ル戒メサルヘカラサル所ノ者ナリ[21]

ビジネス文書は素早く書くべきで、楷書はよいが草書を用いるべきではなく行書が最適であり、乱雑ではいけないし、墨で汚したり誤字や書き足し書き損

じを改めたりしては人に厭まれ信用を失うと詳細に説明している。このように
筆遣いまで事細かに指示していることからもわかるように、『現代支那尺牘教
科書』（1924年版）は極めて実用的な教科書であった。

　この実用性は後に著者青木の予想もしなかった場面でも発揮されることにな
る。同文書院センター所蔵の瀧口旧蔵本には寄贈者による「もと26期滝口〔瀧
口〕義精氏所有敗戦後瀋陽にて41期木村隆吉が譲り受け中国側との渉外業務
に大変役立つ」という書き込みが残されている。敗戦後の引き揚げ時、中国側
との折衝において、この教科書が役立ったのである。

第4項　『支那時文類編』（第一輯）

　『支那時文類編』（第一輯）は、これまで紹介されてこなかった教科書である。
同文書院センター以外の所蔵を知らない。参考として奥付と例言を引用する。

　　　昭和三年三月八日印刷
　　　昭和三年三月十日発行
　　　　　　　支那上海東亜同文書院内
　　　編纂者　青木喬
　　　　　　　支那上海
　　　発行者　東亜同文書院
　　　右代表者　岡山巳吉
　　　　　　　上海海寧路十四号
　　　印刷者　蘆澤民治
　　　　　　　上海海寧路十四号
　　　印刷所　蘆澤印刷所
　　　　　　　支那上海
　　　発行所　東亜同文書院

　　　例言
　　　一　此書ハ学生ヲシテ支那時文ノ大体ヲ会得シ進ンテ研究スルノ階梯タシ
　　　ムルノ目的ヲ以テ編著セルモノナレハ特ニ雅俗混淆難易兼収シ現行各式時

文ノ一班ヲ窺ハシメントス但紙数ニ限リア
ルヲ以テ勿論完備ヲ望ム能ハスト雖心ヲ用
ヰテ浅ク広ク捜羅セルヲ以テ学者若シ能ク
反覆熟読シ類ヲ推シテ研究セハ其目的ヲ達
スルニ庶幾カラン乎

二　本書ハ本書院編纂ノ語学書ト相待ツテ
効ヲ収ムベキ者ナルヲ以テ語学書ト重複セ
サルコトニ注意セリ故ニ他ノ科ニ於テ収録
セルモノハ省略ニ従フ

三　本来時文中ニハ勿論尺牘ヲ含ムト雖尺
牘ハ別ニ編纂セル専書アルヲ以テ本編ハ之
ヲ省略ス

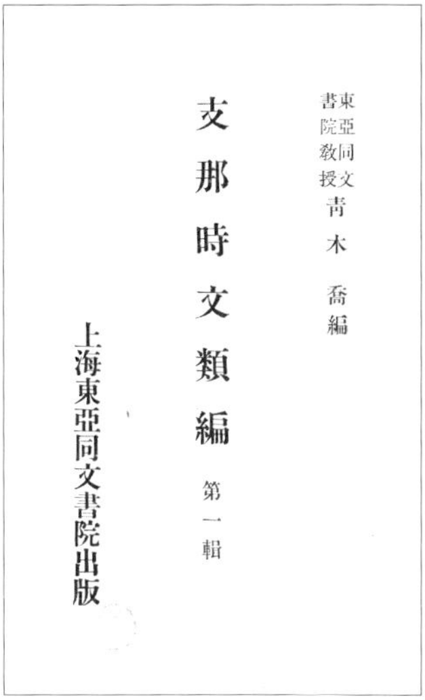

四　本書院興学ノ要旨及立教ノ綱領ハ紀要
中ニ記載シアリト雖殆ント之ヲ読ム者ナク

図 3-4-11　『支那時文類編』(第
一輯)

学生ノ間ニ本書院設立ノ主旨ト書院ノ使命ノ有ル所ヲ知ラシメサルノ恐ア
ルヲ以テ本書ニハ特ニ之ヲ収録セリ

五　凡ソ電文中之ヲ記スベキノ処詩ノ韻字ヲ用ヰテ之ニ代ユルモノ多シ又
官報ニ於テハ発信ノ日付ノ代リニ必ス之ヲ用ユ例ヘハ一日ニハ上平声下平
声上声去声入声ノ第一字ヲ用ヰ二日ニハ其各第二字三日ニハ其第三字ヲ用
ヰルカ如シ而シテ其韻字ハ左ノ如シ

上平声　一東　二冬　三江　四支　五微　六魚　七虞　八齊　九佳　十灰
十一眞　十二文　十三元　十四寒　十五刪

下平声　一先　二蕭　三肴　四豪　五歌　六麻　七陽　八庚　九青　十蒸
十一尤　十二侵　十三覃　十四塩　十五咸

上声　一董　二腫　三講　四紙　五尾　六語　七広　八薺　九蟹　十賄
十一軫　十二吻　十三阮　十四旱　十五潜　十六銑　十七條　十八巧　十
九皓　二十哿　二十一馬　二十二養　二十三梗　二十四迥　二十五有　二
十六寢　二十七感　二十八儉　二十九豏

去声　一送　二宋　三絳　四寘　五未　六御　七遇　八霽　九泰　十卦
十一態　十二震　十三問　十四願　十五翰　十六諫　十七霰　十八嘯　十

九効　二十号　二十一個　二十二禍　二十三漾　二十四敬　二十五徑　二十六宥　二十七沁　二十八勘　二十九豔　三十陷

入声　一屋　二沃　三解　四質　五物　六月　七曷　八黠　九屑　十藥　十一陌　十二錫　十三職　十四緝　十五合　十六葉　十七洽

発信者ハ自己ノ姓ノ次ニ韻字ヲ加ヘテ何日発電セルカヲ示ス普通十五日以前ニハ上下平ノ韻字ヲ用キ十六日以後ニハ上去声ノ韻字ヲ用ユ而シテ入声ノ字ヲ用キルコト稀ナリ又三十一日ハ韻字ナキヲ以テ世字或ハ引字ヲ用ユ或ハ卅一ト示スモ可ナリ

又月及ヒ時刻ヲ示ス時ハ十二支ノ字ヲ用キテ之ニ代ユ月ノ代リニ用キル時ハ韻字ノ前ニ置キ時刻ノ代リニ用キル時ハ韻字ノ後ニ用ユ可シ其月ニ代ルモノハ左ノ如シ

一月（子）　二月（丑）　三月（寅）　四月（卯）　五月（辰）　六月（巳）
七月（午）　八月（未）　九月（申）　十月（酉）　十一月（戌）　十二月（亥）

又時刻ノ代リニ用キルモノハ左ノ如シ

子刻午後十一時至午前一時　　丑刻午前一時至三時
寅刻午前三時至五時　　卯刻午前五時至七時
辰刻午前七時至九時　　巳刻午前九時至十一時
午刻午前十一時至午後一時　　未刻午後一時至三時
申刻午後三時至五時　　酉刻午後五時至七時
戌刻午後七時至九時　　亥刻午後九時至十一時

　　昭和三年一月吉旦　編著者識

　『支那時文類編』（第一輯）は、『支那時文類編』と同じ例文集である。語義や説明は付いていない。『支那時文類編』、『改輯支那時文類編』から続く文章語例文集の後継教科書である。

　「第一輯」とあるように「第二輯」を想定していたのだろうが、刊行と同時期に青木は東亜同文書院を退職しており、「第二輯」は出ていない。

　同文書院センター所蔵本には「第廿七期生大屋保義」という署名があり、東亜同文書院生の旧蔵本であったことが分かるものの、岡村旧蔵本に見られたような授業の状況をうかがわせる書き込みはない。しかし、『支那時文類編』（第

一輯）による授業も漢文講読のスタイルだったようである。なぜならば上掲の「例言」第4項にあるように東亜同文書院の設立趣意書「興学ノ要旨」、「立教ノ綱領」[22]が収録されているからである。この2編の文章は東亜同文書院院長根津一によるものだと伝えられている。彼は東亜同文書院で『大学』を講義しているように漢籍の素養はあったが専門的に中国語を学習した経験はない。この2編は日本人が書いた漢文なのである。それを例文としているということは、やはり教科書の文章を漢文として読んでいく授業が行われていたことを示している。

第4節　清水董三、福田勝蔵教科書について

青木喬退職後の文章語教科書には福田勝蔵による『商業尺牘教科書』、『商業応用文件』、『普通尺牘文例集』がある。しかし、これら以外にも文章語の教科書はあったようである。『商業尺牘教科書』、『普通尺牘文例集』の「例言」には、それぞれ「前本院教授清水董三氏の編せる商業尺牘文例」、「本書ハ一半ハ、頭初前教授清水董三氏編纂シ、後編者ノ増補セル文例集第一輯及ビ編者ガ前講師斉鉄恨氏ト共編セル同第二輯ニ採リシ」と記されており、筆者未見のため確認できないが清水董三『商業尺牘文例』、清水『普通尺牘文例集第一輯』、清水編福田増補『増補普通尺牘文例集第一輯』、『普通尺牘文例集第二輯』と題する教科書の存在をうかがわせる。

この清水と福田は共に東亜同文書院卒業生であるが、彼らが教員として活動するようになると東亜同文書院の文章語教育に変化があらわれた。例えば科目名の変化である。1908年当時に口語授業を「清語」としていたのに対して文章語授業は「清語尺牘」ではなく「漢文尺牘」となっていたが、これは文章語を中

図 3-4-12　清水董三（東亜同文書院第20期卒業紀念写真帖委員編『東亜同文書院第二十期卒業紀念写真帖』桑田工場、1923年）

国語というよりも日本の漢文の延長においていたことを意味する。これが1921
年になると口語を「支那語」とするのに対して文章語も「支那時文及尺牘」と
呼ぶようになり、はっきりと中国語として位置付けるようになっているのだが、
これが時期的に清水の登場と重なっているのである。

　清水は、1893年に栃木県生まれ、第12期生として学び、1919年に母校の中
国語教員となるが、1929年に外務官僚に転じ外務省翻訳官、同研修所教官、駐
中華民国公使、外務審議官を歴任し1970年に死去している。兄はアメリカやフ
ランスでも活躍した画家清水登之である。彼について特筆すべきは、それまで
の尺牘の授業で学生に毛筆を使わせていたものをペン書きに変えさせたことで
ある[23]。前述したように東亜同文書院の教育の中心はビジネスであったが、授
業で使用する筆記具の変更はビジネス環境の変化を反映させたものであった。
近代におけるビジネスでの文字の書き方の変化について文化人類学者梅棹忠夫
は次のように述べている。

　　事務とは「かく」である。達筆でさらさらと商業用書類をしたためるこ
　とが、番頭の重要な資格のひとつだった。商人の卵たちは新聞紙をまき紙
　のようにまいて左手にもち、右手に毛筆をもって字をかくことを、一所懸
　命にけいこした。明治のころの和紙の伝票が、たまたま保存されているの
　をみたことがある。それは、達筆でうつくしい。商業文書とはおもえない。
　芸術的でさえある。そこには、日本商業における、洗練された美的感覚の
　かがやきがある。
　　しかし、こういう方式は、美的であっても、大量の事務を処理するには
　不むきである。日本商業がしだいに発展して、取引量がふえ、テンポがは
　やくなるとともに、事務方式がもっと便利なやりかたにおきかえられるの
　は、当然のいきおいであった。
　　まず、毛筆はしだいにうとんじられた。かわって、ペンが登場した[24]。

　　むかしから、事務屋になるためには字がうまくなければいけないとかん
　がえられてきた。明治時代なら、字のへたな丁稚は番頭になれない。ひま
　さえあれば筆で習字した。大正以降はペン習字である[25]。

青木喬が「図3-4-3」のような毛筆による美しい文字でビジネス文書を書く世代ならば、清水以降はペン字だったのである。このように東亜同文書院がビジネス環境の変化に合わせて文章語の筆記方法を改めていたことに、この学校の実践的なビジネススクールとしての性格を見て取ることができる。
　福田は埼玉県生まれの第20期生である。東亜同文書院で中国語教員を務め、1939年大学昇格時にも教員であったが詳しい経歴は不明である[26]。

第1項　『商業尺牘教科書』

　福田勝蔵『商業尺牘教科書』は「教科書」と題しているが内容は例文集であ

図 3-4-13　上から教室棟、物産館、打字室（タイプライター室）（第廿九期生卒業紀念写真帳編纂委員編『卒業紀念帳』桑田工場、1933年）

図 3-4-14　福田勝蔵（東亜同文書院第三十二期アルバム委員編『卒業紀念写真帖』桑田工場、1936年）

り、青木喬の『現代支那尺牘教科書』（初版）や『現代支那尺牘教科書』（1924年版）のような解説部分はない。同文書院センター以外の所蔵が確認できないことから、参考として奥付と例言を引用する。

〔奥付〕
昭和八年二月二十日印刷
昭和八年二月二十五日発行
昭和十一年三月二十五日改訂再版
昭和十四年四月　十　日三版発行
定価金五拾銭
著作者　上海東亜同文書院華語研究会
右代表　福　田　勝　蔵
　　　　上海東亜同文書院支那研究部
発行者　秀　島　達　雄
　　　　上海海寧路三〇〇号
印刷社　蘆　澤　多　美　次
　　　　上海海寧路三〇〇号
印刷所　蘆　澤　印　刷　所
　　　　上海海格路一九五四号
発行所　東亜同文書院支那研究部

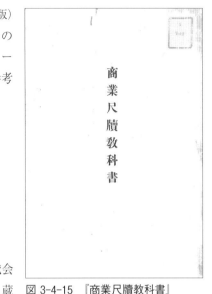

図 3-4-15　『商業尺牘教科書』

例言
　本書は尺牘教科書の一として編纂せるものにして、専ら商業関係のものを輯録せり。
　従来坊間に行はるゝ商業尺牘は、中国人相互の間に応酬せらるゝ体裁のもの多く、必ずしも実用に適せざるものあるに鑑み、編者は外人対中国人の間に行はる可き取引関係に着目し、この方面の尺牘を努めて多く輯録せり。

本書には前本院教授清水董三氏の編せる商業尺牘文例より抜萃せるもの少からず其他編者が英文コレスポンデンスより譯出したるもの亦多し。編者の翻訳に係るものは前講師斉鉄恨氏の校閲を仰ぐ筈なりしも、種々の支障により其意を卒さず、匆々上梓するに至れり。訂正増補を後日の機会に俟つ所以なり。
　本書に尽さざりし許多の文例は、随時課堂に於て補講せんことを期す。
　　昭和七年四月下浣　　　　　　　東亜同文書院　編者識

　同文書院センター所蔵本に署名はないが多数の書き込みがある。それは『現代支那尺牘教科書』（初版）や『支那時文類編』にあった漢文を読み下すための訓点や送り仮名ではなく、ほとんどは語義を説明するものである。そうした書き込みで興味深いのは中国語で書かれたものがあるということである。例えば「図3-4-16」の上部には次のように記されている。

　　承辦＝承受办理
　　曾＝曾經，從前
　　有年＝歷有年所
　　　　　年数很多
　　交往＝交情來往
　　委辦＝委代办理
　　採＝_办_賜_買
　　副＝称・誉・報
　　賜顧＝照顧

　　經過很多年了

　このように中国語で語義が記されているというのは、教科書の文章を中国語として読んでいたことを示す。
　このことをよりよくあらわしているのが発音

図 3-4-16　『商業尺牘教科書』

についての書き込みである。「図3-4-16」本文3行目「密」と4行目「廉」には声調をあらわす圏点がつけられている。これは戦前の中国語教科書では一般的な声調の表記方法であり、点を文字の左下につければ第1声、左上は第2声、右上は第3声、右下は第4声であることを示す。声調だけではなく発音そのものを書き入れている箇所もある。例えば「図3-4-17」は「竊」について圏点で第4声と示しつつウェード式ローマ字で「ch'ieh」と音を記している。「図3-4-18」も「盜」について圏点で第4声、ウェード式ローマ字で「tao」としている。

図3-4-17 『商業尺牘教科書』13頁

図3-4-18 『商業尺牘教科書』13頁

このように本書を用いた授業は、漢文講読のスタイルではなく、中国語音で読むものであった。つまりは中国語を完全に外国語として扱う授業が行われていたのである。

第2項 『商業応用文件集』

同文書院センターは刊行時期が同じ『商業応用文件集』を2冊所蔵している。共に書き込みがあり、1冊の裏表紙には「上海海格路交通大学跡東亜同文書院　広末治男　鈴木信」（以下、広末鈴木旧蔵本、図3-4-19）の署名がある。例言や凡例など前書きの類いはない。この書も同文書院センター以外の所蔵が確認できないものであり参考として奥付を引用する。

　　昭和九年三月三十日印刷
　　昭和九年四月一日発行
　　昭和十年三月三十日再版発行
　　昭和十一年三月十三日三版発行
　　昭和十三年四月一日四版発行
　　定価　金壹円貳拾錢也
　　著作者　上海東亜同文書院華語研究会

東亜同文書院の中国語文章語教育について 429

```
右代表者　福田勝蔵
　　　　東亜同文書院支那研究部
発行者　　福崎峰太郎
　　　　上海北四川路余慶坊六十四号
印刷人　　佐藤完太朗
　　　　上海北四川路余慶坊六十四号
印刷所　　福興印刷所
　　　　上海海格路一九五四号
発行所　　東亜同文書院支那研究部
```

『商業応用文件』は、さまざまなビジネス文書を「上編　票単条類」（小切手や証券等）、「中編　契拠類」（契約書等）、「下編　広告啓事類」に分類して収録した例文集である。

広末鈴木旧蔵本の書き込みには訓点、日本語での語義の説明、圏点とウェー

図 3-4-19　『商業応用文件集』（広末鈴木旧蔵本）

図 3-4-20　訓点の書き込み例『商業応用文件集』（広末鈴木旧蔵本91頁）

第3部　第4章

図 3-4-21　発音の書き込み例『商業応用文件集』（広末鈴木旧蔵本42頁）

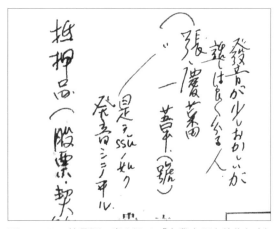

図 3-4-22　教員評の書き込み『商業応用文件集』（広末鈴木旧蔵本57頁）

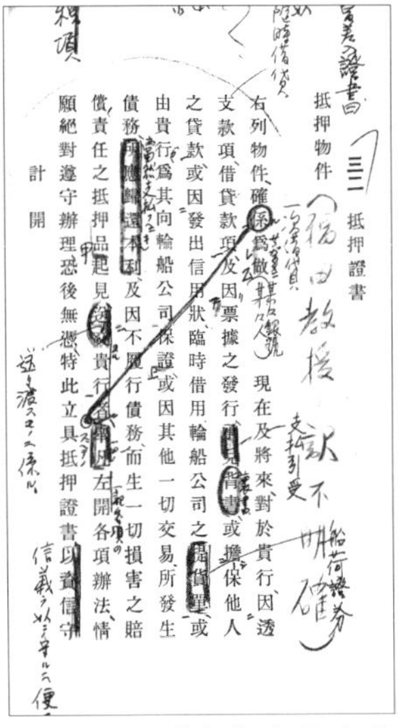

ド式ローマ字による発音表記がある。例えば「図3-4-20」の本文1行目には訓点、「図3-4-21」の3行目には「繳」にウェード式ローマ字で「chiao」と第3声圏点がつけられ、さらにそれぞれに語義の説明が記されている。本書を用いた授業は漢文訓読と外国語授業スタイルの折衷的なものだったようである。

広末鈴木旧蔵本には、そうした授業を担当していた教員についての書き込みがある。次に引用するのは57頁上部にある書き込みである（図3-4-22）。

発音が少しおかしいが
話しは良く分る人
張慶蕃

図 3-4-23　『商業応用文件集』（72頁）

〃一葦（號）
是ヲssüノ如ク
發音シテキル

　この「張慶蕃」は東亜同文書院の教員である[27]。「是」が「ssü」になるとあるが、現在の中国語教育で使われている拼音で表記すれば「shì」が「sì」になってしまうということである。「shi」は、そり舌音と呼ばれるもので、舌先を反らせて上顎に付けて発音するのだが、方言の中にはこの発音がないために「si」と訛るものがある。張は、そり舌音を使わない地域の出身だったのであろう。東亜同文書院が教えていたのは北京語であったから、そり舌が訛る発音に学生は違和感を抱いたのである。こうしたコメントが書かれているということは、『商業応用文件集』を用いた授業に中国人教員がいたということである。では、中国人教員だけで授業が行われていたかといえば、そうではなく傍らには日本人教員もいた。それは「福田教授訳不明確」という書き込みから確認することができる（図3-4-23）。張が中国語で例文を朗読して、さらに口語表現で語義を説明し、福田が日本語に訳したり時に訓読したりして授業が

図 3-4-24　上は山田謙吉の漢文授業。下は日中教員ペアで行う中国語授業。壇上には中国服の中国人教員、傍らに洋装の日本人教員（第廿九期生卒業紀念写真帳編纂委員編『卒業紀念写真帳』桑田工場、1933年）

図 3-4-25　『普通尺牘教科書』への東北行轅による押印

進められていたのである。会話教科書『華語萃編』を用いた口語授業では中国人と日本人の教員がペアとなって授業が行われていたが、1938年時点の本書を用いた文章語授業でも同様だったのである。発音についての書き込みがある『商業尺牘教科書』も同様の体制で授業が進められていたのであろう。これは漢文購読スタイルの青木時代とはまったく異なる授業風景である（図3-4-24）。

第3項　『普通尺牘文例集』

同文書院記念センターは刊行時期が同じ『普通尺牘例文集』を2冊所蔵している。「東亜同文書院二乙斉藤」の署名と「斉藤藏書」印があるものと、「東北行轅留用日籍　長春　検閲訖　□□　技術員工管理處」と押印されたものである（図3-4-25）。後者は日本敗戦後に国民党統治期の長春で使用されたと思われる。

この書は一般的な書簡文を作成するための教科書である。冒頭に手紙の書き方についての「写信須知」が置かれ、次に名刺や書き置きなど簡便な文例の「上篇　名片文例　便条文例」、信書の文例の「中篇　信函文例」、年賀など挨拶や病人への見舞い状など生活に関わる文例の「下編」、冠婚葬祭に関わる文例の「付録」とさまざまな例文が収録されている。

波多野太郎が「特に本書の写信須知は類書の中の抜群のものである[28]」と評している「写信須知」の構成は次の通りである。

封筒の書き方
（一）姓字と呼称
（二）台啓
（三）緘
（四）受信者地址
（五）日付
（六）返事の要求其他
（七）封背
〔封筒の宛名書き例〕
（一）直接郵送の場合

東亜同文書院の中国語文章語教育について 433

(二) 間接郵送の場合
(三) 友人に拖し受信者の地に携行し僕役に命じて送らしむる場合
(四) 友人に拖し手づから交付せしむる場合
(五) 僕役を遣はして送る場合
(六) 同封して送る場合
用箋
(一) 対摺式
(二) 両摺式
(三) 打千式
封筒に装入する法
抬頭法
単抬法
平抬法
空格

『現代支那尺牘教科書』(初版)の「写信須知」が中国語の変化など書簡の書き方とは直接関係のない内容に触れるなどして全38頁、『現代支那尺牘教科書』(1924年版)の「写信須知」が小見出しもないまま、書簡の基礎として29項目を箇条書きをして全51頁だったのに対して、この書はより分かりやすく見出しを細かく立てつつ全24頁とコンパクトにまとめられている。一例として上掲の「用箋」部分を見てみよう。

支那では八行紙と云つて八行紅罫の信箋を用ひるのが普通である。邦人の喜ぶ浅黄色の罫の入つたもの若

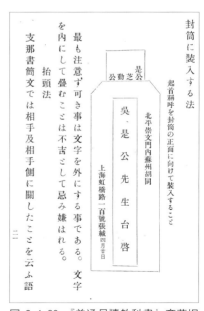

図 3-4-26 『普通尺牘教科書』斉藤旧蔵本

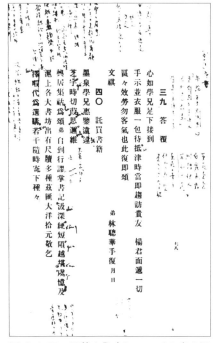

図 3-4-27 語義や発音についての書き込みの例（『普通尺牘教科書』斉藤旧蔵本）

くは此の地色の用箋は訃報、悔礼状など服喪中の人が用ふるものであるから誤用して笑はれてはならぬ。

書体は楷書或は行書で丁寧に認める可く、預めよく行の配置を考へて成る可く二枚の用箋に空行を残さぬ様又一字で一行にならぬ様注意して認める。簡単なものは一枚でも、長いものは四枚以上に亘るも差支ないが、只三枚にはならぬ方がよい。「三凶四吉五平安」とて三の数を嫌ふのは支那の習慣であるから[29]。

これは便箋の罫線の色や枚数、用ゐる書体や字の埋め方についての説明だが、いずれも日本人が誤りやすい事柄について的確に指示するものとなっている。この部分に続く「封筒に挿入する法」ではイメージしやすく図を示して説明している（図3-4-26）。

同文書院記念センターが所蔵する2冊の『普通尺牘教科書』に残る書き込みは、『商業尺牘教科書』と同じく語義の説明とウェード式ローマ字、圏点による発音だけで訓点はない（図3-4-27）。「例言」に「本書は本院第二、三学年用教科書（毎週一時間）トシテ編纂セルモノニシテ、別冊商業尺牘教科書ノ姉妹篇タルモノナリ」とあることから、『普通尺牘教科書』と『商業尺牘教科書』は同様の体制で授業が進められていたと考えられる。専門学校昇格後の東亜同文書院では2－4年生にかけて週に2コマずつ文章語の授業があったが（表3-4-1）、2－3年生は『普通尺牘教科書』を用いた一般的な書簡文の授業と『商業尺牘教科書』を用いたビジネス文書に特化した授業がそれぞれ週1コマずつ行われ、4年生ではより難度が高い『商業応用文件集』を用いた授業が週2コマ行

東亜同文書院の中国語文章語教育について　　　　435

われていたと考えられる。

第5節　おわりに

　以上、東亜同文書院の中国語の文章語教育について、同文書院記念センターが所蔵する教科書を中心に検討し、これまで不明であったその実態を明らかにした。

　確認することができる東亜同文書院による最初の文章語教育専用教科書は青木喬によるものである。彼は1908年から1928年まで文章語教育を担当し5種類の東亜同文書院専用教科書を作成した。3年制であった時期は『支那時文類編』によって文章語全般を、『現代支那尺牘教科書』（初版）によって書簡文を教えた。4年制となると、それぞれの後継教科書『支那時文類編』（第一輯）と『現代支那尺牘教科書』（1924年版）を作成し、常に文章語全般用と書簡文用の2種の教科書による文章語教育を行っていたのである。青木時代の特徴は実質的には漢文の授業であったということである。中国語音で読む必要がないことから日本人教員だけで授業を行っていたと考えられる。つまり、この時期の東亜同文書院では中国語の文章語は純然たる外国語としては教育されていなかった。

　しかし、清水董三や福田勝蔵という東亜同文書院卒業生が教壇に立つようになると授業のスタイルに変化があらわれた。まず清水によって青木時代は毛筆で行なわれていた文章語の授業がペン書きとなった。毛筆で美しい文字を書くことがよしとされていた時代よりも大量の文書処理に迫られることになったビジネス環境の変化に対応したのである。福田時代は、2－3年生では『商業尺牘教科書』によるビジネス文書授業と『普通尺牘文例集』による書簡文授業がおこなわれ、4年生では応用的な内容の『商業応用文件集』による学習が進められた。同文書院センターが所蔵する『商業尺牘教科書』、『普通尺牘文例集』、『商業応用文件集』には、発音に関する注記や中国語での語義の説明のほか、中国人教員と日本人教員がペアとなって授業を進めていたことを示す書き込みがあり、これらのことから福田時代の授業は青木時代の漢文講読スタイルとは異なる完全な外国語授業となっていたことが分かる。

　このように東亜同文書院の中国語教育の一翼を担う文章語教育は、当初は外

国語というよりも漢文学習といってよいものだったが、次第に中国語の文章語
を外国語としてとらえて学習するものへと変化していた。こうした変化が卒業
生が中国語教員となって教材を自作する中で自律的に行われていたことは、東
亜同文書院の中国語教育の独自性を示すものである。

　なお、本章で扱った「時文」や「尺牘」といった日常生活で使われる実用的
な文章語は、戦後の中国語教育において重視されてきたとは言い難い。しかし
近年、三潴正道による現代中国語における文章語教育の重要性の主張や[30]、実
質的に文章語表現に注目する中西千香によるチラシやメニュー、看板のフレー
ズをレアリア・生教材として活用しようとする教授法の提起など[31]、中国語教
育の現場では文章語教育見直しの動きが見られる。こうした中国語教育を取り
巻く現状において、文章語を処理する能力を培うための専用教科書を作成し、
さらに教授法を改良しながら文章語教育を展開していた東亜同文書院の取り組
みは現代的意義を持つものだといえよう。

注

1) 今泉潤太郎「東亜同文書院における中国語教学――『華語萃編』を中心に」(『愛知大学
　国際問題研究所紀要』第103号、1995年)、松田かの子「官話教科書『華語萃編』の成立に
　関する一考察」(『藝文研究』第88号、2001年)、紅粉芳恵「『華語萃編』に関する研究ノー
　ト――東亜同文書院中国語教材の宝典的定本」(『アジア文化交流研究』第5号、2010年)。
2) 波多野太郎『覆印語文資料提要』不二出版、1996年、71頁。
3) 禹域学会『禹域学会書目』(禹域学会、1925年)は、「東亜同文書院内には禹域学会と称
　する一研究機関がある、山田岳陽教授、清水董三教授等二三特志の教授により組織せられ
　たもの」(同上、1頁)と紹介している。
4) 東亜同文会内対支功労者伝記編纂会編『続対支回顧録』下巻、大日本教化図書、1941年、
　463–472頁。
5) 仁科昌二編著、朱藤成、青木喬訂補『実用支那商業文範』日本堂、1920年、凡例。波多
　野太郎編『中国語学資料叢刊』第3編尺牘編第4巻、不二出版、1986年。
6) 東亜同文会内対支功労者伝記編纂会編『対支回顧録』東亜同文会内対支功労者伝記編纂会、
　1936年、700頁。六角恒廣『中国語教育史の研究』東方書店、1988年、307頁。
7) 仁科、前掲書、序。
8) 青木喬『支那時文類編』東亜同文書院、1918年、例言1頁。
9) 同上、例言2頁。
10) 岡村の書き込みは第1–4章の途中(163頁)までと第5章の一部(333–404頁)になされ

ており、この部分が授業で教えられたと考えられる。

11）青木喬『現代支那尺牘教科書』初版、発行者不明、発行時期不明、10頁。

12）同書、11–12頁。

13）1915年に入学した鈴木択郎の回想による（愛知大学五十年史編纂委員会編『大陸に生きて』風媒社1998年、23頁）。

14）青木、前掲書、1918年、例言1頁。

15）同書、例言1頁。

16）青木、前掲『現代支那尺牘教科書』初版、1–2頁。

17）青木喬『現代支那尺牘教科書』東亜同文書院、1924年、凡例2–3頁。

18）同上、凡例3–4頁。

19）同上、1–2頁。

20）同上、20頁。

21）同上、397頁。

22）東亜同文書院「興学要旨」、「立教綱領」については、今泉潤太郎「東亜同文書院『興学要旨』、『立教綱領』を読む」（『愛知大学東亜同文書院大学記念センター　オープン・リサーチ・センター年報』第3号、愛知大学東亜同文書院大学記念センター、2009年3月）に詳しい。

23）大学史編纂委員会編『東亜同文書院大学史——創立八十周年記念誌』滬友会、1982年、383頁。

24）梅棹忠夫『日本語と事務革命』講談社学術文庫、講談社、2015年、25-26頁。

25）同上、86頁。

26）大学史編纂委員会、前掲書、274頁。

27）張慶蕃は1940年4月時点で東亜同文書院大学予科臨時講師、東亜同文書院大学附属専門部臨時講師として中国語教員である（大学史編纂委員会、前掲書、157頁）。

28）波多野、前掲書、1996年、135頁。

29）福田勝蔵『普通尺牘教科書』東亜同文書院支那研究部、1937年、16頁。

30）三潴正道「「韻律から見た現代中国語白話書面語（論説体）の特徴」初探」『麗澤大学紀要』第98巻、2015年。『論説体中国語読解力養成講座新聞・雑誌からインターネットまで』東方書店、2010年。

31）中西千香「レアリアにあらわれる中国語の語彙的特徴——スーパーのチラシを中心に」『日中語彙研究』（3）、愛知大学中日大辞典編纂処、2014年3月。

第5章

戦前日本の中国語教育と東亜同文書院

第1節　はじめに

　本章は、東亜同文書院を通して、戦前日本の中国語教育の変遷を捉えようとするものである。

　東亜同文書院では、中国ビジネスに携わる人材の育成を目指して、中国語を重視した教育が行われており、敗戦によって閉校を余儀なくされるまでに5000人近くの卒業生を輩出した[1]。

　戦前における日本の中国語教育は、善隣書院、東京外国語学校、旧制高等商業学校の第二外国語、そして東亜同文書院の4つが柱となっていたとされる[2]。しかし、善隣書院は近代的学校ではなく漢学や書道も教える私塾であった。東京外国語学校は、さまざまな外国語を扱う学校であり、中国語はその1学科にすぎなかった。また、旧制高等商業学校も全学挙げて中国を専門とするものではなかった。それらに対して東亜同文書院は、中国に特化した高等教育機関であった。

　日本の中国語教育史については、六角恒廣による多数の研究成果がある[3]。それらは、戦前の中国語教育について、日本の中国への進出や侵略を基盤として成立したものであり、日本人が中国大陸で生活していくのに必要な表現を身につけるために、「進歩も発展もない停滞性のなかで中国語教育がおこなわれた[4]」というものだったとしている。加えて、外国語教育について、さまざまな社会的活動を支えるためのものを「実用語学」とし、学術活動に寄与するものを「文化語学」とした上で、中国語は実用語学であったとしている[5]。

　たしかに、日本の中国への進出や侵略には中国語が必要であった。しかし、そうであるからといって、その教育活動のすべてを進出や侵略との関わりでまとめるのは、侵略を経て敗戦に至った歴史的経緯を現代から評価しようとする結果論的な姿勢ではないだろうか。

また、果たして戦前日本の中国語教育は本当に停滞状態にあったと言えるのだろうか。この停滞とは、科学的教育法もないまま、またそれを構築しようともせず、日常表現を「芸の道での稽古と同じ[6]」ようにひたすら覚えるのみであったということを指している。

そのような捉え方に疑問を抱くのは、実際には教育法や内容についてさまざまな取り組みがなされていたからである。

以上のような問題意識に基づき、本章は戦前日本の中国語教育活動の特徴や、それが置かれていた状況を、東亜同文書院を事例として明らかにする。

第2節　近代日本の中国語教育

第1項　中国進出・侵略と中国語

明治時代に入り近代化を推進した日本は、はじめのうちは清国を脅威としていたが、日清戦争（1894-1895）の勝利によって、それ以前の畏敬の念が一変して侮りとなり、義和団事件（1900年）での8カ国連合軍への参加や日露戦争（1904-1905）の勝利によって自信を深めると、清国内での権益獲得を欧米諸国と争うようになった。1911年に発生した辛亥革命によって清朝が倒れ、1912年に中華民国が成立しても、対華21カ条要求（1915年）や西原借款（1917年）などさまざまな圧力を中国に加え、1919年には五四運動のような中国民衆の反発を招いている。その後も1928年済南事変、張作霖爆殺事件、1931年満洲事変、1932年「満洲国」建国、1937年盧溝橋事件というように中国への侵略行為を繰り返した。

前述したように、こうした動向と中国語教育の間に強い関係性を見る向きがある。しかし、実際には、中国を侵略するのに必要な中国語に通じた人材の養成は常に後手に回っていた。

明治政府の中で中国語教育の必要性を最初に認めたのは外務省である。1871年日清修好条規をめぐる交渉を契機として漢語学所を設置した。これは1873年文部省に移管されて東京外国語学校となるが、実態は江戸時代の唐通事の焼き直しであり、そこで教えられた中国語は標準語的な役割がある北京語ではなく、南京語であった[7]。

東京外国語学校で北京語教育が始まるのは1876年である[8]。この後、1878年長崎県立長崎中学校清語学部[9]、1880年興亜会支那語学校[10]、1884年上海の東洋学館（後に亜細亜学館）[11] が開設されていく。この頃、参謀本部派遣による北京への語学留学が行われているが、軍人専用のものではなく、東京外国語学校の学生が多数を占めていた。これとは別に、軍は清国各地へ将校を派遣したが、その目的は語学習得ではなく、情報活動にあった[12]。陸軍内の教育機関を見ると、明治期の陸軍幼年学校では中国語はカリキュラムに入っていない。

このことについて陸軍教育総監部『陸軍教育史　明治別記第11巻　陸軍中央地方幼年学校教育之部（明治三〜四十五年)』は次のように述べている。

尋常中学校ニ於ケル外国語学ハ英語ヲ以テ成規トセリ然ルニ陸軍軍事ノ講究ハ欧州強国中其陸軍ノ精鋭ヲ以テ鳴レル独逸仏蘭西ノ兵事材料ニ参照スル所最モ多ク又隣邦ノ語学ハ常ニ之ヲ講習シ不時ノ用ニ応セサル可ラス而シテ隣邦語学ハ其種類二三ニシテ足ラサルモ其最モ必要ナルハ支那及露西亜語トス東洋到ル処近来英語ノ用途モ亦頗ル多シト雖モ此語学ハ中学卒業者ヨリ採用セル候補生ノ既習スル者多キヲ以テ特ニ幼年学校ニ於テ教育スルノ必要ナシ且支那語ニ至テハ文字相同シキカ為メ士官学校ニ於テ初テ之ヲ教授スルヲ以テ遅シトセス故ニ幼年学校ニ於テ教授スヘキ語学ハ仏蘭西独逸及露西亜語ノ三ニシテ生徒トシテ必ス此一語学ヲ修メシムルヲ要ス而シテ軍事研究上最必要ナルハ仏国ノ語学ナリトス[13]

このように中国語の必要性自体は認識されていたものの、優先されるのはドイツ語とフランス語であった。後に日本の中国侵略が激しくなるにつれて、陸軍幼年学校の後身である陸軍士官学校予科（後に陸軍予科士官学校）でも中国語が教えられるようになったが、日中戦争以降は語学の時間数自体が減少したこともあって、軍内教育機関での中国語教育は常に小規模なものであった[14]。上級学校の陸軍士官学校本科では中国語の授業こそあったが、ドイツ語、フランス語、ロシア語のいずれかを学んできた陸軍幼年学校出身者はそれを継続することが常であったし、また後述するキャリアデザインの問題もあっておのずとドイツ語、フランス語、ロシア語が主流となった。それは陸軍大学校におい

ても同様であり、1886年から1899年まで中国語の授業自体が存在していなかった[15]。

　もちろん、軍には語学将校と呼ばれる者もおり、その中には中国語の専門家もいた。しかし、これは優れた人材を東京外国語学校など、軍の外部に出向かせて学ばせる極めて限定的なものでしかなかった。

　このように陸軍では組織的に多数の中国語に通じる人材を養成するといった教育は行われていなかったのである。他方、イギリス海軍に範を取った海軍では、よく知られているように英語教育が一貫して重視されており、やはり中国語教育が重視されることはなかった。

　こうした盛んとは言い難い明治の中国語教育であるが、1886年に大きく後退した。主要な中国語教育機関東京外国語学校が廃止されたのである。その結果、日本の高等教育レベルでの中国語教育は高等商業学校に第二外国語として残っただけであった。前述したように、これと同時に陸軍大学校でも中国語はカリキュラムから外されている。中等教育レベルの県立長崎商業学校では存続していたが、一地方の小規模のものでしかない[16]。この中国語教育の空白期間は実に10年の長きにわたって続いた。

　注目すべきは、この中国語教育の低調期間に日清戦争が起こっていることである。開戦後、当然のことながら中国語通訳が必要となるが、ここで雇われたのは民間人である日清貿易研究所卒業生であった。この研究所を運営する荒尾精や根津一は陸軍将校であったが、研究所の実態はビジネススクールであり[17]、軍が直接関わる組織ではない。つまり日本は清国と戦うにも関わらず、その国の言葉である中国語に通じる人材の組織的養成をほとんど行っていなかったのである。

　そうした人材難が影響したのであろう、「露西亜、支那、或ハ朝鮮ト云フコトニ至ッタナラバ、今日デハ完全ナル学校モナイ、完全ナル教員モ居ラナイ[18]」という状態に直面していることが認識されるようになり、日清戦争が終わって間もなく外国語学校の必要性が主張されるようになった。

　1896年1月13日、第9回帝国議会貴族院に近衛篤麿、加藤弘之、山脇玄を発議者とする「外国語学校設立ニ関スル建議案」が提出されている。

戦前日本の中国語教育と東亜同文書院

征清ノ大捷ハ頻ニ中外交通ノ繁忙ヲ促スニ至レリ今日以後外政上ニ工商業上ニ及学術上ニ於ケル中外ノ交通ハ日ニ益隆盛ナラサルヲ得ス而シテ是時ニ際シ先ツ要スル所ノモノハ外国語ニ熟達スルノ士ナリトス然ルニ今日外国語学ノ教授ヲ以テ専務トスル所ノ学校ハ官私共ニ殆ト之ヲ見ル能ハス豈遺憾トセサルヘケムヤ故ニ政府ハ速ニ外国語学校ヲ創立シ英仏独露ヲ始メ伊太利西班牙支那朝鮮等ノ語学生ヲ育成セムコトヲ要ス依テ政府ハ適当ナル計画ヲ定メ之ニ要スル経費ヲ明治二十九年度追加予算トシテ本期ノ議会ニ提出セラレムコトヲ望ム茲ニ之ヲ建議ス[19]

同16日、衆議院にも柏田盛文によって「外国語学校設立ノ建議案」が出されている。

今ヤ我ガ国ハ一躍シテ東洋ノ表ニ雄視シ宇内生存競争ノ衝路ニ当ル固ヨリ百般ノ事物一大刷新ヲ加ヘテ膨脹的ノ資性ニ順応スルノ準備ヲナサヽルヘカラス殊ニ列国ノ事情ヲ詳悉シ其ノ観察シ談笑ノ際外政ニ商略ニ光栄ヲ発揮シ利益ヲ拡充スル敏快ノ手腕ヲ保ツノ人材ヲ養育スルヲ要ス魯清韓ノ如キハ将来益ミ密接ノ関係ヲ有スルノモノニシテ今猶其ノ言語ヲ教授スルノ学校ナク外交モ商業モ殆ント模索以テ之レニ応セムトス樽俎ノ際折衝ノ時麻姑ノ癢ヲ掻クノ快ナキハ豈雄資ノ一大欠点ニアラスヤ英独仏ノ如キハ頗ル流行ノ観アルモ要スルニ科学ヲ研究スルノ階梯ニ過キス今総テ是等ノ語学ヲ専修セシムルノ必要アリ茲ニ学校規定ノ要領及学課表ヲ添付シテ参考ニ供ス

図 3-5-1　陸軍通訳出動学生送別記念
1937年10月30日東京霞山会館にて。第二次上海事変時に通訳として従軍することになった学生は東京に集められ、東亜同文会・東亜同文書院幹部の見送りをうけた。前から2列目向かって左から2人目津田静枝（予備海軍中将・後に東亜同文会理事長）、同3人目大内暢三（東亜同文書院院長）、同4人目岡部長景（東亜同文会理事長）、同5人目阿部信行（予備陸軍大将・後に東亜同文会副会長）。学生服姿は東亜同文書院生（原田実之『出盧征雁』作成時期不明）。

政府ハ速ニ採納シテ設立ノ挙アラムコトヲ望ム[20]

　これらは日本の外国語教育全般に対する意見であるが、当然そこには中国語も含まれていた。

　この運動は実を結び、1897年4月22日勅令第108号で「高等商業学校ニ付属外国語学校ヲ付設ス[21]」によって高等商業学校付属外国語学校が設立され、1899年には高等商業学校から独立して東京外国語学校（現・東京外国語大学）となった[22]。そして、これらに清語学科が置かれ、中国語を専門とする教育が行われたのである[23]。

　この頃、東京外国語学校以外にも宮島大八による詠帰舎（1895年）、その後身善隣書院（1898年）[24]、近衛篤麿を会長とする東亜同文会による南京同文書院（1900年）や東亜同文書院（1901年）、拓殖大学の前身台湾協会学校（1900年）[25]といった中国語を教える学校が開校しており、日清戦争前に比べると中国語教育は飛躍的に拡大している。

　しかし、そうした教育機関は軍事とは基本的に関係がなく、中国大陸で戦闘が起こると軍事活動を支えるための中国語通訳は不足した。結果、民間からの動員が必要となる。東亜同文書院では、日露戦争が始まると第1期生の多数が卒業と同時に通訳として動員された。これは平時における軍内での人材育成が十分ではなかったことを意味する。

　このように日本の中国語教育の展開と中国への進出や侵略は、必ずしも同期していたわけではなかった。中国大陸での軍事活動で民間人である東亜同文書院関係者が度々臨時動員されなければならなかったのは、軍内の中国語人材が不足していたということであり、軍部が中国語教育に積極的ではなかったことを示している。また、日本の中国語教育の主な担い手が商業系の学校であったことにあらわれているように、中国語教育は日中ビジネスのために行われていたのであって、軍事的な侵略と直接結びつくものではなかった。

第2項　外国語教育とキャリアデザイン

　戦前日本の外国語教育において、中国語はどのような状況に置かれていたのだろうか。

戦前日本の中国語教育と東亜同文書院　　　445

　近代国家にとって教育は欠かすことのできないものである。近代国家を成立
させる人々の国民としての意識といった国家への帰属意識は自然発生するもの
ではなく、国家による教育によって形成されるからである。例えば、現代の日
本の「教育基本法[26]」は教育の目的を次のように定めている。

　　第1条　教育は、人格の完成をめざし、平和的な国家及び社会の形成者と
　　して、真理と正義を愛し、個人の価値をたつとび、勤労と責任を重んじ、
　　自主的精神に充ちた心身ともに健康な国民の育成を期して行わなければな
　　らない。

　ここでは平和国家日本の国民としての人格の陶冶が教育の目的とされてい
る。これを広義の教育とすると、その実現には国民一人ひとりが自主的な社会
生活を営む国家が成立していかなければならない。それには、具体的な目標を
設定した教育が必要となる。これを狭義の教育とすれば、それは読み書きには
じまり、一般的な教養であったり、さらにさまざまな分野での専門的な知識や
技能であったりする。言い換えれば、社会人として生活していくのに必要なキ
ャリアデザインのための教育である。そして、この中に外国語教育が含まれる。
　戦前の教育についていえば、「教育ニ関スル勅語」（教育勅語）がある。

　　朕惟フニ我カ皇祖皇宗国ヲ肇ムルコト宏遠ニ徳ヲ樹ツルコト深厚ナリ我カ
　　臣民克ク忠ニ克ク孝ニ億兆心ヲ一ニシテ世々厥ノ美ヲ済セルハ此レ我カ国
　　体ノ精華ニシテ教育ノ淵源亦実ニ此ニ存ス爾臣民父母ニ孝ニ兄弟ニ友ニ夫
　　婦相和シ朋友相信シ恭倹己レヲ持シ博愛衆ニ及ホシ学ヲ修メ業ヲ習ヒ以テ
　　智能ヲ啓発シ徳器ヲ成就シ進テ公益ヲ広ノ世務ヲ開キ常ニ国憲ヲ重ジ国法
　　ニ遵ヒ一旦緩急アレハ義勇公ニ奉シ以テ天壌無窮ノ皇運ヲ扶翼スヘシ是ノ
　　如キハ独リ朕カ忠良ノ臣民タルノミナラス又以テ爾祖先ノ遺風ヲ顕彰スル
　　ニ足ラン
　　斯ノ道ハ実ニ我カ皇祖皇宗ノ遺訓ニシテ子孫臣民ノ倶ニ遵守スヘキ所之ヲ
　　古今ニ通シテ謬ラス之ヲ中外ニ施シテ悖ラス朕爾臣民ト倶ニ拳々服膺シテ
　　咸其徳ヲ一ニセンコトヲ庶幾フ[27]

これは天皇を敬いつつ道徳的な人格を陶冶することが教育の目的とされている。もちろん、それはあくまで広義の教育の目的であり、それを実現するには、やはり国民一人ひとりが社会生活を営んでいかなければならず、そのため「教育勅語」は「学ヲ修メ業ヲ習ヒ以テ智能ヲ啓発シ徳器ヲ成就シ進テ公益ヲ広ノ世務ヲ開キ」というように、狭義の教育すなわちキャリアデザインのための教育の必要性も述べられている。

　現代であれば社会的評価の高い学校での学歴を得ることがキャリアデザインの端緒となる。教育制度がまだ整備されていなかった明治時代の初期には、次のような欧米に倣った洋風の学校で教育を受けることがそれに相当した。

　　なにしろ洋学校だから、先生は全部、アメリカ人、イギリス人、ドイツ人、フランス人である。当然講義も教科書も全部英独仏語である。日本語は一切通用しない。

　　授業科目も無論そうである。「歴史」とはヨーロッパ史のことである。「地理」とはヨーロッパ地理のことである。日本という国なんぞはどこにも存在しない。なんのことはない、ヨーロッパの学校がそっくり東京に引越してきて、生徒だけが何故かチンチクリンの日本人、というのが洋学校というものである。

　　これはたしかに、しかたのないことである。日本には法律学も経済学も物理学も化学もなんにもない。西洋人に教えてもらうよりしようがなかった[28]。

　教員が日本語を解さない欧米人である以上、欧米言語習得が必須であった。それは軍隊も同様であった。日本陸軍はフランス陸軍やドイツ陸軍を、日本海軍はイギリス海軍をモデルにして洋学校同様の教育が進められた。陸軍内部の教育機関では、前述したように中国語も教えられたが、モデルとしたのがドイツ陸軍であったこともあって、ドイツ語偏重の組織であり続けた[29]。陸軍の中で成功と目されるようなキャリアを形成するにはドイツ語が重要だったのであり、出世にはほとんど寄与することのない中国語は傍流にすぎなかった。

欧米人のお雇い教師が欧米言語を用いて行う教育の到達点は、留学することによって欧米の教育そのものを受けることである。例えば、東京駅を設計した辰野金吾や英文学の夏目漱石はイギリス、陸軍の秋山好古や松井岩根はフランス、森鷗外は軍医としてドイツに留学している。

明治時代も後半になると、1903年夏目漱石が帝国大学講師となったように日本人が直接教育を担当するようになり、欧米言語の実用面での需要は漸減していったのだが、欧米言語を中心に構築された日本の教育システムから欧米言語教育が消えることはなく、進学試験や高等文官試験で課せられることによって社会的成功を収めるために不可欠な科目となった。こうして学歴を基盤とする日本人のキャリアデザインにおいて、欧米言語は極めて重要な存在となったのである。

欧米言語教育は、もともと欧米の知識や技術を導入するために始まったものであり、この点において完全に「実用語学」であった。前出の「文化語学」というような印象は、欧米言語教育偏重のキャリアデザインが確立することによって、世間的に学歴エリートの権威が高まり、即物的な実用面だけでなく、専門性に基づく学術や形而上の文化面での活動が進められるようになってからのことである。それが極端化すれば、一般社会からかけ離れた者は「高等遊民」と呼ばれた。欧米言語教育を受けた学歴さえあれば、不労者ですら「高等」と見なされる権威が生じたのである。

見てきたように戦前日本の教育は、構造的に欧米言語に重きを置くものであった。そうした状況において、中国語は世間的に成功と見なされるキャリアデザインに対して益するところがなく、当然のことながら重視されることはなかったのである。

第3項　日本の中国語教育の展開

戦前の中国語教育は重要視こそされていなかったが、そうであるからといって決して停滞状態にあったわけではなかった。

藤井省三『東京外語支那語部——交流と侵略のはざまで』（朝日新聞社、1992年）によれば、1920年代の東京外国語学校では、当時、一般的であった会話例文集的な実用性重視の教科書に替えて、中国の現代文学作品を収録した中国文

化自体を学ぼうとする読本的教科書が作られ、中国語の文化語学化が試みられ
ていた。

　それ以外にも、倉石武四郎の取り組みがあった。彼が中国留学からの帰途、
「訓読を玄界灘に投げすてて来た[30]」と決意したのは有名であるが、これは古
典に限ったことではない。彼は中国の言葉についての学術的取り組みについて
次のように述べている。

　　支那語学を改革して、いはゆる漢文も支那語も一元的に統制し、国力の進
　　展に伴ひ、学術の発達に貢献しようと努める[31]

　古ければ「漢文」、同時代であれば「支那語」と呼ばれ、時には訓読によっ
て読まれることもある中国人の言葉を純然たる外国語として扱おうとしたので
ある。

　彼は1930年京都帝国大学で魯迅『吶喊』の「頭髪的故事」を教科書として
授業を始め、さらに中国人教師も交えて「現代小説」、「唐詩」、『長生殿』、『詞
選』、『毛詩』、『華語萃編』、『国語』、『紅楼夢』、『説文解字』を訓読ではなく、
中国語で音読して教えた[32]。これらの教材の中、魯迅の文章と「現代小説」、『華
語萃編』（東亜同文書院の中国語会話教科書）は同時代の中国語である。

　このように戦前の日本の中国語教育は、キャリアデザインの上では不利な状
況にありながらも、関係者たちは向上に努めていたのである。

第3節　東亜同文書院の中国語教育

第1項　東亜同文書院中国語教育の基礎

　上海の東亜同文書院を運営する東亜同文会の中国における教育活動は、1900
年に開校した南京同文書院で始められた。本書第3部第2章「東亜同文書院初
期の中国語教育について――御幡雅文『幸話跬歩』、高橋正二『北京官話声音譜』
から『華話萃編』へ――」で述べたように、南京同文書院が教えた中国語は南
京の言葉であった。しかし、日本の中国語教育が、これより20年以上前に北
京語に転換していたことからすれば、明らかに時代遅れのものであった。南京

同文書院の開設準備は東亜同文会幹事長であった退役陸軍少将佐藤正によって進められたが、中国語教育活動について経験のない彼には多様な方言がある中国の言語事情についての見識が欠如していたものと考えられる。また、東亜同文会には北京語を教える支那語学校を運営した興亜会系の人々も含まれていたが、彼ら東亜同文会に合流したのは、南京同文書院の開設と同じ1900年であり、南京同文書院の開設準備には旧興亜会の経験は生かされていなかった。こうして南京語教育を始めた南京同文書院であったが、佐藤が運営から身を退いたことや義和団事件など学校内外の混乱の影響もあって、教育体制を整備することができなかった。

　そうした状況を打開するために招聘されたのが、上海の日清貿易研究所の運営に参画した経験をもつ根津一である。彼が主導したことによって、東亜同文書院の教育内容はビジネススクールであった日清貿易研究所を踏襲することになり、商務科を中心とする中国ビジネス専門家養成を目指す学校となったのである。その中国語教育は、本書で見てきたように、北京語を内容としていた。初期には東京外国語学校出身、陸軍参謀本部派遣で北京留学をした元日清貿易研究所教員御幡雅文が自著『華語跬歩』を用いて教え、その後は日清貿易研究所卒業生の高橋正二や青木喬が教壇に立った。

　同時期、日本国内の中国語教育の中心は東京外国語学校であったが、前述したように、この学校は1886年に廃止されてから10年間の空白期間を経て1897年に再建されたばかりであった。さらに、中国語を専攻する学生は1学年には10－20人程度しかいなかった[33]。それに対して東亜同文書院は、1901年入学の第1期卒業生60人、第2期卒業生76人、第3期卒業生72人というように多数の学生が中国語を第一外国語としていた[34]。また、御幡、青木、高橋といった中国語教員は日清戦争や台湾総督府、商社の中国支店での活動経歴があるなど実地での中国語使用経験が豊富であり、開校当時の東亜同文書院は規模、内容ともに日本国内の中国語教育機関をはるかに上回るものであった。

第2項　東亜同文書院中国語教育の特徴

　御幡雅文によって立ち上げられたという点に注目すれば、東亜同文書院の中国語教育は彼の出身校である東京外国語学校を源としている。しかし、上海と

いう立地もあって国内からの教員招聘が難く、次第に独自色を強めていくことになった。

その独自性がよくあらわれているのが教科書である。国内で有名であった宮島大八『官話急就篇』、その改訂版である『急就篇』、あるいは東京外国語学校系の教科書[35]はほとんど使われず、本書で見てきたように東亜同文書院教員が作成した教科書を使用した。教科書のスタイル自体は、会話教科書は会話例文集、文章語教科書は手紙文や電報、ビジネス文書などの例文集といったように、戦前の中国語教科書によく見られるものであり、ことさら珍しくはないが、中国語の変化や教学経験を踏まえて、度々改訂したり、教科書を作成し直したりしていた。

図 3-5-2 『華語萃編』 初集、東亜同文書院、1917年。

そうした専用教科書の中でよく知られているのは、北京語会話教科書『華語萃編』である（図3-5-2）。真島次郎、松永千秋、清水董三、鈴木択郎、熊野正平、野崎駿平たち日本人教員と、朱蔭成、述功、程樸洌たち中国人教員によって、1年生用の初集から4年生用の四集まで作られた。1916年に刊行された後も中国事情や中国語の変化を取り入れて度々改訂されている。注目すべきは、これらの教科書を作った東亜同文書院の日本人教員が、この学校の卒業生であったということである。東亜同文書院は教材だけではなく、教員も自校で養成していたのである。

東亜同文書院の中国語教育活動について、よく取り上げられるのは、先輩が後輩に発音を教える「念書」と呼ばれる発音練習である。しかし、これは学生による自主的な課外活動でしかなく、学生の熱心さを示してはいるものの、学校としての教育自体をあらわすものではない。

東亜同文書院は、たしかに中国語教育を重視していたが、現在の外国語教育で好ましいとされているようなマンツーマンでのトレーニング、あるいはレベル別の少人数授業ではなく、1クラス30－50人程で行われていた。意外にも授業規模は大きかったのである。授業は日本人と中国人の教員がペアとなって

戦前日本の中国語教育と東亜同文書院　　451

進められていた。『華語萃編』を使った会話の授業では、低学年は中国人教師
が音読し、それについて日本人教師が訳を説明するが、学年が上がるにつれて
日本人教員の発言は漸減し、中国人教師が中国語だけで講義するようになって
いた[36]。

　文章語の授業では、1920年代までは日本人教員が教科書本文を訓読すると
いう漢文教育のスタイルが採られていたが、後に日中教員がペアとなって中国
語音で発音するものへと変わっている[37]。

　さて、明治時代中頃までの外国語教育では、正則と変則という二つの教授法
のいずれかが採られていた。正則とは、外国語だけを用いて教えるもの、変則
とは日本語を用いて翻訳を中心に教えるものである。「正」の字をあてられた
正則の方が良いとされているかのような呼称だが、外国語で外国語を教えると
いうのは、特に初心者に対しては必ずしも効果的とは言えない。これを東亜同
文書院について考えると、中国語を初めて学ぶ1年生に対しては主に日本語で
授業を進める変則によって教え、理解の進んだ上級学年では中国語主体すなわ
ち正則で教えており、学習進度に合致するバランスのとれた授業であったこと
がわかる。

　さらに、そうした中国語教育には明確な目標が設定されていた。東亜同文書
院では、学生に「大調査旅行」と呼ばれるフィールドワークを行わせ、その調
査結果に基づいて卒業論文に相当する「調査報告書」を作成することが課せら
れていた。これは日本国内の学校で行われていた引率者がいる短期間の修学旅
行とは異なり、学生たちだけで1－2カ月にもわたって中国をはじめとするア
ジア地域を調査するというものであった。調査結果は「支那調査報告書[38]」と
して伝えられている。その内容は中国に関する百科事典『支那経済全書[39]』や
『支那省別全誌[40]』の編纂に利用されるほどのものであり、そうした調査を実
行しうる語学力を身につけることが東亜同文書院生には求められていた。つま
り、東亜同文書院の中国語教育には「大調査旅行」を行うという具体的な目標
が設定されていたのであり、このことによって向学心を喚起させ、教育効果を
向上させていたのである。

　このように東亜同文書院では、卒業生が教員となって独自の教科書を作成、
改良しつつ、中国人教員と協力して北京語教育が行われていた。これに中国語

が必須となる「大調査旅行」という目標が設定されることによって、授業規模が大きいにも関わらず学生は実用に足る語学力を習得したのである。

第3項　東亜同文書院中国語教育の問題とその克服

こうした東亜同文書院の中国語教育にも、もちろん問題はあった。

東亜同文書院出身の教員坂本一郎（第20期生）は卒業直後の自身の中国語の能力について、「中国語は聞くことと話すことと読むことには一応自信があったが、語学的に考えて見るとわからぬことばかり[41]」と述べている。これは文法的な理解を指している。

前述したように、東亜同文書院内では会話や文章語について独自の中国語教科書が多数作成されたが、すべて例文集の域を出るものではなかった。それは、あるシチュエーションでは、どのような言い回しや文章が適当であるのか、といった具体的なコミュニケーション能力を培うには効果的であったが、なぜそのような表現が使われるのか、あるいはどのような仕組みなのかといったような構造的な理解を促す言語学的内容ではなかったのである。

こうした問題は、東亜同文書院が1918年支那研究部という学内研究機関を設置し、1920年中国研究雑誌『支那研究[42]』（後『東亜研究[43]』と改題）、さらに1928年中国語教育研究雑誌『華語月刊[44]』を刊行するなど学術研究を進めていく中で克服されていく方向にあった。

『支那研究』と『華語月刊』には、中国語の音声関係の文章が31編、文法関係が19編、方言関係が18編、中国語教育全般について18編など、教員による多くの研究成果が掲載されている[45]。これは学内の中国語研究が、確実に進展していたことの証左である。例えば、やは

図3-5-3　内山正夫（1943）「華語月刊の新羅馬字表音方式」『華語月刊』第117号。

り東亜同文書院出身の教員内山正夫（第34期生）はウェード式ローマ字をベースに中国語のラテン文表記を新たに考案しているし（図3-5-3）[46]、同じく生え抜きの教員である鈴木択郎や熊野正平は文法的な解説を付けた中国語教科書を著している。鈴木択郎『標準支那語教本初級編』では、文の構造を表形式で説明している。例えば、「家父把一本華語詞典給我」という本文について、次のような表「文法表解」を付けている[47]。

主語	介詞　直接賓語	述語	間接賓語
家父	把　一本華語詞典	給	我

熊野正平『支那語構造の公式』は、「支那語がもと単音単綴語であって、語尾変化と云ふが如きものもなく、又従来の文法書に於けるが如く『詞』を本位とせず、『語』を本位として考ふる時、成分も極く僅かで比較的総合的処理に便利である[48]」という考えに基づき、次のように九つの「語」によって中国語の文法を解説した。

　　本型態公式作成に当つて採られた成分は「語」を単位として
　　1.　主語　　　　　　　　　　　　（人走）
　　2.　述語　　　　　　　　　　　　（人走）
　　3.　賓語（直接、間接）　　　　　（我吃飯；我給你　錢－－錢＝直、賓，你＝間賓）
　　4.　補足語　　　　　　　　　　　（他是人）
　　5.　形容詞性付加語（形、付）　　（許多的人往西一直的走）
　　6.　副詞性付加語（副、付）　　　（許多的人往西一直的走）
　　及び別に
　　7.　介詞　　　　　　　　　　　　（我把他打）
　　8.　連詞　　　　　　　　　　　　（我和他……）
　　9.　助詞　　　　　　　　　　　　（人走了）
　の九者である。助詞は「語気」を表すのみで構文型態に内面的に関する所

はない。従つて特に其が為に公式数を増すことは省略に従つた[49]。

　こうした教員の取り組みは、熊野が、「数年来本院〔東亜同文書院〕学生に課せる文法教課本[50]」と述べているように、東亜同文書院の中国語教育に反映されていた。大正時代にこの学校で学んだ坂本一郎が指摘したような言語学的アプローチの欠如という問題は、昭和期に入ると解決されつつあったのである。

　この学内での中国語研究の深化と中国語教育の展開は、教員の学術的な取り組みだけではなく、学校の体制の変化にもあらわれた。それは大学への昇格である。東亜同文書院は国外に設置されたため、直接の監督官庁は外務省であった。当初、卒業生は学士相当と自称していたものの制度上は私塾でしかなかった。これが1921年専門学校に昇格して正式な実業教育における高等教育機関となり、さらに1939年には最高学府である大学へと昇格した。

　本章で見てきたように、戦前日本の教育では欧米言語教育が重要であり、大学で中国語を第一外国語として専門的に扱うことはなかった。そうした状況の中で、全学規模で中国語を専門的に扱う東亜同文書院が大学になったことは特異なことであり、日本の教育の中で中国語教育と欧米言語教育が対等に位置付けられたという極めて大きな意味を持つものであった。

第4節　おわりに

　これまで明治時代から敗戦までの日本の中国語教育は、専ら実用を重視するものとされ、さらに日本の中国への進出や侵略と密接な関係があったと捉えられてきた。対照的に欧米言語教育は文化や学術的活動を進めるものとされ、中国語教育よりも高尚とされていた。

　しかし、本章で見てきたように、そうした理解は正確ではない。

　日本の中国への進出や侵略と中国語教育との関係は必ずしも緊密なものではなかった。大陸での大規模な軍事活動の度に、民間人である日清貿易研究所卒業生や東亜同文書院生を通訳として急ぎ動員しなければならないほど、平時の中国語教育は等閑視されていたのである。

　そこには欧米言語教育を偏重するという日本の教育そのものの構造的問題が

表 3-5-1　戦前日本の中国語教育関係年表

年代	東亜同文書院関係	国内の中国語教育	そのほか
1870		**南京語教育**	
		1871.2　外務省漢語学所(南京語) 1873.5　漢語学所文部省移管、外国語学所(南京語) .11　外国語学所、東京外国語学校（南京語）に 1874　外務省派遣北京留学	
		北京語教育に転換	
		1876.9　東京外国語学校北京語教育開始 1879.11　陸軍参謀本部派遣北京留学	
1880		1880.2　興亜会支那語学校(〜1882) 1881.2　東京外国語学校南京語教育廃止 .12　『官話指南』 1884　上海東洋学館（亜細亜学館〜1885） 1885.9　東京外国語学校、農商務省東京商業学校語学部編入 1886.2　東京商業学校、語学部廃止	1883.4　東京大学、英語による授業廃止 1886.3　帝国大学令 1887.10　東京商業学校、高等商業学校に
		空白時期（1886〜1896）	
1890	1890.9　上海日清貿易研究所(〜1894.6)、御幡雅文『華語跬歩』(日清商会蔵版)		1894　日清戦争
		1897.9　高等商業学校、中国語教育再開 1898.6　詠帰社(善隣書院) 1898.12　『北京官話談論新編』 1899.4　東京外国語学校	1897.6　東京帝国大学、京都帝国大学
1900	1900.3　南京同文書院（南京語） 1901.5　上海東亜同文書院（北京語）、『華語跬歩』（東亜同文会蔵版） 1905　高橋正二『北京官話声音譜』 .9　小路真平茂木一郎『北京官話常言用例』 1907　「大旅行」はじまる	**専門学校中心の中国語教育** 1903.4　東京外国語学校、専門学校昇格 1904.8　『官話急就篇』 1905　長崎・山口に高等商業学校	1901　海軍兵学校入試英書会話廃止 1904　日露戦争
1910	1910　朱蔭成序『北京官話教科書』 1916.7　『華語萃編』初集 1918.4　青木喬『支那時文類編』	1915　伊沢修二『支那語正音発微』	1911.10　辛亥革命
1920	**専門学校**		
	1921.7　専門学校昇格　青木喬『現代支那尺牘教科書』 1924　『華語萃編』二集 .1　青木喬『改輯支那時文類編』.5　青木喬『現代支那尺牘教科書』 1925.3　『華語萃編』三集、清水董三『北京官話旅行用語』 1928.3　青木喬『支那時文類編』第1輯 .7　『華語月刊』創刊 1929　清水董三『重念』	1921　大阪外国語学校 1923　神谷衡平他『標準中華国語教科書初級篇』 1924　『官話談論新編』 1927　『井上支那語辞典』　天理外国語学校 1929　神谷衡平『現代中華国語読本』宮越健太郎『支那現代短編小説選』	1922　中国、文言文教科書廃止 1929.10　世界恐慌はじまる
1930	1932　青木喬『支那時文類編』 1933.2　福田勝蔵『商業尺牘教科書』.4　『華語萃編』四集 1933　華日辞典編纂開始 .2　福田勝蔵『商業尺牘教科書』 1934.3　鈴木択郎『標準支那語教本』.4　福田勝蔵『商業応用文件』 1935　熊野正平『支那語構造の公式』 1936.1　鈴木択郎『標準支那語教本高級編』 1937　福田勝蔵『普通尺牘文例集』 1938　『支那語試験問題解説』	1933.4　宮越健太郎他『最新支那語教科書』.10　『急就篇』	1931.9　満洲事変 1937.7　日中戦争はじまる
	大学としての中国語教育		
1940	1939.4　大学昇格 1943.11　『華語月刊』停刊 1946.4　学生・教職員引き揚げ	1944　諸外国語学校、外事専門学校に　諸高等商業学校、経済専門学校に	1941.12　太平洋戦争はじまる 1945.9　日本降伏文書調印

横たわっていた。欧米言語教育自体は近代化を進めるための知識や技術導入という実用面に重きを置いて始まったものである。そうして出発した教育は、そのまま欧米言語を中心とした学校制度を形成し、社会生活を営む上で重要となるキャリアデザインに大きな影響を与えるものとなった。社会的な成功を収めるためには、社会的に評価の高い学校で教育を受けなければならず、そのためには重要な試験科目として課せられる欧米言語を学ぶことが不可欠だったのである。

　欧米言語教育が文化や学術方面の活動へとつながったのは、欧米言語偏重の教育活動が蓄積されるにつれて文化方面にも影響を及ぼすようになった結果である。もちろん、欧米言語教育それ自体が文化的であったり、学術的だったりしたわけではない。

　そうした教育の世界において中国語教育が重要視されることはなかったが、それでも、これに従事する人々は真摯に活動に取り組み、東京外国語学校や倉石武四郎などによって教科書や教授法を進歩させていこうとしていた。

　その一つの事例として東亜同文書院を見ると、開校当初より国内には存在していなかった大規模な中国語教育が行われていた。そこでは会話や文章語用のさまざまな中国語教科書が作成されただけではなく、日本人教員と中国人教員が協力して授業が進められていた。これに中国各地でフィールドワークを実施する「大調査旅行」が、具体的な目標として組み合わされることによって大きな成果を上げていたのである。また、教員の教育経験の蓄積や研究が進展するにつれ、戦前の中国語教育では、重要視されていなかった文法面について配慮する教育が行われたり、ウェード式ローマ字を改良した発音表記の考案がなされたりするなど、独自性の強い中国語教育が展開されていた。

　また、東亜同文書院は1939年大学に昇格しているが、これは欧米言語教育によって学歴エリートを選別する日本の大学教育の中で、中国語教育を軸に据えたという点において実に画期的なことであった。しかし、こうした中国語教育の取り組みと発展は、戦争の激化によって1943年から学徒動員が始まったことによって、十分な教育活動が行えない状況に追い込まれ、敗戦と共に東亜同文書院大学そのものが閉校したことによって頓挫を余儀なくされたのである。

注

1) 大学史編纂委員会編『東亜同文書院大学史――創立八十周年記念誌』滬友会、1982年、84–85ページ。

2) 六角恒廣『中国語教育史の研究』東方書店、1988年、24頁。

3) 六角、前掲書、1988年。六角恒廣『中国語教育史論考』不二出版、1989年。六角恒廣「中国語教育の二つの道」『中国研究月報』、1991年、六角恒廣『漢語師家伝――中国語教育の先人たち』東方書店、1999年。六角恒廣『中国語教育史稿拾遺』不二出版、2002年。

4) 六角、前掲書、1988年、417頁。

5) 六角、前掲書、1991年、1頁。

6) 六角、前掲書、1988年、418頁。

7) 同上、35–64頁。

8) 同上、135–138頁。

9) 東京外国語大学史編纂委員会『東京外国語大学史――独立百周年（建学百二十六年）記念』東京外国語大学、1999年、905–906頁。

10) 六角、前掲書、1988年、183–193頁。

11) 佐々博雄「清仏戦争と上海東洋学館の設立」『国士舘大学文学部人文学会紀要』第12巻、1980年、55–76頁。六角、前掲書、1988年、272–295頁。熟美保子「明治17年における上海の日本人街――亜細亜学館設立をめぐって」『経済史研究』第14巻、2011年。

12) 関誠『日清戦争前夜における日本のインテリジェンス――明治前期の軍事情報活動と外交政策』MINERVA日本史ライブラリー、ミネルヴァ書房、2016年。

13) 高野邦夫『陸軍幼年学校（一）』近代日本軍隊教育史料集成第1巻、柏書房、2004年、253頁。

14) 江利川春雄『近代日本の英語科教育史――職業系諸学校による英語教育の大衆化過程』、東信堂、2006年、281–282頁。

15) 『明治別記第八巻陸軍教育史陸軍大学校之部（自明治十五年至四十五年）』によれば、1886年「教則ヲ改正シ外国語中支那語学ヲ除キ独語学ニ改ム」（高野邦夫『陸軍大学校』近代日本軍隊教育史料集成第7巻、柏書房、2004年、13頁）、1899年1月12日「教科目中支那語学ヲ加フ」（同上、14頁）とある。

16) 東京外国語大学史編纂委員会、前掲書、905–906頁。

17) 本書第2部第1章「日清貿易研究所の教育について――高橋正二手記に基づいて――」。

18) 柏田盛文述「第七　外国語学校設立ノ建議案（柏田盛文君提出）」『官報』号外、第9回帝国議会衆議院議事速記録第9号、内閣官報局、1896年、139頁。

19) 近衛篤麿、加藤弘之、山脇玄（1896）「外国語学校設立ニ関スル建議案」『官報』号外、第9回帝国議会貴族院議事速記録第4号、内閣官報局、1896年、31頁。

20) 柏田盛文「外国語学校設立ニ関スル建議案」『官報』号外、第9回帝国議会衆議院議事速記録第9号、内閣官報局、1896年、137頁。

21）1897年4月22日勅令第108号、内閣官報局、1912年、176頁。

22）東京外国語大学史編纂委員会、前掲書、82–83頁。

23）六角、前掲書、1988年、224–264頁。

24）同上、204–223頁。

25）同上、202頁。

26）「教育基本法」は1947年公布、施行され（昭和22年法律第22号）、2006年改正された（平成18年法律第120号）。第1条については改正前後同じである。

27）大蔵省印刷局「教育ニ関スル勅語」『官報』第2203号、国会国立図書館デジタルコレクション『官報』1890年10月31日、第2コマ、http://dl.ndl.go.jp/info:ndljp/pid/2945456/2（2017年5月11日参照）。

28）高島俊男『天下之記者——「奇人」山田一郎とその時代』文春新書、文藝春秋、2008年、53頁。

29）江利川、前掲書、264–290頁。

30）倉石武四郎『支那語教育の理論と実際』岩波書店、1941年、191頁。

31）同上、187頁。

32）同上、195–199頁。

33）東京外国語学校本科清語科全学年の学生数は、1897年8人、1898年9人、1999年34人、1900年30人、1901年40人、1902年64人である（東京外国語大学史編纂委員会、前掲書、96頁）。

34）大学史編纂委員会、前掲書、84頁。

35）東京外国語学校教員による教材には次のようなものがある。神谷衡平、清水元助『標準中華国語教科書』初級編（文求堂書店、1923年）。神谷衡平、清水元助『標準中華国語教科書』中級編（文求堂書店、1924年）。神谷衡平『現代中華国語読本』前編、後編（文求堂書店、1929年）。宮越健太郎、杉武夫『最新支那語教科書』作文篇（外語学院出版部、1933年）。宮越健太郎、杉武夫『最新支那語教科書』会話篇（外語学院出版部、1934年）。宮越健太郎、清水元助『最新支那語教科書』時文篇（外語学院出版部、1934年）。宮越健太郎、井上義澄『最新支那語教科書』風俗篇（外語学院出版部、1935年）。宮越健太郎、内之宮金城『最新支那語教科書』読本篇（外語学院出版部、1936年）。

36）愛知大学五十年史編纂委員会『大陸に生きて』風媒社、1998年、23–24頁。

37）本書、前掲第3部第4章「東亜同文書院の中国語文章教育について」を参照のこと。

38）東亜同文書院「中国調査報旅行告書」マイクロフィルム、雄松堂、1986年。

39）東亜同文会『支那経済全書』全12輯、東亜同文会編纂局、1907–1908年。

40）東亜同文会『支那省別全誌』全18巻、東亜同文会、1917–1920年。

41）久重福三郎先生坂本一郎先生還暦記念行事準備委員会編『中国研究——経済・文学・語学』非売品、1965年、170頁。

42）東亜同文書院支那研究部『支那研究』通巻62号、東亜同文書院支那研究部、1920–1942年。

43）東亜同文書院大学東亜研究部『東亜研究』通巻5号、東亜同文書院大学東亜研究部、1942–1944年。

戦前日本の中国語教育と東亜同文書院

44) 東亜同文書院支那研究部華語研究会『華語月刊』全119号、東亜同文書院支那研究部華語研究会、1928–1943年。

45) 石田卓生「東亜同文書院の中国語教育について」『オープン・リサーチ・センター年報』第4号、2010年、233–235頁。

46) 内山正夫「華語月刊の新羅馬字表音方式」『華語月刊』第117号、1943年、6–14頁。

47) 鈴木択郎『標準支那語教本』初級編、東亜同文書院支那研究部、1934年初版、1938年、98頁。

48) 熊野正平『支那語構造の公式』、東亜同文書院支那研究部、1935年、自序1頁。

49) 同上、自序に続く頁番号が振られていない頁。

50) 同上、自序1頁。

結言

　東亜同文書院（後に大学）は、いうまでもなく学校である。本書は、その東亜同文書院という形をとった教育活動がどのように展開されたのかということについて考察を進めた。その概要は次のようである。

　「第1部　東亜同文書院と日中関係」は、さまざまに変転し最終的には戦争という破綻に陥った日中関係の狭間にあって、教育機関として東亜同文書院がどのように向かい合ってきたのかという点について考察を進めた。

　「第1章　東亜同文書院の開校について──高昌廟桂墅里校舎について──」では、東亜同文書院開学時の高昌廟桂墅里校舎の成立過程を明らかにした。

　この校舎は、もともと上海実業界の有力者である経元善が中国で初めて行われた近代的女子教育のための施設として整備し、後に羅振玉が藤田豊八や田岡嶺雲を招聘して日本語を中心に近代的知識を教授した東文学社としても使われたものであった。女学校は戊戌の政変後に経元善が失脚したことから閉鎖を余儀なくされ、東文学社は義和団の乱による排外的世論の影響を被ったことにより閉鎖され、その後に東亜同文書院がここを校舎として使用したのである。

　東亜同文会による在清教育活動は、もともと南京で始められた。1900年、東亜同文会会長近衛篤麿は両江総督劉坤一や湖北湖南総督張之洞の賛同を取り付けて南京同文書院を開き、日清両国の学生に教育を展開しつつあった。しかし、義和団の乱に起因する清国社会の混乱や東亜同文会の財政難から南京での活動が難しくなり、南京同文書院を発展的に解消させて日本人教育に特化した東亜同文書院を上海に開校したのである。その際に使用されることになったのが、もともと学校として整備された高昌廟桂墅里の施設だった。

　東亜同文書院の開校は清国側の協力を得たもので、日清両国の交流を進めようとする中で行われたものだったのである。

　なお、本章は「東亜同文書院高昌廟桂墅里校舎について」（『オープン・リサーチ・センター年報』第2号、2008年）を大幅に加筆修正したものである。

　「第2章　第二次上海事変時に実施された東亜同文書院生の通訳従軍について──原田実之手記『出蘆征雁』に基づいて──」では、1937年に実施された東亜同文書院第34期生の通訳従軍について、当時の学生の手記を手がかり

にして実態を明らかにした。

この通訳従軍の特徴は、1943年から行われた学徒出陣とは異なり、高等教育機関在学者の徴兵が特権的に猶予されていた時期に行われたことである。

これには「満洲国」での建国大学の開学決定が影響していた。東亜同文書院が日中の武力衝突のために中国国内でキャンパスを維持することが困難となっていた時、同じく中国を専門的に扱う高等教育機関が「国立」として中国大陸に開学することになったことから、それに比して小規模な東亜同文書院の存在意義の低下が危ぶまれたのである。加えて、東亜同文書院生には中国を専門的に学んできた自負があり、両国民の意思の疎通に貢献しなければならないという思いを抱いていた。彼らは日中両国の戦争状態という現状を打破するために従軍しようと考えたのである。

それはたんなる心情的なものではなく、学生のキャリア形成という現実問題に直結するものでもあった。

そもそも、東亜同文書院は日中間のビジネスの現場で活躍しうる人材を養成するためのビジネススクールであり、卒業生の中国ビジネスについての専門性が発揮され、高い評価を得るためには正常な日中関係が不可欠であった。彼らが活躍できるのは、日本人でありながら中国の商品知識や商習慣を習得しており、日本国内のルールが通用しない中国でビジネスを展開できるからなのであり、それには中国国内が安定している状況が必要であった。日本が中国を勢力圏下においたところで、それは結局のところ日本国内の社会的ヒエラルキーが拡大するだけであり、東亜同文書院が国内にある同等の教育機関に対してもっているはずの中国についての専門性という優位性は低下せざるを得ない。

東亜同文書院生の従軍志願の動機は、一つは母校のため、もう一つは日中関係正常化のためであり、いずれも自らのキャリア形成にとって必要なことであった。

このように東亜同文書院生は日本人として中国と真摯に向かい合おうとしたが、国家間が戦争状態に陥る中では志向通りに存在していくことが難しくなっていたのである。

本章の初出は「第二次上海事変時に実施された東亜同文書院生の通訳従軍について――原田実之手記『出蘆征雁』に基づいて」（『同文書院記念報』第26号、

2018年）である。

「第3章　東亜同文書院の北京移転構想について」では、1937年第二次上海事変での校舎焼失時に検討された復興案を検討することで、中国を専門とするこの学校が、日中戦争の中でどのように教育活動を存続していこうとしていたのかを明らかにした。

上海の徐家匯虹橋路キャンパスを戦災で失った東亜同文書院は交通大学施設の借用によって活動を継続したが、上海への復興案以外に北京への移転構想が検討されていた。北京移転構想は、清華大学施設を占用し東亜同文書院を国立大学として拡大させようとするもので、中国侵略を進める日本の国策へ積極的に関与しようとする東亜同文会幹部の思惑によるものであった。これは内閣総理大臣であると同時に東亜同文会会長である近衛文麿の同意まで得たものの、東亜同文書院関係者の反対のために頓挫する。東亜同文書院教職員は上海への復帰による学校継続を基調に運動したが、実施された交通大学借用は上海を軍事占領する日本軍との密接な関係の中で進められたのであり、結局は日本の中国に対する軍事進出の中で可能となったものであった。

本章の初出は「東亜同文書院の北京移転構想について」（『中国研究月報』第63巻第2号、2009年）である。

「第2部　東亜同文書院をめぐる人物」では、この学校が進めた教育活動が学生にどのような影響を与えたのかという点に注目して考察を進めた。

「第1章　日清貿易研究所の教育について」では、日清貿易研究所の教育活動の実態を明らかにした。

上海にあった日清貿易研究所は設立者の荒尾精が陸軍出身であることや卒業生が日清戦争に通訳従軍したり、情報活動に従事したりしたことから、日本の中国進出の先駆とも位置付けられることもある。しかし、学生の手記によって、軍事色の強い情報機関なのではなく、中国を専門とするビジネススクールであったことが具体的に分かった。また、日清貿易研究所の教員や出身者は東亜同文書院の開学と運営に関与していることや、両校とも中国でのビジネスを教育内容としていることから、研究所自体は短期間で終わったものの、その教育活動は東亜同文書院として再構築されて継続されていたことが明らかとなった。

本章の初出は「日清貿易研究所の教育について——高橋正二手記を手がかり

にして」（『現代中国』第90号、2016年）である。

「第2章　坂本義孝から見る東亜同文書院教育活動の変遷」では、第1期生として入学し、卒業後はアメリカ留学を経て母校の教授を務めた坂本義孝の活動から、東亜同文書院の教育活動の変化を明らかにした。

東亜同文書院卒業生間では、シンボリックに「書院精神」という言葉が掲げられてきた。それは体系的な思想ではなく、初代、第3代として長く院長を務めた根津一の倫理観のことで、根津が傾倒していた陽明学的な立場のものであるとされる。しかし、それは国粋的な雰囲気の学校であったということではなく、学内には、それとまったく異なるキリスト教的な活動が大規模に行われていた時期があったことを、これまで紹介されてこなかったアメリカのキリスト教系資料によって確認した。

本章では、根津の影響をうけた「書院精神」と呼ばれる東洋的な考え方とキリスト教的な活動が並立していた具体的な事例として、キリスト教信者であり、東亜同文書院退職後は上海日本人YMCA理事長も務めた坂本義孝の活動を取り上げた。坂本の足跡を追うことで、東亜同文書院が日本の中国進出や侵略が激化していく過程において、そもそものアイデンティティーであった日中提携を基調とする姿勢を堅持することよりも、私塾から専門学校、さらに大学へと日本の高等教育機関として発展する道を選んだことが浮かび上がってきた。また、日中関係悪化の中で坂本がとった行動と東亜同文書院当局がとった中国を侵略する日本の学校としての姿勢を相対化して示した。

なお、本章は「東亜同文書院とキリスト教──キリスト教信者坂本義孝の書院精神」（『中国21』第28号、2007年）を加筆修正したものである。

「第3章　「満洲国」の中国文学翻訳家大内隆雄と東亜同文書院」では、東亜同文書院卒業生の一人で「満洲国」の文学分野で著名な翻訳家の足跡を具体的事例として東亜同文書院の教育の実態を明らかにした。

「満洲国」で大量の中国語文学を翻訳したことで知られる大内隆雄、本名山口慎一は東亜同文書院第25期生である。卒業後、彼は大連の満鉄に勤めつつ『満鉄評論』を中心に政治経済分野の評論、翻訳活動を行っていたが、後に左翼嫌疑で摘発され1933年満鉄を退社、1933年から1934年の空白の2年間を経て1935年からは新京（現・長春）で文学に関する活動を始めた。

結　言　　465

　本章では、これまで不明であった摘発の具体的状況や空白の2年間について、外務省記録などを用いることによって明らかにし、その思想形成において東亜同文書院時代の影響が重要であることを指摘した。

　さらに、大内隆雄の東亜同文書院時代について考察した。具体的な学生生活の様子から、彼が典型的な「書院精神」を持つ東亜同文書院生であり、それがいわゆるアジア主義的なものから左翼的思想までが矛盾することなく内包し得るものであったことが明らかとなった。そして、そうした東亜同文書院教育の影響が彼の活動の基層となっている可能性を指摘した。

　なお、本章は「外務省文書があきらかにする大内隆雄伝の一節」（『中国研究月報』第61巻第6号、2007年）、「大内隆雄と東亜同文書院」（『中国東北文化研究の広場』第2号、2009年）を加筆修正したものである。

　「第4章　非正規学生から見る東亜同文書院教育の一側面──水野梅暁と藤井静宣（草宣）について──」は、聴講生から東亜同文書院の教育を考察した。東亜同文書院はビジネススクールであり、正規の学生の多くは商社を中心とした中国に関わるビジネスマンとして養成されていたが、ビジネスを目的としない非正規の学生も受け入れていた。

　そうした中に水野梅暁や藤井静宣（草宣）がいた。彼らは僧侶であり、中国での活動の目的は仏教における日中交流である。彼らの東亜同文書院での主な学習は中国語であったが、日本が中国侵略を進める最中にあっても絶えず日中の友好的交流を図ろうとしており、日中提携を目指し続けた東亜同文書院の教育活動と方針を一にするものであった。

　なお、本章の初出は「水野梅暁ならびに藤井静宣（草宣）と東亜同文書院──非正規学生から見る東亜同文書院の一側面」（『同文書院記念報』第25号、2017年）である。

　「補章　山田良政伝の系譜」では、孫文の革命活動に殉じたとされてきた山田良政の事績が、どのように伝えられてきたのかということから、彼の死にどのような意味が付与されてきたかを明らかにした。

　山田良政の事績は一貫して評価がされてきたわけではなく、日中双方の思惑によってさまざまに変化していた。日本の援助を期待する中国側からは日中を繋ぐシンボルとして、日本側からは中国進出の免罪符として山田は利用されて

いたのだった。

　そうした恣意的な評価は、山田一人にとどまる問題でなく、戦前における日本の中国に関わる活動全てについて注意しなければならないことである。それは、もちろん東亜同文書院についても同様であり、例えば根強いスパイ学校説も事実に基づいた理解なのか、あるいは何かしらの意図があるのかについて考察しなければならないのである。

　なお、本章は「山田良政伝の系譜」（『オープン・リサーチ・センター年報』第2号、2008年）を加筆修正したものである。

　「第3部　東亜同文書院の中国語教育」では、中国を専門的に扱う高等教育機関として、最重要科目となる中国語の教育活動の実態を明らかにした。

　「第1章　日清貿易研究所と東亜同文書院で使用された御幡雅文『華語跬歩』について」は、東亜同文書院初期や前身となる日清貿易研究所で使用された中国語教科書『華語跬歩』の複数の版本を対照、考察することによって、日清貿易研究所と東亜同文書院初期の中国語教育の実態とその変化を明らかにした。

　御幡雅文『華語跬歩』は比較的著名な教科書であるが、その版本については詳らかにされてこなかった。本章は、日清貿易研究所、東亜同文書院で使用された『華語跬歩』の版本を確認しつつ、これが両校の合間の時期に荒尾精の京都の私塾において使用されていたことや、東亜同文書院が1901年に用いた版が日清貿易研究所で使用された『華語跬歩』上編（日清貿易商会蔵版）であることを明らかにした。『華語跬歩』は書名こそ一つであるが、御幡のライフワークといえるものであり、使用状況に合わせて改良が加えられていたのである。

　なお、本章の初出は「東亜同文書院使用以前の御幡雅文『華語跬歩』について」（『同文書院記念報』第21号、2013年）を加筆修正したものである。

　「第2章　東亜同文書院初期の中国語教育について——御幡雅文『華語跬歩』、高橋正二『北京官話声音譜』から『華語萃編』へ——」では、東亜同文書院が独自に編纂した中国語教科書『華語萃編』が成立するまでの中国語教育の変遷を明らかにした。

　『華語萃編』と、それ以前に使用されていた『華語跬歩』との相違点や、新たに見いだした東亜同文書院専用の中国語発音教材である高橋正二『北京官話声音譜』から、東亜同文書院の中国語教育は日清貿易研究所の御幡雅文による

北京語教育を踏襲して始められたものであったが、開校間もない時期から教材に手を入れたり、新教材を作成したりと絶え間なく改良が試みられており、独自の中国語会話教科書『華語萃編』は、そうした取り組みの延長線上に位置づけられるものであった。

なお、本章は「東亜同文書院の中国語教材──『華語萃編』以前について」（『中国21』第32号、2009年）を加筆修正したものである。

「第3章　『華語萃編』初集に見る東亜同文書院中国語教育の変遷──統計的手法を援用した分析」は、東亜同文書院の中国語教育の実態と変遷を、独自の中国語会話教科書『華語萃編』初集の改訂による変化から明らかにした。

東亜同文書院では、独自に作成された専用の中国語会話教科書『華語萃編』初集、二集、三集、四集が使われていた。本章は、新入生が中国語を最初に学ぶために4集の中で最も早くに編まれた初集について6種の版本を確定させ、さらに、それらについて相関分析とクラスタ分析を行うことによって版本間の関係性について考察を進めた。

その結果、専門学校期において実用重視の会話教科書だったものが、大学昇格後は読本的性格もあわせもつ総合教科書に変化していたことが分かった。当時、日本の大学では中国語は正式な学問とは見なされていなかった。大学に昇格した東亜同文書院は、日本で初めて全学的に中国語教育を展開しようと試みていたのである。

本章の初出は「『華語萃編』初集にみる東亜同文書院中国語教育の変遷──統計的手法を援用した分析」（『中国研究月報』第72巻第2号、2018年）である。

「第4章　東亜同文書院の中国語文章語教育について」では、戦前の中国語教育史の中で見過ごされてきた文章語について、東亜同文書院ではどのような教育がなされていたのかを明らかにした。

東亜同文書院はビジネススクールであり、中国語によるオーラル・コミュニケーションだけではなく、契約書をはじめとするビジネス文書の読み書きも重要な教育内容であった。

初期の文章語教育は、漢文教育と同じ訓読によって意味を理解しようとするものであった。しかし、中国社会の近代化と共に中国語自体が変化したこともあって訓読方式では対応できなくなり、純然たる外国語として教育されるよう

に変化していったのだった。中国語の変化に合わせて学内で専用教材が続々と作成されていったが、それらは東亜同文書院出身の教員によるものであった。こうした文章語教育の取り組みが東亜同文書院内で自律的に進められていたことは、この学校の中国語教育の独自性を示すものである。

なお、本章は「東亜同文書院の中国語文章語教育について——愛知大学東亜同文書院大学記念センター所蔵テキストを中心に」(『同文書院記念報』第24号、2016年)に加筆修正したものである。

「第5章　戦前日本の中国語教育と東亜同文書院」では、東亜同文書院の中国語教育を事例として、戦前日本の中国語教育の変遷を明らかにした。

これまで、戦前の日本の中国語教育は実用面のみ重視されたもので、日本の中国への進出や侵略と深く関係するものであったとされてきた。一方で、欧米言語の教育は文化や学術に貢献しうる高尚なものであったとされていた。

しかし、実際には日本軍の中国語人材は常に不足しており、対清、対中国戦争の度に中国語を能くする民間人を動員しなければならないほどであった。中国進出や侵略のために計画的な中国語教育がなされたことはなかったのである。また、欧米言語教育はもともと欧米知識や技術を導入するための実用的なものであったが、明治以降に確立した学歴社会の中で入学試験の必須科目となったことで重要性を増し、そうして形成された学歴エリートが政治、経済だけではなく、文化面でも指導的立場を担うことによって文化的な語学であると見なされるようになったのである。

そのような状況にあっても中国語教育に取り組む人々は、教授法や教材について研究を重ねていた。戦前における有力な中国語教育機関であった東亜同文書院では、さまざまな教材が作成されており、フィールドワーク「大調査旅行」と組み合わされることによって大きな成果を上げていたのである。さらに、この学校は大学に昇格しているが、これは日本で初めて大学として全学規模で中国語教育を行おうという点において画期的なことであった。

なお、本章は「戦前日本の中国語教育と東亜同文書院大学」(『歴史と記憶——文学と記録の起点を考える』愛知大学国研叢書第4期第2冊、あるむ、2017年)を加筆修正したものである。

以上のように、本書は、日中関係、出身者、中国語教育という三つの大きな

視角を設定し、さらに思想、文学、政治等と絡めて東亜同文書院がどのような
教育活動を展開していたのかということを考察した。その際、個別事例から一
つの普遍性を抽出しようというようなものではなく、多面性をそのままに再現
して理解することを企図した。

あとがき

本書は、2008年に愛知大学に提出し、2009年に学位を授与された博士論文『東亜同文書院の研究』を加筆修正したものである。また、JSPS科研費基盤研究（C）「戦前と戦後を「分断」から「連続」としてとらえ直す日本の中国語教育史の新たな研究」（18K00800）、JSPS科研費基盤研究（C）「東亜同文書院の中国語教育についての実証的研究」（26370747）、JSPS科研費奨励研究「東亜同文書院で使用された中国語教材の研究」（24903004）助成による研究成果の一部である。

凡庸な私がいくらかの文章を書き、それらを綴じて本書を出版することができたのは、ひとえにお世話になった方々のおかげである。まずはここに深くお礼を申し上げたい。

東亜同文書院をテーマとする本書を愛知大学東亜同文書院大学記念センターから出版できることに感謝したい。愛知大学は東亜同文書院の後身校である。敗戦によって閉鎖を余儀なくされた東亜同文書院大学の学長本間喜一先生を中心に1946年に愛知県豊橋市に開学されたのが愛知大学である。そこで学生時代を過ごした者として、前身校について研究成果を上げ、それを母校で発表できることは、この上ない幸せである。

本書の執筆に際して、さまざまな視点から考察することに努めた。書名に「多面的」と入れたゆえんである。それは研究スタイルについて独自性を確立するような才覚など持ち合わせていない私にとって必然であった。研究対象の全容を明らかにしようとするとき、ある一点を独自の切り口で深く掘り下げて本質をつかむ手法をこなすやり方もあるだろう。しかし、そのような力量がないならば、多様な視角から眺めることによって外殻を浮かび上がらせるしかない。

もともと私は「満洲国」など日本の旧植民地における文学について研究するつもりだった。転機となったのは、愛知大学名誉教授中島敏夫先生のご紹介で愛知大学が所蔵する戦前資料の整理活動に参加したことである。それは文部科学省オープン・リサーチ・センター整備事業「『愛知大学東亜同文書院大学記念センター』の情報公開と東亜同文書院をめぐる総合的研究の推進プロジェクト」（研究代表者・藤田佳久愛知大学教授（当時））であった。2006年から私はプ

ロジェクトのリサーチ・アシスタントとして、愛知大学図書館職員成瀬さよ子さん（当時）のご指導をいただきながら愛知大学が所蔵する膨大な東亜同文書院関係資料を調査整理し、『東亜同文書院・東亜同文会雑誌記事データベース』（http://toadb.aichi-u.ac.jp/）の構築にたずさわり、愛知大学が所蔵する東亜同文書院関連の資料を把握することができた。こうした機会をあたえていただいた中島先生には感謝の念は尽きない。また、図書館利用についてさまざまな便宜を図っていただいた成瀬氏に厚くお礼申し上げる。

　このプロジェクトでは、その後の研究活動につながるさまざまな体験をさせていただいた。台湾での調査チームの一員として台湾中央研究院近代史研究所教授黄福慶先生のご協力をいただきながら資料の調査収集を行い、海外でのこの種の活動のノウハウを学んだ。

　さらに東亜同文書院の卒業生の方に直接聞き取りをする機会もいただいた。国内だけではなく、台湾での調査時に台湾出身の東亜同文書院卒業生にお会いすることができた。中でも2006年に「満洲国」の文学分野で活動した大内隆雄（本名・山口慎一）について、大内の同期生の故安澤隆雄先生にお話をうかがった時の感動は今でも忘れることができない。研究活動の中で、その対象について私は初めて生身の人間を感じた。その時から、私にとっての東亜同文書院は資料から読み取る歴史上の出来事ではなく、熱い血を通わせる人間たちの集まりとなり、彼ら個々人の生きざまを追うことがテーマとなった。

　2007年10月に立命館大学で行われた「日本現代中国学会第57回学術大会」で、「東亜同文書院とキリスト教——ふたつの書院精神」を報告した。これが私にとって初めての東亜同文書院に関する研究成果であった。安澤先生にお会いした感動を胸に意気込んで演台に立ったものの聴衆は10人にも満たなかった。落胆はしたが、誰も興味を抱かないからこそ、私だけでもやり続けなければいけないという使命感がわき起こった。

　ついで2007年12月、「日本現代中国学会第57回学術大会」での報告をもとに作成した論文「東亜同文書院とキリスト教——キリスト教信者坂本義孝の書院精神」（『中国21』第28号、2007年）を発表した。この作成の中でこれまで紹介されたことがない上海日本人YMCAや北米YMCA同盟といったキリスト教系の資料に記録された東亜同文書院の姿を目の当たりにして、多面的研究の可能

あとがき
473

性を見いだし、これによって博士論文の準備を進めることができた。

2009年に博士論文「東亜同文書院の研究」で学位を授与された。主査の愛知大学荒川清秀先生はご多忙の最中にあっても、私が見落としている資料をご紹介いただくなど細かなご指導をいただいた。副査として審査していただいた愛知大学教授馬場毅先生（当時）には歴史学者としての立場から幾度もご助言をいただき、同じく副査を担当していただいた愛知大学教授黄英哲先生には台湾での資料調査に際して便宜を図っていただいた。重ねてお礼を申し上げる。

2012年には私を研究代表者とする科研費奨励研究「東亜同文書院で使用された中国語教材の研究」が採択された。この研究では東亜同文書院の前身である日清貿易研究所の教材など多数の新資料を調査収集しつつ、日清貿易研究所卒業生高橋正二の手稿本『在清見聞録』と『日誌第二』の全文を文字起こししたほか、成果についての研究報告、論文執筆をした。

2014年には私を研究代表者としする科研費基盤研究（C）「東亜同文書院の中国語教育活動についての実証的研究」が採択され、国内だけではなく中華人民共和国や台湾での資料調査を実施し、東亜同文書院の中国語教育が独自に発展していたことを明らかにし、その成果に基づいて報告をし、論文の作成をした。

また、同年から文部科学省私立大学戦略的研究基盤形成支援事業「東亜同文書院を軸として近代日中関係史の新たな構築」（研究代表者馬場毅愛知大学教授（当時））に研究員として参加し、国際ワークショップや学外組織との共同開催のシンポジウムを通して内外の研究者との交流を拡大させることができた。

この頃から愛知大学名誉教授今泉潤太郎先生が主宰されている東亜同文書院の中国語教科書『華語萃編』の読書会に参加させていただくようになった。東亜同文書院卒業後に母校の教授となり、戦後は愛知大学で中国語教育に従事した愛知大学名誉教授故鈴木択郎先生から『華語萃編』を使って中国語を学んだ今泉先生の講義は、あたかも東亜同文書院の教室で聴講しているかのようであり、この文献への理解をより深めることができた。読書会への参加について許可をいただいた今泉先生に深く感謝したい。読書会では参加者の愛知大学卒業生伊賀太吉先生、浅井文人先生、千賀新三郎先生のご厚情もいただいた。ここに重ねてお礼を申し上げたい。

あとがき

2017年には立命館大学名誉教授岡田英樹先生のご紹介により、東亜同文書院に関する論文「大内隆雄和東亜同文書院」（劉曉麗編『「満洲国」文学大系　偽満時期文学資料整理与研究』北方文芸出版社、2017年）を中国で発表することができた。東亜同文書院を情報機関とすることが一般的な中国において、実証的な研究成果を発表できたことは励みとなった。お声を掛けていただいた岡田先生には深く謝意を表したい。

2018年には私を研究代表者とする科研費基盤研究（C）「戦前と戦後を『分断』から『連続』として捉え直す日本の中国語教育史の新たな研究」が採択された。戦前日本の主要な中国語教育機関である東亜同文書院と、戦後に旧東亜同文書院教員が中国語教育を行い、『中日大辞典』（中日大辞典刊行会、1968年）を刊行した愛知大学の取り組みを具体的事例として取り上げ、近代以降の日本の中国語教育を現在に至るまで通時的に考察することによって、その変遷の実態を明らかにするつもりである。

職業研究者でもない私が東亜同文書院をテーマとした研究に取り組むことができたのは、愛知大学名誉教授藤田佳久先生のご指導とご配慮によるところが大きい。先生は東亜同文書院生が行ったフィールドワークいわゆる「大調査旅行」についての実証的な研究によって、後身校である愛知大学の学内ですら半ば忘れ去られ、学外ではスパイ学校ともささやかれていた東亜同文書院に極めて高い学術的価値があることを明らかにされた。先生による東亜同文書院の再発見がなければ、私は博士論文で東亜同文書院を扱うことができなかった。また、先生には調査や資料面といった報告や論文作成に関わる事柄についてご指導いただいただけでなく、科研費の申請やその実施にかかる事務的な手続きといった研究活動のマネジメント面についても初歩から細かくご指導いただいた。心より謝意をあらわしたい。

東亜同文書院大学第46期生飯塚啓先生、井上方弘先生、関口忠彦先生、山内喜充先生、間宮信夫先生、東亜同文書院大学、愛知大学両校で学長を務められた本間喜一先生のご息女殿岡晟子先生には、学生目線あるいは運営者目線から見た東亜同文書院大学についてお話ししていただいた。ここに深く感謝したい。

また、修士課程時代にご指導を賜った同志社大学教授故坂口直樹先生、中国

あとがき

文学者高島俊男先生、旧植民地に関する最新の研究動向についてご教示いただいた首都大学東京教授大久保明男先生と東京外国語大学准教授橋本雄一先生、欧米における中国語教育史研究についてご教示いただいたカナダのレジャイナ大学准教授ポール＝シンクレア先生、アメリカのYMCA資料調査についてご教示いただいた愛知大学図書館職員桂三幸さんに厚くお礼を申し上げたい。本書の刊行をお勧めくださった愛知大学東亜同文書院大学記念センター長三好章愛知大学教授、出版作業について御協力いただいた愛知大学東亜同文書院大学記念センターの職員の皆さまにはあらためてお礼を申し上げたい。

　最後に、常にあたたかく見守ってくれた家族、笑顔の絶えないあまねに感謝する。

主要参考資料文献

Ⅰ資料
1. 国立公文書館資料
行政文書
＊内閣・総理府
太政官・内閣関係
第一類公文雑纂
（簿冊）
『公文雑纂』明治二十三年・第一巻・内閣各局・内閣書記官・鉄道局・記録局・文官
試験…
（件名）
『日清貿易研究所規則』「日清貿易研究所荒尾精出願ニヨリ内閣ニテ刊行ノ書籍交付
ノ件」、5頁、［請求番号］纂00159100［件名番号］004［保存場所］本館［作成
部局］内閣［年月日］明治23年08月12日［マイクロフィルム］

＊内閣・総理府
太政官・内閣関係
第六類公文類聚
公文類聚・第63編・昭和14年
（簿冊）
公文類聚・第六十三編・昭和十四年・第八十二巻・学事一・学制・大学
（件名）
「東亜同文書院大学学則」「東亜同文書院大学ヲ大学令ニ依リ設立ス」［請求番号］
類02260100［件名番号］010［保存場所］本館［作成部局］内閣［年月日］昭和
14年12月27日［マイクロフィルム］、JACAR（アジア歴史資料センター）Ref.
A14100751500（第15-54画像）

2. 外務省外交史料館資料
1門政治
3類宣伝
1項帝国
（簿冊）
『東方通信社関係雑纂』JACAR（アジア歴史資料センター）Ref. B03040705600、東方
通信社関係雑纂（1-3-1-32_001）

（件名）

「6 大正8年11月20日から昭和1年12月27日」JACAR（アジア歴史資料センター）
Ref. B03040706300、東方通信社関係雑纂（1-3-1-32_001）

6類諸外国内政
1項亜細亜

（簿冊）

『各国内政関係雑纂／支那ノ部／革命党関係（亡命者ヲ含ム）』第一－十四、十五ノ一、
十五ノ二、十六－十九巻、JACAR（アジア歴史資料センター）Ref. B03050063700；
B03050064700；B03050065800；B03050067100；B03050068300；B03050069600；
B03050070600；B03050071700；B03050072800；B03050073800；B03050074800；
B03050075800；B03050076800；B03050078000；B03050078600；B03050079300；
B03050080300；B03050081500；B03050082400；B03050083600、各国内政関係雑纂
／支那ノ部／革命党関係（亡命者ヲ含ム）第一－十四、十五ノ一、十五ノ二、十六
－十九巻（1-6-1-4_2_1_001〜020）

（件名）

「2. 明治33年10月1日から明治33年10月20日」JACAR（アジア歴史資料センター）
Ref. B03050065000（第9画像）各国内政関係雑纂／支那ノ部／革命党関係（亡命
者ヲ含ム）第二巻（1-6-1-4_2_1_002）

在厦門土井陸軍大尉発寺内正毅参謀本部次長宛10月10日付け電信、JACAR（アジ
ア歴史資料センター）Ref. B03050065000（第17画像）各国内政関係雑纂／支那
ノ部／革命党関係（亡命者ヲ含ム）第二巻（1-6-1-4_2_1_002）

厦門上野領事発青木周蔵外務大臣宛10月12日付け電信、JACAR（アジア歴史資料
センター）Ref. B03050065000（第18-19画像）各国内政関係雑纂／支那ノ部／革
命党関係（亡命者ヲ含ム）第二巻（1-6-1-4_2_1_002）

福州領事豊嶋捨松発外務大臣青木周蔵宛文書「機密受第3306号　外機第41号」(1900
年10月16日)「3 明治33年10月17日から明治33年11月17日」JACAR（アジア
歴史資料センター）Ref. B03050065100（18画像）各国内政関係雑纂／支那ノ部／
革命党関係（亡命者ヲ含ム）第二巻（1-6-1-4_2_1_002）

「在厦門土井大尉報告」（寺内正毅陸軍参謀本部次長発内田康哉外務省総務長官宛
11月2日提出文書同封)「3 明治33年10月17日から明治33年11月17日」JACAR(ア
ジア歴史資料センター）Ref. B03050065100（第24画像）各国内政関係雑纂／支
那ノ部／革命党関係（亡命者ヲ含ム）第二巻（1-6-1-4_2_1_002）

（簿冊）

『水野梅暁清国視察一件』JACAR（アジア歴史資料センター）Ref. B03050609500、水

野梅暁清国視察一件（1-6-1-38）

3門通商
10類宗教、教育及学芸
1項宗教
　　　　　　　　　　　（簿冊）
『支那内地布教権一件』第一－二巻、JACAR（アジア歴史資料センター）Ref. B12081601600；
　B12081602300、支那内地布教権一件第一－二巻（B-3-10-1-15_001～002）
　　　　　　　　　　　（件名）
　「1. 支那内地ニ於ケル布教権獲得ニ関スル件大正三年二月」JACAR（アジア歴史資
　　料センター）Ref. B12081602600、支那内地布教権一件　第二巻（B-3-10-1-15_002）

2項教育
　　　　　　　　　　　（簿冊）
『東亜同文会関係雑纂』第一－五巻、JACAR（アジア歴史資料センター）Ref.
　B1208196800；B12081968800；B12081969600；B12081970300；B12081971100、東亜
　同文会関係雑纂（B-3-10-2-13_001～005）
　　　　　　　　　　　（件名）
　「分割4」JACAR（アジア歴史資料センター）Ref. B12081968500、東亜同文会関係雑
　　纂第一巻（B-3-10-2-13_001）

H門東方文化事業
1類法規並官制官職
3項任免、賞罰、出張、休暇
0目
　　　　　　　　　　　（簿冊）
『東方文化事業部関係人事雑件』第一－七巻、JACAR（アジア歴史資料センター）Ref.
　B05015012200；B05015013600；B05015017600；B05015023100；B05015029600；
　B05015036100；B05015041100、東方文化事業部関係人事雑件（H-1-3-0-1_001～
　1_007）
　　　　　　　　　　　（件名）
　入沢達吉、岡部長景「支那出張復命書」「2. 大正十二年六月　入澤博士嘱託ニ岡部
　　事務官外属官等支那出張」JACAR（アジア歴史資料センター）Ref. B05015013900
　　（第40-45画像）東方文化事業部関係人事雑件第二巻（H-1-3-0-1_002）

4類補助（病院、学会、民団、学校）

2項 学会、協会、民団

0目

（簿冊）

『東亜同文会関係雑件』第一－九巻、JACAR（アジア歴史資料センター）Ref.
B05015243300；05015243700；B05015244200；B0501524480；B05015245100；
B05015245500；B05015245900；B05015249900；B05015250200、東亜同文会関係雑
件（H-4-2-0-1_001〜009）

（件名）

『同文会収支予算表（自大正十二年至同十六年）』大正十二年七月十四日、「分割3」、
JACAR（アジア歴史資料センター）Ref. B05015244000（第30–31画像）東亜同文
会関係雑件第二巻（H-4-2-0-1_002）

東亜同文書院支那研究部『大正十二年十一月東亜同文書院支那研究部事業報告』、「分
割4」、JACAR（アジア歴史資料センター）Ref. B05015244100（第6–13画像）東
亜同文会関係雑件第三巻（H-4-2-0-1_003）

東亜同文書院商務科「学年試験時間表」、1926年1月、JACAR（アジア歴史資料セ
ンター）Ref. B05015244600（第7–8画像）東亜同文会関係雑件第三巻（H-4-2-0-
1_003）

「東亜同文書院職員一覧」「2. 雑件分割2」JACAR（アジア歴史資料センター）Ref.
B05015244600（第44–46画像）東亜同文会関係雑件第三巻（H-4-2-0-1_003）

「昭和4年6月同文書院中華学生不穏会合ニ関スル件」JACAR（アジア歴史資料セン
ター）Ref. B05015335700東亜同文会関係雑件第三巻（H-4-2-0-1_003）

財団法人東亜同文会『大正十四年四月大正十四年九月事業報告』JACAR（アジア歴
史資料センター）Ref. B05015245300（第7画像）東亜同文会関係雑件第五巻（H-
4-2-0-1_005）

山崎百治「対支文化事業と東亜同文会及東亜同文書院との関係に就て」（1923年10
月）「1. 対支文化事業ト東亜同文会及同文書院トノ関係ニ就テ山崎百治氏来信
大正十二年十月」JACAR（アジア歴史資料センター）Ref. B05015246100東亜同文
会関係雑件第七巻（H-4-2-0-1_007）

牧野伸顕「坪上部長評議員ニ推薦」JACAR（アジア歴史資料センター）Ref.
B05015246800東亜同文会関係雑件第七巻（H-4-2-0-1_007）

東亜同文会会長伯爵牧野伸顕発外務省文化事業部長坪上貞二宛1930年12月10日付
文書（JACAR（アジア歴史資料センター）Ref. B05015247000、第2画像、東亜同
文会関係雑件第七巻（H-4-2-0-1_007）

「北支ノ新情勢ニ応ジ東亜同文会ガ支那ニ於テ経営セントスル諸学校案」JACAR（ア
ジア歴史資料センター）Ref. B05015249200、東亜同文会関係雑件第七巻（H-4-2-0-
1_007）

主要参考資料文献　　481

「東亜同文会北支学校設立案ニ就テ」JACAR（アジア歴史資料センター）Ref.
B05015249200（第2–3画像）東亜同文会関係雑件第七巻（H-4-2-0-1_007）

（簿冊）
『東亜同文会関係雑件／補助関係』第一－十巻、JACAR（アジア歴史資料センター）
Ref. B05015252000；05015252900；05015253700；05015254400；05015255200；
05015256100；B05015256900；B05015258500；B05015260200；B05015261100、東亜
同文会関係雑件／補助関係（H-4-2-0-1_1_001〜010）

（簿冊）
『東亜同文会関係雑件／収支予算差引表関係』第一－二巻、JACAR（アジア歴史資料
センター）Ref. B05015262900；B05015264100、東亜同文会関係雑件／収支予算差引
表関係（H-4-2-0-1_2_001；H-4-2-0-1_2_002）

（簿冊）
『東亜同文書院関係雑件』第一－五巻、JACAR（アジア歴史資料センター）Ref.
B05015331600；B05015332400；B05015333200；B05015339000；B05015342700、 東
亜同文書院関係雑件（H-4-3-0-2_001〜005）
（件名）
『東亜同文書院入学志願者心得』「2. 一般（15）同文書院給与規定昭和三円六月」
JACAR（アジア歴史資料センター）Ref. B05015335100（第32–35画像）東亜同文
書院関係雑件第三巻（H-4-3-0-2_003）
久保田正三発東亜同文会理事長岡部長景宛1937年12月2日付文書「2. 一般（16）
同文書院ヲ北京ヘ移転問題昭和十二年十二月」「2. 一般（16）同文書院ヲ北京ヘ
移 転 問 題 昭 和 十 二 年 十 二 月」JACAR（ア ジ ア 歴 史 資 料 セ ン タ ー）Ref.
B05015340900（第2–4画像）東亜同文書院関係雑件第四巻（H-4-3-0-2_004）
「在支邦人教育機関設立ニ関スル要旨」「2. 一般（16）同文書院ヲ北京ヘ移転問題
昭和十二年十二月」JACAR（アジア歴史資料センター）Ref. B05015340900（第
5–7画像）東亜同文書院関係雑件第四巻（H-4-3-0-2_004）
「在支邦人教育機関設立ニ関スル件」「2. 一般（16）同文書院ヲ北京ヘ移転問題 昭
和十二年十二月」JACAR（アジア歴史資料センター）Ref. B05015340900（第8–9
画像）東亜同文書院関係雑件第四巻（H-4-3-0-2_004）
「東亜同文書院北支那移転問題ニ就テ」「2. 一般（16）同文書院ヲ北京ヘ移転問題
昭和十二年十二月」JACAR（アジア歴史資料センター）Ref. B05015340900（第
11–13画像）東亜同文書院関係雑件第四巻（H-4-3-0-2_004）
「同文書院北京移転問題」「2. 一般（16）同文書院ヲ北京ヘ移転問題 昭和十二年十

二月」JACAR（アジア歴史資料センター）Ref. B05015340900（第14-17画像）東
亜同文書院関係雑件第四巻（H-4-3-0-2_004）

上海総領事岡本季正、第2549号電信（1937年12月7日上海発同8日本省着）「2.
一般（17）同文書院上海ニ復帰交通大学ニテ開校ノ件 昭和十二年十二月」JACAR
（アジア歴史資料センター）Ref. B05015341000（第5画像）東亜同文書院関係雑
件第四巻（H-4-3-0-2_004）

広田弘毅「東亜同文書院上海復帰ニ関スル件」「2. 一般（17）同文書院上海ニ復帰
交通大学ニテ開校ノ件 昭和十二年十二月」JACAR（アジア歴史資料センター）
Ref. B05015341000（第6画像）東亜同文書院関係雑件第四巻（H-4-3-0-2_004）

「同文書院上海復帰問題ニ関スル件」「2. 一般（17）同文書院上海ニ復帰交通大学
ニテ開校ノ件 昭和十二年十二月」JACAR（アジア歴史資料センター）Ref.
B05015341000（第9-10画像）東亜同文書院関係雑件第四巻（H-4-3-0-2_004）

文化事業部「東亜同文書院上海復帰問題ニ関スル件」JACAR（アジア歴史資料センタ
ー）Ref. B05015341000（第14画像）東亜同文書院関係雑件第四巻（H-4-3-0-2_004）

（簿冊）

『東亜同文書院関係雑件／人事関係』第一－二巻、JACAR（アジア歴史資料センター）
Ref. B0501351800；B05015344800、東亜同文書院関係雑件／人事関係（H-4-3-0-
2_1_001～002）

（件名）

財団法人東亜同文会々長伯爵牧野伸顕発外務省文化事業部長坪上貞二宛1931年4月
21日付け文書「22. 教職員大串哲雄外七名解嘱、工藤義男外六名委嘱 昭和六年
四月」JACAR（アジア歴史資料センター）Ref. B05015354100（第2画像）東亜同
文書院関係雑件／人事関係第一巻（H-4-3-0-2_1_001）

（簿冊）

『東亜同文書院関係雑件／収支予算差引表関係』第一－三巻、JACAR（アジア歴史資
料センター）Ref. B05015357800；B05015358700；B05015359200、東亜同文書院関
係雑件／収支予算差引表関係（H-4-3-0-2_2_001～003）

（簿冊）

『東亜同文書院関係雑件／大学設立関係』JACAR（アジア歴史資料センター）Ref.
B05015359500、東亜同文書院関係雑件／大学設立関係（H-4-3-0-2-3）

（件名）

宇垣一茂「東亜同文書院大学昇格ニ関スル件」JACAR（アジア歴史資料センター）
Ref. B05015359600（第2画像）東亜同文書院関係雑件／大学設立関係（H-4-3-0-2-3）

大内暢三『東亜同文書院の昇格問題に就き敢て同窓各位諸氏に愬ふ』JACAR（アジア歴史資料センター）Ref. B05015359600（第3–9画像）東亜同文書院関係雑件／大学設立関係（H-4-3-0-2-3）

日高信六郎「第二五六五号ノ二」JACAR（アジア歴史資料センター）Ref. B05015359600（第10画像）東亜同文書院関係雑件／大学設立関係（H-4-3-0-2-3）

「東亜同文書院昇格ニ関スル件」JACAR（アジア歴史資料センター）Ref. B05015359800（第2–3画像）東亜同文書院関係雑件／大学設立関係（H-4-3-0-2-3）

（簿冊）

『東亜同文書院関係雑件／紛議及治安維持法違反関係』JACAR（アジア歴史資料センター）Ref. B05015359900、東亜同文書院関係雑件／紛議及治安維持法違反関係（H-4-3-0-2-4）

（簿冊）

『東亜同文書院関係雑件／卒業者及成績関係』JACAR（アジア歴史資料センター）Ref. B05015360300、東亜同文書院関係雑件／卒業者及成績関係（H-4-3-0-2-5）

（簿冊）

『東亜同文書院関係雑件／年報関係』JACAR（アジア歴史資料センター）Ref. B05015361500、東亜同文書院関係雑件／年報関係（H-4-3-0-2-6）

H門東方文化事業
6類講演、視察及助成
1項講演、視察
0目

（簿冊）

『満支人本邦視察旅行関係雑件／補助申請関係』第一–三巻、JACAR（アジア歴史資料センター）Ref. B05015696800；B05015734100；B0501573800、満支人本邦視察旅行関係雑件／補助申請関係（H-6-1-0-4_1_001～003）

（件名）

「34. 全日本仏教青年会連盟理事、日華佛教学会理事、藤井静宣昭和一〇年一〇月一二日」JACAR（アジア歴史資料センター）Ref. B05015681000、本邦人満支視察旅行関係雑件／補助実施関係第二巻（H-6-1-0-3_2_002）

坂本義孝発外務省事業部長坪上貞二宛文書「3. 上海聖約翰大学教授 洪水星 昭和八年六月」JACAR（アジア歴史資料センター）Ref. B05015734500（第4–5画像）満

484　　　　　　　　　　　　主要参考資料文献

支人本邦視察旅行関係雑件／補助申請関係第二巻（H-6-1-0-3_2_002）

2項助成
0目
　　　　　　　（簿冊）
『日満文化協会関係雑件／設立関係附本邦ヨリ服部博士外8名渡満』JACAR（アジア
　歴史資料センター）Ref. B05016055100、日満文化協会関係雑件／設立関係附本邦ヨ
　リ服部博士外8名渡満（H-6-2-0-29_1）
　　　　　　　（件名）
　日満文化協会「日満文化協会章程」『昭和十六年康徳八年一月　満日文化協会紀要』
　JACAR（アジア歴史資料センター）Ref. B05016057100（第73-75画像）日満文化
　協会関係雑件／設立関係附本邦ヨリ服部博士外8名渡満（H-6-2-0-29_1）

　　　　　　　（簿冊）
『日満文化協会関係雑件／評議員会理事会関係』JACAR（アジア歴史資料センター）
　Ref. B0501598700、日満文化協会関係雑件／評議員会理事会関係（H-6-2-0-29_3）
　　　　　　　（件名）
　「満州国側ヨリ水野梅暁ヲ日本側評議員並理事ニ推薦方ニ関スル件」JACAR（アジ
　　ア歴史資料センター）Ref. B05015988400、日満文化協会関係雑件／評議員会理事
　　会関係（H-6-2-0-29_3）
　「10.　日本側理事ニ池田・羽田・水野追加ニ関スル件　昭和九年五月」JACAR（ア
　　ジア歴史資料センター）Ref. B05015988900、日満文化協会関係雑件／評議員会理
　　事会関係（H-6-2-0-29_3）
　「日満文化協会満州国側委員略歴送付ノ件」JACAR（アジア歴史資料センター）Ref.
　　B05015988600（第4画像）日満文化協会関係雑件／評議員会理事会関係（H-6-2-0-
　　29_3）
　満日文化協会「満日文化協会紀要並職員表送付 昭和十五年五月」JACAR（アジア
　　歴史資料センター）Ref. B05016056800、日満文化協会関係雑件／設立関係附本邦
　　ヨリ服部博士外8名渡満（H-6-2-0-29_3）

　　　　　　　（簿冊）
『日満文化協会関係雑件／博物館関係』JACAR（アジア歴史資料センター）Ref.
　B05016059200、日満文化協会関係雑件／博物館関係（H-6-2-0-29_5）
　　　　　　　（件名）
　水野梅暁「国立博物館設置ニ関シ水野梅暁ノ意見」（1933年9月）JACAR（アジア
　　歴史資料センター）Ref. B05016059400（第2画像）日満文化協会関係雑件／博物

館関係（H-6-2-0-29_5）

（簿冊）

『助成費補助申請関係』第一－五巻、JACAR（アジア歴史資料センター）Ref.
　B05015845900；B05015859700；B05015862900；B05015864800；B05015867300、助
　成費補助申請関係第一－五巻（H-6-2-0-2_001〜005）

（件名）

　上海総領事村井倉松発外務大臣斎藤実宛「上海日本人基督教青年会ノ補助申請ニ関
　　スル件」「5.昭和七年度（4）上海日本人基督教青年会補助申請」JACAR（アジ
　　ア歴史資料センター）Ref. B05015846800（第3画像）助成費補助申請関係雑件第
　　一巻（H-6-2-0-2_001）

　坂本義孝「上海日本人基督教青年会後援資金募集趣意」「5.昭和七年度（4）上海
　　日本人基督教青年会補助申請」JACAR（アジア歴史資料センター）Ref.
　　B05015846800（第12画像）助成費補助申請関係雑件第一巻（H-6-2-0-2_001）

I門文化、宗教、衛生、労働及社会問題
4類労働及社会問題
5項思想事項

（簿冊）

『要視察人関係雑纂／本邦人ノ部』第一－二十巻、JACAR（アジア歴史資料センター）
　Ref. B04013103700；B04013104900；B04013106600；B04013107000；B04013107600；
　B04013108000；B04013109700；B04013110100；B04013115000；B04013118500；
　B04013119200；B04013128000；B04013133000；B040131375000；B04013142100；
　B04013142500；B04013149600；B04013154700；B04013155800；B04013156900、要視
　察人関係雑纂／本邦人ノ部第一－二十巻（I-4-5-2-2_2_001〜020）

（件名）

　「31.山口慎一」JACAR（アジア歴史資料センター）Ref. B04013160100、要視察人
　　関係雑纂／本邦人ノ部　第二十巻（I-4-5-2-2_2_020）

3.　防衛省防衛研究所資料
陸軍省大日記
陸支機密・密・普大日記
陸支密大日記
陸支密大日記
昭和13年

（簿冊）

486　　　　　　　　　　主要参考資料文献

『昭和13年「陸士密大日記第10号」』JACAR（アジア歴史資料センター）Ref.
　C04120239200（陸軍省-陸支密大日記-S13-6-115）
　　　　　　　　　（件名）
　「東亜同文会に貸与しある家屋引上の件」JACAR（アジア歴史資料センター）Ref.
　　C04120251400、昭和13年「陸支密大日記第10号」（陸軍省-陸支密大日記-S13-6-
　　115）

陸軍省一般史料
中央
軍事行政
その他
　　　　　　　　　（簿冊）
『時局関係資料綴昭和6. 9. 4 ～ 6. 9. 8』JACAR（アジア歴史資料センター）Ref.
　C15120133000、時局関係資料綴昭和6.9.4 ～ 6.9.8（中央-軍事行政その他-84）
　　　　　　　　　（件名）
　「憲高秘第406号水野支那時報社長の行動に関する報告（通牒）昭和6年月11日」
　　JACAR（アジア歴史資料センター）Ref. C15120135000、時局関係資料綴昭和6. 9.
　　4 ～ 6.9.8（中央-軍事行政その他-84）

4. 東亜同文書院・東亜同文会資料
東亜同文書院関係
岩井光次郎、富森皆三、豊島彦四郎編『紀念帖——第八期卒業生』東亜同文会、1911
年
写真帖編纂委員編『卒業紀念写真帖——第十三期生』桑田商会、1916年
第廿九期生卒業紀念写真帳編纂委員編『卒業紀念写真帳』桑田工場、1933
第二十二期生卒業記念写真帖編纂委員編『卒業記念写真帖』桑田工場、1926年
高橋千枝子『高橋千枝子資料』愛知大学東亜同文書院大学記念センター蔵
東亜同文書院『成績表』第1-4冊、東亜同文書院、1904-1910年
―――――『学籍簿』第1-5号、東亜同文書院、1901-1942年
―――――『学籍簿　聴講生』東亜同文書院、1926-1938年
―――――『東亜同文書院一覧』東亜同文書院、1911年
―――――『東亜同文書院一覧』東亜同文書院、1918年？
―――――『中国調査旅行報告書』マイクロフィルム、丸善雄松堂1986年
東亜同文書院第1期生『東亜同文書院第一期生渡支満二十年記念写真帖』私家版、1921
年
東亜同文書院大学『学籍簿　附属専門部』東亜同文書院大学、1943-1945年

主要参考資料文献　487

─────『学籍簿　予科』第1-2号、東亜同文書院大学、1939-1944年

─────『学籍簿　学部』東亜同文書院大学、1941-1944年

─────『成績表　附属専門部』18枚、東亜同文書院大学、1943年-？

─────『成績表　大学』東亜同文書院大学、19942-1946年

─────『成績表　予科』東亜同文書院大学、1939-1944年

─────『東亜同文書院大学一覧』東亜同文書院大学、1941年

─────『学生便覧』東亜同文書院大学、1942年。

東亜同文書院大学調査大学学生調査大旅行指導室『東亜同文書院大学東亜調査報告書
　昭和14年度』東亜同文書院大学学生調査大旅行指導室、1940年

─────『東亜同文書院大学東亜調査報告書 昭和15年度』東亜同文書院大学学生調
　査大旅行指導室、1941年

東亜同文書院第三十二期アルバム委員編『卒業紀念写真帖』桑田工場、1936年

東亜同文書院第二十期卒業紀念写真帖委員編『東亜同文書院第二十期卒業紀念写真帖』
　　桑田工場、1923年

東亜同文書院第二十五期生卒業紀念写真帖編纂委員編『卒業紀念写真帖』桑田工場、
　　1929年

東亜同文書院第二十五期生編『線を描く──東亜同文書院第二十五期生大旅行紀念誌』
　　東亜同文書院、1929年

東亜同文書院同窓会編『東亜同文書院創立二十週年 根津院長還暦祝賀紀念誌』東亜
　　同文書院同窓会、1921年

東亜同文書院図書館『東亜同文書院図書館和漢図書類目』第1巻、東亜同文書院、1923
　　年

根津一『根津家文書』愛知大学東亜同文書院大学記念センター所蔵

松下哲男、信子『松下哲男、信子資料』愛知大学東亜同文書院大学記念センター所蔵

東亜同文会関係

東亜同文会編『東亜同文会事業報告』東亜同文会、1923年、1925年、1927-1933年、
　　1937-1944年

5．その他

「上海派遣伊東部隊坂本部隊黒川少尉発大倉邦彦宛1938年3月11日消印軍事郵便」大
　倉精神文化研究所蔵

6．中国資料

徳寿「奏為広東恵州会匪被外匪句結余匪起事派営剿弁獲勝並仍飭捜捕余匪情形事（附

一：責成各営分投捜捕恵州余匪片）（附二：奏准交卸柳慶鎮総兵片）（附三：陳広東
帰善縣霞湧一帯分界与設汛情形片）」1900年11月5日（光緒26年9月14日）、台湾
国立故宮博物院所蔵「宮中档奏摺－光緒朝」文献編号408003340

7. 北米YMCA同盟資料

D. Willard Lyon, *"Report of D. Willard Lyon for the Year Ending September 30, 1903"* Shanghai: Shanghai YMCA, 1903. University of Minnesota Libraries Kautz Family YMCA Archives.

Robert E Lewis *"Report Letter Development in Shanghai"* Shanghai: The International Committee of YMCA, 1901. University of Minnesota Libraries Kautz Family YMCA Archives.

II. 文献
1. 著書
（日本語）

愛知大学五十年史編纂委員会編『大陸に生きて』風媒社、1998年3月

愛知大学東亜同文書院大学記念センター編『東亜同文書院大学と愛知大学』全4巻、
　　愛知大学東亜同文書院大学記念センター、1993-1996年

愛知大学東亜同文書院大学記念センター編『愛知大学創成期の群像――写真集』ある
　　む、2007年

芥川龍之介『上海游記・江南游記』講談社文芸文庫、講談社、2001年

浅沼誠一編纂『日清汽船株式会社三十年史及追補』日清汽船、1941年

阿部洋『「対支文化事業」の研究――戦前期日中教育文化交流の展開と挫折』汲古書院、
　　2004年。

安澤隆雄『東亜同文書院とわが生涯の100年』愛知大学東亜同文書院ブックレット1、
　　あるむ、2006年

安藤彦太郎『日本人の中国観』勁草書房、1971年

飯島渉、田中比呂志編『21世紀の中国近現代史研究を求めて』研文出版、2006年

池田鮮『曇り日の虹――上海日本人YMCA40年史』上海日本人YMCA40年史刊行会、
　　1995年

石射猪太郎著、伊藤隆・劉傑編『石射猪太郎日記』中央公論社、1993年

石射猪太郎『外交官の一生』太平出版、1972年、中公文庫、中央公論社、2007年

石川順『砂漠に咲く花』私家版、1960年

石川慎一郎、前田忠彦、山崎誠『言語研究のための統計入門』くろしお出版、2010
　　年

石田武夫『中国語学管見』東方書店、1987年

石堂清倫、野々村一雄、野間清、小林庄一『十五年戦争と満鉄調査部』原書房、1986
　　年

主要参考資料文献　　489

伊藤武雄『満鉄に生きて』勁草書房、1982年

伊藤武雄、岡崎嘉平太、松本重治『われらの生涯のなかの中国——六十年の回顧』み
　　すず書房、1983年

伊藤之雄『元老西園寺公望——古希からの挑戦』文春新書609、文藝春秋、2007年

伊藤虎丸編『創造社資料』中国研究文献2全11巻、アジア出版、1979年

上村希美雄『宮崎兄弟伝』全6巻、葦書房、1984-2004年

井上雅二『巨人荒尾精』佐久良書房、1910年、東亜同文会、1936年

————「井上雅二関係文書（MF：東京大学近代日本法制史料センター蔵）」国立国
　　会図書館憲政資料室所蔵

禹域学会編『禹域学会書目』禹域学会、1925年

内村鑑三著（稲森和夫監訳）『代表的日本人』講談社インターナショナル、2002年

内山完造『花甲録』岩波書店、1960年

梅溪昇『お雇い外国人——明治日本の脇役たち』講談社学術文庫1807、2007年

梅棹忠夫『日本語と事務革命』講談社学術文庫、2015年

埋橋徳良『日中言語文化交流の先駆者——太宰春台・坂本天山・伊沢修二の華音研究』
　　白帝社、1999年

江口圭一、芝原拓自編『日中戦争従軍日記——一輜重兵の戦場体験』愛知大学国研叢
　　書1、法律文化社、1989年

衛藤瀋吉監修、李廷江編『近衛篤麿と清末要人——近衛篤麿宛来簡集成』明治百年史
　　叢書456、原書房、2004年

大内隆雄『満人作家小説集　原野』三和書房、1939年

大内隆雄『満人作家小説集第2輯　蒲公英』三和書房、1940年

大内隆雄『満洲文学二十年』国民画報社、1944年

大谷正『兵士と軍夫の日清戦争』有志社、2006年

岡崎嘉平太伝刊行会編『岡崎嘉平太伝——信はたていと愛はよこ糸』ぎょうせい、
　　1992年

岡田英樹『文学にみる「満洲国」の位相』研文出版、2000年

岡部長景著、尚友倶楽部編『岡部長景日記——昭和初期華族官僚の記録』柏書房、
　　1993年

岡村敬二『「満洲国」資料集積機関概観』不二出版、2004年

小川平吉文書研究会編、編集代表岡武義『小川平吉関係文書』全2冊、みすず書房、
　　1973年

小川平四郎『父の中国と私の中国——書が語る日中の百年』サイマル出版会、1990
　　年

小栗栖香頂著、陳継東、陳力衛整理『北京紀事北京紀游——近代日本人中国游記』中
　　華書局、2008年

尾崎秀樹『上海一九三〇年』岩波新書99、岩波書店、1989年

御幡雅文『文案啓蒙——官商須知』私家版、1889年

香川悦次『支那旅行便覧』博文館、1906年

霞山会編『東亜同文会史論考』霞山会、1998年

霞山会編『東亜同文会史——昭和編』霞山会、2003年

霞山会館編『霞山会館講演』第1-7、9-30、32-43輯、霞山会館、？-1937年

金谷治注『大学・中庸』岩波文庫、岩波書店、1998年

川副町誌編纂委員会編『川副町誌』川副町誌編纂事務局、1987年

川辺雄大『東本願寺中国布教の研究』研文出版、2013年

関東憲兵隊司令部編『在満日系共産主義運動』極東研究出版会、1944年、1968年復刻

岸田吟香『岸田吟香『呉淞日記』影印と翻刻』武蔵野書院、2010年

貴志俊彦、松重充浩、松村史紀編『二〇世紀満洲歴史事典』吉川弘文館、2012年

木之内誠編著『上海歴史ガイドマップ』大修館書店、1999年

木之内誠編著『上海歴史ガイドマップ増補改訂版』大修館書店、2011年

九州時論社編輯部編『河野久太郎伝』河野久太郎伝記編纂所、1941

記念誌出版世話人編『江南春秋——東亜同文書院第二十四・二十五期生記念誌』記念誌出版世話人、1980年

葛生能久『東亜先覚志士伝記』全3巻、黒龍会出版部、1935-1936年

栗田尚弥『上海東亜同文書院——日中を架けんとした男たち』新人物往来社、1993年

久留米市立久留米商業高等学校百年史編集委員会編『久商百年史』久留米市立久留米商業高等学校、2002年

結束博治『醇なる日本人——孫文革命と山田良政・純三郎』プレジデント社、1992年

小島晋治監修『幕末明治中国見聞録集成』ゆまに書房、1997年

小島毅『近代日本の陽明学』講談社選書メチエ369、講談社、2006年

小林英夫、福井紳一『満鉄調査部事件の真相——新発見史料が語る「知の集団」の見果てぬ夢』小学館、2004年

小林英夫『満鉄調査部——「元祖シンクタンク」の誕生と崩壊』平凡社新書289、平凡社、2005年

近衛篤麿著、近衛篤麿日記刊行会編『近衛篤麿日記』全6巻、鹿島研究所出版会、1968-1969年

滬友会編『東亜同文書院大学史』滬友会、1955年

崔淑芬『中国女子教育史——古代から一九四八年まで』中国書店、2007年

坂井信生『明治期長崎のキリスト教——カトリック復活とプロテスタント伝道』長崎

主要参考資料文献　　491

新聞新書、2005年

桜井寅之助『野鳥語』寶文館、1918年

佐藤慎一郎『佐藤慎一郎選集』国際善隣協会内佐藤慎一郎選集刊行会、1994年

さねとうけいしゅう『中国人日本留学史』増補版、くろしお出版、1970年

山洲会編『根津山洲先生言行録』山洲会、1945年

島田虔次、近藤秀樹校注『三十三年の夢』岩波文庫、岩波書店、1993年

朱其華著、藤井正夫訳『一九二七年の回想』金精社、1991年

朱全安『近代教育草創期の中国語教育』白帝社、1997年

植民地文化研究会編『「満洲国」文化細目』不二出版、2006年

杉浦正『岸田吟香——資料から見たその一生』汲古選書19、汲古書院、1996年

石暁軍編『「点石斎画報」にみる明治日本』東方書店、2004年

田岡嶺雲著、西田勝編『田岡嶺雲全集』第1、3、5巻、法政大学出版局、1969-1987
　年

大学史編纂委員会編『東亜同文書院大学史——創立八十周年記念誌』滬友会、1982
　年

高島俊男『本と中国と日本人と』ちくま文庫、筑摩書房、2004年

高田里恵子『学歴・階級・軍隊——高学歴兵士たちの憂鬱な日常』中公新書、中央公
　論社、2008年

高橋孝助、古厩忠夫編『上海史』東方書店、1995年

高橋正二『在清見聞録』全5巻、手稿本、執筆時期不明

————『日記第二』手稿本、執筆時期不明

田中武夫『橘樸と佐藤大四郎』龍渓書舎、1975年

谷光隆編『東亜同文会東亜同文書院阿片資料集成』(CD-ROM版) 愛知大学東亜同文
　書院大学記念センター、2005年

谷光隆編『東亜同文書院阿片調査報告書』愛知大学東亜同文書院大学記念センター、
　2007年

趙夢雲『上海・文学残像——日本人作家の光と影』現代アジア叢書35、田畑書店、
　2000年

趙軍『大アジア主義と中国』亜紀書房、1997年

翟新『東亜同文会と中国——近代日本における対外理念とその実践』慶応義塾大学出
　版会、2001年

寺崎昌男『東京大学の歴史——大学制度の先駆け』講談社学術文庫1799、講談社、
　2007年

東亜同文会内対支功労者伝記編纂会編『対支回顧録』全2巻、東亜同文会内対支功労
　者伝記編纂会、1936年

————『続対支回顧録』全2巻、大日本教化図書、1941年

東亜同文書院滬友同窓会編（代表油谷恭一）『山洲根津先生伝』根津先生伝記編纂部、
　1930年
東亜文化研究所編『東亜同文会史——明治・大正編』霞山会、1988年
東方学会編『東方学回想——先学を語る（1）』Ⅰ、刀水書房、2000年
戸部良一『日本陸軍と中国——「支那通」にみる夢と蹉跌』講談社選書メチエ173、
　講談社、1999年
長塩守旦責任監修『日中提携してアジアを興す——第1集孫文革命の成敗と日本』志
　学会、2000年
中西功『中国革命の嵐の中で』青木書店、1974年
中村義編『白岩龍平日記——アジア主義実業家の生涯』研文出版社、1999年
中山泰昌編著、新聞集成明治編年史編纂会編纂『新聞集成明治編年史』全15巻、政
　経済学会、1934-1936年
那須清編『北京同学会の回想』不二出版、1995年
南加日系人商業会議所、代表佐々木雅実『南加州日本人史』前後編、南加日系人商業
　会議所、1956-1957年
仁科昌二、朱蔭成、青木喬『実用支那商業文範』上海日本堂書店、1920年
日本上海史研究会編『上海人物誌』東方書店、1997年
日本上海史研究会編、主編古厩忠夫、高綱博文『上海——重層するネットワーク』汲
　古書院、2000年
波多野太郎編、解題『中国語学資料叢刊』全20巻、不二出版、1984-1987年
波多野太郎『覆印語文資料提要』不二出版、1996年
————『中国語文資料彙刊』全20巻、不二出版、1991-1995年
原子昭三『津軽奇人伝』青森県教育振興会、1984年
————『津軽奇人伝続』青森県教育振興会、1987年
原田熊雄述、近衛泰子筆記『西園寺公と政局』全9巻、岩波書店、1950-1956年
原田実之『出路征雁』手稿本、執筆時期不明
広中一成、長谷川怜、松下佐知子『鳥居観音所蔵水野梅暁写真集——仏教を通じた日
　中提携の模索』愛知大学東亜同文書院大学記念センターシリーズ、社会評論社、
　2016年
ピーター＝ドウス、小林英夫編『帝国という幻想』青木書店、1998年
馮正宝『評伝宗方小太郎——大陸浪人の歴史的役割』熊本文化会館、1997年
藤井草宣『支那最近之宗教迫害事情』浄円寺、1931年
————『燃ゆる愛欲』白業社、1920年
————『群生』豊橋文化協会、1953年
————『墨袈裟』創作社叢書第48篇、豊橋文化協会、1964年
藤田佳久『中国との出会い』東亜同文書院・中国調査記録第1巻、大明堂、1994年

主要参考資料文献　　493

─────『中国を歩く』東亜同文書院・中国調査記録第2巻、大明堂、1995年

─────『中国を越えて』東亜同文書院・中国調査記録第3巻、大明堂、1998年

─────『東亜同文書院・中国大調査旅行の研究』大明堂、2000年

─────『中国を記録する』東亜同文書院・中国調査記録第4巻、大明堂、2002年

─────『満州を駆ける』東亜同文書院・中国調査記録第5巻、不二出版、2011年

藤田佳久著、愛知大学東亜同文書院大学記念センター編『東亜同文書院生が記録した
　近代中国』愛知大学東亜同文書院ブックレット3、あるむ、2007年

船戸与一著、愛知大学東亜同文書院大学記念センター編『「満洲国演義」に見る中国
　大陸』愛知大学東亜同文書院ブックレット5、あるむ、2008年

保阪正康『仁あり義あり、心は天下にあり』朝日ソノラマ、1992年

保阪正康、広瀬順晧『昭和史の一級資料を読む』平凡社新書418、平凡社、2008年

牧野伸顕著、伊藤隆、広瀬順晧編『牧野伸顕日記』中央公論社、1990年

松岡恭一、山口昇編纂『日清貿易研究所東亜同文書院沿革史』東亜同文書院学友会、
　1908年

松岡正子、黄英哲編『歴史と記憶──文学と記録の起点を考える』愛知大学国研叢書
　第4期第2冊、あるむ、2017年

松田江畔編『水野梅暁追懐録』私家版、1974年

松村敏監修、田島奈都子編輯『農商務省将校局臨時報告』全13巻、ゆまに書房。

松本建一『竹内好「日本のアジア主義」精読』岩波現代文庫、岩波書店、2000年

松本重治『上海時代──ジャーナリストの回想』上中下、中公新書374、中央公論社、
　380、391、1974-1975年

松本豊三編輯『南満洲鉄道株式会社第三次十年史』全4冊、南満洲鉄道株式会社、
　1938年、龍渓書舎、1976年復刻

丸山眞男『忠誠と反逆──転形期日本の精神史的位相』ちくま学芸文庫、筑摩書房、
　1998年、2006年

三田良信『一か八か』私家版、2006年

三潴正道『論説体中国語読解力養成講座新聞・雑誌からインターネットまで』東方書
　店、2010年

南満洲鉄道編『職員録──昭和五年八月一日』南満洲鉄道、1930年

─────『職員録──昭和六年九月一日』南満洲鉄道、1931年

南満洲鉄道株式会社編『南満洲鉄道株式会社十年史』原書房、1974年復刻

宮崎滔天著、宮崎龍介、小野川秀美編『宮崎滔天全集』全5巻、平凡社、1971-1976
　年

宮脇淳子『世界史の中の満洲帝国』PHP新書387、PHP、2006年

三好章編『真宗大谷派浄圓寺所蔵藤井静宣関連資料──目録と解説』愛知大学東亜同
　文書院大学記念センターシリーズ、あるむ、2018年

─────『アジアを見る眼──東亜同文書院の中国研究』愛知大学東亜同文書院大学記念センターシリーズ、あるむ、2018年

宗像金吾編『山洲根津先生並夫人』私家版、1943年

毛利敏彦『幕末維新と佐賀藩──日本西洋化の原点』中公新書1958、中央公論社、2008年

安島元一『満洲国就職案内』研文書院、1935年

安彦良和『アニメ・マンガ・戦争 安彦良和対談集』角川書店、2005年

安彦義和著、愛知大学東亜同文書院大学記念センター編『漫画で描こうとした大陸と日本青年』愛知大学東亜同文書院ブックレット2、あるむ、2007年

山口慎一『支那革命論文集』マルクス書房、1930年

─────『支那問題研究資料』第1輯、黎明社、1930年

─────『支那問題研究資料──1929年政治決議そのほか』第2輯、黎明社、1930年

─────『東亜新文化の構想』満洲公論社、1944年

─────『中国札記』私家版、1958年

山田謙吉『詩学：近体詩格──昭和3年度課外』謄写版、発行時期不明

山本茂樹『近衛篤麿──その明治国家観とアジア観』MINERVA日本史ライブラリー10、ミネルヴァ書房、2001年

山本秀夫『「満洲評論」解題・総目次』不二出版、1982年

山本有造編『「満洲国」の研究』緑陰書房、1995年

吉野孝雄『宮武外骨』河出書房新社、1988年

渡辺諒『満鉄史余話』満鉄会叢書2、龍渓書舎、1986年

六角恒廣『中国語教育史の研究』東方書店、1988年

─────『中国語教育史論考』不二出版、1989年

─────『中国語書誌』不二出版、1994年

─────『漢語師家伝──中国語教育の先人たち』東方書店、1999年

─────『中国語教育史稿拾遺』不二出版、2002年

六角恒廣編、解題『中国語教本類集成』全40巻、不二出版、1991–1998年

ロナルド＝スレスキー著、愛知大学東亜同文書院大学記念センター編『満州の青少年像』愛知大学東亜同文書院ブックレット4、あるむ、2008年

（中国語）

白瑞華著、蘇世軍訳『中国近代報刊史』中央編訳出版社、2013年

薄井由『東亜同文書院大旅行研究』、上海：上海書店出版社、2001年

臧勵龢編『中国古今地名大辞典』台2版、台湾商務印書館、1966年

陳鶴琴『語体文応用字彙』商務印書館、1939年

主要参考資料文献

大久保明男、岡田英樹、代珂編『偽満洲国文学研究在日本』偽満洲時期文学資料整理
　与研研究巻、哈爾浜：北方文芸出版社、2017

単援朝『漂洋過海的日本文学』、北京：社会科学文献出版、2016 年

馮自由『革命逸史』第 5 集、北京：中華書局、1981 年

国家語言文字工作委員会漢字処編『現代漢語常用字表』、北京：語文出版社、1988 年

黄福慶『近代日本在華文化及社会事業之研究』、台北：中央研究院近代史研究所、
　1982 年

胡適『四十自述』、上海：亜東図書館、1939 年

劉暁麗編『「満洲国」文学大系　偽満時期文学資料整理与研究』、哈爾浜：北方文芸出
　版社、2017 年

羅振玉『羅雪堂先生全集』初編 20 冊、文華出版公司、1968 年

羅振玉『羅雪堂先生全集』続編冊 2、文華出版公司、1969 年

羅振玉『羅雪堂先生全集』5 編（1）、大通書局有限公司、1973 年、

上海交通大学校史研究室課題組編『上海交通大学、財団法人霞山会歴史関係研究資料
　選輯』、上海：上海交通大学、2006 年

蘇雲峰『張之洞与湖北教育改革』中央研究院近代史研究所専刊 35、台北：中央研究院
　近大史研究所、1983 年

─────『三（兩）江師範学堂──南京大学的前身、1903-1911──』、台北：中央研
　究院近代研究所、1998 年

王国維『王国維先生全集』初集 5、台湾大通書局、1976 年

王国維『静庵文集』（新世紀万有文庫、遼寧教育出版社、1997 年

王寧、教育部語言文字信息管理司組『通用規範漢字表』、商務印書館、2013 年

王守仁『大学古本旁釈』『百部叢書集成』台北：藝文印書館、1967 年

虞和平編『経元善集』辛亥革命百年紀念文庫人物文集系列、華中師範大学出版社、
　2011 年。

張奇明主編『点石斎画報──大可堂版──』全 15 冊、上海：上海画報出版社、2001 年

張偉編『老上海地図』、上海：上海画報社、2001 年

趙徳馨主編、呉剣杰、馮天瑜副主編『張之洞全集』12、武漢出版社、2008 年

趙爾巽等撰『清史稿』、北京：中華書局、1976 年

趙万里『民国王静安先生国維年譜』台湾商務印書館、1978 年

朱其華『中国経済危機及其前途』、上海：新生命書局、1932 年

朱其華編『中国近代社会解剖』、上海：上海新新出版社、1933 年

朱其華『中国農村経済的透視』中国社会問題学会叢書、上海：上海作者書社、1936 年

荘吉発『清代史料論述』（二）、台北：文史哲出版社、1979 年

─────『清代秘密会党史研究』、台北：文史哲出版社、1984 年

─────『清史論集』（十二）文史哲学集成 478、台北：文史哲出版社、2003 年

（英語）

The American Economic Review Vol. 10, No. 3, American Economic Association, Sep., 1920

2.　東亜同文書院関係中国語教材

青木喬『支那時文類編』東亜同文書院、1918年

　———『現代支那尺牘教科書』発行者不明、発行時期不明〔1921年東亜同文書院授業使用〕

　———『改輯支那時文類編』東亜同文書院、1924年

　———『現代支那尺牘教科書』東亜同文書院、1924年

　———『支那時文類編』第一輯、東亜同文書院、1928年

御幡雅文『華語跬歩』下編、日清貿易商会、1891年序

　———『華語跬歩』文求堂書店、1903年

　———『増補華語跬歩』文求堂書局、1908年増補7版

　———『増補華語跬歩』文求堂書店、1917年第11版

　———『増補華語跬歩』文求堂書店、1917年第12版

　———『滬語便商一名上海語』三井洋行、1922年

御幡雅文混纂『華語跬歩音集』発行元不明、出版時期不明

御幡雅文編『増補華語跬歩総訳』上下、文求堂書局、1910年

柏原文太郎編『華語跬歩』全、東亜同文会、1901年

小路真平、茂木一郎『北京官話常言用例』文求堂書店、1905年

鈴木択郎編『標準支那語教本』高級編、東亜同文書院支那研究部、1935年

　———『標準支那語教本』高級編、東亜同文書院支那研究部、1939年改訂5版

　———『標準支那語教本』初級編、東亜同文書院支那研究部、1940年

　———『支那語概説』謄写版、東亜同文書院、発行時期不明

高橋正二編『北京官話声音譜』東亜同文書院、1905年序

東亜同文書院『北京官話旅行用語』東亜同文書院、1925年

東亜同文書院華語研究会編『北京官話旅行用語』、東亜同文書院、1941年9版

東亜同文書院（代表熊野正平）『華語萃編』三集、東亜同文書院支那研究部、1925年、六角恒廣編、解題『中国語教本類集成』第2集第2巻、不二出版、1992年

　———『華語萃編』三集、東亜同文書院支那研究部、1934年再版

　———『華語萃編』三集、東亜同文書院支那研究部、1938年3版

　———『華語萃編』三集、東亜同文書院支那研究部、1939年4版

　———『華語萃編』四集、東亜同文書院支那研究部、1938年3版

　———『華語萃編』四集、東亜同文書院支那研究部、1939年4版

東亜同文書院（代表鈴木択郎）『華語萃編』初集、東亜同文書院支那研究部、1925年

訂正5版

――――『華語萃編』初集、東亜同文書院支那研究部、1928年7版

――――『華語萃編』初集、東亜同文書院支那研究部、1920年訂正8版

――――『華語萃編』初集、東亜同文書院支那研究部、1930年12版

――――『華語萃編』初集、東亜同文書院支那研究部、1936年訂正13版

――――『華語萃編』初集、東亜同文書院支那研究部、1938年14版

――――『華語萃編』初集、東亜同文書院支那研究部、1940年17版

――――『華語萃編』初集、東亜同文書院支那研究部、1942年全訂版

東亜同文書院（代表野崎駿平）『華語萃編』二集、東亜同文書院支那研究部、1924年、
　1930年訂正4版、1933年改訂6版、1934年7版

――――『華語萃編』二集、東亜同文書院支那研究部、1935年8版

――――『華語萃編』二集、東亜同文書院支那研究部、1938年9版

――――『華語萃編』二集、東亜同文書院支那研究部、1942年12版

――――『華語萃編』二集、東亜同文書院支那研究部、1944年13版

東亜同文書院（代表安河内弘）『華語萃編』初集、東亜同文書院、1917年再版

東亜同文書院（代表真島次郎）『華語萃編』初集、東亜同文書院、1919年3版

――――『華語萃編』初集、東亜同文書院、1919年3版、六角恒廣編、解題『中国語
　教本類集成』第2集第2巻、不二出版、1992年

伴直之助編『華語跰歩総訳』裕隣館、1907年改訂再版

福田勝蔵『商業尺牘教科書』東亜同文書院支那研究部、1939年

――――『商業応用文件集』東亜同文書院支那研究部、1938年

――――『普通尺牘文例集』東亜同文書院支那研究部、1937年

3. 年鑑、統計類

新修支那省別全誌刊行会編『新修支那省別全誌』9冊、東亜同文会、1941–1946年

東亜同文会編『支那経済全書』東亜同文会、1907年

東亜同文会編『支那省別全誌』全18巻、東亜同文会、1917–1920年

日清貿易研究所編『清国通商綜覧』全3巻、日清貿易研究所、1892年

4. 辞書、事典、索引

（日本語）

愛知大学東亜同文書院大学記念センター編『愛知大学東亜同文書院大学記念センター
　収蔵資料図録』愛知大学東亜同文書院大学記念センター、2003年、2005年改訂

天児慧等編『岩波現代中国事典』岩波書店、1999年

大里浩秋編「『日華学報』目次」『人文学研究所報』第38号、2005年

外務省情報部編纂『現代支那人名鑑』東亜同文会調査部、1925年、『中国人名資料事典』

日本図書センター、1999年

―――『改訂現代支那人名鑑』東亜同文会調査部、1928年、『中国人名資料事典』
　　日本図書センター、1999年

外務省外交史料館日本外交辞典編纂委員会編『新版日本外交史辞典』山川出版社、
　　1992年

近代中国人名辞典修訂版編集委員会編『近代中国人名辞典』修訂版、霞山会、2018年

支那研究会編『最新支那官紳録』支那研究会、1918年、『中国人名資料事典』日本図
　　書センター、1999年

東亜同文書院滬友同窓会編『会員名簿』東亜同文書院滬友同窓会、1937年

東亜同文書院支那研究部編『学生大旅行調査報告書目録及地方別索引 自大正三年至
　　昭和七年』東亜同文書院支那研究部、1933年

東亜文化研究所編『東亜同文会機関誌主要刊行物総目次』霞山会、1985年

成瀬さよ子編『東亜同文書院関係目録――愛知大学図書館収蔵資料を中心に』愛知大
　　学豊橋図書館、2004年

日本キリスト教歴史大事典編集委員会編『日本キリスト教歴史大事典』教文館、1988

山腰敏寛編『清末民初文書読解辞典』汲古書院、1994年改訂増補

―――『中国歴史公文書読解辞典』汲古書院、2004年

山田辰雄編『近代中国人名辞典』霞山会、1995年

（中国語）

南市区地方志編纂委員会編『南市区志』上海社会科学院出版社、1997年

張憲文、方慶秋、黄美真主編『中華民国史大辞典』、南京：江蘇古籍出版社、2001年

陳玉堂編『中国近代人物名号大辞典』、杭州：浙江古籍出版社、1993年

―――『中国近代人物名号大辞典』全編増訂本、杭州：浙江古籍出版社、2005年

（英語）

Howard L. Boorman, *Richard C. Howard, Biographical dictionary of Republican China*, V.1. New
　　York: Coumbia University Press, 1967-1979.

5. 定期刊行物

（日本語）

『愛知大学史研究』第1号、愛知大学東亜同文書院大学記念センター、2007年

『同文書院記念報』〔愛知大学東亜同文書院大学記念センター報〕第1-25号＋、愛知
　　大学東亜同文書院大学記念センター、1994-2017年＋

『オープン・リサーチ・センター年報』全5号、愛知大学東亜同文書院大学記念セン
　　ター オープン・リサーチ・センター、2007–2011年

主要参考資料文献 499

『大倉山論集』第1-54号、大倉山文化科学研究所→大倉精神文化研究所、1953年+

『会報』第1-9号、東亜同文書院学友会、1904-1909年

『華語月刊』第1-119号、東亜同文書院支那研究部華語研究会、1930-1943年

『漢字文献情報処理研究』第2号、第6号、漢字文献情報処理研究会、2001-2006年

『芸文志』（マイクロフィルム版）、芸文書房、1943-1944、中華全国図書館文献縮微中心

『江南学誌』第10-18、20、26号、東亜同文書院学芸部、1934-1940年

『国際』第1巻第1号-第7巻第2号、日本国際協会東亜同文書院学生支部、1933-1940年

『滬友』第1-13、15-29号、滬友同窓会、1917-1926年

『滬友学報』第1-5、7-16号、滬友同窓会、1940-1943年

『崑崙』第1巻第1-5号（冊子形式）、第5号（新聞形式）、東亜同文書院図書館、1940-1942年

『支那研究（東亜研究）』第1-70号、1920-1944年（マイクロフィルム版）、雄松堂、1967年

『上海青年』上海基督教青年会／上海日本人YMCA、1915-1938年

『支那経済報告書』第1-51号、東亜同文会支那経済調査部、1908-1910年

『支那研究』第1巻第1号-第23巻第2号通号第62号、臨時号研究旅行報告輯第1-3輯、東亜同文書院支那研究部、1920-1942年

『支那時事』第1巻第1-3号、第2巻第2-16号、第3巻第1-12号、東方通信社、1921-1923年

『支那時報』第1-27、30-36、37巻第1号、支那時報社、1924-1942年

『上海新報』全2巻、不二出版、2011年復刻

『受験戦』第6巻第1号、英語通信社、1941年

『新滑稽』第16号、頓智会、1892年　＊『頓智会雑誌』第58号と合併号

『第二江南学誌』第5、7号、東亜同文書院学芸部、1932-1933年

『東亜研究』第23巻第3号-第25巻第3号通号第70号、東亜同文書院大学東亜研究部、1941-1944年

『東亜時論』第1-10、12-26号、東亜同文会、1898-1899

『東亜同文会報告』第5-8、10-132回、東亜同文会調査編纂部、1900-1910年

『東亜同文会支那調査報告書』第1巻第1号-第2巻第24号、東亜同文会調査編纂部、1910-1911年

『東亜同文書院大学学術研究年報』第1輯、日本評論社、1944年

『支那』第3巻第1号-第36巻第1号、東亜同文会調査編纂部、1912-1945年

『東方通信』第9巻第11-12号、第10巻第1-2、同4-9号、東方通信社、1920-1921年

『頓智会雑誌』第1-5、20-21、23-30、32-34、36-37、39-58号、頓智会、1889-1892年

＊第58号は『新滑稽』第16号と合併号

『満洲評論』満洲評論社、1931年8月–1945年4月

（中国語）

『明明』（マイクロフィルム版）、撫順：月刊満洲社、1937年、北京：中华全国图书馆
　　文献缩微中心、1995年

『世界仏教居士士林林刊』第6期、上海：世界仏教居士林、1923年。

（英語）

"The duty of chrirtian student", *The Chinese recorder*, Vol. 54（Shanghai: American Presbyterian
　　Mission Press, 1923）: pp. 671-672..

J. G. Sakamoto, K. Inoue, Rev. M. Furuya, Rev. R. Narita, G. Suga, "Japanese reply to
　　missionaries' appeal", *The Chinese recorder*, Vol. 63（Shanghai: American Presbyterian Mission
　　Press, 1932）: pp. 254-255.

著者略歴

石田　卓生（Ishida Takuo）

1973年愛知県生まれ。愛知大学東亜同文書院大学記念センター研究員。愛知大学、豊橋創造大学非常勤講師。愛知大学大学院中国研究科博士後期課程修了。博士（中国研究）。専門は、近現代日中関係史、中国語教育史、近現代中国文学。主な論文に「戦前日本の中国教育と東亜同文書院大学」（『歴史と記憶』あるむ、2017年）、「大内隆雄和東亜同文書院」『偽満洲国文学大系』（哈爾浜：北方文芸出版社、2017年）、「日清貿易研究所の教育について──高橋正二手記を手がかりにして」（『現代中国』第90号、2016年）、「東亜同文書院の北京移転構想について」（『中国研究月報』第63巻第2号、2009年）、「東亜同文書院とキリスト教──キリスト教信者坂本義孝の書院精神」（『中国21』第28号、2007年）など。

愛知大学東亜同文書院大学記念センター叢書

東亜同文書院の教育に関する多面的研究

2019年3月31日　第1刷発行

著　者　石田卓生

発　行　不二出版株式会社

〒112-0005　東京都文京区水道2-10-10
TEL 03-5981-6704　FAX 03-5981-6705
http://www.fujishuppan.co.jp
E-mail : administrator@fujishuppan.co.jp
印刷／昴印刷　製本／青木製本

ISBN 978-4-8350-8275-2　C3021